hänssler

THEOLOGIE

Lothar Gassmann

Anthroposophie

Lehre über die Bibel,
Gott, Christus und
Erlösung

Dr. theol. Lothar Gassmann, geb. 1958 in Pforzheim, 1977–1984 Theologiestudium in Tübingen, 1992 Promotion ebenda, 1991–1993 Vikariat in Ravenstein/Baden, 1993–1997 Dozent für Dogmatik und Apologetik an der Freien Theologischen Akademie Gießen, seit 1998 Sektenbeauftragter und Seminarleiter der Arbeitsgemeinschaft für Religiöse Fragen, Verfasser von zahlreichen Aufsätzen und über 50 Büchern zu theologischen und weltanschaulichen Themen.

Hänssler-Paperback
Bestell-Nr. 393.676
ISBN 3-7751-3676-2

Internet: www.haenssler.de
E-Mail: info@haenssler.de
(Das vorliegende Buch erschien 1993 unter dem Titel "Das anthroposophische Bibelverständnis" im Verlag R. Brockhaus.)
Umschlaggestaltung: Krüger & Ko.
Titelbild: L. Gassmann
Gesamtherstellung: Ebner Ulm
Printed in Germany

INHALTSVERZEICHNIS

III. Dritter Hauptteil:

Entfaltung und Anwendung des anthroposophischen Bibelverständnisses

VORWORT

In seinem vorliegenden Buch, das von der Evangelisch-Theologischen Fakultät der Universität Tübingen als Dissertation angenommen worden ist, unternimmt der Verfasser den Versuch, den biblischen Auslegungsmethoden in der Anthroposophie Rudolf Steiners und seiner theologischen Schüler auf den Grund zu gehen. Dieses Vorhaben ist deswegen ebenso wichtig wie aktuell, weil das anthroposophische Schriftverständnis trotz seiner oft sonderbar erscheinenden Spekulationen keine vorübergehende Erscheinung geblieben ist. Vielmehr hat es im Zuge des heutigen allgemeinen Aufschwungs der Anthroposophie mit deren vielfältigem Angebot neuen Einfluß gewonnen, nicht zuletzt in der Waldorf-Pädagogik. Aber auch über diesen internen Rahmen hinaus ist es eingeflossen in die Literatur der New Age-Bewegung, in Teile der Feministischen Theologie sowie in die tiefenpsychologische Bibelauslegung z. B. bei Eugen Drewermann.

Obwohl es bereits zahlreiche Untersuchungen über Teilaspekte der Anthroposophie sowie grundlegende Auseinandersetzungen mit der "christosophischen" Heilslehre Steiners gab, hatte es bisher noch niemand unternommen, anhand des immensen Schrifttums von Rudolf Steiner und seiner Schüler deren *biblischer Hermeneutik* auf den Grund zu gehen. Ein wirkliches Verständnis der anthroposophischen Lehre wird aber nur möglich bei näherer Betrachtung ihres eigentümlichen Zuganges zur Bibel als ganzer und des methodischen Umgangs mit ihren ausgewählten Texten.

Rudolf Steiner, obwohl er in Verbindung trat mit der "Theosophie" und er deren System lebenslang verhaftet blieb, hat gerade in seinem Christusverständnis und dem starken Gewicht, das er im Rahmen seines synkretistischen Weltbildes der *biblischen Tradition* beilegte, den wichtigsten Unterschied zwischen sich und der übrigen Theosophie gesehen. Andererseits waren die Theologen, die zu Steiner stießen und die kultische Richtung innerhalb der Anthroposphie, die sog. Christengemeinschaft, begründeten, alle negativ motiviert dadurch, daß sie Anstoß genommen hatten an dem Schriftverständnis, dem sie sowohl in der kirchlichen Verkündigung als auch in der Universitäts-Theologie ihrer Tage begegneten. Es konnte sie nicht befriedigen, und so hielten sie nach neuen Wegen Ausschau, die ihnen nunmehr Rudolf Steiner wies. Darum ist es wichtig, daß der Verfasser des vorliegenden Buches einleitend auch den weltanschaulich-religiösen Werdegängen Rudolf Steiners und der drei wichtigsten theologischen Repräsentanten der Christengemeinschaft, Friedrich Rittelmeyer, Emil Bock und Rudolf Frieling, eine besondere Darstellung widmet.

Desgleichen gehört als Grundvoraussetzung zum Verständnis der anthroposophischen Bibelauslegung eine Vertrautheit mit dem *anthroposophischen System* als solchem, in das sowohl philosophische als auch fremdreligiöse Traditionen eingeflossen sind, die der Anthroposophie ebenso wie zuvor der Theosophie ihren synkretistischen Charakter gegeben haben. Der Verfasser weist eindeutig auf, daß mit der Gestalt des Steinerschen Christus sich auch die Stifterpersönlichkeiten anderer Religionen verbinden. Insofern wird in dieser Christosophie uraltes gnostisches Gedankengut wiederbelebt und synkretistisch aktualisiert. Diesem gnostischen Charakter des anthroposophischen Systems entspricht dann auch die *esoterische*

Erkenntnislehre, die sich letztlich der wissenschaftlichen Nachprüfbarkeit entzieht und von Steiner und den Seinen selber als "Geheimwissenschaft" verstanden wurde. Insofern gewinnt denn die Fähigkeit, in der von Steiner so bezeichneten Akasha-Chronik meditativ zu lesen, eine größere Bedeutung als das Achten auf den eindeutigen Literalsinn der Heiligen Schrift selber, was doch in der Tradition der Reformation zu den Grundvoraussetzungen eines heilsergreifenden Zugangs zu den biblischen Schriften gehört. Daß bei dieser esoterischen Methode im Umgang mit den Schriften nur Ungereimtheiten und Abstrusitäten herauskommen können, zeigen die beispielhaften, eingehenden Untersuchungen bestimmter biblischer Themen, die sich in der anthroposophischen Lehre und Verkündigung besonderer Beliebtheit erfreuen, wie z. B. die Vorstellung von den beiden schließlich miteinander verschmolzenen Jesus-Knaben!

Die vorliegende Untersuchung von Lothar Gassmann stellt einen bedeutsamen Beitrag zu der seit längerer Zeit unterbrochenen, aber gerade heute erneut wichtig werdenden theologischen Auseinandersetzung mit der Anthroposophie Rudolf Steiners dar, indem sie gerade die für das christlich-anthroposophische Gespräch entscheidende Grundlage: die Prinzipien der Bibelauslegung, zu ihrem Gegenstand gemacht hat. Dabei hat der Verfasser das für sein Thema bedeutsame Material aus dem umfangreichen Gesamtwerk Rudolf Steiners ebenso wie aus den einschlägigen Veröffentlichungen seiner theologischen Schüler in vollem Umfang herangezogen und eingehend analysiert. Er hat auch die bisherigen Untersuchungen anderer Theologen in seine Auseinandersetzung integriert, wobei er ihnen im Wesentlichen zustimmt, sie aber gelegentlich auch korrigiert. Das konnte und mußte er deswegen tun, weil er stärker als seine Vorläufer den *religionsgeschichtlichen Faktor* beachtet, der beim Entstehen von Theosophie und Anthroposophie mitgewirkt hat, insonderheit die indischen Religionen des Brahmanismus und Buddhismus.

Die Bearbeitung des vorgegebenen Themas hätte sicher über den vorliegenden Rahmen hinaus ausgeweitet werden können. Der Autor hat sich bewußt begrenzt, weil es ihm weniger um eine erschöpfende Behandlung aller zwischen anthroposophischer und kirchlicher Theologie strittigen Fragen ging, als vielmehr um die Herausstellung der entscheidenden Prinzipien der anthroposophischen Erkenntnislehre. Er weist selber darauf hin, daß er für weiterführende Forschungen genügend Raum gelassen bzw. eröffnet hat. Wenn einige seiner Leser sich von ihm angeregt fühlen, wäre das sicher eine willkommene zusätzliche Frucht seiner Arbeit. Denn in der auf so vielen Gebieten gleichzeitig wirksamen Anthroposophie ist der Kirche Jesu Christi ein Gegner neu erstanden, den es sehr ernst zu nehmen gilt, kommt er doch in einer viele Gemüter faszinierenden Gestalt daher und bedroht die Christenheit nicht minder, als dies in spätapostolischer Zeit die damalige Gnosis getan hat. Darum kann heute wie damals nur ein sorgfältiges Hören auf die wirklichen Aussagen der Heiligen Schrift und das Bekenntnis zu ihrer unbedingten Autorität die akute Gefahr synkretistischer Unterwanderung abwenden. Die vorliegende Untersuchung kann dazu einen wichtigen Beitrag leisten.

Tübingen, im Frühjahr 1993 Professor Dr. Peter Beyerhaus

EINLEITUNG

A. Die Aktualität des Themas

Die Anthroposophie erfreut sich heute erneut wachsenden Interesses. Biologisch-dynamischer Landbau, Weleda- und Wala-Medizin, Waldorfkindergärten und Waldorfschulen sind weithin bekannt. Im Aufbruch zu einer "neuen Spiritualität" fragen immer mehr Menschen nach esoterischen und anthroposophischen Schriften.

Rudolf Steiner, der Begründer der Anthroposophie, beansprucht, ein umfassendes System zu bieten – ein System, das auch das Christentum und die Bibel einschließt. An vielen Stellen wird deutlich, daß Steiner im Verständnis des Christus und seines Werks die entscheidende Grundlage seines gesamten Systems sieht, z.B. wenn er schreibt: "Auf das geistige Gestanden-Haben vor dem Mysterium von Golgatha in innerster ernstester Erkenntnis-Feier kam es bei meiner Seelen-Entwickelung an" (636,272).

Wo dieser Anspruch erhoben wird, ist die Stellungnahme der christlichen Theologie gefordert. Während seit den 20er Jahren unseres Jahrhunderts bis in die Gegenwart mehr oder weniger ausführliche Einzeluntersuchungen etwa zu Steiners Erkenntnistheorie[1], Christosophie[2] und Waldorfpädagogik[3] oder zu den indischen[4] und gnostischen[5] Einflüssen auf die Anthroposophie erschienen sind, steht eine solche Einzeluntersuchung grundsätzlicher Art zum *Bibelverständnis* Steiners und seiner Schüler noch aus. Dieser Sachverhalt erstaunt, wenn man bedenkt, daß sich das, was Steiner über "Gott", "den Christus", "die Engel", "den Menschen", aber etwa auch über die "Erkenntnisse der höheren Welten" sagt und schreibt, doch maßgeblich aus seinem Verständnis der Bibel ergibt und andererseits auch daran messen läßt. Hier klafft in der theologischen Beschäftigung und Auseinandersetzung mit der Anthroposophie eine schmerzliche Lücke.

B. Bisherige Veröffentlichungen

Zwar existieren einige Veröffentlichungen, in denen das Thema "Anthroposophisches Bibelverständnis" aus theologischer Sicht aufgegriffen wird, doch sind diese sowohl vom Umfang als auch von der Fragestellung her durchweg sehr begrenzt. In keinem Fall überschreiten sie den Umfang eines Aufsatzes oder Kapitels. Trotzdem finden sich in ihnen Anregungen und Kritikpunkte, die wir an gegebener Stelle dankbar in unsere Untersuchung einbeziehen und kenntlich machen. Folgende Autoren haben sich zum anthroposophischen Bibelverständnis geäußert:

Christian Gahr widmet in seiner 1929 im Selbstverlag erschienenen umfangreichen "Fundamentaluntersuchung" über die Anthroposophie Steiners ein 60 Seiten langes Kapitel dem Thema "Rudolf Steiner als Exeget und Systematiker und sein Verhältnis zum Evangelium und zur Theologie". Innerhalb dieses Kapitels beziehen sich allerdings nur sechs Seiten auf das eigentlich exegetische Gebiet. Darin geht es Gahr um die Frage, ob und inwieweit Steiners Bibelauslegung Parallelen zum römisch-traditionalistischen Standpunkt und zur religionsgeschichtlichen Schule aufweist.[6]

"Evangelium und Anthroposophie" stellt *Adolf Köberle* im Jahre 1939 in seinem so überschriebenen Aufsatz gegenüber. Darin beschreibt er in knapper Form auch einige Beispiele anthroposophischer Exegese. Diese zeigen seines Erachtens, daß hier die Evangelien "mit Hilfe höchst eigenartiger Künste ihres ursprünglichen Gehalts bis zum Letzten entkleidet und in astrale und kosmische Geheimnisse aufgelöst" werden.[7]

Paul Althaus befaßt sich in seinem 1949 veröffentlichten Beitrag "Evangelischer Glaube und Anthroposophie" in wenigen Sätzen mit Steiners Schriftverständnis. Er konzentriert sich auf die Frage, inwieweit das anthroposophische "Hellsehen" die göttliche Offenbarung verdrängt und der von den Reformatoren betonten Autopistie der Schrift widerspricht.[8]

1950 und 1953 erschienen zwei Berichtsbände evangelischer Studienkommissionen unter dem Vorsitz von Bischof Wilhelm Stählin, die sich mit dem Verhältnis von "Kirche und Anthroposophie" sowie von "Evangelium und Christengemeinschaft" befaßten. In beiden Bänden sind auch Ausführungen über das anthroposophische Bibelverständnis enthalten.

Im Schlußbericht der Studienkommission *"Kirche und Anthroposophie"* (1950) geht es u.a. um die Frage, ob bei der anthroposophischen Auslegung der Zusammenhang zwischen Kirche, Kultus und Schrift gewahrt oder zugunsten subjektivistischer Willkür preisgegeben wird.[9]

Im gleichen Band setzt sich *Helga Rusche* mit der von der Anthroposophie vertretenen Ansicht auseinander, die Evangelien (insbesondere das Johannesevangelium) hätten esoterische Wurzeln oder einen gnostischen Hintergrund.[10]

Im Band *"Evangelium und Christengemeinschaft"* (1953) findet sich ein Aufsatz von *Werner Foerster* mit dem Titel "Das Verständnis der Evangelien bei der Christengemeinschaft". Foerster überprüft einige Auslegungen Steiners und seines Schülers Emil Bock kritisch auf ihre philologische Zuverlässigkeit.[11]

Eng an Foerster schließt sich *Guenther Siedenschnur* in seiner Arbeit "Geheimwissenschaft oder evangelische Wahrheit?" (o.J.) an. Im Kapitel "Anthroposophisches und evangelisches Bibelverständnis" greift er mehrere der auch von Foerster gebrauchten Beispiele auf und ergänzt sie durch weitere, die er ebenfalls einer kritischen Prüfung vom philologischen Standpunkt her unterzieht.[12]

Klaus von Stieglitz widmet innerhalb seiner 1955 gedruckten Dissertation mit dem Thema "Die Christosophie Rudolf Steiners" der Darstellung von "Verständnis und Verwendung der Bibel" bei Steiner relativ breiten Raum, nämlich vierzehn inhaltlich komprimierte Seiten.[13] Diese Darstellung dient ihm als Hinführung zu seinem eigentlichen Thema, der Christosophie. Im Vergleich zur Darstellung fällt hingegen die Kritik des anthroposophischen Bibelverständnisses äußerst knapp aus. Sie beschränkt sich auf einige Thesen und Beispiele[14] und läßt viele Fragen offen. K. v. Stieglitz begründet seine Kritik viel mehr systematisch[15] als exegetisch.

Andere Veröffentlichungen, in denen das anthroposophische Bibelverständnis erwähnt wird[16], enthalten gegenüber den genannten keine neuen Fragestellungen und Erkenntnisse, so daß wir sie hier übergehen können. Insgesamt ist festzustellen, daß das Problem in der theologischen Forschung bisher zu wenig beachtet wurde.

C. Ziel, Methodik und Rahmen der Untersuchung

Ziel der vorliegenden Untersuchung ist es, das anthroposophische Bibelverständnis in einem Gesamtüberblick darzustellen und einer kritischen Prüfung aus theologischer Sicht zu unterziehen. Dabei gehen wir in dreifacher Hinsicht über die obengenannten Veröffentlichungen hinaus:

a) Wir untersuchen nicht nur einzelne Aspekte, sondern behalten das Ganze des anthroposophischen Bibelverständnisses im Auge.

b) Wir beziehen nicht nur die Veröffentlichungen Rudolf Steiners, sondern in gleichem Maß auch Schriften anthroposophisch geprägter Theologen und anderer Autoren (die wir im folgenden als Steiners "Schüler"[17] bezeichnen) in unsere Analyse ein.

c) Wir legen unserer Untersuchung die Rudolf-Steiner-Gesamtausgabe, die nun komplett greifbar ist, und die neuere Literatur bis zur Gegenwart zugrunde.

Der *erste Hauptteil* (I.) gilt dem historisch-biographischen Aspekt. In ihm gehen wir der Frage nach, wie es zur Ausbildung der Anthroposophie und insbesondere des anthroposophischen Bibelverständnisses durch Steiner und seine Schüler (v.a. Rittelmeyer, Bock und Frieling) kam. Den Schwerpunkt legen wir auf die weltanschaulichen Einflüsse, die das Denken dieser Männer prägten.

Im *zweiten Hauptteil* (II.) beschäftigen wir uns mit dem Grundanliegen und den Grundlagen des anthroposophischen Bibelverständnisses. Das Grundanliegen ist die Wiedergewinnung der spirituellen Dimension. Diese ist nach Ansicht der anthroposophischen Autoren in den gängigen Systemen der Bibelauslegung verloren gegangen (A.). Sie kann und muß über den anthroposophischen Dreischritt (Erkenntnisse höherer Welten – Akasha-Chronik – spirituelle Interpretation) wiedergewonnen werden (B.). Unsere Kritik dieses Anspruchs auf Wiedergewinnung der spirituellen Dimension erfolgt sowohl aus empirischer als auch aus theologischer Sicht.

Der *dritte Hauptteil* (III.) enthält zunächst die systematische Entfaltung des anthroposophischen Bibelverständnisses. Dieses faßt die Bibel als Einheit und Ganzheit, als Einweihungs- und Meditationsbuch sowie als zeitbedingte und relative Größe auf (A.). Danach überprüfen wir die exegetische Anwendung des anthroposophischen Bibelverständnisses paradigmatisch anhand von sechs ausgewählten Themenbereichen von zentraler Bedeutung auf ihre Haltbarkeit (B.), um abschließend die Gesamtbeurteilung zu formulieren.

Da es in dieser Arbeit nicht so sehr um einzelne Aspekte, sondern um das Ganze (und das heißt: um die Grundlagen und Grundfragen) des anthroposophischen Bibelverständnisses gehen soll, darf sie sich – von veranschaulichenden Beispielen abgesehen – nicht in Detailfragen verlieren.

So mußten wir z.B. die Zahl der einzelexegetischen Analysen auf das notwendige Minimum beschränken und die vorgelegten Analysen in der gebotenen Kürze – u.U. durch Verweis auf die einschlägige Literatur – begründen. Auch konnten Fragen und Lösungsvorschläge, die im *Gefolge* der Steinerschen Bibelauslegung im Raum der anthroposophischen Exegese diskutiert werden, nicht aufgenommen werden (einige Ausnahmen finden sich in Teil III.B.). Solche Themen, die hier unbehandelt bleiben müssen, sind etwa die Frage nach einer Neudatierung des Lebens Jesu, insbesondere seiner Geburt[18], sowie die Frage nach der Bedeutung bestimmter Zahlen, Rhythmen und Kompositionsgeheimnisse in den Evangelien[19]. Hier bleibt durchaus noch ein Feld für weitere, detailliertere Forschungen.

Ein technischer Hinweis soll diese Einleitung beschließen: Um ein Überhandnehmen der Anmerkungen zu vermeiden, werden Fundstellen zu Zitaten aus den Schriften Rudolf Steiners und einem Teil der Schriften Emil Bocks durch ein Ziffernsystem direkt in den fortlaufenden Text eingefügt. Die Aufschlüsselung dieses Systems sowie der weiteren Abkürzungen findet sich am Anfang des Literaturverzeichnisses.

I. Erster Hauptteil:

Geschichtlich-biographische Hinführung zum anthroposophischen Bibelverständnis

A. Ursprung und Wesen der Anthroposophie

1. Rudolf Steiner (1861-1925) und der Ursprung der Anthroposophie

Rudolf Steiner, der Begründer der Anthroposophie, wurde am 27.2.1861 in Kraljevic an der damaligen ungarisch-kroatischen Grenze (später Jugoslawien) als Sohn des Bahnbeamten Johann Steiner und seiner Frau Franziska, geb. Blie, geboren (636,8.368). Wer war dieser Mann, von dem die einen sagen, er habe "die größte Menschentat vollbracht" und uns die "größte Gottestat ... verstehen" gelehrt[1] – und den die anderen als "Typus des außerchristlichen Genies, fern vom Quell des Evangeliums" betrachten, das "am Glanz der gefundenen Edelsteine aus der Krone des gestürzten Luzifer sein Genüge wähnt anstatt die wahre Sonne zu suchen"[2]? Wovon war er geprägt? Wir können im folgenden nur die u. E. wesentlichsten Einflüsse auf sein Denken skizzieren und konzentrieren uns auf die innere Entwicklung des jungen Steiner bis etwa zur Jahrhundertwende.[3]

1.1 Einflüsse in der Kindheit

In seiner Autobiographie "Mein Lebensgang" nennt Steiner *frühe übersinnliche Erfahrungen,* die ihm das Unverständnis seiner Umwelt einbrachten (636,17f). Sie kamen vor allem auf dreifache Weise zustande: erstens durch die Beschäftigung mit der *Geometrie,* die ihm ermöglichte, "rein im Geiste etwas erfassen zu können" (636,17); zweitens durch das Erleben des *katholischen Kultus,* der nach Steiners Ansicht der "Vermittelung zwischen der sinnlichen und der übersinnlichen Welt" diente und demgegenüber "der Bibel- und Katechismus-Unterricht ... weit weniger wirksam" innerhalb seiner Seelenwelt war (636,22); drittens durch frühe *okkulte Erlebnisse,* etwa die Begegnung des Achtjährigen mit einem Geistwesen, das er für den Geist einer verstorbenen Familienangehörigen hielt und das ihn beauftragte, so viel er könne, für es zu tun (38,10ff).[4] Der Anthroposoph und Steiner-Biograph Johannes Hemleben bemerkt dazu:

"Dieses Erlebnis machte auf das Kind einen starken Eindruck. Doch war es nur der Anfang eines zwar ungewöhnlichen, aber von nun ab eine sein Leben wie selbstverständlich begleitende Fähigkeit von natürlichem Hellsehen [sic]."[5]

1.2 Philosophische Studien

Von 1872 bis 1879 besuchte Rudolf Steiner die Realschule in Wiener–Neustadt, von 1879 an die Technische Hochschule in Wien, da er nach der Vorstellung seines Vaters Eisenbahn-Ingenieur werden sollte (636,25ff). Bereits in seiner Realschulzeit beschäftigte sich der Jugendliche jedoch auch mit Fragen der Philosophie, insbesondere der Erkenntnistheorie, und las Kants *"Kritik der reinen Vernunft"* (636,29ff). Der "Weg ins Übersinnliche", den Steiner suchte, war bei Kant jedoch durch "Erkenntnisgrenzen" versperrt, und so kam er "durch ihn nicht weiter" (636,31; vgl. 625,44).

Anders erging es ihm mit *J.G. Fichtes "Wissenschaftslehre"*. Diese lernte er 1879 – in der Zeit nach seinem "mit Auszeichnung" bestandenen Abitur[6] und vor Beginn seines Studiums – kennen (636,39ff). Er schrieb später über sie seine philosophische Dissertation[7]. In Fichte und seiner "Ich-Philosophie" begegnete ihm "das eine große Thema der Menschheit des 19. und 20. Jahrhunderts": die Frage "nach der 'Bestimmung des Menschen', nach seiner Autonomie und Abhängigkeit im Weltall"[8]. Steiner, der "in der Tätigkeit des menschlichen 'Ich' den einzig möglichen Ausgangspunkt für eine wahre Erkenntnis" erblickte, fand die Begrifflichkeit hierfür bei Fichte. Und doch hatte er auch hier bezüglich der Inhalte, vor allem bezüglich der Existenz einer "Welt der geistigen Wesen", seine eigenen Ansichten: "Und so nahm ich denn die 'Wissenschaftslehre' Seite für Seite vor und schrieb sie um" (636,39f).

Einen wesentlichen gedanklichen Schritt auf die übersinnliche, geistige Welt zu ermöglichte ihm erst *J. W. v. Goethe,* mit dessen Lehren er durch die Vorlesungen des Germanisten Karl Julius Schröer im Wintersemester 1879/80 in Berührung kam (636,41). Von Anfang an studierte Steiner nämlich nicht nur die Fächer Mathematik, Naturgeschichte und Chemie, für die er sich eingeschrieben hatte, sondern hörte auch Vorlesungen über Literatur, Geschichte und Philosophie (636,41.403). Die Prägung Steiners durch Goethe ging so weit, daß er es als "Schicksal" bezeichnete, seine "eigenen Anschauungen an Goethe anzuknüpfen" (636,124). So waren auch die Lebensjahre, die auf sein Studium folgten und die zur allmählichen Ausformung der späteren Anthroposophie führten, maßgeblich durch die Beschäftigung mit Goethe bestimmt: 1882-1897 gab Steiner Goethes Naturwissenschaftliche Schriften in Kürschners "Deutscher National-Litteratur" [sic] heraus; 1886 wurde er zur Mitarbeit bei der Herausgabe der großen "Sophien-Ausgabe" von Goethes Werken berufen; 1890-1897 arbeitete er am Goethe- und Schiller-Archiv in Weimar mit (636,403).

Bei der Bearbeitung von Goethes Schriften ging es ihm – wie seinem Lehrer Schröer – weniger um philologische Exaktheit als um die geistige Erfassung des Inhaltes. So wußte er, wie Schröer "von den Bekennern der herrschend gewordenen literarhistorischen Methoden ... angefeindet wurde" (636,69). Auch für sich selbst stellte er nicht in Abrede, "daß, was ich bei Bearbeitung der Weimarischen Ausgabe in manchem Einzelnen gemacht habe, als Fehler von 'Fachleuten' bezeichnet werden kann". Er führte dies auf ein mangelndes "Erkennen der Außenwelt" infolge seines Zuhauseseins in der "geistigen Welt" zurück (636,235). Diese Vernachlässigung des philologischen Bereichs zugunsten eines "spirituellen" Erlebens ist, wie wir im weiteren Verlauf der Untersuchung sehen werden, auch kennzeichnend für das anthroposophische Bibelverständnis.

Steiner knüpfte insbesondere auf dem Gebiet der *Erkenntnistheorie* an Goethe an. Für Kant konnte "das menschliche Erkennen nur bis an die Grenzen gehen", die den "Sinnesbereich" umschließen. Für alles, was darüber hinausging, war nur ein Glaube möglich. Goethe hingegen wollte – an Platon anknüpfend – "die Ideenwelt in ihrem Wesen an der Natur" schauen, um dann "in der befestigten Ideenwelt zu einer über die Sinneswelt hinausliegenden Erfahrung zu schreiten". Er dachte die Natur "ideenerfüllt" (625,44.46). Diese *monistische Weltsicht* Goethes aufnehmend, konnte Steiner schreiben:

> "Indem sich das Denken der Idee bemächtigt, verschmilzt es mit dem Urgrunde des Weltdaseins; das, was außen wirkt, tritt in den Geist des Menschen ein: er wird mit der objektiven Wirklichkeit auf ihrer höchsten Potenz *eins. Das Gewahrwerden der Idee in der Wirklichkeit ist die wahre Kommunion des Menschen"* (636,124; HiO).

Goethe hatte ferner die Vorstellung von einer nicht empirisch nachweisbaren *"Urpflanze"* entwickelt, die alle sinnlich wahrnehmbaren, einzelnen Pflanzen als übergeordnete Idee enthält. Alle Einzelpflanzen, alle Einzelerscheinungen sind nur Metamorphosen (Verwandlungen) der hinter ihnen stehenden Urgestalt. Geist und Stoff sind eine Einheit, und zwar ist der Geist das prägende Prinzip (vgl. 625,101ff). Steiner griff diese Vorstellung auf und entwickelte sie weiter, indem er nicht wie Goethe "bei den Pflanzen stehen" blieb (214,57), sondern auch für den Menschen und den gesamten Kosmos eine Uridee annahm, die durch evolutionäre Höherentwicklung in ihrer Reinheit erreicht werden müsse. Der gegenwärtige, sinnlich wahrnehmbare, sichtbare Mensch sei nur eine Durchgangsstufe auf dem langen Weg zum Geistesmenschen. Zusammen mit dem Menschen strebe der gesamte Kosmos in einem Prozeß, der riesige Zeiträume umfasse, seiner "Vergeistigung" zu (vgl. 601,294ff.306). Einen grundlegenden Unterschied zu Goethe hat Steiner darin gesehen, daß Goethe in seiner Bestimmung der Geisteswelt nicht weit genug gegangen sei:

"In dieser Anknüpfung hat man zwar viel Gelegenheit, zu zeigen, wie die Natur geistig ist, weil Goethe selbst nach einer geistgemäßen Naturanschauung gestrebt hat; man hat aber nicht in ähnlicher Art Gelegenheit, über die rein geistige Welt als solche zu sprechen, weil Goethe die geistgemäße Naturanschauung nicht bis zur unmittelbaren Geistanschauung fortgeführt hat" (635,124f).

Diese "unmittelbare Geistanschauung" wollte nun Steiner selber erringen, und zwar durch ein "sinnlichkeitsfreies Denken", welches der später von ihm entwickelte anthroposophische Erkenntnisweg ermöglichen sollte (vgl. 636,122ff).

Viele weitere Prägungen und Begegnungen wären im folgenden zu erwähnen, die Steiner zu seiner anthroposophischen Weltanschauung führten oder ihn auf seinem Weg dorthin bestärkten, doch müssen wir uns – wie schon anfangs betont – auf die uns am wesentlichsten erscheinenden beschränken. Folgende grundlegende Beobachtung sei an dieser Stelle jedoch wiedergegeben: Zum einen nennt Steiner viele Personen, die für ihn prägend waren; zum anderen möchte er die Eigenständigkeit seiner Erkenntnisse festhalten (vgl. 636,272.294 u.a.). Wie läßt sich das vereinbaren? Betrachtet man seine Schriften, so wird man jedenfalls so viel sagen können: Steiner hat aus verschiedenen, bereits vorhandenen Gedanken und Lehren eklektisch *Impulse* aufgenommen und mit deren Hilfe etwas Neues gestaltet. Dabei waren seine frühen hellseherischen Erfahrungen die Grundlinie, die sich durch sein Leben zog und die die Auswahl, Aufnahme und Verwandlung der auf ihn zukommenden Impulse bestimmte.

So erklärt sich z.B. die zunächst erstaunlich scheinende Tatsache, daß Steiner von materialistisch und "anti-metaphysisch" geprägten Philosophen wie *Ernst Haeckel* und *Friedrich Nietzsche* Anschauungen übernehmen konnte, um sie dann auf die "höhere Ebene" seiner aufkeimenden "Geisteswissenschaft" zu übertragen. Haeckels materialistischen Monismus etwa formte er zu einem "geistgemäßen" oder "spirituellen" Monismus um (vgl. 636,162f.288f; 605,10f). Darwins und Haeckels Vorstellung von einer biologisch-materiellen Evolution übertrug er auf die "geistige" Ebene (vgl. 636,300). Nietzsches Steigerung des Menschen zum "Übermenschen" bzw. "höheren Naturmenschen" war ihm Vorbild für die Steigerung des Menschen zum Geistesmenschen (636,195; 621,38ff). Und Nietzsches Anschauung von der "Wiederkehr des Gleichen" gab ihm – neben der Vermittlung der diesbezüglichen Lehren durch die indisch geprägte Theosophie, aber auch die jüdische Kabbala (s. III.B.2.1.1) – den Anstoß zu seiner Lehre von den wiederholten Erdenleben, von der Reinkarnation (vgl. 636,190ff).

1.3 Esoterische Prägungen

Den ausschlaggebenden Impuls empfing Steiner aber nicht von der Philosophie, sondern von einem "einfachen Manne aus dem Volke" (636,45). Die Philosophie war – selbst bei Hegel – "nur zu einer Gedankenwelt", nicht aber "zu einer Anschauung einer konkreten Geisteswelt" vorgedrungen (636,47). Anders der Wiener Kräutersammler *Felix Koguzki* (1833–1909)[9], den Steiner zu Beginn seines Studiums kennengelernt hatte: "Mit ihm konnte man über die geistige Welt sprechen wie mit jemand, der Erfahrung darin hatte." In ihm begegnete Steiner jemand, der "viele mystische Bücher gelesen" hatte und zugleich "Sprachorgan" war für einen "Geistesinhalt, der aus verborgenen Welten heraus sprechen wollte" (636,45f.371). Laut seinem französischen Biographen Edouard Schuré wurde Steiner durch Koguzki bzw. einen hinter ihm stehenden, übersinnlichen "Meister" in die okkulten Mysterien eingeweiht. Schuré deutet in seiner kurzen Steiner-Biographie zu Beginn der französischen Übersetzung des "Christentums als mystische Tatsache" darauf hin. Seiner Information liegt ein Gespräch mit Steiner zugrunde:

"Ce fut à dix-neuf ans que l'aspirant aux mystères rencontra son guide – le Maître – depuis longtemps pressenti. C'est un fait constant, admis par la tradition occulte et confirmé par l'expérience, que ceux qui cherchent la vérité supérieure d'un désir impersonnel trouvent un maître pour les initier, au moment propice, c'est-à-dire quand ils sont mûrs pour la recevoir ... Le maître de Rudolf Steiner était un de ces hommes puissants qui vivent, inconnus du monde, sous le masque d'un état civil quelconque, pour accomplir une mission dont seuls se doutent leurs égaux dans la confrérie des maîtres renonciateurs."[10]

Einen weiteren Schritt in Richtung "Okkultismus"[11] tat Steiner in den Jahren 1884/85, als er in Wien im Hause der Marie Lang mit der *Theosophie Helena Petrovna* (Petrowna) *Blavatskys* in Verbindung kam (636,118ff; 38,52f.136f). Blavatsky (1831–1891) war ein spiritistisches Medium und hatte aufgrund "übersinnlicher Eingebungen" ein kompliziertes Weltanschauungsgebäude errichtet, das Elemente aus unterschiedlichen Lehrsystemen – vor allem aus Buddhismus, antiker Gnosis und jüdischer Kabbala – in sich vereinigte.[12] Ernst Müller, der Übersetzer des "Sohar", der durch die Begegnung mit Rudolf Steiner vom Judentum zu einem anthroposophisch geprägten Christentum geführt wurde[13], weist auf den – meist viel zu wenig beachteten – Einfluß jüdisch-kabbalistischer Geheimlehren auf Blavatsky und Steiner hin:

"Parmi les mouvements occultistes modernes, la théosophie, avec son penchant vers l'Inde, a prêté peu d'attention à la mystique juive, excepté sa fondatrice Mme. P.H. Blavatsky, qui dans son ouvrage connu 'Secret Doctrine', et encore plus dans son 'Isis unveiled' s'est inspirée du Zohar et de la Kabbale. De façon beaucoup plus large, l'anthroposophie fondée par Rudolf Steiner a, dans de nombreux cercles, attiré l'attention sur la signification cachée du récit biblique de la création, sur l'élément occulte dans la langue hébraïque et dans le langage en général (Herman Beckh, Arnold Wadler), sur les relations historiques de la Gnose juive avec le christianisme primitif, sur le lien des Rose-Croix avec les anciens mouvements mystiques, et sur les efforts pour placer l'ensemble de la connaissance sur une nouvelle base."[14]

Der Theosoph Friedrich Eckstein, den Steiner in seinem "Lebensgang" erwähnt (636,121), hat seinerseits berichtet, wie Steiner ihn bat, durch ihn in Blavatskys "Geheimlehre" eingeweiht zu werden:

"Um diese Zeit (1885) tauchte in unserem Kreise ein völlig bartloser blasser Jüngling auf, ganz schlank, mit langem Haar von dunkler Färbung ... Sein Name war Dr. Rudolf Steiner ... Dr. Steiner erklärte mir, wie sehr ihm daran liege, über diese Dinge Näheres zu erfahren und bat mich, ihn in die 'Geheimlehre' einzuweihen. Damit begann mein regelmäßiger Verkehr mit ihm, der viele Jahre währte und schließlich, nach langen Wandlungen und Zwischenfällen, allmählich zur Ausgestaltung seines eigenen 'anthroposophischen' Systems hinführte."[15]

Steiner selber betonte freilich gegenüber der Theosophie immer seine innere Unabhängigkeit – selbst dann noch, als er im Jahre 1902 zum Generalsekretär der Deutschen Sektion der Theosophischen Gesellschaft gewählt worden war: *"Niemand blieb im Unklaren darüber,* daß ich in der Theosophischen Gesellschaft nur die Ergebnisse meines eigenen forschenden Schauens vorbringen werde" (636,294; HiO). Und doch zeigt z.B. schon der Vergleich seiner "Geheimwissenschaft" mit Blavatskys "Geheimlehre", daß er viele Einzelheiten bezüglich der Wesensglieder des Menschen, der Weltentstehung, der Evolution und der Reinkarnation aus Blavatskys Schriften übernommen hat.[16]

1.4 Entstehung der Anthroposophie

Freilich gab es auch ganz wesentliche Unterschiede, die dann zur Trennung Steiners von der Theosophischen Gesellschaft und zur Begründung seiner eigenen *Anthroposophischen Gesellschaft* im Jahre 1913 führten. Als Hauptgründe für die Trennung nannte Steiner das Überhandnehmen der platten spiritistischen Phänomene bei den Theosophen und die Propagierung eines angeblich fleischgewordenen Welterlösers oder "Christus", des Inders Krishnamurti, durch die Präsidentin der weltweiten Theosophischen Gesellschaft, Annie Besant (636,309f). Beides lehnte Steiner zu Recht ab. Den gewöhnlichen Spritismus betrachtete er als nicht mehr zeitgemäße Art des Zugangs zum Übersinnlichen. Dieser sei mit dem vergangenen Zeitalter der Empfindungsseele verbunden gewesen, während nun das Zeitalter der Bewußtseinsseele angebrochen sei, in dem der Zugang zum Übersinnlichen unter Einbeziehung des Bewußtseins, des logischen Denkens und unter strenger Disziplin erfolge (vgl. 636,320f). Ferner hatte Steiner eine eigene Christologie (eigentlich: Christosophie[17]) entwickelt. Er maß "dem Christus", wie er sagte, eine zentralere Funktion bei, als dies im primär östlich – vom Brahmanismus und Buddhismus – geprägten System der Theosophen der Fall war (vgl. 636,295f). Gemäß seiner Lehre vom Äthersehen bestritt er die leibliche Wiederkunft eines Christus auf Erden (s.u.).

Wie Klaus von Stieglitz gezeigt hat, waren "die Aussagen Steiners über den Christus, über die Bibel, über die Welt des Geistigen stets von dem Willen geprägt ..., zur Ehre des Christus, zur Würdigung der Bibel, zur Verherrlichung des Geistes beizutragen"[18]. Zugleich jedoch waren sie eine Frucht seiner Philosophie, seines spirituellen Monismus. Steiner ließ um die Jahrhundertwende "auf die vorläufigen philosophischen Lösungsversuche die Christosophie als endgültige Lösung der Daseinsrätsel folgen"[19]. Der Christus wurde ihm "zum Inbegriff und Repräsentanten des Geistes", der den Sieg über die Materie und den Materialismus ermöglichte[20]. Diese Ansicht allerdings wurde Steiner nach seinen eigenen Worten nicht durch die Bibel und nicht durch die christlichen Bekenntnisse zuteil, sondern "unmittelbar" – durch eine hellseherische Schau: "Auf das geistige Gestanden-Haben vor dem Mysterium von Golgatha in innerster ernstester Erkenntnis-Feier kam es bei meiner Seelen-Entwickelung an" (636,272).

Überblicken wir die bisherige Darstellung des Lebenslaufs, so können wir mit dem Steiner-Schüler und -Biographen Guenther Wachsmuth drei Strömungen nennen, die sich mit der geistigen Entwicklung Steiners verbanden oder die – wie Wachsmuth es ansieht – "Rudolf Steiner ... aus dem Versinken im Unbewußten des menschlichen Wesens errettete". Es sind dies "die Gaben der großen Gestalten des *deutschen Idealismus,* die durch die Jahrhunderte nicht versiegten Quellen eines *esoterischen Christentums,* die geistgesättigte Naturerkenntnis eines vom 19. Jahrhundert durch die Dogmen des Materialismus mit Verdrängung bedrohten und doch die Zukunftskeime in sich tragenden wahren *Goetheanismus*"[21].

Im Jahre 1897 war Steiner nach Berlin gezogen, hatte dort bis 1900 zusammen mit Otto Erich Hartleben das "Magazin für Literatur" herausgegeben (636, 253ff) und von 1899 bis 1904 eine Lehrtätigkeit an der von Wilhelm Liebknecht gegründeten "Arbeiter-Bildungsschule" wahrgenommen (636, 279ff). Danach nahm er keine Stellung mehr an, sondern blieb freiberuflich im Dienste seiner Weltanschauung tätig. Im Jahre 1900 hatte er zum ersten Mal Vorträge vor Mitgliedern der Theosophischen Gesellschaft in Berlin gehalten (636,292ff). Nach Wachsmuth brachte "das Jahr 1900 ... die Geburt der 'Anthroposophie' für die Menschheit"[22]. Steiners Weltanschauung stand jetzt in ihren Grundzügen fest und bedurfte nur noch der Verbreitung und der Entfaltung in die verschiedensten Wissenschaftsgebiete hinein: Kunst, Pädagogik, Naturwissenschaft, soziales Leben, Medizin, Theologie. Das tat Steiner – unermüdlich reisend, lehrend und planend – in fast 6.000 Vorträgen und einer Fülle von Schriften[23] von der Jahrhundertwende bis zu seinem

Tode. Er starb am 30.3.1925 in Dornach bei Basel – an dem Ort, den er zum Zentrum der anthroposophischen Bewegung bestimmt hatte und wo bis heute der von ihm entworfene zweite Bau des "Goetheanums" steht.[24]

2. Das Wesen der Anthroposophie

2.1 Definitionen der Anthroposophie

"Theosophie" heißt "Weisheit von Gott" bzw. "Weisheit vom Göttlichen". "Anthroposophie" aber heißt "Weisheit vom Menschen". Damit wird bereits eine Schwerpunktverschiebung deutlich: Zwar sollen, wie der Steiner-Schüler Rudolf Frieling schreibt, Göttliches und Menschliches in der Anthroposophie nicht gegeneinander "ausgespielt" werden. Und doch steht jetzt im Zentrum ein *"neuer Schritt im Bewußtwerden des Menschen um sein eigenes Wesen"*, eine Art *"höherer Humanismus"*[25].

Anthroposophie ist nach der *klassischen Definition* Steiners "ein Erkenntnisweg, der das Geistige im Menschenwesen zum Geistigen im Weltall führen möchte" (26,14). Neben dieser (esoterischen) Definition für den "Schüler der Anthroposophie" zitiert Carl Unger eine weitere (exoterische) Definition Steiners für die Öffentlichkeit: "Anthroposophie ist eine Erkenntnis, die vom höheren Selbst im Menschen hervorgebracht wird."[26] Unger fährt fort: "Schon aus dieser Definition geht hervor, daß Anthroposophie kein Dogma ist und keine Wissenschaft im gewöhnlichen Sinn, sondern eine solche, für deren Zustandekommen tieferliegende Erkenntniskräfte des Menschen in Anspruch genommen werden müssen."[27]

Der Steiner-Schüler und -Weggefährte Unger grenzt damit die Anthroposophie sowohl gegen vorgegebene, geoffenbarte Wahrheiten – etwa in christlichen Dogmen – als auch gegen die gewöhnliche (natur-)wissenschaftliche Erkenntnis ab. Anthroposophie will, wie ihr Vertreter O.J. Hartmann formuliert, "Erkenntnis-Weg" sein und "kein System von Lehrsätzen, das dogmatisch hinzunehmen wäre"[28]. Steiner selber hat gesagt: "Eine Dogmatik auf irgendeinem Gebiet soll von der Anthroposophischen Gesellschaft ausgeschlossen sein" (260,47).

Freilich führt der Steinersche Erkenntnisweg aber auch zu Erkenntnissen: "Anthroposophie vermittelt Erkenntnisse, die auf geistige Art gewonnen werden" (26,14). Diese Erkenntnisse verdichten sich faktisch dann doch zu einem Dogmen- und Lehrsystem, nämlich zur anthroposophischen Weltanschauung, die ihrerseits die Grundlage für den Erkenntnisweg darstellt. Wir werden auf diesen Tatbestand bei der Erörterung der "Erkenntnisse höherer Welten" zurückkommen (s. II.B.1.).

Hier aber ist die anthroposophische *Weltanschauung*[29] insoweit darzustellen, als sie ihrerseits zum Verständnis des Erkenntnisweges – und im Gefolge davon der anthroposophischen Hermeneutik – wichtig ist.

2.2 Skizze des anthroposophischen Systems

Steiner untergliedert den gegenwärtigen *Menschen* – unter Aufnahme und Variation von Lehren aus verschiedenen esoterischen Systemen[30] – in vier Leiber:

a) physischer Leib (stofflicher Leib);
b) Ätherleib (übersinnlicher Form- oder Lebensleib);
c) Astralleib (übersinnlicher Bewußtseinsleib, der beim Schlaf sowie zwischen Tod und neuer Geburt im Weltall weilt);
d) Ich (Erinnerungsleib).

In Zukunft wird sich der Mensch in einem Prozeß von Wiederverkörperung (Reinkarnation) und Schicksalsgesetz (Karma) über die Stufen "Geistselbst" und "Lebensgeist" zum *"Geistesmenschen"* weiterentwickeln.

Die sieben Entwicklungsstufen erfolgen in *sieben Weltzeitaltern,* die mehrheitlich nach verschiedenen Himmelskörpern benannt sind: Saturn-, Sonnen-, Monden-, Erden-, Jupiter-, Venus- und Vulkan-Zeitalter. Gegenwärtig befinden wir uns im vierten, im Erden-Zeitalter, das die Ausbildung des menschlichen Ich-Leibes zum Ziel hat. "Saturn", "Sonne" und "Mond" sind nicht einfach (im räumlichen Sinn) mit den gleichlautenden Planeten unseres Sonnensystems gleichzusetzen, sondern sie sollen (in einem zeitlichen Sinn) "Namen für *vergangene* Entwickelungsformen sein, welche die Erde durchgemacht hat" (601,111; HiO). Ebenso sind "Jupiter", "Venus" und "Vulkan" Entwicklungsstufen, die die Erde durchmachen *wird.*

Die Geschichte ist ein Wechselspiel von Evolution (Fortentwicklung der Materie) und Involution (Eingießen des geistigen Prinzips aus unsichtbaren Welten). Dabei kommt es zu einer Höherentwicklung in Form aufsteigender Kreise (das Bild der Spirale als Verbindung östlich-zyklischen und westlich-teleologischen Geschichtsdenkens). Dieses Geschichtssystem Steiners ist deutlich von Blavatskys "Geheimlehre" beeinflußt.[31] Zudem kommt in der Grundanschauung vom Fall in die Materie und Wiederaufstieg zum Geist, die hinter den folgenden Auffassungen steht, grundlegendes gnostisches Gedankengut zur Geltung. "... alle gnostischen Systeme stellen ein großes Drama dar, das Gott und Welt umspannt und darstellt, wie ein göttlicher Teil in den Bann der Welt gerät und wie er daraus endgültig errettet wird" (Werner Foerster).[32]

Die Aufwärtsentwicklung des Menschen nämlich wurde laut Steiner gestört, weil er zu früh – nämlich vor Ausbildung des Ich – nach Freiheit und Gottähnlichkeit strebte.[33] Schon vorher war es – und hier treten in der Anthroposophie "höhere Geisteswelten" auf den Plan – zu einem Aufstand der in der Entwicklung zurückgebliebenen Mondenwesen gegen die guten, lebensspendenden Sonnenwesen gekommen – und wegen des Streits dieser Geister auch zur Trennung der Himmelskörper. Die aufrührerischen Mondenwesen gossen dem Menschen (der erst aus Astralleib, Ätherleib und einem *unsichtbaren* physischen Leib bestand!) Leidenschaften, Triebe und Begierden in seinen astralischen Leib. Dieser Vorgang wird von Steiner als *"Luzifer-Ereignis"* bezeichnet und mit der Schilderung in Gen 3 gleichgesetzt. "Ihr werdet sein wie Gott" (Gen 3,5) – wäre dieser Satz später – an das *Ich* gerichtet – gehört und befolgt worden, dann hätte er in ruhiger Weise die Entwicklung des Menschen zum Geistesmenschen fortgesetzt. So aber, an den astralischen Leib gerichtet, geriet die gesamte Entwicklung durcheinander. Der Mensch wurde tiefer als geplant in die *Materie* verstrickt, und Ahriman als polarer Gegensatz zum übergeistigen Luzifer redet ihm jetzt ein, es gäbe nichts als Materie. Der physische Leib wurde sichtbar. Egoismus, Krankheit, Lüge und die Möglichkeit zum Bösen traten in die Welt.

"Der Christus" – Steiner gebraucht fast immer diese Bezeichnung mit Artikel – soll die Verstrickung in die Materie wieder aufheben und die *Wiedervergeistigung* des Menschen und des Kosmos einleiten. Wer ist "der Christus" nach anthroposophischem Verständnis? Er ist der "Logos", die "Summe der sechs Elohim [Mehrzahl; d. Verf.], die mit der Sonne vereinigt sind, die also die Erde mit ihren Gaben geistig beschenken" (103,130). Von ihnen hat sich Jahwe als siebter Elohim, als Beherrscher der Mondengeister, die als verhärtende, entwicklungshemmende Prinzipien tätig sind, abgespalten. Auch hier finden wir bei Steiner deutliche Anklänge an gnostische Anschauungen, etwa bei dem frühen Gnostiker Satornil (Anfang des 2. Jahrhunderts n.Chr.):

"Satornil lehrt, gleich wie Menander, einen allen unbekannten Vater, der Engel, Erzengel, Kräfte und Gewalten gemacht hätte. Von sieben Engeln sei die Welt und alles in ihr entstanden, auch der Mensch sei ein Engelgebilde ... Und der Gott der Juden, sagt er, sei einer der Engel, und weil den Vater alle 'Mächte' vernichten wollten, sei Christus zur Vernichtung des Gottes der Juden erschienen und zur Rettung derer, die ihm glauben, das seien die, die den Lebensfunken in sich hätten."[34]

Solche gnostischen "Parallelen" ließen sich leicht vermehren. Aufs Ganze gesehen vertritt die Anthroposophie eine historisch gedehnte und in ihrer universalen Weite moderne Form des Synkretismus. Denn jene hohe Sonnenwesenheit, die sich als "der Christus" in "Jesus" verkörpert, hat vorher schon andere Figuren der Religionsgeschichte als Hüllen benutzt, um ihre lichtvollen Impulse in die Menschheitsgeschichte hineinzugeben, z.B. Vishva-Karman bei den Indern, Ahura-Mazdao bei den Persern, "Ich bin"

(Jahwe) und die Elemente (etwa Wolken- und Feuersäule) bei den Hebräern, Mysterieneingeweihte bei den Ägyptern sowie – in zunehmender Dekadenz – bei den Griechen und Römern. Mit "Indern" und "Persern" meint Steiner zunächst nicht die uns bekannten Kulturen aus historisch erforschbaren Zeiträumen, sondern vorhistorische Formen, deren Erforschung nur dem Hellseher möglich ist und die die Vorstufen der uns bekannten "Inder" und "Perser" bilden (vgl. 601,205ff).

Die Verkörperung des Christus in *Jesus* nun ist Höhepunkt und Abschluß aller anderen Verkörperungen, weil hierdurch der entscheidende Impuls zur Wiedervergeistigung und Emporentwicklung in die Menschheit einfließt. Der Ertrag aller bisherigen Verkörperungen fließt hier zusammen. Weil *eine* Individualität diese Fülle nicht fassen kann (sie würde die physische Leiblichkeit sprengen), sind zunächst *zwei* Jesusknaben zur Ausbildung der einzelnen Leiber notwendig, und zwar einer, der die indische Buddha-, und einer, der die persische Zarathustra-Strömung verkörpert. Mit zwölf Jahren ist die notwendige Reife erlangt. Beide Knaben fließen in *eine* Individualität zusammen, wobei der physische Leib des einen stirbt. Die Lehre von den "zwei Jesusknaben" ist eine Steinersche Sonderlehre, die – ebenso wie die weiteren Spezifika der nachfolgend geschilderten Christosophie – in der Theosophie kein Vorbild hat und zur Trennung Steiners von der Theosophischen Gesellschaft beitrug.

Bei der Jordantaufe verläßt das Zarathustra-Ich laut Steiner den Jesusleib, und das Christus-Ich, der Christus-Sonnengeist tritt – symbolisiert durch die Taube – in ihn ein. Dieser Christus wird nun zum Verkünder des "Ich", das auch als "Kyrios" ("Herr") bezeichnet wird. Der Mensch soll den "Gott in sich" finden und dadurch zum wahren Ich-Menschentum, zur Freiheit des Geisteslebens und zur Selbstbestimmung aufsteigen. Durch die Predigt des Christus erfolgt die Bewußtmachung des Ich, durch seine Heilungen die Auferweckung des Ich im Menschen. In diesen modern anmutenden Gedanken ist der Einfluß von Fichtes Ich-Philosophie unübersehbar.

Nach anthroposophischem Verständnis liefert der Christus selbst den Impuls zur Selbstvergottung, Selbststeigerung, Wiedervergeistigung und Weiterentwicklung des Menschen und des Kosmos – und zwar durch das *"Mysterium von Golgatha"*. Hier gibt es nun für Steiner ein Ereignis von zentraler Bedeutung, das die biblischen Autoren allerdings so nicht berichten: Das Blut des am Kreuz Hängenden sei in die Erde getropft und habe dadurch den entscheidenden Impuls zur Vergeistigung der Erde gegeben. Denn im Blut des am Kreuz Hängenden wohnte "Sonnenkraft", die die Erdenaura verwandelte und die Wiedervereinigung der getrennten Himmelskörper Sonne, Mond und Erde in die Wege leitete. Christus, der "Sonnengeist", ist zum "Geist der Erde" geworden (103,132).

Das Fließen des Blutes beim Kreuzestod Jesu wird somit als entscheidender Impuls für das Weitergehen der Evolution betrachtet, als geradezu naturgesetzlicher Prozeß. Wie hier bedient sich Steiner oft naturalistischer Begriffe in seiner Auslegung geistlicher Tatsachen. Hier schwingen offensichtlich alchemistische Vorstellungen der mittelalterlichen Esoterik und des Rosenkreuzertums mit.[35] Die Wirkung des Blutes wird mit einer chemischen Reaktion gleichgesetzt, so wie wenn sich zwei Elemente (hier: Sonnen- und Erdenkräfte) verbinden. Das soll auch erklären, warum im Blut noch die Christuskraft wohnte, obwohl laut Steiner der Christus bei der Kreuzigung gar nicht mehr im Jesusleib war: Die zeitweilige Verschmelzung des Christus mit dem Jesus hatte das Blut umgewandelt. Bereits im Garten Gethsemane hatte sich hingegen das Christus-Ich selber mehr und mehr aus dem Jesusleib zurückgezogen, was nach Meinung Steiners z.B. durch das Blutschwitzen Jesu, vollends aber durch den fliehenden nackten Jüngling (Mk 14,51f), der dem Christus entspricht, angedeutet wird. Dieses Christusverständnis weist deutliche Parallelen auf zum doketischen System des Gnostikers Kerinth, eines Zeitgenossen Satornils und angeblichen Gegners des Evangelisten Johannes. Gemäß Kerinth ist auf Jesus nach der Taufe "von der obersten Macht, die über allem ist, Christus in der Gestalt einer Taube herabgestiegen, und darauf habe er den unbekannten Vater verkündigt und Machttaten vollbracht. Am Ende aber habe sich Christus wieder von Jesus getrennt, Jesus sei gekreuzigt worden und auferstanden, Christus aber sei leidensunfähig geblieben, da er pneumatisch gewesen sei."[36]

Es wäre falsch, einfach zu sagen, daß Steiner die *"Selbsterlösung"* lehre, daß bei ihm "alles nur aus eigener menschlicher Kraft" gehe, wie manche Kritiker der Anthroposophie behaupten.[37] "Der Christus" hat durchaus etwas getan: Er hat die "Erbsünde" (für Steiner: den "Sündenfall", den er mit den antiken Gnostikern im Anschluß an den Platonismus als ein Gebundenwerden des Geistigen durch die Materie verstand) überwunden und den Impuls zur Wiedervergeistigung gegeben. Diese "Erlösung" macht die Selbsterlösung (den karmischen Ausgleich der einzelnen Aktualsünden) möglich, indem der Christus uns zeigt, wie die Kräfte zur Besiegung der Materie in uns selber (!) gefunden werden. Freilich läuft diese Erlösungsvorstellung letztlich für den einzelnen Menschen doch auf eine Selbsterlösung hinaus, aber sie ist komplizierter, als gemeinhin angenommen wird.[38]

Die *Auferstehung,* d.h. die Rückkehr des Christusgeistes in den verdichteten Ätherleib des Jesus, ist Bestätigung für die begonnene Wiedervergeistigung der Erde. Und der Christus als der herabgestiegene "Sonnengeist", der zum "Erdgeist" geworden ist, wird durch *"Äthersehen"*, eine besondere Art des Hellsehens, erkannt. Deshalb sind nach dem Verständnis Steiners Himmelfahrt, Pfingsten, das Damaskus-Erlebnis des Paulus und die Wiederkunft des Christus weniger objektive Ereignisse außerhalb des Menschen als vielmehr unterschiedliche Wahrnehmungsstufen *im* Menschen. Bei der *Himmelfahrt* geht die Gabe, den Christus hellseherisch wahrzunehmen, vorübergehend verloren. An *Pfingsten* und vor *Damaskus* wird sie in einzelnen Jüngern wiedererweckt. Und *"Wiederkunft"* bedeutet, daß nach dem Zuendegehen des "Finsteren Zeitalters" ("Kali Yuga") im Jahre 1899 nach und nach immer mehr Menschen den Christus und sein längst begonnenes Werk der Vergeistigung der Erde hellseherisch wahrnehmen können, indem sie die Gabe des Äthersehens erlangen. Auf diese Gabe, die im Laufe der evolutionären Entwicklung zum Geistesmenschen jeder bekommen wird, kann man heute schon durch anthroposophische Schulung gezielt hinarbeiten.

Überblickt man dieses System, so besticht es zwar formal durch seine innere Geschlossenheit, erscheint aber inhaltlich ziemlich verwirrend. Um so mehr interessiert die Frage, wer denn die Männer sind, die sich um seine "Übersetzung" in eine theologische Begrifflichkeit und Systematik bemüht haben.

B. Die Vermittlung zwischen Theologie und Anthroposophie

1. Friedrich Rittelmeyer (1872–1938) und die Grundlegung des theologisch-anthroposophischen Dialogs

Um die Vermittlung zwischen christlicher Theologie und Anthroposophie hat sich als erster Friedrich Rittelmeyer bemüht, insbesondere auf dem Gebiet der Exegese, aber auch der Systematischen und Praktischen Theologie. So schreibt er zu Beginn seines Buches "Theologie und Anthroposophie", in dem er sich zu diesen drei Bereichen äußert:

"Trotz allem glaube ich, die nachfolgende Schrift meinen ehemaligen protestantischen Mittheologen noch schuldig zu sein ... Meine Vergangenheit als evangelischer Theologe gibt mir immerhin das Recht, gehört zu werden."[39]

Mit den in weiteren Kapiteln darzustellenden Persönlichkeiten Emil Bock und Rudolf Frieling hat Rittelmeyer folgende Hauptkennzeichen gemeinsam:

a) Er war von Haus aus *evangelischer Theologe,* bevor er sich dem anthroposophischen Denken öffnete.

b) Er war an der Gründung der anthroposophisch inspirierten *Christengemeinschaft* maßgeblich beteiligt und nahm darin als erster die führende Stellung, das Amt des Erzoberlenkers, ein (in diesem Amt folgten ihm Bock und Frieling nach).

c) Er verfaßte maßgebliche Schriften zum *anthroposophischen Bibelverständnis.*

Der Schwerpunkt unserer Darstellung liegt auf der Untersuchung der inneren Entwicklung Rittelmeyers und seiner Nachfolger bis zur Gründung der Christengemeinschaft im Jahre 1922, insbesondere auf der Frage: Wie kam es zur Öffnung für die Anthroposophie und zur Ausbildung des anthroposophischen Bibelverständnisses?

1.1 Kindheit und Jugend (1872–1890)

Friedrich Rittelmeyer[40] kam am 5.11.1872 in Dillingen im bayerischen Schwaben als Sohn des evangelischen Pfarrers Heinrich Rittelmeyer und seiner Frau Ida, geb. Enzian, zur Welt (6).[41] Im Jahre 1874 zog die Familie nach Schweinfurt in Unterfranken um. Dort verbrachte Friedrich Rittelmeyer seine Schul- und Gymnasialzeit und legte 1890 das Abitur ab (6).

Ähnlich wie Steiner berichtet auch Rittelmeyer von *frühen übersinnlichen Erlebnissen,* die ihm auf drei Gebieten begegneten: erstens in der *Musik* (v.a. von Brahms, Wagner, Bach, Mendelssohn und Bruckner), die für ihn die "Schleier durchsichtig" werden ließ, die "unsre Alltagswelt von der überirdischen Welt trennen", und die ihm auch das Joh wie eine "höhere Welt von Lebensklängen" erschloß (16f); zweitens im lutherischen *"Kultus",* der seiner Ansicht nach "nichts anderes als Teilnahme am Leben der göttlichen Welt selbst" ist (18; HddV); drittens in den *okkulten Neigungen seiner Eltern.* "Bedeutsam wurde für mich ... die okkulte Neigung und Begabung meines Vaters und noch mehr meiner Mutter", betont Rittelmeyer und nennt als Beispiele Ereignisse des Wahrträumens und Fernfühlens (20f).

Doch insgesamt verdankte er seinem Vater, der sich der lutherischen Orthodoxie zugehörig fühlte, "religiös ... unmittelbar wenig" (20). Die "tiefsten religiösen Eindrücke der entscheidenden Jahre" erhielt er "nicht durch Predigten, nicht durch Gottesdienste, auch nicht einmal durch Persönlichkeiten, sondern durch die Musik" (16). Schon früh setzte die Bemühung ein, aus dem Elternhaus und dem "engen Haus der lutherischen Orthodoxie" auszubrechen – ein "Freiheitskampf", der ihn das ganze Leben hindurch nicht mehr loslassen sollte (18f). Insbesondere mit dem *reformatorischen Sünden- und Rechtfertigungsverständnis* konnte Rittelmeyer wenig anfangen:

"Ich fühlte mich ins Gesetzliche gestoßen mit diesem Brüten über Tagessünden, wo ich Wesens-Speise gebraucht hätte ... Ich empfing Trost – und brauchte Ideale. Ich wurde hineingezwängt in einen Bekehrungszwang – und hätte so gerne einen Lebensinhalt gehabt" (48f).

Von den "evangelisch-lutherischen Schwarzmalereien" enttäuscht, zieht Rittelmeyer offenherzig das Fazit über seine Jugendzeit:

"Als Heide ging ich durch die christliche Welt, jahrelang; Pfarrer wollte ich aber – aus einem tiefen inneren Wissen heraus – trotzdem immer werden" (49).

1.2 Theologische und philosophische Studien (1890–1894)

Um den Weg zum Pfarrer gehen zu können, begann er im Jahr 1890 mit dem Studium der evangelischen Theologie und der Philosophie an der *Universität Erlangen* (6). Die "Universität" – gemeint ist die theologische Fakultät – war für ihn in mehrfacher Hinsicht "eine tiefe Enttäuschung". Anstelle der "Weisheitsschätze aller Kulturen" erwarteten ihn "allerlei unwichtige Spezialistenkenntnisse" (57). Die historisch-philologisch arbeitende neutestamentliche Bibelerklärung, die er bei dem jungen Dozenten *Gloël* kennenlernte, erschien ihm wie "äußeres Wissen und Handwerk", das nicht wirklich in die "Lebenswelt des Neuen Testaments" hineinführte. An der Erklärungsweise des bereits verstorbenen und noch nachwirkenden *J.Chr.K. v. Hofmann* hingegen bewunderte er zwar, daß sie "statt eines Kommentars den Geistesgehalt einer Schrift in Ausführlichkeit bis in alle Einzelheiten wiederzugeben suchte", und doch fühlte er "nicht die geringste Neigung", auf v. Hofmanns Wegen weiterzugehen. Die durch v. Hofmann beeinflußte Erlanger Theologie, deren "große Zeit vorüber" war, erschien ihm als "zu gewollt eng" und "zu problemlos gläubig" (59).

So war Rittelmeyer bald "mehr bei den Philosophen als bei den Theologen zu finden" (60). Er las *Kant,* wollte sich aber – ähnlich wie Steiner – mit den von Kant aufgewiesenen Erkenntnisgrenzen nicht zufrieden geben. So schreibt er über Kant:

"Im Denken üben konnte er, im wesenhaften Wissen fördern kaum ... wenn ich in dieser Weise denke, fühle ich förmlich, wie ich dabei verkalke ... Man gewinnt ein Denkgerüst, aber man wird zum Denkskelett" (61).

Näher lag ihm – wie auch Steiner – der *spekulative Idealismus Fichtes, Schellings und Hegels.* Dieser wurde ihm durch den Philosophen *Class* vermittelt (62f). Class erwartete in seinen 1896 veröffentlichten "Untersuchungen zur Phänomenologie und Ontologie des menschlichen Geistes" im Anschluß an Schelling ein "'johanneisches Zeitalter'" des Geistes, bezeichnete als Zweck des Daseins "die Vergeistigung der menschlichen Natur", verkündete in Analogie zu Hegel "ein gewaltiges ideelles Reich", in dem "ein Aufsteigen vom Niederen zum Höheren stattfindet", und postulierte in Anlehnung an Fichte, daß "das Ich als geistiges der Vernichtung nicht anheimfällt", sondern unsterblich ist.[42] Diese Gedanken sind, wie unsere weitere Darstellung zeigen wird, als mächtige Impulse in Rittelmeyers System eingeflossen.

Der spekulative Idealismus begegnete Rittelmeyer auch im Denken des Dogmatikers *Reinhold Frank,* der in – allerdings nur formaler – Analogie zu Fichte sein System von der "religiösen Zentralerfahrung des von Gott ergriffenen Menschen" ableitete (64f). Entscheidend war für Frank das Ereignis von "Wiedergeburt und Bekehrung":

"Man muss in der christlichen Wahrheit stehen, um sie zu erkennen ... Erst dieses Subject, in welchem das christliche Heilsleben verwirklicht worden ist, giebt sich nun wissenschaftlich darüber Rechenschaft, wie es dazu komme und gekommen sei, die gesammte geistliche Welt, der es angehört und in der es sich bewegt, als eine reale zu betrachten, und da die Gewissheit nur als subjectiv vermittelte, als Gewissheit des Subjects, existirt, so geht es dabei aus von dem subjectiv gegebenen und subjectiv unmittelbar gewissen Thatbestand der Wiedergeburt und Bekehrung."[43]

"Wie ich in Class den *Geist* geahnt hatte, so nun in Frank das *Ich*", stellte Rittelmeyer im Rückblick auf seine Erlanger Zeit fest (65; HiO).

Im Frühjahr 1892 wechselte er an die *Universität Berlin* über, "um *Harnack* und *Kaftan* zu hören" (83; HddV), ferner den Historiker *Heinrich von*

Treitschke, der für ihn "lebenslang *der* akademische Lehrer geblieben" ist (87; HiO). Über Harnack und Kaftan äußert sich Rittelmeyer im Rückblick folgendermaßen:

"Diesen beiden Männern verdanke ich es, daß ich theologisch wirklich auf die eigenen Füße kam. Ihre Kollegien waren keine Erbauungsstunden. Aber es wehte eine freie, offene Menschlichkeit, in der man recht wohl atmen konnte. Schon damals wußte ich ganz klar, daß ich mich hier nicht ansiedeln würde. Aber ich wußte auch, daß ich hier einmal durchgehen mußte" (84).

Der liberalen Theologie verdankt es Rittelmeyer – so schreibt er noch als Erzoberlenker der Christengemeinschaft im Jahre 1937 (!) –, daß er "heute noch Theologe" ist und daß er "als Theologe ein wahres und freies Leben führen konnte durch Jahrzehnte". Mit Harnacks Hilfe nämlich machte er sich "von allem altem [sic] Autoritätsglauben frei" und blickte "auf alles Große, was es außer dem Christentum in der Welt gab" (258). Und doch konnte er bei Harnack nicht stehen bleiben. Sein Biograph Erwin Schühle bringt das damalige Bemühen Rittelmeyers so zum Ausdruck:

"Das Verständnis des Evangeliums mußte neu errungen werden. Rittelmeyers Hoffnung, daß diejenige theologische Bewegung, die gerodet hatte, auch säen werde, hatte sich nicht erfüllt."[44]

Insbesondere die Herausnahme des Sohnes aus der Botschaft des Evangeliums und die Relativierung der leiblichen Auferstehung Christi durch Harnack[45] konnte Rittelmeyer nicht nachvollziehen (259f). So war er weiter auf der Suche.

Sehr bald stieß er auf Vorstellungen der Ich-Philosophie und der Gnosis, die ihm wichtige Anstöße für sein späteres Christusverständnis gaben. Durch die Lektüre von *Carlyle* und *Fichte* am Ende seiner Universitätszeit trat ihm – deutlicher noch als bei Frank – das "Königtum des Ich" vor seine Seele (91ff). Und durch das Studium der *valentinianischen Gnosis* ahnte er zum ersten Mal ein Christentum von ferne, wie es ihm "weder Frank noch Harnack hatten zeigen können, ein Christentum, das nicht nur eines Tages in die Weltgeschichte wunderhaft eintritt, sondern das mit innerstem Licht das gesamte Weltwerden durchleuchtet" (94). Wiederum begegneten ihm – nun in vertiefter Form – das "Ich" und der "Geist". Doch zunächst "versank diese Welt wieder" (94), um erst später endgültig ins Bewußtsein gehoben zu werden. Am Ende seines Studiums im Jahre 1894 hatte Rittelmeyer "eine Theologie, aber keine Religion, kein Christentum" (6.101).

So empfand er die bevorstehende Ernennung zum Vikar als Drohung und entzog sich ihr durch "Flucht" – zuerst durch eine kurze Militärzeit und dann durch eine ausgedehnte *Reise:* "Monatelang irrte ich ratlos durch etwa dreißig deutsche Städte" (102f). Er besuchte bekannte Stätten und Persönlichkeiten der damaligen Christenheit, z.B. Herrnhut (106ff), Bethel (114ff) und Friedrich Naumann (120ff). Und obwohl ihn etwa in Herrnhut durch ein visionäres Erlebnis zum ersten Mal eine Ahnung davon befiel, was *"Kosmisches Christentum"* ist (110; HiO)[46], so wußte er doch sehr bald, daß er sich an keiner der besuchten Stätten geistig ansiedeln würde. Der Eindruck, den er von der Welt Bodelschwinghs mitnahm, gilt im Grunde auch im Blick auf die anderen Stationen seiner Reise:

"... eine ehrfurchtgebietende Welt – aber nicht deine Welt! Hier vermochte nur ehrlich mitzutun, wer im alten Christentum noch zu Hause war oder sich zu ihm zurückzwingen konnte. Nach neuen Lebensufern aber drängte der innere Drang" (120).

1.3 Der liberale Mystiker (1895–1910)

Im Jahre 1895 nahm Rittelmeyer dann doch die Ernennung auf das erste protestantische *Stadtvikariat in Würzburg* an, das er bis 1902 bekleidete (6.139). Das Ereignis, das es ihm möglich machte, in der evangelischen Kirche zu wirken, "glich gar nicht einer sogenannten 'Bekehrung'", keinem "Sturm von Gefühlen". "Vielmehr waren es zarte, geistige Eindrücke vom Dasein einer höheren Welt" (127). Diese wurden ihm wieder vor allem durch die Musik zuteil (128ff).

Rückblickend legt Rittelmeyer Wert auf die Feststellung, daß er von Anfang an in innerer Distanz zur evangelischen Kirche gestanden habe. Seine Haltung war die eines"Geisteskämpfers", der "immer völlig frei" und entschlossen sein muß, "in jedem Augenblick selbst sein Amt aufzugeben" (140). Vor allem die Verpflichtung auf ein Bekenntnis kam ihm einer "geistigen Knebelung" gleich (141). So gelangte er zu einem Kompromiß: "Was sich *mir* als Wahrheit ergab aus Bibel und Bekenntnis, habe ich verkündigt und über das andre habe ich geschwiegen" (145; HiO).

In seiner Vikariatszeit schrieb Rittelmeyer bei dem Würzburger Philosophen *Oswald Külpe* seine Dissertation, die 1903 unter dem Titel "Friedrich Nietzsche und das Erkenntnisproblem"[47] erschien (172f.438). An Külpe bewunderte er, daß er "zu einer neuen Metaphysik vordringen" wollte. Zugleich bedauerte er, daß er an den Grenzen des "kritisch-synthetischen Verstandesdenkens" stehen blieb (171f).

Mit Nietzsche beschäftigte sich Rittelmeyer auch auf seiner *Pfarrstelle an der Nürnberger "Heilig-Geist-Kirche"*, die er 1903 erhielt und bis 1916 bekleidete (6.204). In dieser Zeit ging er daran, seinen bereits in Würzburg aufgestellten "Lebensplan" zu verwirklichen. Er hatte das Ziel, "mit vierzig Jahren ... ein Buch über Jesus zu schreiben". Zu diesem Zweck wollte er sich einerseits "durch die Evangelien ... immer tiefer in die Persönlichkeit Jesu hineinfühlen". Andererseits wollte er "zum Vergleich eine Reihe anderer

Geister durchleben". Er wählte *Nietzsche* als "den entschlossensten Christusgegner der Geschichte", *Tolstoi* als "den bedeutendsten Christen der Gegenwart unter allen Völkern", *Buddha* als "den Verkünder der wichtigsten außerchristlichen Religion", *Meister Eckehart* als "einen ganz großen Christen der Vergangenheit" und *Johannes Müller* als Zeitgenossen "mit dem eigenartigsten Jesusverständnis" (207). Über alle diese Persönlichkeiten schrieb Rittelmeyer Monographien oder Aufsätze[48] und empfing von ihnen Anstöße, ohne sich jedoch einer Weltanschauung völlig anzuschließen. Am stärksten dürfte – vor Steiner – Meister Eckehart und die nach Rittelmeyers Meinung durch diesen vermittelte indische und neuplatonische Mystik auf ihn und auf die Theologie der später entstandenen Christengemeinschaft eingewirkt haben. So schreibt Rittelmeyer über Meister Eckehart:

"Die Sicherheit, mit der er auch auf den Höhen neuplatonischen Erlebens, ja indischer Mystik wandelte und sich doch als Christ fühlte, gab uns mächtigste Lebensanstöße ... Alles, wirklich alles, was man heute an Meister Eckehart entdeckt, ist damals schon durch unsre Seele gezogen und hat mitgewirkt – zu dem Christentum, das wir heute zu verkündigen haben" (216).

Durch den theologischen Außenseiter Johannes Müller (1864-1949)[49] wurde Rittelmeyer in seiner Überzeugung bestärkt, daß eine "höhere göttliche Wirklichkeit ... hinter der Sinnenwelt zu entdecken" ist und daß der Mensch "in sich das Organ für diese göttliche Wirklichkeit" trägt (273). Rückblickend bemängelte Rittelmeyer jedoch, daß bei Müller "alles im 'unmittelbaren' Augenblicks'leben' der *Seele* festgehalten, daß der Schritt in den erkennenden Geist hinein nicht gemacht wurde" (274; HiO). So schreibt Müller beispielsweise:

"Das einzig Wahre ist nicht durch Erkenntnis erreichbar und mit menschlicher Kraft zu verwirklichen, sondern muß von dem schöpferischen Eindruck empfangen werden und aus der Befruchtung dadurch von selbst hervorgehen ... Es gibt nur diesen einzigen Weg zum Heil, der ebenso unmittelbar und kurz ist: sich in jedem Augenblick von dem lebendigen Willen Gottes führen zu lassen ... Wir müssen immer gläubig vertrauend den Fuß heben, ohne zu wissen, wohin wir treten werden, voller Zuversicht, daß der Tritt ins Unsichtbare das Sicherste ist, und das Nichtwissen wohin uns unter allen Umständen vorwärts gelangen läßt."[50]

Als Rittelmeyer im Jahre 1918 in der Schrift "Johannes Müller und Rudolf Steiner" die Auseinandersetzung mit Müller führt, sieht er den Hauptunterschied darin, daß Steiner den Zugang zu den "höheren Welten" nicht über die unbewußten Gemüts- und Gefühlskräfte der Seele, sondern über das bewußte Denken des Geistes erstrebt (vgl. II.B.1.). Rittelmeyer schließt mit den Worten:

"Suche Jeder [sic] das Gottesreich so gut er kann! Ich bin selbst ein gutes Stück Weges mit Müller gegangen, und ich denke, nicht verständnislos und nicht vergeblich. Aber ich würde meine beste Erfahrung verleugnen und meine Menschheitspflicht versäumen, wenn ich nicht mit tiefer Dankbarkeit gegen Steiner bekennte: Das Gottesreich will näher kommen! Wer Augen hat zu sehen, der sehe!"[51]

Betrachtet man diese "Vorstudien" Rittelmeyers, vor allem seine Beschäftigung mit Meister Eckehart, so ist es nicht verwunderlich, daß sein *"Jesus"-Buch* (es erschien tatsächlich in seinem 40. Lebensjahr, im Jahre 1912) klassische Lehren der liberalen Theologie mit Elementen der Mystik vereinigte. Rittelmeyer verstand darin – wie Erwin Schühle zusammenfassend bemerkt – "das ganze Wesen des Jesus ... aus der Urverwandtschaft des Menschlichen mit dem Göttlichen". Jesus war ihm "die höchste Verwirklichung Gottes durch einen Menschen" und "die Manifestation höchster sittlicher Kraft"[52].

Daß Rittelmeyer über die liberale Theologie seiner Zeit hinausstreben würde, war bereits in seinem 1909 erschienenen RGG-Artikel über die "Christologie" angeklungen. Hier sprach er sich einerseits im Gefolge Harnacks dagegen aus, "das Eingreifen Gottes in Jesus und die Einzigartigkeit Jesu in altdogmatisch-massiver Weise zu verstehen". Das "Einzige und Letzte", was man über "Jesu Entstehung" sagen könne, sei dies, "daß Jesus als natürliche Mitgabe eine ganz einzigartige religiös-sittliche Anlage von höchster Kraft und Reinheit mit in die Welt gebracht" habe, wobei "ganz besondere, in dieser Weise niemals wiederkehrende geschichtliche Verhältnisse" dieser Anlage entgegengekommen seien. Andererseits möchte Rittelmeyer die Erscheinung Jesu "dem System der kosmischen Möglichkeiten" einordnen. "Die Christusanschauung, die auf diese Weise gewonnen werden wird, mag an manchen großen Gedanken der deutschen Mystik und des deutschen Idealismus anknüpfen."[53]

In seiner Nürnberger Zeit schloß Rittelmeyer insbesondere zwei Freundschaften, die für seinen weiteren Lebensweg von Bedeutung wurden: zum einen mit dem Hauptprediger von St. Sebald, Christian Geyer, zum anderen mit dem Okkultisten Michael Bauer. Gemeinsam mit *Christian Geyer* (1862–1929) gab er zwei vielgelesene Predigtbände und – von 1910 bis 1923 – das Monatsblatt "Christentum und Gegenwart" heraus.[54] Geyer sah die "Ähnlichkeit" zwischen sich und Rittelmeyer vor allem darin, daß sie "beide 'moderne' oder 'liberale' Theologen waren" in dem Sinn, daß sie "die Kritik [sc. der Bibel] als etwas Tatsächliches" und von ihnen "nicht zu Änderndes anerkannten"[55].

Sowohl Rittelmeyer als auch Geyer berichten von einer gemeinsamen Begegnung mit dem bayerischen Oberkonsistorialpräsidenten *Hermann Bezzel* im Jahre 1909, bei der sie ihre "Zustimmung zur historisch-theologischen Kritik" bekundeten. "Rittelmeyer umschrieb dieselbe unter anderem so, daß wir manches, was die Altgläubigen als historisch ansähen, symbolisch verstünden, z.B. die Geschichte vom Sündenfall. Als er [sc. Bezzel] das hörte, begann er still vor sich hin zu weinen", schreibt Geyer[56]. Später haben sowohl Rittelmeyer als auch Geyer die starre Gegenüberstellung von historischem und symbolischem Sinn aufgegeben und durch eine Synthese auf höherer Ebene aufzuheben gesucht.[57] Darauf kommen wir noch zu sprechen (s. II.B.3.).

Geyer war übrigens Mitglied im "Verein für okkulte Forschung" und nahm Rittelmeyer zu mehreren spiritistischen Sitzungen mit. Doch beide konnten sich mit dieser Art des Zugangs zu übersinnlichen Welten nicht recht anfreunden.[58] Als sich Rittelmeyer später für den anthroposophischen Zugang ins Übersinnliche entschied und mit den Vorbereitungen zur Gründung der Christengemeinschaft beschäftigt war, ging Geyer diesen Weg zunächst zögernd mit, um dann im letzten Moment einen Absagebrief zu schicken. Rückblickend stimmte er dem Urteil Rittelmeyers über ihn zu, der ihn einen "unverbesserlichen Protestanten" genannt hatte. Die Wege der Freunde trennten sich.[59]

1.4. Die Öffnung für die Anthroposophie (1910–1925)

Zur *Anthroposophie* (damals noch "Theosophie") war Rittelmeyer im Jahre 1910 durch den Nürnberger Volksschullehrer und Okkultisten *Michael Bauer* (1871–1929)[60] gelangt, als er Material für einen Vortrag über die "religiösen Strömungen der Gegenwart" suchte (Lebensbegegnung, 13f)[61]. Bauer, philosophisch geschult an Haeckel und Hegel und den Übungen des Okkultisten Kerning hingegeben, bemühte sich, "durch Geisteskraft Menschen von Krankheiten zu befreien". Er ließ Rittelmeyer "teilnehmen an seinen eigenen Erlebnissen mit Verstorbenen" und wurde für ihn der Führer zu Rudolf Steiner, dem er am 28.8.1911 bei einem Vortrag zum ersten Mal begegnete (ebd, 15.19.29).

Rittelmeyer verschweigt nicht die großen *Vorbehalte,* die er gegen die Theosophie allgemein und anfangs auch gegen Rudolf Steiner hatte. Aus den theosophischen Schriften von Annie Besant und ihren Geistesverwandten stieg eine "Wolke" auf, aus der ihm "allerlei Ungesundes, Gewolltes, Glücksgieriges" entgegenschlug (ebd, 20). An Steiner bewunderte Rittelmeyer demgegenüber zwar seine philosophische Schulung, konnte aber insbesondere seine Wiederverkörperungslehre und Bibelauslegung zunächst nicht akzeptieren (ebd, 21ff.48ff). Über Steiners Bibelauslegung bemerkt er:

> "Wohl blieben mir manche Auslegungen unzugänglich, ja recht unwahrscheinlich. Die Fremdheit, mit der mich vieles berührte, auch unsympathisch berührte, konnte kaum größer sein" (ebd,21).

Doch wurden ihm diese Vorbehalte in den persönlichen Gesprächen mit Steiner zunehmend genommen:

"Oft bin ich später dann doch mit einer Liste in der Tasche zu Rudolf Steiner gegangen, auf der die anfechtbaren Bibelauslegungen verzeichnet standen. Aber wenn ich mit ihm sprach, schien mir anderes viel wichtiger. Meine Bibelstellen blieben als unwesentlich in der Tasche gegenüber dem, was ich dann fragen und erfahren konnte" (ebd,22).

Schritt für Schritt öffnete sich Rittelmeyer den Lehren Steiners. Dabei spielten die "Ratschläge für okkulte Übungen", die er von Steiner für seine Weiterentwicklung und zur Kräftigung seiner stets angeschlagenen Gesundheit – vollends nach einem Absturz im Gebirge im Jahre 1918 – erhielt, eine ausschlaggebende Rolle (ebd,37ff; Aus meinem Leben, 412ff).[62] "Mehr noch als das Lesen der anthroposophischen Werke führten mich die Erlebnisse an den Übungen in die neue Welt ein", schreibt er im Rückblick (Lebensbegegnung, 42).

Steiners Vortrag "Von Jesus zu Christus", den Rittelmeyer am Ende des Jahres 1911[63] in Nürnberg hörte und der eine Zusammenfassung des gleichlautenden und im gleichen Jahr gehaltenen Karlsruher Zyklus darstellte, war – trotz der anfänglichen "Enttäuschung" – die Grundlage für Rittelmeyers neues Lebensprogramm (ebd,33f). So beschrieb er in seinem 1936 veröffentlichten *"Christus"-Buch* seinen Lebensweg als "Weg 'von Jesus zu Christus'": vom Menschen Jesus im Sinn der liberalen Theologie zum kosmischen Christus im Sinne der Anthroposophie Rudolf Steiners.[64]

Dabei kann man, wie der Theologe Hanspeter Wulff-Woesten in seiner Dissertation gezeigt hat, doch eher von einer *kontinuierlichen Entwicklung* in Rittelmeyers Denken als von einem inneren Bruch sprechen: Rittelmeyer hat sich "auf Grund seiner Anlagen, Vorbildung und seiner mannigfachen Begegnungen zu Steiner 'hinentwickelt'". In seinem theologischen Denken und religiösen Anliegen findet sich "in der Hauptsache Kontinuität".[65] Das zeigt sich, wie Wulff-Woesten nachweist, vor allem in der durchgehenden Betonung der Begriffe "Ich" und "Licht – Leben – Liebe", der anthropozentrischen Haltung Rittelmeyers sowie der frühen Aufnahme platonischen und gnostischen Gedankenguts.[66] Neu kam in sein Denken durch Steiner vor allem die Reinkarnationslehre[67], das spezifisch anthroposophische Welt- und Christusverständnis[68] und – wir ergänzen – die anthroposophische Bibelauslegung, die ihn aus seiner Enttäuschung über den exegetischen Kahlschlag durch die liberale Theologie zu neuen Ufern führte. "Entweder hat dieser Mann gar keine Ahnung von dem, wie wir die Bibel als Theologen ansehen, oder er bringt ein völlig Neues!", notierte Rittelmeyer seinen Eindruck von der ersten Lektüre Steinerscher Vortragszyklen über biblische Themen (Lebensbegegnung, 22).

Als er im August 1916 auf die *Pfarrstelle an der "Neuen Kirche" in Berlin* berufen wurde (358.365), hatte er vorher niemanden im Unklaren darüber gelassen, daß er "in den letzten Jahren ... der anthroposophischen Geistesbewegung nahegetreten" war (Lebensbegegnung, 84). Seinen inneren Anschluß an Steiner datierte er auf das Jahr 1912 (ebd). In Berlin geriet Rittelmeyer bald in theologische Isolation und in Gegnerschaft zu den Vertretern der liberalen Theologie, insbesondere zu seinem ehemaligen (und inzwischen geadelten) Lehrer Adolf von Harnack, der "für 'Mystik' im Grund gar kein Organ hatte" (370ff).

Die Loslösung Rittelmeyers von der liberalen Theologie war allerdings bereits im Jahre 1910 erstmals in der Öffentlichkeit deutlich zum Ausdruck gekommen, als er auf Einladung der "Freunde der Christlichen Welt" seinen vielbeachteten Vortrag "Was fehlt der modernen Theologie?" hielt. Darin warf er den liberalen Theologen seiner Zeit "selbstgefällige Hypothesenlust" und "unreife Neuerungssucht" vor (263). Was die Person Jesu betreffe, so werde bei einem historisch-kritischen Verständnis "das eigentlich Gewisse und Große an ihm, seine unbedingte Gottentschlossenheit ... das ganze glühende Gottesleben, das in ihm war ... lange nicht genug empfunden" (265). Rittelmeyer forderte demgegenüber eine *"neue Menschheit"*, die mit "Kräften" erfüllt ist, welche sie "herausheben aus ihrem bisherigen Leben" (265f; HiO).

Nach dem Vortrag, so berichtet Rittelmeyer, stand *Ernst Troeltsch* auf und sagte: "Wir haben wieder einmal einen Menschen reden hören, der aus seiner Haut heraus will, und das kann der Mensch eben nicht!" Rittelmeyer entgegnete ihm, daß er es sehr wohl könne: "Der Mensch *soll* gerade aus einer Haut heraus; und ich *will* aus meiner Haut und *komme* auch heraus, verlassen Sie sich darauf!" (267; HiO).

1.5 Der Erzoberlenker der Christengemeinschaft (1922–1938)

Den Höhepunkt der Auseinandersetzung und den endgültigen *Bruch* von seiten der liberalen Theologie signalisiert ein Brief, den Rittelmeyer – bereits mitten in den Vorbereitungen zur Gründung der Christengemeinschaft stehend – im Jahre 1921 von *A. v. Harnack* erhielt. Dieser Brief, den Rittelmeyer auszugsweise wiedergibt, läßt an Deutlichkeit nichts zu wünschen übrig:

"'Mythologie habe ich nie verstanden ernst zu nehmen; Primitives mutet mich samt und sonders so an wie das Schreibtafel-Gekritzel der Abc-Schützen; ... die Allegoristik erscheint mir wie die Ideenflucht von Ekstatischen zu gewünschten All-Einheiten' ... 'Eigentlich seid Ihr alle von der gleichen Art, soweit Ihr sie wirklich ernst und subjektiv wahrhaftig nehmt, ob Ihr Euch nun Joachim von Flores oder Steiner oder Thiersch oder Rittelmeyer nennt ... Euer Phlegma unterscheidet Euch; Euer Spiritus ist derselbe, und es tut auch nichts zur Sache, ob sich der Eine auf geschichtliche Offenbarung, der Andere auf Spezialoffenbarung, der Dritte auf seinen weiter ausgreifenden Verstand, der Vierte auf seine vordringende Erfahrung beruft. Auch das ist nur *ein* Kuchen'" (416; HiO).

Rittelmeyer stellte diesen Aussagen die Frage entgegen, "ob die Erfahrung nicht erweitert und das Denken nicht gesteigert werden kann, so daß man auch die Mythologie 'ernst zu nehmen versteht' und der Allegorie auch außerhalb der Irrenhäuser ein Recht zugestehen kann" (417). Hier sprach er bereits als Anthroposoph. So nahm er dann im Herbst 1922 seinen Abschied vom Dienst in der evangelischen Kirche und gründete zusammen mit 45 meist jüngeren Persönlichkeiten die *Christengemeinschaft* (419ff).[69] Sie versteht sich als "Bewegung für religiöse Erneuerung, als neue Kirche, wenn man so will, die ihr Christusverständnis aus den Erkenntnissen der Anthroposophie bezieht"[70]. Friedrich Heyer bemerkt hierzu:

"Eine Elitegruppe junger Theologen und mit ihnen suchender Künstler und Akademiker, erneuerungswillig wie keine andere Gruppe, verlor die Hoffnung, daß die Erneuerung innerhalb ihrer angestammten Kirche möglich sei. Man schloß sich zu einer eigenen Gemeinschaft zusammen, schwärmte in die deutschen Städte aus und schnappte gleichsam Menschen der deutschen Bildung, Generationsgenossen der Wandervogelbewegung, die sich nach der Erschütterung des Weltkriegs auf dem Rückweg befanden, knapp vor der Kirchentüre weg. Man sammelte sie in esoterischen Kleingruppen. Die 'Christengemeinschaft' entstand."[71]

Zum ersten Erzoberlenker ernannt, schrieb Rittelmeyer eine Reihe von Werken, in denen er sich um die Vermittlung zwischen Theologie und Anthroposophie, um ein neues Christusverständnis sowie um die Exegese verschiedener biblischer Schriften, insbesondere des Joh, bemühte.[72] Am 23.3.1938 starb Friedrich Rittelmeyer während einer Vortragsreise in Hamburg (6).

2. Emil Bock (1895–1959) und die systematische Gesamtausformung des anthroposophischen Bibelverständnisses

2.1 Werk

"Mit Friedrich Rittelmeyer starb der *Vater* der Christengemeinschaft. Mit Emil Bock ging der *Heros* der Bewegung hinüber."[73] So charakterisiert der Anthroposoph Wilhelm Kelber in einem Nachruf den zweiten Erzoberlenker der Christengemeinschaft, Emil Bock. "Heros" der Christengemeinschaft war Bock in mehrfacher Hinsicht: nicht nur als Sprecher des Gründerkreises, der "die entscheidenden Fragen an den großen Lehrer" Rudolf Steiner fand und formulierte (so Wilhelm Kelber)[74], sondern auch im Blick auf die Ausformung des anthroposophischen Bibelverständnisses. War *er* es doch, der in einem umfassenden exegetischen, historischen und systematischen Gesamtwerk Steiners Erkenntnisse zum ersten Mal auf fast die ganze Bibel anwandte und theologisch abzusichern versuchte.

Er bemühte sich, so schreibt seine Tochter Gundhild Kačer-Bock, "eine Art Dolmetscherdienst zu leisten gegenüber dem, was Rudolf Steiners Geisteswerk für ein neues Evangelienverständnis bedeutet" (Ev, 16). Das tat er in drei Stufen: erstens durch kurze *"Beiträge zum Verständnis des Evangeliums"* (sie sind 1927–1933 entstanden und gesammelt 1984 in dem Band "Das Evangelium" erschienen); zweitens durch eine zweimalige, sich von 1930 an über viele Jahre hinziehende *Übersetzung des Neuen Testaments* auf anthroposophischer Grundlage (die zweite, "provisorische" Fassung erschien in Buchform erstmals 1980)[75]; drittens durch die große siebenbändige Reihe *"Beiträge zur Geistesgeschichte der Menschheit"* (von der "Urgeschichte" bis "Paulus"; veröffentlicht in den Jahren 1934–1954; unvollendet) (Ev,13ff).[76]

2.2 Kindheit und Jugend (1895–1914)

Wer war Emil Bock? Emil Bock[77] kam am 19.5.1895 in Wuppertal-Barmen zur Welt und wuchs in den ärmlichen Verhältnissen einer Arbeiterfamilie auf. Seine Eltern waren Emil Bock und Anna, geb. Berk.[78] Bock charakterisiert sich selbst als ein sehr stilles Kind mit einer "besonderen intellektuellen Begabung" und einer großen "Verträumtheit" (17)[79].

Mit sechs Jahren besuchte er die reformierte Amtsschule in Barmen (17.83), mit "sieben oder acht Jahren oder schon eher" die Sonntagsschule der reformierten Gemarker Gemeinde. Dort machte "das Inhaltliche" der Verkündigung auf ihn "kaum einen Eindruck". Hingegen hat sich ihm z.B. eine Stunde unvergeßlich eingeprägt, "in welcher der alte Kraus, statt die Predigt zu halten, aus einem Büchlein die Schilderung des *übersinnlichen Erlebnisses* vorlas, das ein sterbendes Kind gehabt hatte und das in die Bilder vom himmlischen Jerusalem gekleidet war". Dieses Büchlein hat er sich "später verschafft und oft und oft gelesen" (16f; HddV). Innerlich "völlig unbeteiligt" blieb Bock später auch am Konfirmandenunterricht, da ihm der aus Holland gekommene calvinistische Pastor "unecht vorkam" (17). "Die Konfirmation mit vorangehender 'Prüfung' ist spurlos an mir vorübergegangen", stellt er rückblickend fest (204).

Hingegen hat sich Bock seit seinem 13. Lebensjahr im *Barmer "Bibelkränzchen" (BK)* stark engagiert. Innerhalb der BK-Bewegung, die im ganzen "stark orthodox-pietistisch eingestellt" war, stand damals in Barmen eine Gruppe von "sehr frei denkenden Jünglingen an der Spitze", von denen später die meisten "prompt in die liberale Theologie einliefen". Von Anfang an neigte Bock der zweiten Gruppe zu. Während er "die unausstehlich frömmelnden und bis zur seelischen Unsauberkeit unwahrhaftigen Führertypen" der orthodox-pietistischen Richtung ablehnte, hielt er die Vertreter der frei denkenden

Richtung "fast für höhere Wesen" und tauchte vor ihnen "tief in die Stimmung der Ehrfurcht" ein (172f). Diese ablehnende Haltung Bocks gegenüber dem Pietismus war auch schon früher zum Ausdruck gekommen. So berichtet er:

"Die Schwester meines Vaters, die bei der Großmutter lebte, war eifriges Mitglied einer Sekte und nahm mich gelegentlich in die 'Stunde' mit. Aber unter diesen Gemeinschaftsleuten war mir erst recht unbehaglich, zumal ich nie wußte, was ich sagen sollte, wenn man an mich die übliche Frage richtete, ob ich schon bekehrt sei" (14).

An der Oberrealschule in Barmen, die Bock von 1905 bis 1914 besuchte (83f.205), beeindruckte ihn vor allem sein Mathematiklehrer Walter Lietzmann, der später in Göttingen wirkte.[80] Bei diesem war zwar Rechnen "seine schwache Seite"; er brachte aber "das eigentlich *Mathematische* ... in so lebendigen Begriffen vor", daß für Bock "die durch ihn eröffnete Welt später die wichtigste Vorbereitung zum Aufnehmen der Anthroposophie wurde" (113; HddV).

"Das Metamorphose-Prinzip lehrte er uns in lebendigster Art. Wir lernten, Parabeln und andere Kurven aus arithmetischen Gleichungen hervorsprießen zu sehen wie die Pflanze aus dem Samenkorn" (ebd).

Einen tiefen Eindruck nahm Bock auch von einem Experimentalvortrag des "Bürgerlichen Bildungsvereins" in Barmen über *"Suggestion und Hypnose"* mit, den er gegen Ende seiner Schulzeit gemeinsam mit einem Kameraden besuchte. "Die vorgeführten hypnotischen Befehlserteilungen und kataleptischen Zustände brachten uns weltanschaulich außerordentlich in Bewegung", äußerte er sich rückblickend (158; HddV).

2.3 Erste Kriegs- und Studienjahre (1914–1916)

Über seinen Berufsweg noch "völlig im Unklaren", ging Bock im Sommersemester 1914 an die *Universität Bonn,* besuchte dort verschiedene sprachwissenschaftliche Vorlesungen und Übungen und kam durch den "Theologischen Studentenverein" in Berührung mit der Theologie (205f). Doch schon im Juli 1914 meldete er sich als Kriegsfreiwilliger nach Berlin (236). Im Spätjahr 1914[81] wurde er in Flandern durch einen Bauchschuß schwer verwundet und hatte – im fiebrigen Zustand auf dem Schlachtfeld liegend – ein übersinnliches Erlebnis: Er stellte sich vor, "in einer Höhe von 20 m" über seinem Leibe zu schweben (239). Bock genas zwar, doch "kehrte das frühere Gefühl der ungebrochenen Kraft und Gesundheit nicht zurück". Um so mehr gab er sich nun "jener völlig neuen Lebensaktivität hin", die in ihm "zusammen mit einem vorher nie dagewesenen Grad der Bewußtheit erwachte" (276).

Im Frühherbst 1915 holte er beim Provinzial-Schulkollegium in Koblenz die Reifeprüfung in Latein und Griechisch nach, dunkel fühlend, daß "das Gebiet der Theologie" ihn rief (277). Kurz darauf wurde er von der Reichswehr in der *Postzensurstelle* in Berlin eingesetzt, wo er zum ersten Mal mit Rudolf Steiner in Berührung kam. Durch die Schweizer Drucksachenabteilung nämlich "liefen sämtliche Bücher- und Zyklensendungen, die vom Berliner Anthroposophischen Verlag nach Dornach gingen". Bocks Interesse wurde zunächst rein äußerlich durch die große Zahl der Schriften geweckt, die alle den Namen des gleichen Verfassers trugen. Doch bald sprach ihn auch innerlich Steiners Gedankenwelt an: "Eine Denkungsart schien mir da zu walten, die alles Abstrakte überwunden und sich zu einer gesunden Konkretheit durchgerungen hatte." Als Bock nach einigen Wochen in eine andere Abteilung versetzt wurde, "versank" diese Gedankenwelt jedoch vorläufig wieder (278f).

Noch während der Tätigkeit in der Postüberwachungsstelle, die bis Ende 1918 dauerte, nahm Bock im Sommersemester 1916 das Studium der Germanistik, der Religionswissenschaften und der evangelischen Theologie an der *Universität Berlin* auf (304f)[82]. Die Hochschullehrer, die ihn in dieser Zeit am meisten beeindruckten, waren Adolf von Harnack, Ernst Troeltsch und Adolf Deißmann:

"Harnack setzte mich durch seine geschliffene Intelligenz in Erstaunen, Deißmann lehrte mich, in Ehrfurcht die Räume des griechischen Neuen Testamentes zu betreten. Troeltsch aber zündete in mir das Feuer einer lodernden Erkenntnisbegeisterung an."[83]

Bei *A. v. Harnack* hörte Emil Bock die "Einführung in das Neue Testament" und eine Vorlesung über Kanonsgeschichte, doch war ihm "sofort klar", daß die Betrachtungsweise v. Harnacks "nicht in die Tiefe zu dringen geeignet war" (335). Bock ging damals "durch Gedankengänge hindurch, die Anklänge hatten an die liberale Theologie", und doch ließ ihn diese wegen ihrer "intellektualistischen Kälte und Hintergrundlosigkeit" unbefriedigt. Da ein "dogmatischer religiöser Standpunkt", wie er ihn im Wuppertaler Kirchentum und Pietismus kennengelernt hatte, für ihn auch nicht in Frage kam, mußte er sich auf die Suche nach einem ganz neuen Zugang zur Bibel und zum Christentum begeben (361).

Dazu verhalf ihm zunächst *Ernst Troeltsch,* der 1914 vom Heidelberger theologischen auf den Berliner philosophischen Lehrstuhl übergewechselt war. In Troeltschs Kolleg über die "Geschichte der Philosophie im Zeitalter von Reformation und Renaissance" wurde Bock der "mystische Untergrund des abendländischen Geisteslebens" klarer als je bewußt. Das Gedankengut von Persönlichkeiten wie Sebastian Franck, Valentin Weigel, Jakob Böhme und Giordano Bruno lernte er kennen. Bei Sebastian Franck z.B., so schildert Troeltsch, vermag "erst der Geist ... die Bibel zu deuten, die die ewigen inneren Wahrheiten des Geisterlebnisses als historische Mythen des Sündenfalls und der Erlösung allegorisch vorträgt und die auch sonst in ihrem Buchstaben etwas völlig Menschlich-Historisches, erst durch den Geist zum Leben zu Erweckendes ist. Daraus ergibt sich ... eine allegorische Betrachtung der Schrift, die überall in ihr die Umsetzung von Ideen in geschichtliche Mythen wittert."[84] Allein der Spiritualismus faßt nach Troeltsch "die christliche Religiosität als lebendig fortzeugende Gegenwartsbewegung und als Moment in der allgemeinen Bewegung des religiösen Bewußtseins überhaupt"[85].

Eine "ganze Welt" erschloß sich hier für Bock neu. Bei Troeltsch fühlte er sich "wirklich als Schüler zu Füßen eines Lehrers" (335). Er bewunderte Troeltschs Geschichtsphilosophie, mit der dieser an Schleiermacher anknüpfte, und sein Streben nach dem "Durchbruch zu einer neuen Metaphysik", das allerdings Fragment bleiben mußte.[86] So war es auch Troeltsch, von dem Bock die Anregung zu seiner späteren Lizentiaten-Dissertation über "Schleiermachers Geschichtsphilosophie" empfing.[87]

Denn nicht nur durch die abendländische Mystik, sondern auch durch die *deutsche Romantik* – insbesondere durch Schleiermacher und Novalis – empfing Bock eine Ahnung von einer übersinnlichen Welt. In der Vorbereitung eines Vortrags für den Berliner "Theologischen Studentenverein" beschäftigte er sich wochenlang mit Novalis und "grüßte die Romantiker, die Brüder Schlegel, Tieck, Schleiermacher wie längstvermißte Brüder" (304). Als ihm der Religionsphilosoph Heinrich Scholz riet, eine Dissertation über das Thema "Das Christentum des Novalis" auszuarbeiten, betrieb er das Studium der Romantik bis Ende 1917 "mit noch größerem Eifer", doch zerschlug sich dieser Plan schließlich infolge seiner neuen anthroposophischen Weltsicht. Es hätte sich in dieser Arbeit "nicht mehr bloß um eine wissenschaftliche Bewältigung des Novalis, sondern um den Durchbruch zu einer neuen spirituellen Totalanschauung überhaupt" handeln müssen (337). Zu dieser Anschauung hatte ihn freilich die Romantik ihrerseits geführt. So äußert sich Bock im Rückblick auf seine "voranthroposophische" Zeit bis Anfang 1916 folgendermaßen:

"Ich wollte klar werden über die geistige Realitätensphäre, mit der man sich im religiösen Erleben, dann aber auch im künstlerischen Schaffen und Nachschaffen berührt. Die Beschäftigung mit der Romantik, insbesondere mit Novalis, legte mir bereits nahe, diese Realitätensphäre als übersinnliche Welt zu bezeichnen" (361).

Die für sein Bibelverständnis wichtigste Prägung empfing Bock – außer von Steiner – von dem Neutestamentler *Adolf Deißmann*. Bei ihm hat Bock "die umfangreichen Kollegs über die drei ersten Evangelien, das Johannesevangelium und über einige Paulusbriefe vollständig gehört". Hier lernte er "Keime kennen, wenn auch empfindungsmäßiger und nicht etwa bewußter Natur, die sich durch ein bewußt sprituelles Verständnis des Neuen Testamentes fruchtbar weiterentwickeln ließen" (337).

Deißmann, wie Bock ihn versteht, wollte das Neue Testament nicht wie ein Produkt attizistischer Kunstprosa behandeln, sondern "als aus einer anderen Schicht, nämlich der unmittelbar empfindenden schlichter Seelen, hervorgehend" verstanden wissen. In diesem Sinne sprach er von der 'Volkstümlichkeit' der neutestamentlichen Schriften"[88]. Von der "üblichen kritisch-philologischen Wissenschaftlichkeit" war er nach Meinung Bocks ebensoweit entfernt wie von einem "dogmatischen Inspirationsbegriff". Deißmann wollte die Texte *meditativ* erforschen, aus "ungeahnten Tiefen meditativer Qualitäts-Wahrnehmung" heraus. Er forderte ein "offenes Organ für heilige Untertöne" in ihnen, suchte die "qualitative Aura" der Wortlaute und vernahm mit seinem "Logos-Spürsinn" die "Musik höheren Grades, die darin verborgen mitklingt". Besonders um die Erforschung der "Christusmystik" hat er sich bemüht.[89] Er wollte – kurz gesagt – von den Wörtern zum *Wort*, vom Buchstaben zum *Geist* der biblischen Schriften vordringen.[90] Deißmann selber führt über seine "exegetischen Prinzipien" folgendes aus:

"Gebraucht Paulus ein länger ausgeführtes Bild, so suche ich dieses Bild in seiner eigenen geschlossenen Bildhaftigkeit solange zu verstehen, als es der Text zwanglos zuläßt ... das letzte und beste Verständnis der paulinischen Christ-Innigkeit kann mit den rein grammatisch-historischen Mitteln der Studierstube nicht erreicht werden; es kann nur intuitiv erschlossen werden ... Die Studierstube als solche erzielt, wenn sie ohne Verbindung mit dem Heiligtum bleibt, nur ein anatomisches Verständnis..."[91]

In vielem berührte sich Deißmanns Hermeneutik deutlich mit dem Anliegen Bocks, der deshalb sogar schreiben konnte:

"Und vieles von dem, was Deißmann über das Neue Testament und seine Sprache herausgearbeitet hat, findet in einer Theologie, die sich von der Anthroposophie neue Wege hat zeigen lassen, seine organische Fortsetzung."[92]

Diese Anerkennung als Wegbereiter, die er von seiten Bocks empfing, erwiderte Deißmann seinerseits zwar nicht durch den Anschluß an die Anthroposophie, aber doch durch "Hochachtung" vor ihrem Denken, die sich auch äußerlich im Besuch der Predigten Rittelmeyers zeigte.[93] Das Urteil Bocks, daß Deißmann von seiten seiner Fachkollegen größtenteils Ablehnung erfuhr, da sie ihn aus philologischer Sicht "nicht für exaktwissenschaftlich" hielten und sich gegen seine "rein im Qualitativen liegenden Ergebnisse" wehrten[94], kann allerdings von der Sache her nicht unwidersprochen stehen bleiben. Ist es doch gerade das Gebiet der Philologie, auf dem Deißmann (v.a. durch den Nachweis der Entstehung des Neuen Testaments aus der spätgriechischen Umgangssprache heraus) bleibende Anerkennung gefunden hat![95]

2.4 Die anthroposophische Zeit (1916–1959)

Bock war durch *Friedrich Rittelmeyer* zur Anthroposophie gekommen. Im Spätsommer 1916 geriet er durch Zufall in die Antrittspredigt Rittelmeyers in der "Neuen Kirche" Berlins. Im Winter 1916/17 nahm Rittelmeyer Bock zu Vorträgen Rudolf Steiners mit, woraufhin ein intensives Studium der Anthroposophie begann (51ff)[96]. Bock schreibt: "... ich war sicher: hier ist der geistige Boden, auf dem ich meinen Weg finden kann" (53).

Nach der Begegnung mit Rittelmeyer widmete sich Bock noch eingehender dem Studium der Theologie. Im Winter 1916/17 warf er sich "mit Feuereifer auf das Erlernen des Hebräischen". Er ging an diese Sprache "ohne jede fremde Anleitung" heran und unterzog sich, wie er schreibt, bereits "fünf Wochen", nachdem er das hebräische Alphabet kennengelernt hatte, der Universitätsprüfung.[97] Wichtig für unsere weitere Untersuchung ist folgende Aussage, die Bock im Blick auf sein *Erlernen der biblischen Sprachen* macht:

> "Ich glaube, daß die Kenntnis, die ich mir so, ähnlich wie früher im Griechischen, angeeignet habe, zwar nicht so schulmäßig und philologisch-wissenschaftlich unterbaut, aber recht lebendig – weil aus eigenem Interesse geboren – und unverlierbar ist."[98]

1917 fand anläßlich des 400. Jahrestages von Luthers Thesenanschlag eine große *Reformationsfeier* an der Universität Berlin statt, bei welcher der Kirchenhistoriker Karl Holl den Festvortrag hielt (16). Holl beschrieb Luthers reformatorische Leistung und betonte insbesondere Luthers Ablehnung der bei den Mystikern und Schwärmern begegnenden Annahme des "Göttliche[n] in der eigenen Brust":

> "Und das Beherrschende ist jener selbstsüchtige Naturtrieb. Er ist der wirkliche Seelengrund. Von dorther wird auch das Edelste im Menschen regelmäßig überlistet und in den Dienst des Ich niedergezogen. Durch keine noch so hochgemute Selbstanstrengung vermag sich der Mensch aus dieser Umklammerung zu lösen. Paulus behält recht: kein Gesetz gibt dem Menschen Freiheit. Denn auch das sittliche Streben ist, sofern es doch nur auf die Erhöhung der eigenen Persönlichkeit abzielt, zuletzt nichts anderes als veredelte Selbstliebe."[99]

Bock – so berichtet sein Freund Eberhard Kurras – war bei dieser Feier "über den Stand des reformatorischen Christentums, über die Äußerlichkeit der historischen Anknüpfung und die Unlebendigkeit des religiösen Impulses tief enttäuscht worden". Durch seine spätere intensive Beschäftigung mit Schleiermacher und einen Besuch der historischen Lutherstätten in Wittenberg gelangte er zur Ansicht, daß die Reformation fortgesetzt werden müsse. Luther habe "nicht alle Aufgaben, die ihm das damalige Zeitalter stellte, befriedigend ... lösen können". Besonders bedauerte Bock "Luthers Abwendung von den großen Humanisten seiner Zeit und die Einseitigkeit seiner Betonung des allein seligmachenden Glaubens gegenüber dem fortschrittsfähigen Denken und Erkennen". Dieses fand er dann bei Goethe in der Gestalt des Faust und vollends in der Anthroposophie ausgeprägt.[100]

1918, das Jahr des Kriegsendes, stellte nicht nur für Deutschland, sondern auch für Emil Bocks persönliches Leben einen "Umbruch" dar:

"Immer unentrinnbarer fühlte ich die Berufung in mir, an der zentralsten und entscheidendsten Stelle mit Hand anzulegen: bei der Erneuerung des christlich-religiösen Lebens" (147).

Die philologischen Studienfächer traten zurück, und Bock ließ sich von der philosophischen in die theologische Fakultät überschreiben. Er stand an der Seite Rittelmeyers, der versuchte, "von der anthroposophischen Weltanschauung her die evangelische Kirche mit neuem Leben zu erfüllen" (147.149). Doch alle diesbezüglichen Bemühungen Rittelmeyers und Bocks[101] waren zum Scheitern verurteilt. Schließlich wurde Bock klar, "daß innerhalb der Kirche das notwendige Erneuerungswerk nicht möglich sein würde". Er spürte, daß "außerhalb der Kirche ein schwerer, mühseliger Weg" beschritten werden müsse, der dann schließlich zur Gründung der Christengemeinschaft führte (150).

Doch zunächst setzte Bock seine Universitätsstudien weiter fort. Er verfaßte in den Jahren 1918 bis 1920 drei *"Schleiermacher-Arbeiten"* über die Themen "Schleiermachers Gedanken über religiöse Erziehung", "Schleiermachers Kirchenbegriff" und "Schleiermachers historische Denkweise, mit besonderer Berücksichtigung seiner Urteile über die Reformation" (179ff; HiO). Anfang 1920 bestand er die mündliche Prüfung zum ersten theologischen Konsistorialexamen. Danach absolvierte er ein Vikarsjahr in der Zionskirche Berlin, in dem er seine dritte Schleiermacher-Arbeit bei Julius Kaftan als Lizentiatendissertation einreichte. Sie wurde angenommen (206.238).[102]

Sein zweites Konsistorialexamen, das für Juni 1921 angesetzt war, mußte er zur Verwunderung der Prüfer verschieben, da er dem gleichzeitig stattfindenden ersten Theologenkurs Rudolf Steiners den Vorrang einräumte. Als er dieses Examen bald darauf nachholte, oblag ihm bereits "die Führung der vorbereitenden Arbeiten", die zur Gründung der Christengemeinschaft notwendig waren. Stillschweigend zog er sich nun von der evangelischen Kirche zurück. Das Zeugnis des zweiten Konsistorialexamens hat er "nie abgeholt" (240f).

Innerhalb der 1922 gegründeten *Christengemeinschaft* nahm Bock von Anfang an eine führende Rolle als Oberlenker ein. Nach Rittelmeyers Tod im Jahre 1938 wurde er zum Erzoberlenker erhoben. Dieses Amt bekleidete er auch in den schweren Jahren der nationalsozialistischen Verfolgung (1941 wurde die Christengemeinschaft verboten und Bock in das Konzentrationslager Welzheim eingeliefert) und des Wiederaufbaus der Gemeinden nach dem

Krieg. Emil Bock starb am 6.12.1959 in Stuttgart – in der Stadt, wo 1933 das Priesterseminar der Christengemeinschaft eingerichtet worden war.[103]

3. Rudolf Frieling (1901–1986) und die einzelexegetische Vertiefung des anthroposophischen Bibelverständnisses

3.1 Biographie

Die Charakterisierung Rudolf Frielings fällt aus zwei Gründen kürzer aus als die Charakterisierung Steiners, Rittelmeyers und Bocks: Erstens liegt weder eine Autobiographie noch eine Biographie, sondern nur eine skizzenartige Zusammenstellung seiner wichtigsten Lebensstationen durch Schüler und Freunde vor.[104] In seinen eigenen Veröffentlichungen war Frieling mit Äußerungen über seinen Werdegang äußerst zurückhaltend.[105] Zweitens kam er schon früh – im Alter von 16 Jahren – mit der Anthroposophie in Berührung und gehörte als Einundzwanzigjähriger zu den Gründungsmitgliedern der Christengemeinschaft (s.u.). So nimmt seine "voranthroposophische" Zeit, die uns besonders interessiert, anders als bei Rittelmeyer und Bock, einen relativ schmalen Raum ein. Frieling selber soll sich deshalb, wie sein Nachfolger im Amt des Erzoberlenkers, Taco Bay, berichtet, im Blick auf seine "Biographie" einmal humorvoll so geäußert haben:

> "Das ist ganz einfach: Sie nehmen die ersten 21 Jahre, und von da an ist meine Biographie die der Christengemeinschaft" (137).

Rudolf Frieling kam am 23.3.1901 in Leipzig als Sohn des evangelischen Pastors Rudolf Frieling und seiner Frau Maria, geb. Sohm, zur Welt und wuchs von 1902 bis 1909 in Rüdigsdorf zwischen Chemnitz und Leipzig auf (87f).[106] 1904 wurde er, wie Johannes Lenz berichtet, durch den Tod seines kaum zweijährigen Schwesterchens auf dramatische Weise mit der Realität von Vergänglichkeit und Tod konfrontiert und davon tief geprägt. Die Worte "Erde zu Erde, Staub zu Staub, Asche zu Asche" bei der Beerdigung durchzuckten ihn "wie ein Blitz" und übten eine "mantrische Kraft" auf ihn aus (88). Fortan sollte – so kommentiert Taco Bay – die Erfahrung von der *"Vergänglichkeit des Leibseins"* und das *"Streben nach dem Gottähnlich-Werden"* sein Leben bestimmen (137; HddV).

Mit sieben Jahren erhielt der Knabe vom Vater Privatunterricht, lebte mit der *Bibel* und lernte das erste Kapitel der Genesis auswendig (137). Im Vorwort des ersten Bandes seiner "Gesammelten Schriften" berichtet er selber, daß er sich von seiner Kindheit an "zu den biblischen Inhalten Alten und Neuen Testamentes hingezogen" fühlte.[107]

Im Jahre 1909 zog die Familie nach *Chemnitz* um, wo der Vater Anstaltsgeistlicher wurde. Der Lebensrhythmus der Familie war nun von mehreren Beerdigungen in der Woche mitbestimmt (88). Von 1911 bis 1920 besuchte Rudolf Frieling in Chemnitz das *Gymnasium*, das er als "Primus omnium" abschloß. Dort lernte er die alten Sprachen Hebräisch, Griechisch und Latein, die ihn auf sein späteres Theologiestudium vorbereiteten, und später auch Arabisch, was für seine Beschäftigung mit dem Islam wichtig werden sollte (88.138).

Sein Interesse am religiösen *Kultus* war früh erwacht. Von der Frage bewegt, wie auf Erden "Materie und Geist, Lebendiges und Totes" zusammenzubringen sind, führte er als Zwölfjähriger die "Haspelfeier" – eine kindliche Art kultischer Handlung mit Backsteinaltar, Glocken und Räucherkerzen – zu Hause durch (137f). In dieser Zeit und auf diesem Hintergrund entdeckte "der evangelisch Erzogene aus eigener Initiative und tiefer Sehnsucht heraus die katholische Messe" (88).

Der christliche Altar galt ihm dabei als ein "Grab, über dem der Tisch des Herrn errichtet ist" und von dem das "höhere Leben" ausgeht (88). Dieses Verständnis des Altars als Medium zur übersinnlichen Welt führte ihn später auf geradem Wege zur "Menschenweihehandlung" der Christengemeinschaft. Taco Bay beschreibt das Leben Frielings als "religiös, aber ungeheuer frei" (138).

Am Gymnasium lernte Frieling auch die *"liberaltheologische Bibelkritik"* kennen. Er äußert sich darüber nicht weiter, sondern bemerkt nur, daß sie ihm "zu schaffen machte".[108]

Dennoch nahm er 1920 das *Studium der evangelischen Theologie* auf, das ihn an folgende Universitäten führte: Rostock (Wintersemester 1920/21), Marburg (Sommersemester 1921) und Leipzig (vom Wintersemester 1921/22 bis zum Doktorexamen 1925; dort studierte er auch Philologie).[109] Über sein Verhältnis zu den Professoren und zu dem, was er an den Universitäten hörte, hat er nichts Näheres berichtet, doch wird deutlich, daß ihn das Gehörte nicht befriedigte.

Nur so ist es nämlich erklärlich, daß er schon am Anfang seines Studiums Ausschau nach Menschen hielt, die sich "um das Verständnis der Geisteswissenschaft Rudolf Steiners und der Theologie" bemühten (88). Auf die Namen Rudolf Steiners, Friedrich Rittelmeyers und Christian Geyers war er erstmals 1917 in Zeitschriften gestoßen (ebd). 1918 hatte er Vorträge Steiners gehört (138). Im März 1920 hatte er einen Aufsatz mit dem Titel "Das Johannes-Evangelium im Lichte des Expressionismus" in der von Geyer und Rittelmeyer herausgegebenen Zeitschrift "Christentum und Gegenwart" veröffentlicht.[110] Seine endgültige *Entscheidung für die Anthroposophie* fiel jedoch erst Ende 1920/Anfang 1921, als ihm durch die Vermittlung seines Studienkollegen Martin Borchart die Bedeutung der Anthroposophie für die "grundlegende Erneuerung" des religiösen Lebens deutlich wurde und ihm Friedrich Rittelmeyer die Zusicherung gab, daß "in der Anthroposophie der historische Tod Jesu wirklich gelehrt und nicht zugunsten doketischer Anschauungen umgangen" wird (88). Offensichtlich hatte Frieling die Anthroposophie zunächst – nicht ganz zu Unrecht – in der Nähe antiker gnostischer Systeme angesiedelt und die eigentümliche Weiterbildung durch Rudolf Steiner in bezug auf die Christosophie (s. I. A. 2.2) übersehen. Aufgrund der prägenden Kraft der Todeserfahrungen in seinem Leben war Rittelmeyers Antwort für seine Entscheidung von ausschlaggebender Bedeutung. So schreibt der Anthroposoph Johannes Lenz:

"Die Lebensentscheidung, die Rudolf Frieling daraufhin traf, fiel im Hinblicken auf den Tod als Quell und Segen des höheren Lebens: 'Na, dann kann ich ja mitmachen'"(88).

Fortan war er bei allen vorbereitenden Kursen und bei der Gründungsversammlung der *Christengemeinschaft* dabei und erhielt am 17.9.1922 durch Friedrich Rittelmeyer die Priesterweihe. In verschiedenen Städten und Ländern, u.a. in den USA, bemühte er sich um den Aufbau von Gemeinden. 1929 wurde er zum Lenker, 1949 zum Oberlenker und am 24.2.1960 – nach dem Tod Emil Bocks – zum Erzoberlenker der Christengemeinschaft ernannt. Dieses Amt bekleidete er bis zu seinem Tod am 7.1.1986 nach einem sechsjährigen Krankenlager in Stuttgart (41.88f).

3.2 Werk

Frielings *exegetisches Werk* zeichnet sich durch die Gründung auf das *Weltbild der Anthroposophie* und die Liebe zu den *Einzelheiten der Texte* aus. So schreibt er:

"Eine Befreiung [sc. aus der Aporie der liberaltheologischen Bibelkritik] war mir dann das nähere Bekanntwerden mit dem Weltbild der Anthroposophie. Darin eröffneten sich ganz neue Erkenntnisperspektiven für die biblischen Inhalte."[111]

Insbesondere im "Johannes-Evangelium-Erlebnis Friedrich Rittelmeyers" fand er "moderne Religiosität und solide theologische Bildung mit der anthroposophischen Erkenntnis harmonisch vereinigt". Ferner regte ihn Emil Bocks monumentales Werk über die Bewußtseinsgeschichte der Menschheit an, "diese neu auftauchende Erkenntniswelt bis in die Einzelheiten der Texte zu bewähren und zu bewahrheiten"[112]. Während Emil Bock seinen Schwerpunkt mehr in der Anwendung des Steinerschen Weltbildes auf das *Gesamte* der biblischen Schriften sah, ging es Rudolf Frieling – gewissermaßen als Ergänzung hierzu – um die Arbeit am *Detail*.

So sind im Zeitraum von 1923 bis 1976 über 250 Aufsätze zu einzelnen biblischen Begriffen oder Abschnitten entstanden (145). Diese Aufsätze, die selten mehr als zehn Druckseiten umfassen, sind zuerst in der Zeitschrift "Die Christengemeinschaft" sowie in den Bänden "Aus der Welt der Psalmen" (1948) und "Bibel-Studien" (1953) erschienen. Sie wurden in den Jahren 1982–86 in vier Bänden als "Gesammelte Schriften zum Alten und Neuen Testament" herausgegeben. Als Alterswerk erschienen die beiden Bücher "Christentum und Wiederverkörperung" (1974) und "Christentum und Islam" (1977).

4. Weitere Autoren

Im Verlauf unserer Untersuchung werden wir uns aus Raumgründen im wesentlichen auf die Werke Steiners, Rittelmeyers, Bocks und Frielings beschränken. Dennoch werden immer wieder Gedanken anderer Autoren einfließen, die eigenständige Beiträge zum anthroposophischen Bibelverständnis geleistet haben und deren Beiträge wir für unsere Darstellung als relevant erachten. Im folgenden nennen wir die Namen dieser Autoren und verbinden sie mit einer kurzen Charakterisierung ihrer Person. Wir sind uns dabei bewußt, daß die nachfolgende Aufzählung nur einen Ausschnitt aus der Zahl der Vertreter einer anthroposophischen Bibelexegese darstellt.

4.1 Johannes Hemleben

Johannes Hemleben, geb. 1899, Studium der Naturwissenschaften, promovierte 1922 mit einer Arbeit über pflanzliche Genetik. Ende der 20er Jahre schloß er sich der Christengemeinschaft an, in der er 1949 zum Lenker ernannt wurde. Unter Hemlebens zahlreichen Veröffentlichungen sind im Blick auf unsere Untersuchung seine Rowohlt-Bildmonographien über Rudolf Steiner und den Evangelisten Johannes erwähnenswert.[113]

4.2 Diether Lauenstein

Diether Lauenstein trat exegetisch mit seiner Studie "Der Messias" hervor, in der er sich v.a. mit der Problematik der unterschiedlichen Stammbäume im Matthäus- und Lukasevangelium beschäftigt. Lauenstein wurde 1914 in Herford geboren, studierte Theologie und orientalische Sprachen in Tübingen, Marburg und Berlin und promovierte 1943 in Marburg über das Thema "Das Erwachen der Gottesmystik in Indien".[114] Es ist als Theologe und Publizist tätig und gehört zu den Mitbegründern der anthroposphischen Universität in Witten/Herdecke.[115]

4.3 Rudolf Meyer

Rudolf Meyer, geb. 1896, studierte Theologie und erwarb sich Kenntnisse auf den Gebieten der Religionswissenschaft, Mythologie, Märchenforschung, Philosophie und Literatur. Als Redner bereits bekannt, trat er Ende 1922 der Christengemeinschaft bei und verfaßte als deren Priester zahlreiche Bücher, u.a. über Elias, Goethe, Novalis, die Edda, die Gralsströmung, das Johannesevangelium und die Apokalypse.[116]

4.4 Gerhard Wehr

Gerhard Wehr, geb. 1931 in Schweinfurt, nahm einen Lehrauftrag an der Diakonenschule Rummelsberg bei Nürnberg (Fachakademie für Sozialpädagogik) wahr. Als Autodidakt auf verschiedenen Gebieten (u.a. Theologie, Philosophie und Psychologie) und freier Autor gab er z. B. Werke Jakob Böhmes heraus und arbeitete an den Reihen "Die Psychologie des 20. Jahrhunderts" und "Die Großen der Weltgeschichte" mit. Seine eigenen Publikationen konzentrieren sich auf die Themenbereiche Spiritualität, Tiefenpsychologie und Anthroposophie.[117] Ohne sich selber als Anthroposoph zu sehen, bemüht sich Wehr seit den sechziger Jahren in zahlreichen Veröffentlichungen um den theologisch-anthroposophischen Dialog und möchte dabei "eine möglichst vorurteilslose Erörterung" der Anschauungen Steiners geben.[118]

4.5 Kurt von Wistinghausen

Kurt von Wistinghausen, geb. 1901 in Reval/Estland, studierte Germanistik, Kunstgeschichte und Theologie in Tübingen, wurde 1922 zum Priester der Christengemeinschaft geweiht, volontierte 1929 im Verlag Urachhaus in Stuttgart und übernahm nach und nach dessen Leitung, die er bis 1981 innehatte. 1986 starb er in Stuttgart. K. v. Wistinghausen verfaßte v. a. Schriften über den Kultus der Christengemeinschaft. Beachtung verdient hier seine Studie "Der verborgene Evangelist" (1983), in der er die Frage der Verfasserschaft des Johannesevangeliums aufgreift.[119]

II. Zweiter Hauptteil:

Grundanliegen und Grundlagen des anthroposophischen Bibelverständnisses

A. Der beklagte "Verlust der spirituellen Dimension" in den klassischen Systemen der Bibelauslegung

Die anthroposophische Bibelauslegung begründet ihre Notwendigkeit vom Ungenügen der übrigen hermeneutischen Systeme her. Ihnen wirft sie, wie wir in Teil A zeigen werden, allesamt den *"Verlust der spirituellen Dimension"* vor. Der "Geist der Schrift" sei unter dem Einfluß des Materialismus verlorengegangen. Diesen Vorwurf richtet sie sowohl an die Vertreter des "Rationalismus" wie des "Supranaturalismus", der "liberalen" wie der "positiven" Theologie, der "existentialen" wie der "fundamentalistischen" Interpretation sowie der "vermittelnden" Positionen.[1]

Angesichts des riesigen Problemfeldes, das hier anklingt, und der notwendigen Differenzierung der hier nur schematisch aufgelisteten Begriffe stellt sich sofort die Frage nach der *Konkretion:* Welche Vertreter der verschiedenen theologischen Schulen sind denn gemeint? In welchen Punkten wird der "Verlust der spirituellen Dimension" sichtbar? Wir müssen uns im folgenden auf einige wesentliche Beispiele beschränken. Die grundsätzliche Fragestellung, was die Anthroposophie eigentlich unter der "spirituellen Dimension" oder dem "Geist der Schrift" versteht und ob ihr Versuch der "Wiedergewinnung" dieser Dimension der Bibel angemessen ist, werden wir ausführlich in Teil B entfalten.

1. Liberale Theologie

Den Begriff *"liberale Theologie"* verstehen wir hier – im Anschluß an die Unterscheidung Hans-Joachim Birkners und die Definition der frühen Dialektischen Theologie – im "weiten Sinn": nicht nur zur Bezeichnung des Kreises der "theologischen Freunde, Schüler und Enkelschüler Albrecht Ritschls" und der Religionsgeschichtlichen Schule, sondern zur Charakterisierung einer theologischen Richtung insgesamt, die im 19. und beginnenden 20. Jahrhundert ihre Blütezeit erlebte und als "Ära Schleiermacher-Harnack" umschrieben werden kann.[2] Die hervorstechenden Kennzeichen, die ihre Vertreter einen, sind: ein freies, undogmatisches Verhältnis zum Christentum und zur Heiligen Schrift, die Betonung der natürlichen Vernunft des Menschen, die Offenheit für philosophische Systeme und die Ergebnisse und Methoden der historischen und philologischen Wissenschaft. Damit stehen diese Vertreter der "liberalen", "modernen", "wissenschaftlichen" oder "spekulativen" Theologie im Gegensatz zu den "positiven", "kirchlichen", "gläubigen" oder "orthodoxen" Theologen, wie die gängigen Bezeichnungen lauteten.[3] Die Situation hat sich allerdings durch die Dialektische Theologie im 20. Jahrhundert ganz erheblich geändert und die Fronten haben sich dadurch wesentlich verschoben.

Die *Kritik* der anthroposophischen Autoren bezieht sich – neben und mit den bereits im biographischen Teil (I.) genannten Abgrenzungen – insbesondere auf die "exoterische" Bibelübersetzung, die Quellenscheidung, die Leben-Jesu-Forschung und die "Christus-Forschung". In dieser Reihenfolge betrachten wir nun diese Kritik.

1.1 Exoterische Bibelübersetzung

Nach anthroposophischer Ansicht wurde durch "exoterische" Übersetzungen nicht nur die geistige Fülle der Bibel preisgegeben, sondern auch die "Bibelkritik" der liberalen Theologie vorbereitet (vgl. 131,207f). Diese "Exoterisierung" begann bereits mit der "griechischen" (s.u.) und lateinischen Übersetzung des *Hieronymus* und wurde durch *Luthers* deutsche Übersetzung fortgeführt: "Luther hatte kein Verständnis mehr für das esoterische Prinzip, das Mysterienprinzip, das man bis dahin der Bibel gegenüber angewandt hatte ... er mußte die Bibel nicht nur exoterisieren, er mußte sie sogar popularisieren", meint Emil Bock. Dadurch aber habe er sie "ins Bloß-Seelische, Menschliche verkleinert ... das Geistige darin bleibt ihm fremd". Seiner Übersetzung liege die lateinische Bibel des Hieronymus zugrunde, "die schon die farbige Geistigkeit ... der griechischen Bibel nicht mehr hatte. Und so ist die Lutherbibel eine *seelische* Formulierung *geistiger* Texte". Nach Bock war es "unvermeidlich, daß sich schon bald eine intellektuelle Theologie über die biblischen Schriften hermachte ... Die Bibelkritik entstand"[4]. – Steiner selber drückt diese Auffassung so aus:

"... mit der Popularisierung der Evangelien entstand auch zugleich das große Mißverständnis: das Trivialnehmen und dann all das, was das neunzehnte Jahrhundert aus den Evangelien gemacht hat, was ja, rein objektiv sei es gesagt, schlimm genug ist, daß es geschehen ist" (131,207).

Auch die Bibelübersetzungen, die nach und im Gefolge der Lutherübersetzung entstanden sind, z.B. auch die von Steiner selber immer wieder benutzte *Weizsäckersche* Übersetzung, werden allesamt als "exoterisch" bewertet. So gelangt Steiner zu der Aussage: "... die Welt hat heute die Bibel nicht!" (114,231).

Diese Argumentation ist allerdings aus mehreren Gründen *unhaltbar:* Erstens handelt es sich bei der Annahme eines hebräischen "Urmatthäus", den Hieronymus unter Weglassung esoterischer Inhalte ins Griechische übersetzt habe (so Steiner), um eine reine Spekulation, die an der historischen Wirklichkeit völlig vorbeigeht. Die neutestamentlichen Schriften wurden alle in der griechischen Volkssprache der Koine geschrieben und in der einfachen griechischsprechenden Bevölkerung des Römischen Reiches verbreitet. Es waren die Gebildeten, die zunächst die ihnen jüdisch – und d.h. "barbarisch" – erscheinenden Schriften des Urchristentums ablehnten.[5] – Zweitens benutzte Luther für seine Übersetzung sehr wohl den griechischen Grundtext, der ihm neben der lateinischen Vulgata in Form des 1519 von Erasmus herausgegebenen griechischen Neuen Testamentes vorlag.[6] Nach einem "esoterischen Prinzip" in den Texten suchte er dabei freilich nicht. – Drittens bezogen sich auch die Vertreter der wissenschaftlichen Theologie im 19. Jahrhundert in ihren Forschungen selbstverständlich auf den griechischen Grundtext, so daß die Behauptung, sie seien von der Lutherübersetzung abhängig bzw. die Bibelkritik sei durch diese gefördert worden, absurd ist.

Durch seine eigene, von Steiners Lehren angeregte Übersetzung des Neuen Testaments nun will Bock "innerhalb einer modernen Sprache die Geistigkeit des griechischen Wortlautes mit der ihr eigenen kosmischen Helligkeit und Weite wieder zum Mitschwingen ... bringen"[7] – und zwar, indem er – wie der Verlag Urachhaus als Herausgeber des *Bockschen "Neuen Testamentes"* anmerkt – "ein freieres Verhältnis zum überlieferten Text" gewinnt[8].

Als Beispiel aus dieser Übersetzung betrachten wir den Schluß des Johannesprologs (Joh 1,18):

"Den göttlichen Weltengrund hat nie ein Mensch mit Augen geschaut. Der eingeborene Sohn, der im Schoß des Weltenvaters war, er ist der Führer zu diesem Schauen geworden."[9]

Aus Gott ("theós") wird hier ein "Weltengrund", aus dem Vater ("patér/ patrós") ein "Weltenvater" und aus der Verkündigung ("exegésato") des Vaters durch den Sohn eine Hinführung zum "Schauen". Hier wird die Übersetzung offensichtlich durch eine den Wortsinn verfälschende Paraphrase ersetzt. Der Frage, ob ein solches "freieres Verhältnis zum überlieferten Text" für die anthroposophische Bibelauslegung allgemein zutrifft, werden wir ausführlicher in Kapitel II.B.3 nachgehen.

1.2 Quellenscheidung

Steiner kritisiert in Vorträgen aus den Jahren 1910 und 1912 die Quellenscheidung, insbesondere die *Fragmentenhypothese,* weil durch sie der einheitliche Geist in der Bibel verlorengegangen sei. Wie er schildert, habe "die Gelehrsamkeit in den letzten Jahrzehnten – eigentlich durch das ganze 19. Jahrhundert hindurch – das wirkliche Verständnis der Bibel sehr erschwert, indem sie dieselbe zerrissen hat und behauptet hat, daß zum Beispiel das Neue Testament aus allen möglichen Dingen zusammengestellt sei, welche dann später zusammengetragen sein sollen, und daß ebenso auch das Alte Testament eine Zusammenfügung sei aus ganz verschiedenen Dingen, die zu verschiedenen Zeiten zusammengekommen sein sollen". Nach Ansicht der Theologen habe man in der Bibel "lauter Fragmente, die sehr leicht den Eindruck machen, daß sie ein Aggregat, eine Zusammenfügung darstellen, daß sie 'zusammengenäht' worden wären im Laufe der Zeit". Steiner urteilt: "Diese Ansicht aber stört das, was als ein wirkliches ernstes Bibellesen der nächsten Zukunft kommen muß." In diesem werde man die Bibel als "etwas Ganzes" nehmen (139,31). In Form der "Regenbogenbibel" hingegen habe man "Fetzen, aber nicht mehr die Bibel" (122,198) – und schon gar nicht den "einheitlichen Geist in der Bibel" (139,32).

Diese Argumentation Steiners haben seine Schüler aufgegriffen und auch auf die *Quellenscheidung und Bibelkritik allgemein* bezogen. Der "intellektuelle[n] Theologie" und ihrer "Bibelkritik" wirft z.B. Emil Bock im Jahre 1953 vor, daß durch sie "die Bibel zerfetzt wird und in Stücken und Belanglosigkeiten zu Boden fällt"[10]. Und Friedrich Rittelmeyer beklagt im Jahre 1930 das "Verhängnis der heutigen Bibelwissenschaft", die zwar eine umfangreiche philologische und religionsgeschichtliche Arbeit betreibe, der aber das Entscheidende fehle, nämlich "ein wirkliches Verständnis der geistigen Vorgänge, die sich in den biblischen Schriftstellern vollzogen, für die Welten, in denen sie geistig zu Hause waren, ... für den *lebendigen* Geist der Menschen und der Zeit"[11].

Hierzu sei angemerkt, daß eine solche Kritik am Verlust des "wirklichen Verständnisses", des "Geistcharakters" und der "Einheit" der Schrift durch eine radikal kritische Betrachtung der Bibel *kein Spezifikum der Anthroposophie* ist. Sie wurde – freilich mit unterschiedlicher Intention – immer schon von Theologen der "positiven" bzw. konservativen Richtung vorgebracht[12] und ab 1920 auch von Vertretern der Dialektischen Theologie[13] und einer pneumatischen Exegese[14] in die Debatte geworfen. In Kapitel III.A.1 kommen wir auf die Thematik "Einheit und Ganzheit" in der Sicht der Anthroposophie ausführlich zu sprechen.

1.3 Leben-Jesu-Forschung

Steiner unterscheidet in seiner Christosophie zwischen *Jesus* als einem Menschen, der historisch existiert hat, und *Christus* als göttlich-geistigem Prinzip, das sich bei der Jordantaufe in Jesus inkarnierte (s. III. B.4). Von dieser Unterscheidung ausgehend, betrachtet er die Leben-Jesu-Forschung und die "Christus-Forschung" wie zwei Pole, deren Vertreter *Vereinseitigungen* erlegen sind.

Die *Leben-Jesu-Forschung* des 19. Jahrhunderts habe den "Christus" und seine "Wunder" verloren, indem sie aufgrund ihrer "materialistischen Anschauung" die Evangelien als historische Dokumente mißverstanden habe. Sie meinte, "wenn man alles Übersinnliche herausnimmt und kombiniert, was in den verschiedenen Evangelien zusammenstimmt oder nicht zusammenstimmt, dann ließe sich daraus so etwas wie eine Biographie des Jesus von Nazareth herstellen". Steiner zitiert das (bis auf Reimarus und David Friedrich Strauß zurückgehende[15]) "Wort von dem 'schlichten Mann aus Nazareth'". "Immer mehr und mehr richtete man den Blick bloß hin auf den Jesus von Nazareth" (139,183ff).

Dieser Ansatz aber sei *gescheitert,* denn "im Sinne von historischen Dokumenten können die Evangelien als solche selbstverständlich nicht gelten. Es sind ihrer vier, und für eine äußere materialistische Betrachtungsweise widersprechen sie sich alle" (ebd). Als Belege hierfür nennt Steiner u.a. Stellen aus Schriften Otto Schmiedels und Adolf Harnacks (619,111).[16] Nur auf einer höheren, "geistigen" Ebene läßt sich nach seiner Ansicht die Einheit der Evangelien herbeiführen und ein zutreffendes Bild von dem Christus Jesus gewinnen (s. III. A. 1).

Steiner kritisiert also die Reduktion auf den "äußeren Menschen" im liberalen Jesusbild (139,183) und den Versuch, die Biographie dieses veräußerlichten Jesus aus den Evangelien zu erheben, aber er bestreitet nicht die Existenz des historischen Jesus an sich. Darin berührt er sich mit dem Urteil Albert Schweitzers, der feststellt:

> "Das historische Fundament des Christentums, wie es die rationalistische, die liberale und die moderne Theologie aufgeführt haben, existiert nicht mehr, was aber nicht heißen will, daß das Christentum deshalb sein historisches Fundament verloren hat."[17]

Die Position Steiners tritt im nächsten Abschnitt noch deutlicher hervor.

1.4 "Christus-Forschung"

Mit *"Christus-Forschung"* bezeichnet Steiner die Untersuchungen v. a. von William Benjamin Smith und Arthur Drews, die die Existenz des historischen Jesus bestreiten.[18] Nach deren Ansicht habe "ein Jesus von Nazareth ...

überhaupt nicht in Wirklichkeit existiert; der ist nur eine Sage ... Ja, er ist ein erdichteter Gott, ein Idealbild" (139,186). Steiner gesteht zu, daß man im Unterschied zur oben geschilderten Leben-Jesu-Forschung "doch den Gottmenschen" gefunden habe und "in den letzten Jahren von dem Jesus zurückgekehrt [ist] zu dem Christus; aber der Christus ist überhaupt nichts Wirkliches, sondern lebt nur in den menschlichen Gedanken" (ebd).

Drews redet von der *"Christusmythe"*. Er erklärt die Evangelienberichte für mythisch und eliminiert Jesus als historische Gestalt. *Bei Steiner hingegen fließen Mythos und höchst eigenwillig gedeutete Historie zusammen.* Er spricht davon, "wie alles, was Geheimnis in den alten Mysterien ist, wieder auflebt in den Evangelien ... wir finden da gewisse Punkte, die sich vollziehen im äußeren historischen Leben, und dieselben Punkte sind es, die sich abspielen in den Mysterien bei dem, der die Einweihung sucht" (123,209f). Die Evangelien sind für Steiner also *Mysterien- oder Einweihungsbücher* (s. III. A.2), und das Christusleben ist ein zur Historie gewordenes Mysterium. Im Vorgriff auf das nun folgende Kapitel kann man davon reden, daß Steiner die biblischen Inhalte nicht eliminiert, sondern interpretiert.

2. Existentiale Interpretation

Auch Rudolf Bultmann, der Begründer und Hauptvertreter der existentialen Interpretation, möchte die "mythischen" Aussagen des Neuen Testaments nicht eliminieren, sondern interpretieren – "existential" interpretieren:

"Kann man schematisch sagen, daß in der Epoche der kritischen Forschung die Mythologie des Neuen Testaments einfach kritisch *eliminiert* wurde, so wäre – ebenso schematisch gesagt – die heutige Aufgabe die, die Mythologie des Neuen Testaments kritisch zu *interpretieren.*"[19]

Bultmann geht davon aus, daß das neuzeitlich-naturwissenschaftliche Denken, welches das "moderne Weltbild" konstituiert, "das mythologische Weltbild der Bibel zerstört" hat.[20] Demgegenüber will eine "entmythologisierende Interpretation" im Anschluß an die – namentlich von Martin Heidegger entwickelte – Begrifflichkeit der "Existenz-Philosophie" die "eigentliche Intention der biblischen Schriften" erst zur Geltung bringen.[21] Ziel der Interpretation ist es, wie Walter Schmithals formuliert, "den Sinn des Mythos als 'anthropologisch', das heißt als die Existenz des Menschen betreffend", zu enthüllen. Eine kosmologische Interpretation, die darüber hinausgeht, die z.B. von "jenseitigen Mächten...wie von weltlichen, objektivierbaren Gegebenheiten spricht", wird abgelehnt.[22] "Der eigentliche Sinn des Mythos ist nicht der, ein objektives Weltbild zu geben; vielmehr spricht sich in ihm aus, wie sich der Mensch selbst in seiner Welt versteht; der Mythos will nicht kosmologisch, sondern anthropologisch – besser: existential interpretiert werden"[23], betont Bultmann.

Damit treten die Gemeinsamkeiten und Unterschiede zur anthroposophischen Position klar zutage. Gemeinsam geht es der existentialen und der anthroposophischen Interpretation darum, die "mythischen" Elemente der biblischen Schriften nicht zu eliminieren, sondern sie zu interpretieren. Das wurde bereits festgestellt. Doch *wie* diese Interpretation aussieht, daran scheiden sich die Geister.

Insbesondere die *anthropologische Engführung* Bultmanns wird von den Befürwortern der anthroposophischen Exegese bemängelt. So spricht Gerhard Wehr von einer "Reduzierung des Kerygma auf den Existenzbezug", die "jede Frage nach einer 'objektivierbaren' transzendent-geistigen Wirklichkeit oder Dimension" abschneide. Im Gegensatz dazu gehe es Rudolf Steiner "gerade um die Erschließung der geistigen Realität und Faktizität", von denen die Bibel überall dort spreche, wo sie sich "in der Sprache und im Bilde des Mythos, also metaphorisch" äußere.[24] Wehr zitiert warnend den gegen Bultmann gerichteten Satz des Theologen Wilhelm Knevels: "Wer den Mythos *existentialisiert, verarmt."*[25] Er verarmt eben deshalb, weil er sich gegen die im Mythos zur Sprache kommende spirituelle Dimension der Wirklichkeit verschließt.

Die anthropologische Engführung Bultmanns hängt mit dem *materialistischen Weltbild* zusammen, dem er nach dem Urteil der anthroposophischen Exegese verfallen ist. Einen bekannten Ausspruch Bultmanns[26] aufgreifend, stellt Rudolf Frieling die Frage, warum eigentlich "Elektrizität und Radio ein Einwand gegen das Dasein der im Evangelium erwähnten Dämonen" sein sollen. Frieling äußert die Ansicht, daß Bultmann "völlig im Banne des materialistischen Weltbildes stehend ... mit gänzlich untauglichen Mitteln" an die Interpretation der Bibel herangehe.[27] Die Folge davon charakterisiert er so: "Verschreibt man sich ... dem materialistischen Weltbild, so zerrinnen die neutestamentlichen Inhalte hoffnungslos."[28] Die "Entmythologisierung", die Bultmann fordert, käme somit – wie wir auch formulieren können – letztlich doch einer *Eliminierung* wesentlicher biblischer Inhalte gleich.

Diese Kritik berührt sich auf den ersten Blick auffallend mit der Kritik konservativer Theologen – insbesondere aus der lutherischen und pietistischen Tradition –, die gegenüber dieser anthropologischen Engführung an der *Faktizität* und *transsubjektiven Wirklichkeit* des in der Bibel bezeugten Heilsgeschehens festhalten.[29] Doch auf den zweiten Blick stellt sich die Frage, ob die theologischen und die anthroposophischen Kritiker *dieselbe* transsubjektive Wirklichkeit meinen. Wie sich in Teil B zeigen wird, ist das nicht der Fall.

Ferner lehnen manche theologischen Kritiker, etwa Walter Künneth, den Mythosbegriff in bezug auf die biblischen Inhalte ab.[30] Steiner hingegen möchte an diesem Begriff gerade festhalten (s. o.). Eine solche *Rückkehr zum*

Mythos ist inzwischen allerdings kein Spezifikum der Anthroposophie mehr. Sie findet sich – das sei hier zumindest angedeutet – auch in neueren theologischen Entwürfen, etwa im Rahmen einer feministischen Theologie[31] und einer tiefenpsychologischen Hermeneutik[32], die ihrerseits wieder anderen Systemen ihr Ungenügen im Blick auf die "geistige" Dimension der Wirklichkeit vorwerfen.[33] Die Frage, ob eine solche Rückkehr zum Mythos theologisch zu rechtfertigen ist und ob die biblischen Schriften als "Einweihungsurkunden und Meditationstexte" zu verstehen sind, werden wir in Teil III. A. 2 aufgreifen.

3. "Orthodoxe" und "fundamentalistische" Interpretation

Genauso wie gegen eine quellenkritische Auflösung und eine Entmythologisierung wenden sich die anthroposophischen Ausleger gegen ein *"Wörtlichnehmen"* der biblischen Texte. Dieses "Wörtlichnehmen" werfen sie den Vertretern einer "orthodoxen" und einer "fundamentalistischen" Interpretation vor. Es sei ein Kennzeichen materialistischen Denkens.

Wie die weitere Darstellung zeigt, wird der Begriff *"Orthodoxie"* dabei nicht näher definiert, sondern in einem sehr weiten Sinn gebraucht (Rittelmeyer z. B. spricht von der "Orthodoxie jeder Färbung"). Doch wird aus der Argumentation deutlich, daß die anthroposophische Kritik im Grunde die von der altprotestantischen Orthodoxie betonten und ausgestalteten Lehren von der Verbalinspiration und Irrtumslosigkeit der Heiligen Schrift meint, die bis heute ihre Vertreter finden. Insbesondere die seit Anfang des 20. Jahrhunderts in den USA hervorgetretene Bewegung eines protestantischen *"Fundamentalismus"* hat diese Lehren neu entfaltet und ihnen in ihren "fundamentals" eine hervorragende Stellung eingeräumt, wobei diese freilich nicht immer eindeutig definiert wurden – d. h. auch der sogenannte Fundamentalismus bildete keine geschlossene Einheit.[34]

In einem Vortrag im Jahre 1906 wirft Rudolf Steiner dem "orthodoxen Bibelgläubigen" (einen konkreten Namen nennt er nicht) vor, daß er die mosaische Schöpfungsgeschichte – insbesondere den Bericht von den sieben Schöpfungstagen – wörtlich verstehe, was jedoch falsch sei: Die mosaische Schöpfungsgeschichte "ist niemals wörtlich zu nehmen. Wir haben es dabei mit langen, langen Zeiträumen zu tun". Die Auffassung vom Wörtlichnehmen der sieben Schöpfungstage sei erst zu Beginn der Neuzeit "durch den Materialismus hereingekommen". Nicht die wörtliche, "materialistische", sondern die "spirituelle" Auslegung sei jedoch die historisch ursprüngliche gewesen: "Was früher spirituell aufgefaßt wurde, in das wurde die materialistische Gesinnung hineingelegt." So ergibt sich für Steiner die paradoxe Situation, daß eine materialistische "Wissenschaft", nämlich der Darwinismus, und eine materialistisch geprägte Bibelauslegung miteinander im Streit liegen: "Jetzt bekämpft die Wissenschaft etwas, was die materialistische Weltauffassung [sc. in die Bibel] hineingebracht hat" (94,228). Eine Lösung dieses Konflikts wird nur in der Beschreitung einer höheren Ebene, in der Wiedergewinnung der spirituellen Dimension gesehen, die sich sowohl auf die Interpretation des Darwinismus als auch der Bibel erstreckt (s. I. A.2.2 und II. B.3).

Friedrich Rittelmeyer wirft im Jahre 1930 der "Orthodoxie jeder Färbung" ein Abschneiden des spirituellen Bereichs, ein Aufrichten selbstgesteckter Erkenntnisgrenzen vor, indem sie durch die Betonung der "Unergründlichkeit Gottes" und der "Einzigartigkeit der göttlichen Geschichte" ein Nachdenken der Gedanken Gottes verhindere. Als Beispiel nennt Rittelmeyer die Wunderinterpretation des Neutestamentlers Theodor Zahn, etwa im Blick auf den Bericht vom Meerwandeln Christi in Joh 6,16–21: "Der berühmte Kommentar zum Johannesevangelium von Theodor Zahn läßt das äußere Wunder als ein physisches Geschehen unberührt von jedem Versuch, verstehend einzudringen in das, was sich da begeben haben mag." Die wahre Unergründlichkeit Gottes trete jedoch erst dann hervor, "wenn der Mensch wirklich an seine Grenze gekommen ist, nicht dann, wenn der Mensch sich selbst eine Grenze setzt aus vermeintlicher Frömmigkeit"[35].

Was Steiner im Jahre 1906 und Rittelmeyer im Jahre 1930 im Blick auf die "orthodoxen Bibelgläubigen" kritisieren, das tadelt Gerhard Wehr im Jahre 1968 in ganz ähnlicher Weise am "Fundamentalismus": Er klammere sich "an ein wörtliches Verstehenwollen der biblischen Texte", sperre sich gegen "modernes Denken" und sehe vor allem "keine Möglichkeit, das Denken und die wissenschaftlichen Forschungsmethoden soweit zu spiritualisieren, daß dies Denken zu einem angemessenen Instrument der notwendigen Neuerschließung des Evangeliums" werden könne.[36] "Wer den Mythos *existentialisiert, verarmt"* – so hatte Wehr im Rückgriff auf Wilhelm Knevels seine Kritik an der existentialen Interpretation zusammengefaßt. Seine Kritik an der fundamentalistischen Interpretation begründet er ebenfalls mit einem Satz Wilhelm Knevels': "Wer ihn [sc. den Mythos] *buchstäblich nimmt, erstarrt"* – eben weil ihm die Möglichkeit zur Erschließung neuer spiritueller Dimensionen – über den vorgegebenen Bibeltext und seinen Wortlaut hinaus – verlorengehe.[37]

Auch James Barr, der den Fundamentalismus aus theologischer Sicht kritisiert, beklagt den – seines Erachtens selber "rationalistischen" – Versuch einer orthodoxen oder fundamentalistischen Glaubenshaltung, die Schrift gegen rationalistische Kritik von außen abzusichern:

"Es ist erstaunlich, daß eine religiöse Form, die so sehr den persönlichen Glauben an Christus betont, gleichzeitig so sehr von einem rational begründeten Beweis der Bibel abhängt ..."[38]

Was allerdings die Frage der buchstäblichen Auffassung der Schrift angeht, so stellt Barr fest, daß es "sicherlich falsch [ist], behaupten zu wollen (wie das oft geschieht), daß für die Fundamentalisten das Wörtliche der einzige Sinn der Wahrheit ist". Nicht die Wörtlichkeit, die variieren kann, sondern die "Unfehlbarkeit" ist der "konstante Faktor jeder fundamentalistischen Bibelauslegung". "Auch den Konservativ-Evangelikalen ist die Kategorie des Gleichnishaften und Symbolischen bekannt."[39]

Wie im Unterschied zu den dargestellten und von der Anthroposophie allesamt als "materialistisch" abgelehnten "liberalen" und "orthodoxen" Auslegungsmethoden der anthroposophische Zugang zu den "höheren Welten" und zur Heiligen Schrift selber aussieht, untersuchen wir im folgenden Teil.

B. Der Anspruch auf "Wiedergewinnung der spirituellen Dimension" durch den anthroposophischen Zugang zur Bibel

Der anthroposophische Zugang zur Bibel erfolgt über einen Dreischritt: Am Anfang stehen die "Erkenntnisse höherer Welten". Durch sie gelangt man zum Lesen der "Akasha-Chronik". Die Akasha-Chronik wiederum bildet die Grundlage für die "spirituelle Interpretation".

1. Die "Erkenntnisse höherer Welten" als Grundlage des anthroposophischen Systems

1.1 Darstellung des anthroposophischen Erkenntniswegs

1.1.1 Die Grundvoraussetzungen der "Geheimwissenschaft"

Steiner nennt seine Lehre *"Geisteswissenschaft"*, *"anthroposophische Geisteswissenschaft"* oder *"Geheimwissenschaft"*. Er gibt folgende Definition:

"Geheimwissenschaft ist Wissenschaft von dem, was sich insoferne im 'Geheimen' abspielt, als es nicht draußen in der Natur wahrgenommen wird, sondern da, wohin die Seele sich orientiert, wenn sie ihr Inneres nach dem Geiste richtet. 'Geheimwissenschaft' ist Gegensatz von 'Naturwissenschaft'" (601,23). Sie bezieht sich "auf das in den Welterscheinungen für die gewöhnliche Erkenntnisart *Unoffenbare,* 'Geheime'", sie ist "eine Wissenschaft von dem 'Geheimen', von dem 'offenbaren Geheimnis'" (601,28; HiO).

In diesem Sinn ("Wissenschaft von dem 'Geheimen'") ist bei Steiner auch das häufig von ihm gebrauchte Wort *"Okkultismus"* zu verstehen.

Steiner definiert "Okkultismus" – gewissermaßen wertneutral – einfach als "Geheimwissenschaft" (601) oder als "die Weisheit von den verborgenen Wesenheiten" (94,129). Nach Rittelmeyer ist Okkultismus "nichts anderes als die Lehre von den verborgenen Fähigkeiten der Seele und den durch sie enthüllten höheren Wirklichkeiten"[1]. Steiner merkt an:

"Wer als 'Wissenschaft' nur gelten läßt, was durch die Sinne und den ihnen dienenden Verstand offenbar wird, für den kann selbstverständlich das hier als 'Geheimwissenschaft' Gemeinte keine Wissenschaft sein" (601,28).

Steiners "Geheimwissenschaft" beruht auf *zwei Grundvoraussetzungen* – zwei "Gedanken" –, mit deren Vorhandensein oder Nichtvorhandensein sie steht oder fällt:

"Diese beiden Gedanken sind, daß es hinter der sichtbaren Welt eine unsichtbare, eine *zunächst* für die Sinne und das an diese Sinne gefesselte Denken *verborgene* Welt gibt, und daß es dem Menschen durch Entwickelung von Fähigkeiten, die in ihm schlummern, möglich ist, in diese verborgene Welt einzudringen" (601,33; HiO).

Wie Steiner zugesteht, bedeuten "für viele Menschen ... schon diese Gedanken höchst anfechtbare Behauptungen, über die sich viel streiten läßt, wenn nicht gar etwas, dessen Unmöglichkeit man 'beweisen' kann" (ebd). Die einzige Möglichkeit, diese Gedanken nachzuprüfen und Erkenntnisse höherer, übersinnlicher Welten zu erlangen, beruhe daher nicht auf intellektuell-distanzierter Diskussion, sondern auf existentiell-engagiertem Beschreiten des "Erkenntnisweges", wie Steiner ihn lehrt:

"... wenn es möglich ist, eine *andere* Erkenntnisart [sc. als die geläufige naturwissenschaftlich-materialistische] zu entwickeln, so kann doch *diese* in die übersinnliche Welt führen" (601,34f; HiO). "Und wie jeder schreiben lernen kann, der die rechten Wege dazu wählt, so kann jeder ein Geheimschüler, ja ein Geheimlehrer werden, der die entsprechenden Wege dazu sucht" (600,14).

Der Außenstehende hingegen, der nicht bereit sei, diesen Erkenntnisweg zu beschreiten, gelange nie zum Ziel und sei weder befähigt noch berechtigt, die Anthroposophie zu beurteilen.[2] Er dringe nicht in die "höheren Welten" vor. Im folgenden wollen wir klären, was damit gemeint ist.

1.1.2 Die Beschaffenheit der "höheren Welten"

F. Rittelmeyer faßt die Steinersche Gottesvorstellung[3] so zusammen:

"Wer die anthroposophische Geisteswissenschaft studiert, vernimmt vieles darüber, wie hinter allem, was wir Natur nennen, Geistiges lebt, nicht nur in dem Sinn, daß Gott mit seinem Willen und Sein fortwährend alles Dasein trägt und hält und leitet, sondern in dem Sinn, daß der eine Gott durch eine Fülle von geistigen Wesen auf allen Stufen und in allen Arten alle Reiche des Daseins durchwaltet und seinen Zielen zuführt."[4]

Die anthroposophische Weltanschauung geht demzufolge von einem Stufenbau der Welt aus, der grob so gegliedert ist:

1. Geist-Welt = Gott
2. Zwischenreiche = Engel
3. Natur = Irdisches

Die "Geist-Welt" bzw. die platonische "'Welt der Urbilder'" ist die Welt, "die *darüber* ist und in der sich nichts mit irgendwelchen zeit-räumlichen Vorstellungen fassen oder auch nur vergleichen läßt". Es gibt jedoch "ein feines Element, eine feine Substanz, in der das Seelische webt und in das sich das Geistige gleichsam kleiden muß, wenn es zum Menschen kommen will". Das geschieht durch die sogenannten Zwischenreiche: "Erst wenn Zwischenreiche deutlich werden, in denen das Irdische zwar noch erdenähnlich, aber schon geistig, in denen das Geistige zwar schon erdennah, aber noch geistartig da ist, fängt das Verstehen an."[5]

In diese Zwischenreiche gilt es einzudringen, indem man mit den darin lebenden "Wesen" oder "Geistern" Kontakt aufnimmt. Das geschieht durch "Einweihung" oder den anthroposophischen Erkenntnisweg (s.u.). So kann man Stufe um Stufe zu "Gott" als dem Geist gelangen, der "aller Geister Fülle" ist. Rittelmeyer legt Wert darauf zu betonen, daß "nicht von Geistern im Sinn des Spiritismus ... sondern von Engeln, von göttlichen Dienern im Welthaushalt" die Rede ist. "Und aller Geister Fülle, aber nicht als gedankliche Zusammenfassung, sondern als beherrschendes, durchwebendes Ich, ist *der* Geist, ist *Gott.*"[6]

Diese Vorstellung von einem Stufenbau der göttlich-geistigen Welt besitzt mancherlei Parallelen zu antiken – jüdischen wie auch griechischen – Gedankensystemen, etwa zur Engellehre des ersten Henochbuches sowie zur Kosmologie eines Philo und eines Origenes.[7] Am auffallendsten jedoch ist die Ähnlichkeit zur Philosophie des Stoikers Poseidonios (1. Jh. v. Chr.):

> "Die Welt ist für ihn ein Gebilde, das von Göttern und Menschen bewohnt wird; göttlich sind die Gestirne, allen voran die Sonne, das Herz der Welt, das Zentrum der physischen und geistigen Lebenskraft; Göttliches lebt auch in der Brust des Menschen. Aber alles Einzelne ist nur darum göttlich, weil es teilhat an dem göttlichen Geiste, der das All erfüllt, gestaltet und durchwaltet. Als reiner Geist wirkt er droben in der Ätherregion, dem Hegemonikon der Welt; aber Gott wandelt sich in alles, in das er will, durchdringt die Welt bis in ihre fernsten und niedrigsten Teile, gibt ihnen das Leben und das Gesetz ihres Daseins. Was lebt, lebt nur als Glied dieses lebenerfüllten Organismus ... 'In ihm leben, weben und sind wir' ist das Grundgefühl dieses Pantheismus."[8]

1.1.3 Der Weg in die "höheren Welten"

Wie der anthroposophische Erkenntnisweg aussieht, soll nun skizziert werden.[9] Wir orientieren uns dabei an den "Stufen der höheren Erkenntnis", die Steiner in seiner "Geheimwissenschaft" schildert (601,291). Sie müssen "nicht ... nacheinander durchgemacht werden", sondern können fließend ineinander übergehen und einander durchdringen (ebd). Dabei fällt auf: Je höher die Stufen werden, desto karger wird Steiners Beschreibung.

1.1.3.1 Studium der "Geisteswissenschaft"

Am Anfang steht "das Studium der Geisteswissenschaft, wobei man sich zunächst der Urteilskraft bedient, welche man in der physisch-sinnlichen Welt gewonnen hat" (601,291). Der Leser soll "die ihm von der Geisteswissenschaft mitgeteilten Tatsachen der höheren Welt zum Eigentum seines Denkens" machen (601,252). Das bedeutet konkret, daß man die Steinerschen Schriften lesen und verinnerlichen soll: "Der Leser muß zunächst eine größere Summe von übersinnlichen Erfahrungen, die er noch nicht selbst erlebt, mitteilungsgemäß aufnehmen"(601,38). Liest man die Steinerschen Schriften, dann bekommt man Mitteilung über die weiteren Stufen.

1.1.3.2 Imagination

Imaginative Erkenntnis ist die "erste höhere Erkenntnisstufe" (601,235). Es ist eine Erkenntnis, "welche durch einen übersinnlichen Bewußtseinszustand der Seele zustande kommt", der "in der Seele erweckt wird durch die Versenkung in Sinnbilder oder 'Imaginationen'" (ebd). Solche "Imaginationen" können z.B. eine Pflanze, ein Rosenkreuz oder auch Worte, Formeln und Empfindungen sein. Dabei sind die Inhalte des Vorgestellten zweitrangig, denn: "Nicht *was* vorgestellt wird, ist wesentlich, sondern darauf kommt es an, daß das Vorgestellte durch die Art des Vorstellens das Seelische von jeder Anlehnung an ein Physisches loslöst" (601,229; HiO). Die Vorstellungen sollen "eine weckende Kraft auf gewisse verborgene Fähigkeiten der menschlichen Seele ausüben" (601,228).

Ist es zum "Freiwerden von den physischen Organen" gekommen, dann empfindet sich der Geistesschüler "als ein Wesen *neben* dem", das er vorher war. "Das ist das erste rein geistige Erlebnis: die Beobachtung einer seelisch-geistigen Ich-Wesenheit" (601,236f; HiO). "Es ist so, wie wenn man nun in voller Besonnenheit in zwei 'Ichen' lebte" (601,240; an anderer Stelle spricht Steiner von einem Zerfallen des Gehirns "in drei voneinander getrennte Glieder"; 600,132). "Das zweite – das neugeborene – Ich kann nun zum Wahrnehmen in der geistigen Welt geführt werden." Kraft dieses Ichs wird der Mensch "nunmehr um sich herum geistige Tatsachen und geistige Wesenheiten wahrnehmen" (601,241). Dienlich dazu ist ihm die "Heranbildung der höheren Wahrnehmungsorgane innerhalb des astralischen Leibes", der "Lotusblumen" (601,255). Allerdings dringt der Mensch auf der Stufe der Imagination noch nicht ins Innere der Wesen vor, sondern erhält ein zunächst diffuses Bild von ihrer "Verwandlung" und "seelische[n] Äußerung" (601,260f).

Steiner weiß um *Gefahren*, die mit dem Beschreiten des Weges in die höheren Welten verbunden sein können: verstärkter "Selbstsinn" (601,241); "Phantasterei" (601,243); Mißbrauch der erlangten Erkenntnisse zur "Macht über seine Mitmenschen" und "im Sinne des Bösen" (600,48); "Beeinträchtigung der Gesundheit" (600,129) u. a. Um diesen Gefahren zu begegnen, empfiehlt er eine strenge Beachtung seiner Regeln sowie eine Denk- und ethische Schulung, die mit dem Erlangen übersinnlicher Erkenntnisse Schritt halten soll. Die "*goldene* Regel der wahren Geheimwissenschaften" lautet nach Steiner: "... wenn du *einen* Schritt vorwärts zu machen versuchst in der Erkenntnis geheimer Wahrheiten, so mache zugleich *drei* vorwärts in der Vervollkommnung deines Charakters zum Guten" (600,48f; HiO). Insbesondere die "gesunde Urteilskraft" soll gebraucht werden: "Wer nicht darauf bedacht ist, von vornherein eine gesunde Urteilskraft zur Grundlage seiner Geistesschulung zu machen, der wird in sich solche übersinnliche Fähigkeiten entwickeln, welche ungenau und unrichtig die geistige Welt wahrnehmen" (601,251).

1.1.3.3 Inspiration

Inspiration ist die nächste Stufe. Sie kennzeichnet das Einhauchen der Zusammenhänge der geistigen Welt in den Geistesschüler. Während die imaginative Welt "ein unruhiges Gebiet" mit "Beweglichkeit, Verwandlung" gewesen ist, in der man nur "die seelische Äußerung der Wesen" erkannt hat, lernt man durch Inspiration "innere Eigenschaften von *Wesen* kennen, welche sich verwandeln" (601,260f; HiO):

> "Durch Imagination erkennt man die seelische Äußerung der Wesen; durch Inspiration dringt man in deren geistiges Innere. Man erkennt vor allem eine Vielheit von geistigen Wesenheiten und von Beziehungen des einen auf das andere" (601,261).

Die Inspiration wird erreicht, indem man alle sinnbildlichen Inhalte (die ja lediglich Hilfsmittel zur Loslösung des Seelischen vom Physischen sein sollten) aus dem Bewußtsein entfernt und sich "nur noch in seine eigene Seelentätigkeit [versenkt], welche das Sinnbild gestaltet hat" (601,286):

> "Was ich getan habe (meinen eigenen Seelenvorgang) will ich festhalten; das Bild selber aber aus dem Bewußtsein verschwinden lassen" (601,266).

Während die Imagination nur äußerliche, unzusammenhängende Einzeleindrücke von den "geistigen Welten" geliefert hat, die Steiner mit "Buchstaben" oder "Lauten" vergleicht, kommt es durch Inspiration zu einem Erkennen von geistigen Zusammenhängen, zu einem kontinuierlichen "Lesen" einer übersinnlichen, verborgenen "Schrift" (601,261f). Diese "Schrift" (mit der wir uns in II.B.2 unter dem Namen "Akasha-Chronik" ausführlich beschäftigen werden) liefert dem Geistesschüler bzw. Hellseher sämtliche Erkenntnisse über die Weltentwicklung (ebd). Freilich ist keine "Schrift" und kein "Lesen" im herkömmlichen Sinn gemeint, sondern "die Wesen in dieser [sc. inspirierten] Welt wirken auf den Betrachter *wie* Schriftzeichen, die er kennenlernen muß und deren Verhältnisse sich für ihn enthüllen müssen wie eine übersinnliche Schrift. Die Geisteswissenschaft kann daher die Erkenntnis durch Inspiration *vergleichweise* auch das 'Lesen der verborgenen Schrift' nennen" (601,261; HddV).

1.1.3.4 Intuition

Auf das Einhauchen (Inspiration) der Zusammenhänge der geistigen Welt folgt das Eintauchen, das "Sicheinleben in die geistige Umgebung" (601,291): die Intuition.

"Ein Geisteswesen durch Intuition erkennen, heißt völlig eins mit ihm geworden sein, sich mit seinem Innern vereinigt haben" (601,264).

Auf der Stufe der Imagination hat sich der Geistesschüler in Sinnbilder versenkt, während er auf der Stufe der Inspiration nur noch seine eigene Seelentätigkeit im Bewußtsein erhalten hat. "Nun aber entfernt der Geistesschüler auch noch diese eigene Seelentätigkeit aus dem Bewußtsein. Wenn nun etwas bleibt, so haftet an diesem *nichts,* was nicht zu überschauen ist" (601,286; HiO). Intuitive Erkenntnis ist somit "eine Erkenntnis von höchster, lichtvollster Klarheit" (601,264) – ungetrübt von der "physisch-sinnlichen Welt" und "bewahrt" vor der "Täuschung in der übersinnlichen Welt" (601,286).

Eine letzte Korrektur gegen Täuschungen vor dem Eintritt in die geistige Welt stellt der "kleine Hüter der Schwelle" dar, eine Instanz des "Schämens" bzw. der Selbsterkenntnis im Menschen, die auftritt, "um den Eintritt jenen zu verwehren, welche zu diesem Eintritte noch nicht geeignet sind" (601,282). Täuschungen kommen dadurch zustande, "daß man durch die eigene seelische Wesenheit die Wirklichkeit färbt" oder daß man "einen Eindruck, den man empfängt, unrichtig deutet" (601,283).

Unter dem Druck der wachsenden Selbsterkenntnis und der Tatsache, daß es "immer noch höhere Stufen" gibt, könnte man "erlahmen und zurückschrekken vor dem, was bevorsteht" (601,287f). Um dieser Gefahr zu begegnen, tritt der "große Hüter der Schwelle" auf, der dem Geistesschüler mitteilt, "daß er nicht stehenzubleiben hat auf dieser Stufe, sondern energisch weiterzuarbeiten" (601,289). Den "großen Hüter der Schwelle" setzt Steiner mit der "Christus-Gestalt" gleich:

"Es verwandelt sich ... dieser Hüter in der Wahrnehmung des Geistesschülers in die Christus-Gestalt ... Der Christus zeigt sich ihm als das 'große menschliche Erdenvorbild'" (601,292).

Der Impuls des Christus ist maßgeblich für das Weitergehen der individuellen und kollektiven Evolution hin zur Vergeistigung (s. I.A.2.2).

1.1.3.5 Weitere Stufen

Obwohl Steiner anmerkt, daß es "immer noch höhere Stufen" gibt, egal "welche Stufe man auch erstiegen haben mag" (601,287), so versucht er doch, den von ihm beschriebenen Erkenntnisweg in Form dreier weiterer Stufen zum Abschluß zu bringen. Diese werden von ihm nur mit wenigen Sätzen skizziert und daher auch hier nur blockartig zusammengefaßt:

- Erkenntnis der Verhältnisse von Mikrokosmos und Makrokosmos;
- Einswerden mit dem Makrokosmos;
- Gesamterleben der vorherigen Erfahrungen als eine Grund-Seelenstimmung (vgl. 601,291).

Während die erstgenannte Stufe einen Erkenntnisakt bezeichnet, beinhaltet die zweitgenannte den Vorgang selbst. Der Geistesschüler erkennt zunächst die Entsprechung "der 'kleinen Welt', des Mikrokosmos, das ist des Menschen selbst, und der 'großen Welt', des Makrokosmos", um dann vollends das "Einswerden mit dem Makrokosmos" zu vollziehen (601,290f). Die "Erkenntnis höherer Welten" soll somit in einem existentiellen Akt ihren Höhepunkt und Abschluß erleben. Erkenntnis und Sein sollen ineinander verschmelzen. Inmitten dieser hinduistisch anmutenden Gedanken von der Alleinheit[10] fühlt sich Steiner doch der abendländischen mystischen Tradition mit ihrer stärkeren Betonung des Wertes der Einzelseele[11] verpflichtet, wenn er schreibt:

> "Man soll nicht verwechseln dieses Einswerden der Persönlichkeit mit dem umfassenden Geistesleben mit einem die Persönlichkeit vernichtenden Aufgehen derselben in dem 'Allgeist'" (615,150).

Für unser Thema bleibt festzuhalten: Im Verlauf des anthroposophischen Erkenntnisweges kommt es zum "Lesen der verborgenen Schrift", die sich von Stufe zu Stufe klarer erschließt. Sie wird von Steiner mit dem Begriff "Akasha-Chronik" bezeichnet.

Bevor wir diese im nächsten Kapitel darstellen, entfalten wir zunächst unsere Kritik am anthroposophischen Erkenntnisweg. Diese Kritik ist von grundsätzlicher Bedeutung, da sich doch Steiners gesamtes System – wie er selbst immer wieder (z.B. in 636,271f) betont – auf seinen Erkenntnisweg stützt und von ihm abhängt. Unsere Kritik entfalten wir auf zwei Ebenen: zunächst auf der empirischen, dann auf der theologischen Ebene. Es ist der theologischen Kritik dienlich, zunächst die empirischen Einwände gegen Steiners Erkenntnisweg zu berücksichtigen.

1.2 Empirische Kritik des anthroposophischen Erkenntniswegs

1.2.1 Die fehlende Nachprüfbarkeit und Nachvollziehbarkeit der "Erkenntnisse"

Die Anthroposophie beansprucht, "Wissenschaft" zu sein – zwar nicht im naturwissenschaftlichen Sinn, aber doch *analog* zur Naturwissenschaft: "Sie will über Nichtsinnliches in derselben Art sprechen, wie die Naturwissenschaft über Sinnliches spricht" (601,29). Wir werden nun untersuchen, ob sie diesem Anspruch gerecht wird.

Zum Wesen jeder Wissenschaft gehört die *Nachprüfbarkeit* und *Nachvollziehbarkeit* ihrer Erkenntnisse. In der Naturwissenschaft geschieht das durch Beobachtung und Experiment, also empirisch – auf der Ebene der sinnlichen Erfahrung. Durch die Erfahrung werden Erkenntnisse bestätigt oder widerlegt.

Ist das analog – auf einer anderen, "höheren" Ebene – auch in der anthroposophischen "Geisteswissenschaft" möglich? Gibt es übersinnliche Erfahrungen von Anthroposophen, die die Schauungen Steiners bestätigen? Rittelmeyer schreibt hierzu:

"Zur unmittelbaren Entwicklung der in dem Buch 'Wie erlangt man Erkenntnisse der höheren Welten?' geschilderten Erkenntnisorgane hat Rudolf Steiner nur ganz selten und nur unter strengen moralischen Voraussetzungen *einigen wenigen Menschen* Ratschläge gegeben ... Diese Menschen sind zwar *nicht entfernt so weit gekommen,* daß sie Rudolf Steiner in allem seinem Forschen nachprüfen könnten. Sie haben wohl *ohne Ausnahme* erlebt, daß der Weg *länger und strenger* ist, als sie selbst zu Beginn gedacht hatten. Aber unter ihnen und neben ihnen gibt es doch nicht wenige Anthroposophen, die auf den verschiedensten Gebieten *Anfänge von Erfahrungen* gemacht haben und mit Recht sagen können: die Welt, von der Rudolf Steiner erzählt, gibt es; wir wissen aus eigenen *Eindrücken,* in wie hohem Grade sich als Wahrheit erweist, was er gesagt hat; ein Beweis, daß hier von Suggestion und Autosuggestion keine Rede sein kann, ist gerade dies, daß wir sehr vieles trotz aller Mühe *nicht* erreicht haben, und daß das, was wir erreichten, immer anders war, als wir vorher erwarteten – und daß es trotzdem Rudolf Steiners Mitteilungen *bestätigte.*"[12]

Diesen Ausführungen entnehmen wir folgendes:

a) Der anthroposophische Erkenntnisweg ist *nicht* allgemein nachprüfbar und nachvollziehbar: Nur "einigen wenigen Menschen" hat Steiner Ratschläge zur "unmittelbaren Entwicklung" der hellseherischen Erkenntnisorgane gegeben – und zwar Menschen, die er "auf Grund ihrer Begabung und ihres Schicksals für geeignet hielt, näher an die Offenbarungen der Geisteswelt herangeführt zu werden" (die anderen haben lediglich mantra-ähnliche

"Meditationen", "Wahrspruchworte" u.ä. zur "Wesensbildung" bekommen).[13]

b) Selbst diese wenigen besonders "Begabten" sind nicht in der Lage gewesen, Steiner "in allem seinem Forschen" nachzuprüfen. Sie haben "vieles trotz aller Mühe nicht erreicht", sondern lediglich "Eindrücke" gewonnen und "Anfänge von Erfahrungen" gemacht, die ihnen laut Rittelmeyer die Existenz der Steinerschen Welt bestätigt haben. Aber "Anfänge von Erfahrungen" – falls es sie gibt – lassen sich in keiner Weise mit gesicherten Ergebnissen gleichsetzen. Auch hierdurch ist die Nachprüfbarkeit und Nachvollziehbarkeit der Steinerschen Schauungen nicht gewährleistet.

c) Wo man "aus eigenen Eindrücken" etwas weiß, bei denen sich "als Wahrheit erweist", was einer "gesagt hat", liegt hingegen tatsächlich der Verdacht auf "Suggestion und Autosuggestion" nahe, den Rittelmeyer abwehren will. Seine Gegenargumente überzeugen nicht. Daß man "vieles trotz aller Mühe nicht erreicht", kann nicht nur ein Beweis gegen die Suggestion, sondern mehr noch gegen die *Existenz* (und damit gerade *für* die Suggestion!) des angestrebten Zieles sein. Und die Behauptung, daß das Erreichte "immer anders war" als das Erwartete und "trotzdem Rudolf Steiners Mitteilungen bestätigte", klingt widerspruchsvoll. Es ist nämlich äußerst unwahrscheinlich, daß der enge Kreis der von Steiner besonders Eingeweihten seine Vorträge, Schriften und Schauungen nicht kannte und somit etwas völlig anderes erwartete als das, was er mitgeteilt hatte. Das Gegenteil dürfte zutreffen.

1.2.2 Die Zirkelschlußhaftigkeit der Argumentation

Freilich ist es für einen Außenstehenden unmöglich, subjektive "Schauungen" zu beurteilen. Eines aber steht fest: sie können, solange sie nicht *allgemein* nachprüfbar und nachvollziehbar sind, nicht als Beweis dienen. Allgemein nachprüfbar und nachvollziehbar aber werden sie laut Steiner in absehbaren Zeiträumen nicht sein, weil die meisten Menschen nicht die entsprechende "Begabung" und das entsprechende "Schicksal" haben, um "an die Offenbarungen der Geisteswelt herangeführt zu werden" (s.o.) – nicht einmal innerhalb der Theosophischen[14] und Anthroposophischen Gesellschaft. Steiner nennt Beispiele:

"Es könnte jemand sagen: Ich weiß gar nicht, warum ich in dieser Gesellschaft bin. Da werden immer Dinge der höheren Welten erzählt; das ist ganz schön, aber mir wäre es lieber, wenn ich auch nur ein klein, klein wenig sehen könnte, durch hellsichtiges Schauen. – Ich kenne einen sehr gelehrten Theosophen, der seine inbrünstige Sehnsucht, auch einmal hinauszukommen über die bloße Gelehrsamkeit zum Sehen, damit ausgesprochen hat, daß er sagte: Wenn ich auch nur einmal in der Lage wäre, das Ende des Schwänzchens eines Elementarwesens zu sehen!" (117,77).

In diesem Zusammenhang entfaltet Steiner seine Begründung für das Nicht-Schauen-Können:

"Sehen Sie, Sie alle waren einmal hellsehend in uralten Zeiten. Denn alle Menschen waren hellsehend, und zwar gab es Zeiten, in denen die Menschen zurückgesehen haben weit, weit in der Zeitenwende. Und nun können Sie fragen: Ja, warum erinnern wir uns nicht an unsere früheren Inkarnationen, wenn wir doch schon in der Zeitenwende rückwärtsschauen konnten? ... Die Frage ist außerordentlich wichtig. Es erinnern sich so viele nicht an ihre früheren Inkarnationen, obwohl sie in höherem oder geringerem Maße hellsichtig waren in früheren Zeiten, weil sie damals nicht ausgebildet hatten diejenigen Fähigkeiten, die gerade die Fähigkeiten des Selbstes, des Ichs sind" (117,78f).

Betrachten wir diese Argumentation genauer: Steiner stellt fest, daß viele trotz "inbrünstiger Sehnsucht" nicht in der Lage sind, hellseherische Schauungen zu erlangen. Der Grund hierfür wird in der Vergangenheit gesehen: Sie haben "die Fähigkeiten des Selbstes, des Ichs" nicht ausgebildet (wir treffen hier auf die Steinerschen Lehren von den verschiedenen Leibern und der Reinkarnation; s. I.A.2.2). Diese Argumentation dreht sich im Kreis. Die Steinerschen Lehren von der Reinkarnation und den verschiedenen Leibern werden benutzt, um den Steinerschen Erkenntnisweg zu stützen. Diese Lehren ihrerseits aber wurden auf dem Erkenntnisweg gewonnen. Der Erkenntnisweg liefert die Weltanschauung, die Weltanschauung stützt den Erkenntnisweg.

Die Steinersche Argumentation ist ein *Zirkelschluß,* und sie ist *systemimmanent.* Sie ist nur innerhalb des anthroposophischen Systems logisch, außerhalb nicht. Wir verstehen nun, warum sich Steiner gegen eine kritisch-distanzierte Beurteilung seines Systems von außen wehrt: "Wer diesen Weg [sc. den Erkenntnisweg] wirklich *durchschreitet,* hat auch schon das Beweisende erlebt; es kann nichts durch einen *von außen* hinzugefügten Beweis geleistet werden" (601,32f; HddV). Das doppelte Problem, welches sich stellt, ist aber, daß nicht nur die Beurteilung von außen versagt, sondern daß auch keiner (außer Steiner selber) den Erkenntnisweg bis zum Ende durchschritten hat, so daß der Beweis für die Richtigkeit seiner Schauungen bis heute aussteht.

Wie verhält es sich nun mit der *"gesunden Urteilskraft"*, dem *"Denken"* oder der *"Vernunft"*, deren Gebrauch Steiner immer wieder fordert? Auch sie werden systemimmanent gebraucht. Ihre Anwendung beschränkt sich darauf, die von Steiner mitgeteilten Schauungen zu verstehen und zu prüfen, ob die eigenen Erkenntnisse damit übereinstimmen. Steiner schreibt:

"Man kann ohne [sc. anthroposophische] Schulung nicht in der höheren Welt forschen; man kann darin nicht selbst Beobachtungen machen; aber man kann ohne die höhere Schulung alles *verstehen,* was die Forscher aus derselben mitteilen ... Dadurch, daß man sich unablässig zum Eigentum macht, was die Geistesforschung sagt, *gewöhnt* man sich an ein Denken, das nicht aus den sinnlichen Beobachtungen schöpft" (601,252f; HddV).

Und an anderer Stelle:

"Was mitgeteilt wird auf rechtmäßige Weise, das kann – und das ist ja oft gesagt worden – erforscht werden *nur* durch das *hellseherische* Bewußtsein. Ist es aber, und meinetwillen auch nur *von einem einzigen,* erforscht, ist es einmal geschaut und wird es mitgeteilt, *dann* kann es jeder einsehen durch seine unbefangene Vernunft" (117,74; HddV).

Wie wir gesehen haben, ist es in der Tat nur ein einziger, der angeblich alle Stufen des Erkenntnisweges erstiegen und die "höheren Welten" erforscht hat: Rudolf Steiner selber. Seine Erkenntnisse gelten als normativ. An sie hat sich das Denken zu "gewöhnen", indem es sich "unablässig zum Eigentum macht, was die Geistesforschung sagt". Hier wird der (auto)suggestive Charakter der anthroposophischen Schauungen besonders deutlich.

Nun bleibt die Frage: Sind nicht die von Steiner häufig gebrauchten *Analogien* zwischen sinnlicher und übersinnlicher Welt ein Beweis für die Existenz der letzteren? Keinesfalls, denn Steiner gebraucht fast durchweg die "analogia proportionalitatis", die nicht ein Verhältnis zwischen zwei Dingen, sondern "ein Verhältnis zwischen zwei Verhältnissen"[15] als analog bezeichnet:

$$a:b = c:d$$

Die Paare links und rechts vom Gleichheitszeichen haben keinen inhaltlichen Berührungspunkt, sondern nur eine formale Entsprechung, so daß aus der Existenz von a und b (hier: sinnliche Welt) die Existenz von c und d (hier: übersinnliche Welt) keineswegs zwingend folgen muß. Auf diesen Sachverhalt macht der Systematiker und Philosoph Eberhard Jüngel aufmerksam. Er schreibt, daß "die Proportionalitätsanalogie von den Proportionen selber nichts fordert als ihre Entsprechung" und daß sie "die schlechthinnige Verschiedenheit der Größen wahrt, die in Beziehung gesetzt werden"[16].

Zwei Beispiele bei Steiner:

"Wie nun der physische Leib in die physische Welt eingebettet ist, zu der er gehört, so ist der Astralleib zu der seinigen gehörig" (601,66).

Physischer Leib : physische Welt = Astralleib : Astralwelt

"Wie dem physischen Leibe zum Beispiel die Nahrungsmittel aus seiner Umgebung zukommen, so kommen dem Astralleib während des Schlafzustandes die *Bilder* der ihn umgebenden Welt zu" (ebd; HiO).

Physischer Leib : Nahrung = Astralleib : Bilder

Die Vergleichspaare stehen inhaltlich unverbunden nebeneinander. Diese Form der Analogie kann somit höchstens der Illustration, aber keineswegs dem Beweis einer Behauptung dienen. Auch H. E. Miers stellt in seinem "Lexikon des Geheimwissens" fest:

"A[nalogie] ist ... *kein strenger Beweis,* doch dient sie in zahllosen Fällen dazu, auf ein allgemeines, gesetzmäßiges Verhalten, auf das man bisher nicht achtete, aufmerksam zu machen. *In allen nicht streng begründeten Wissenschaften* (z.B. Grammatik, Hermeneutik, Heilkunde usw.), vollends im gemeinen Leben, ist sie die geläufigste Schlußart ... A[nalogie] ist *die logische Methode des Okkultismus."*[17]

1.2.3 Der Glaube an den Begründer

Zurück zur Anfangsfrage: Ist die Anthroposophie eine Wissenschaft? Konkret: Ist ihr Erkenntnisweg nachprüfbar und nachvollziehbar? Die Antwort kann nach allem bisher Dargestellten nur "nein" lauten. Anthroposophie ist keine Wissenschaft im neuzeitlichen Sinne (was sie ja sein möchte), sondern ein *Glaubenssystem:* Weil die Schauungen Steiners nicht allgemein nachprüfbar und nachvollziehbar sind, erfordert sie den Glauben an die übersinnlichen Erkenntnisse des einzigen angeblich Schauenden, an Rudolf Steiner selber. Wenn er sich geirrt hat, fällt das gesamte anthroposophische System in sich zusammen.
Steiner bemerkt das selber und versucht, sich gegen den Vorwurf zu wehren, daß seine Erkenntnisse "wie Dogmen vorgetragen würden, für die Glauben auf Autorität hin verlangt würde" (601,39):

"Es ist dies aber doch nicht der Fall. Was nämlich von übersinnlichen Weltinhalten gewußt werden kann, das lebt in dem Darsteller als lebendiger Seeleninhalt; und lebt man sich in diesen Seeleninhalt ein, so entzündet dieses Einleben in der eigenen Seele die Impulse, welche nach den entsprechenden übersinnlichen Tatsachen hinführen" (ebd).

In dem "*wahren* gedankenmäßigen Aufnehmen" stehe man "in dieser Welt schon drinnen" und habe sich nur noch darüber klar zu werden, daß man "schon unvermerkt erlebt hat, was man vermeinte, bloß als Gedankenmitteilung erhalten zu haben" (ebd; HiO). Wer die Steinerschen Gedankeninhalte dennoch nicht nachvollziehen könne, habe sie "noch nicht vorurteilslos" genug aufgenommen (601,253). Noch deutlicher formuliert:

"Der Lernende muß in jedem Augenblicke sich zum völlig leeren Gefäß machen können, in das die fremde Welt einfließt. Nur diejenigen Augenblicke sind solche der Erkenntnis, wo jedes Urteil, jede Kritik schweigen, die von uns ausgehen" (615,137).

Jede Kritik soll also "schweigen". Dadurch bestätigt Steiner die Berechtigung des Vorwurfs, den er eigentlich widerlegen wollte: daß er Dogmen vorträgt, für die Glauben auf Autorität hin verlangt wird. Daß der Geistesschüler unbewußt "in dieser Welt schon drinnen" stehe, von der ihm Steiner berichtet, und daß ihm somit keine Dogmen von außen aufgezwungen würden – diese Behauptung ist ebenso unbeweisbar wie die Allgemeingültigkeit der Steinerschen Schauungen selbst. Denn *bewußt* wird diese Welt nach Steiners Worten dem Geistesschüler nur, indem er sich in den "Seeleninhalt" des Darstellers (also Steiners) einlebt. Damit aber ist wiederum die Gefahr der Suggestion gegeben.

Der Steinersche Erkenntnisweg als Grundlage des anthroposophischen Systems ist aus empirischer Sicht unhaltbar. Die Anthroposophie erweist sich von ihren Wurzeln her somit tatsächlich als ein Glaubenssystem, das dem Außenstehenden die Kompetenz zu seiner Beurteilung abspricht und vom Anhänger den Glauben an Rudolf Steiner und seine Schauungen erwartet. J. W. Hauer, Christian Gahr und andere Kritiker sprechen darum vom Steinerschen "Dogmatismus".[18] Es wird nun zu untersuchen sein, wie sich das anthroposophische Glaubenssystem zum christlichen Glauben verhält. Im nächsten Abschnitt nehmen wir eine theologische Beurteilung des Erkenntnisweges vor.

1.3 Theologische Kritik des anthroposophischen Erkenntniswegs

1.3.1 Das Kriterium der Beurteilung

Wie die empirische, so braucht auch die theologische Beurteilung Kriterien, anhand derer sie ein Erkenntnissystem oder eine Weltanschauung prüft. Die Kriterien für die Empirie lauteten: Nachprüfbarkeit und Nachvollziehbarkeit. Das Kriterium für die Theologie lautet: *Übereinstimmung mit dem biblisch-reformatorischen Schriftverständnis.*

Martin Luther sagt, daß die Schrift "selber durch sich selber sei die allergewisseste, die leichtest zugängliche, die allerverständlichste, die, die sich selber auslegt, die alle Worte aller bewährt, urteilt und erleuchtet"[19]. In sich selber klar ist die Schrift, wenn man sich am Literalprinzip und Kontext orientiert (s. ausführlich hierzu II.B.3.2). Auch wir folgen dieser reformatorischen Position, weil wir sie als die sachgemäße (der Sache und Eigenart der biblischen Schriften angemessene) betrachten, und nehmen bei ihr unseren Ausgangspunkt zur Beurteilung des anthroposophischen Bibelverständnisses.

1.3.2 *Die Unvereinbarkeit von göttlicher Offenbarung und anthroposophischer Schau*

Anthroposophische Autoren sagen, Rudolf Steiners Schauungen aus der Akasha-Chronik stimmten mit den biblischen Aussagen überein (s. II. B. 2). Mehr noch: sein Erkenntnisweg selber stimme mit den biblischen Aussagen überein. Diese Behauptungen (hier zunächst die letztere) werden nun zu prüfen sein.

Friedrich Rittelmeyer schreibt:

"Die Theologen führen heute mit Vorliebe das Wort des Paulus im Schilde, daß wir im 'Glauben' leben und nicht im 'Schauen'. Tatsache ist aber, daß das geschichtliche Christentum in allen seinen Hauptgestalten und in allen seinen Hauptgeschehnissen auf dem 'Schauen' beruht."[20]

Rittelmeyer nennt als Beispiele verschiedene biblische Berufungserlebnisse (Mose, Elia, Paulus), die "Schau" des gottgesandten Christus durch Johannes den Täufer, das Wort Jesu "Ihr werdet den Himmel offen sehen!", die "Schau" des Auferstandenen durch die Jünger und die "Visionen Johannes des Sehers".[21] Dann fährt er fort:

"Ein Glücksfall wäre es, wenn ein Mensch aufträte, der Schau-Erlebnisse aus eigner Erfahrung kennt, der sie aber als Gegenwartsmensch mit bewußter Kritik zu durchdringen vermag ... Es kann unerörtert bleiben, ob nicht die Theologie den ungeheuerlichen Fehler begangen hat, sich einen Menschen entgehen zu lassen, von dem sie, ohne irgendwie dem Autoritätsglauben zu verfallen, die bedeutungsvollsten Aufschlüsse hätte gewinnen können über die Welten, um deren Erkenntnis sie sich bemüht."[22]

Dieser Mensch ist nach Rittelmeyers Darstellung Rudolf Steiner.[23] *Kann sich die Steinersche Schau wirklich auf biblische Berichte über "Schauungen" stützen? Setzt sie diese "Schauungen" fort?* Oder – um einen anderen Begriff zu gebrauchen – *gibt es in der Bibel eine "echte christliche Gnosis"* (Bock)?[24] Zur Beantwortung dieser Fragen ziehen wir zunächst die von Rittelmeyer genannten *Beispiele* heran und betrachten sie genauer.

Nach dem Bericht des Ex kommt die Gottesoffenbarung und Berufung am brennenden Dornbusch für *Mose* plötzlich und überraschend (er "hütete Schafe"; Ex 3,1). Sie ist mit anfänglichem Nichtverstehen verbunden (Ex 3,3) und hat Furcht und Unwilligkeit auf der Seite Moses zur Folge (Ex 3,6.11–4,10). Der Text gibt keinen Raum für die Vorstellung von einer gezielten Vorbereitung Moses auf dieses Ereignis, wie die Anthroposophie sie behauptet.[25] Hingegen ist, wie Martin Noth ausführt, Mose "hier ganz schlicht der Gottesbote, der die Nachricht von dem, was Jahwe zu tun vorhat, empfängt und diese Nachricht an Israel weiterzugeben hat ..."[26] C. F. Keil weist auf das Unvermögen des Mose hin: "Früher hatte er sich eigenmächtig zum

Retter und Richter aufgeworfen, jezt [sic] hat er in der Schule Midians Demut gelernt, so daß ihn Mißtrauen gegen die eigene Kraft und Tüchtigkeit zu so großem Werke erfüllt."[27]

Auch in der Erzählung von der Offenbarung gegenüber *Elia* kann eine Vorbereitung nur bedingt vorausgesetzt werden. Elias Neubeauftragung (1. Kön 19) erfolgt zu einer Zeit, in der er sich in einem Zustand großer Angst und Niedergeschlagenheit den Tod wünscht (V. 3f) – in einer Situation also, in der alle eigenen Kräfte – auch hypothetische Erkenntniskräfte – versagen. Keil bemerkt treffend: "The Lord allowed His servant to pass through this conflict, that he might not exalt himself, but, being mindful of his own impotence, might rest content with the grace of his God ..."[28] Höchstens das Fasten (V. 8) könnte man u.U. als eine Art von Vorbereitung deuten, die jedoch mit dem Steinerschen Erkenntnisweg überhaupt nicht übereinstimmt.

Als *Johannes der Täufer* nach dem Bericht des vierten Evangeliums Jesus als den Sohn Gottes erkennt (Joh 1,29–34), geschieht das nicht durch eigenes menschliches Bemühen ("ich kannte ihn nicht"; VV. 31 und 33), sondern durch die unverfügbare Offenbarung Gottes, die der Täufer nur staunend sehen und bezeugen kann (V. 34): "Einzig Gottes Offenbarung bestimmt das Urteil des Täufers. Kein menschliches Zeugnis und keine Überlieferung reicht zu, wenn der Christus erkannt werden soll" (Adolf Schlatter)[29].

Das gleiche gilt für Jesu Verheißung *"Ihr werdet den Himmel offen sehen"* (Joh 1,51). Diese bezeichnet ein außerordentliches gnädiges Geschenk Gottes an die Jünger und die joh Gemeinde. Rudolf Schnackenburg meint – unter Bezugnahme auf Jes 63,19 –, daß es sich in Joh 1,51 um ein "eschatologisches Motiv" handelt, das "für das urchristliche Denken bei der Taufe Jesu ... ein Zeichen für den Messias" wird. "Die syn[optische] Zukunftsvision vom 'Menschensohn' erscheint vergegenwärtigt ... an eine bestimmte oder wiederkehrende Vision der Jünger ist schwerlich gedacht."[30] Entscheidend ist, daß das Schauen auf einer Offenbarung Christi bzw. des Vaters beruht und nicht methodisch gelernt oder durch Übung erworben wird.

Bei den Erscheinungen des *Auferstandenen* vor den Jüngern sprechen vor allem die Evangelien nach Lk und Joh nicht von einer "Schau" im Sinne einer unleiblichen Vision, sondern sie betonen mehrfach die leibhafte Begegnung (Lk 24,39ff; Joh 20,27 u.ö.). Die Erscheinungen sind "keine Träume", sondern "Offenbarungsgeschehen ... Begegnungen mit dem sich offenbarenden (bzw. offenbarten; vgl. Gl 1,16) Auferstandenen"[31]. Die Begegnungen erfolgen völlig überraschend und ohne Vorbereitung der Jünger, was daran deutlich wird, daß diese die Voraussagen Jesu über seine Auferstehung nicht verstanden hatten (Lk 18,34; Joh 20,19) und daß sie den ersten Botinnen und Boten der Auferstehung nicht glaubten (Lk 24,11; Joh 20,25). Die Ursache für dieses Verhalten liegt, so Walter Künneth, im "Bruch zu den vorhergegangenen Worten und Aufträgen", der durch den Tod Jesu eingetreten war und der erst durch die Begegnung mit dem Auferstandenen überwunden wurde.[32]

Auch *Saulus* erscheint Christus vor Damaskus "plötzlich" (Act 9,3) und bewirkt eine totale Kehrtwendung seines Lebens: Aus dem Christenverfolger wird der christliche Missionar. Diese Beobachtungen sprechen gegen eine Vorbereitung der Auferstehungszeugen und des Saulus auf diese Ereignisse. Sie sprechen für die Souveränität des sich offenbarenden Christus (s. III.B.6).

Diese sehr unterschiedlichen Beispiele zeigen, daß sich die Steinersche Schau nicht auf die biblischen Berichte über "Schauungen" stützen kann. Die "Schauungen" im Alten und im Neuen Testament werden aus der freien Souveränität und Gnade Gottes heraus auserwählten Menschen überraschend und ohne deren besondere Vorbereitung geschenkt. Sie kommen durch *Offenbarung,* durch einen unverfügbaren Akt der Selbstmitteilung Gottes ("von oben"), zustande.[33] Zwar knüpft Gott an die Lebensgeschichte und an die Erfahrungen dieser Menschen an und stellt sie durch die Offenbarung in seinen Dienst, aber eine Schulung zum Hellseher, wie es Steiner postuliert, wird in den alt- und neutestamentlichen Texten gerade *nicht* vorausgesetzt. Zu einem eigenmächtigen Eindringen in den Bereich göttlicher Geheimnisse durch menschliches *Erkenntnisstreben* ("von unten") ist hier in keinem Fall die Rede. Die von Gott berufenen Personen der Bibel waren keine "Eingeweihten" im anthroposophischen Sinn (s. auch III.A.2).

Zumindest im Blick auf die alttestamentlichen Propheten (außer Elia) bemerkt auch Steiner, "daß man sie nicht in dem allgemeinen Schema der Initiation unterbringen kann" (139,36). Denn – so fragt er – "wo wird denn erzählt, daß die jüdischen Propheten denselben Initiationsweg durchgemacht hätten wie die anderen Eingeweihten der übrigen Völker?" (ebd). Ihre plötzliche, unerwartete und unvorbereitete Berufung (vgl. z.B. Jer 1,4ff; Am 7,15; Jona 1,1ff) und die überwältigende Macht der Eingebungen, die kommen "wie eine unmittelbare elementarische Wahrheit" (ebd) – all das widerspricht diesem Initiationsweg allzu deutlich.[34] Dennoch versucht Steiner, auch hierfür eine Erklärung zu geben:

"Wenn man die Seelen der jüdischen Propheten verfolgt, so findet man, daß sie *Wiederverkörperungen* sind *von Eingeweihten,* die bei anderen Völkern eingeweiht waren und dort schon gewisse Stufen der Einweihung erstiegen hatten ... Dann aber ist es erklärlich, daß die Propheten so erscheinen, daß ihre Prophetengabe wie ein elementarisches Hervortreten ihres Innern erscheint. Es ist die *Erinnerung* an das, was sie sich als Eingeweihte da oder dort erworben haben" (139,36f; HddV).

Hier finden wir das gleiche Argumentationsmuster vor, das uns schon in der empirischen Kritik begegnet ist: Wo Steiner im biblischen Text keinen Anhaltspunkt zur Stützung seiner Anschauungen findet, tritt er die "Flucht" in die Vergangenheit an. Die Reinkarnationslehre, ein Glied des anthroposophischen Systems, wird benutzt, um das anthroposophische System als Ganzes zu stützen. Steiner wird mit Steiner begründet. Die Argumentation dreht sich im Kreis und ist für den, der nicht im anthroposophischen System "drinnen" steht, nicht überzeugend.

Die Behauptung, daß verschiedene Personen der Bibel *direkt* eingeweiht waren, ist angesichts des aufgezeigten Sachverhalts genausowenig überzeugend. Die Unhaltbarkeit dieser Behauptung wird im dritten Hauptteil am Beispiel von "Lazarus-Johannes" (III. B. 5) und Paulus (III. B. 6) noch ausführlicher aufgezeigt.

1.3.3 Das Überschreiten der Grenze als Sünde und Selbstbetrug

1.3.3.1 Die Behauptung einer "christlichen Gnosis"

Nun aber gilt es, die noch offen gebliebene Frage zu prüfen: *Gibt es eine "echte christliche Gnosis"* (Bock)? Zu ihrer Beantwortung betrachten wir einen ausführlichen *Argumentationsgang Rittelmeyers*[35], der eine selbständige theologische Reflektion auf der Grundlage des Steinerschen Systems darstellt. Wir fassen ihn in neun Punkten zusammen:

a) Gott lebt so "im Menschen", daß er "nur mit einem kleinsten Teil seines umfassenden *Lebens* in den Menschen hineinragt, mit dem weitaus größten Teil über dem Menschen bleibt" (62;HiO). Das "Geistige" Gottes strahlt in das "Seelisch-'Astrale'" des Menschen hinein (68).

b) Die "Grenze zwischen Endlichem und Unendlichem" liegt somit "nicht *über* dem Menschen", sondern wird "*in* den Menschen selbst verlegt" (62; HiO).

c) Deshalb gilt: "finitum capax infiniti" – das Endliche kann das Unendliche erfassen –, und zwar durch eine "wesenhafte Vereinigung mit dem Gegenstand des Erkennens" (intuitiv) (ebd).

d) Dabei kann der "geistig-göttlichen Welt ... nicht das Geringste abgezwungen werden", sondern es gilt: "Je 'höher hinauf' es geht in die geistigen Reiche, um so stärker und ausschließlicher tritt die Alleinwirksamkeit der Gnade hervor" (74). (Rittelmeyer geht von einem Stufenbau in der "geistig-göttlichen Welt" aus; s.o.)

e) Was dem Menschen zu tun bleibt, ist die "Aufgabe", mittels seines Willens "der göttlichen Offenbarung gegenüber immer höhere und feinere Kräfte der Hingebung zu entwickeln". Rittelmeyer bezeichnet dieses Tun als "Anstrengung der Selbsthingabe", die es allerdings nur aufgrund eines vorausgegangenen "Berührtwerdens von der göttlichen Welt" gibt (76).

f) Zu einem solchen "Berührtwerden" kommt es z.B. durch einen "Rest von Schauen" in der Philosophie oder durch den "Glauben" als "Erkenntnisakt" (77). Rittelmeyer gliedert den "Glauben" in "Entscheidungsakt" und "Erkenntnisakt". Der Glaube als "Entscheidungsakt" (auch "Willensvorgang" oder "ethische Tat" genannt; 63f) antwortet auf Offenbarung in Form von "Hingabe" an den göttlichen Willen (63). Zwischen "Offenbarung und Glaube" (Glaube als Entscheidungsakt) – oder zwischen "Gnade und Glaube" – muß jedoch "ein Geschehen eingeschaltet werden", das man "nicht anders wie als ein irgendwie geartetes Erkennen der Offenbarung bezeichnen" kann: der Glaube als "Erkenntnisakt" (64).

g) Der Glaube als "Erkenntnisakt" ist heute "erblindet und zu einem dumpfen, gefühlsmäßigen Erspüren einer höheren Wirklichkeit geworden". Dies ist der "*letzte* Rest eines alten 'Schauens'" – und mit diesem Schauen ist auch die "Fähigkeit zum 'Glauben', wie wir ihn heute noch verstehen", im Entschwinden (76f; HiO).

h) Das "gefühlsmäßige Erspüren einer höheren Wirklichkeit im Glauben" wie auch das philosophische "Schauen" deuten jedoch beide "auf Seelenkräfte hin, die noch da sind" und die "neu geweckt, geklärt und entwickelt werden müßten". Hier setzt der anthroposophische Schulungsweg ein: "Was durch geistige Übungen [d.h. durch den Steinerschen Erkenntnisweg; d.Verf.] möglich ist, das ist eine Stärkung dieser Fähigkeiten" (77).

i) Eine solche Stärkung führt zu "deutlicheren geistigen Eindrücken einer übersinnlichen Welt", nicht aber "für sich allein zu einer persönlichen Willensentscheidung und Willenshingabe gegenüber der göttlichen Offenbarung in Christus". Diese muß vielmehr "im Zentrum der Persönlichkeit, im 'freien Ich' vollzogen werden". Weggenommen werden die "Hemmungen" des "materialistisch-intellektualistischen Denkens", nicht aber die "ethischen Hemmungen", die sich dem freien Entschluß entgegenstellen (78).

1.3.3.2 Systemimmanente Lehrvoraussetzungen

Betrachten wir diese Argumentation genauer, so stellen wir als erstes fest, daß sie verschiedene Lehren der anthroposophischen Weltanschauung voraussetzt (vgl. I.A.2.2):

- die Lehre von den verschiedenen Leibern;
- die Lehre von der "göttlich-geistigen Welt";

- die Lehre von der Bewußtseinsentwicklung in der Geschichte (das alte, unbewußte Schauen ist im Entschwinden und wird auf der höheren Ebene des "Ich-Bewußtseins" von der Anthroposophie wiederbelebt).

Soweit sich Rittelmeyers Argumentation auf diese Lehren stützt, bewegt sie sich im Kreis. Hier wird – wie schon so oft – das Schauen mit dem Geschauten begründet und das Geschaute aus dem Schauen gefolgert. Rittelmeyer selber bestätigt dies, indem er schreibt, daß "solche Erkenntnis ... schon nicht möglich [ist] ohne einen Schatten von höherem 'Leben'"[36].

Nun sind allerdings in Rittelmeyers Argumentationsgang durchaus auch Argumente angeklungen, die einer biblisch-theologischen Prüfung zugänglich sind. Wir fassen sie in folgende Fragen: *In welchem Verhältnis stehen Offenbarung, Glaube und Erkennen zueinander? Ist eine Untergliederung des Glaubens in einen Erkenntnisakt und einen Entscheidungsakt berechtigt? Gibt es einen Stufenbau der "göttlich-geistigen Welt", in den der Mensch erkennend eindringen kann?*

1.3.3.3 Keine Identität zwischen Gott und Mensch

Wir beginnen mit der letzten Frage und erinnern uns zunächst an die oben genannte Unterscheidung zwischen göttlicher Offenbarung ("von oben") und menschlichem Erkenntnisstreben ("von unten"). Diese Unterscheidung wird da hinfällig, wo man auf irgendeine Art den Unterschied zwischen Gott und Mensch nivelliert, z.B. indem man das Göttliche in das Menschliche verlegt oder – vorsichtiger – das Göttliche in das Menschliche "hineinragen" läßt. Das letztere tut Rittelmeyer. Entspricht dies dem biblischen Befund?

Nach biblischer Aussage schuf Gott die *Welt* durch sein "Wort" (Hebr 11,3; vgl. Gen 1,1; Joh 1,1ff; Röm 4,17 u.ö.). Die Schöpfung ist kein Teil Gottes, sondern Gott steht seiner Schöpfung souverän gegenüber: "Unser Gott ist im Himmel; er kann schaffen, was er will" (Ps 115,3; vgl. Ps 33,9; Jer 18,1ff u.ö.). Dabei ist Gott "dem Himmel genauso jenseits wie der Erde" (Claus Westermann)[37]. Das gilt auch für Gottes Verhältnis dem *Menschen* gegenüber. Der Mensch ist nicht als Teil, sondern als "Ebenbild" Gottes geschaffen (Gen 1,27) – und damit als personhaftes Gegenüber, das zu Gott (etwa im Gebet) "Du" sagen, das von ihm abtrünnig werden und wieder zu ihm zurückkehren kann.[38]

Auch die neutestamentliche Formel vom *"Sein in Christus"* (z.B. 2.Kor 5,17) bezeichnet niemals eine Identität. Vielmehr drückt das Wörtchen "in" sowohl die Unterschiedenheit als auch die Gemeinschaft zwischen Christus und dem Glaubenden aus, wobei die personale Gemeinschaft durch die Unterschiedenheit erst ermöglicht wird: "Das 'Sein in Christo' ist ... der gebräuchlichste, aber nicht der zutreffendste Ausdruck der Gemeinschaft mit Christo" (Albert

Schweitzer)[39]. In den paulinischen "en"-Wendungen kann das "en" "kausalen, instrumentalen oder modalen", niemals jedoch "lokalen Sinn" haben, denn "vor allem Christus ist immer Ereignis und Person im Gegenüber" (Leonhard Goppelt)[40].

Eine Identität zwischen Gott und Mensch läßt sich somit (auch anfangsweise) nicht behaupten – und damit auch keine "höhere Erkenntnis" durch ein Verlegen der "Grenze zwischen Endlichem und Unendlichem" "*in* den Menschen", wie Rittelmeyer behauptet.

1.3.3.4 Kein Eindringen in "Zwischenreiche"

Nun möchte auch Rittelmeyer unterscheiden zwischen einer vom Menschen aus eigener Kraft unerreichbaren "Geist-Welt", die "*darüber* ist", und "Zwischenreichen", in denen das "Verstehen" anfängt.[41] Diese "Zwischenreiche" seien es, in die der Mensch durch übersinnliche Erkenntnis vordringen könne. Sie seien von "geistigen Wesen" bewohnt, die Rittelmeyer mit den Engeln der Bibel gleichsetzt und deren "Ich-Zentrum" "Gott" sei.[42] Im Bild:

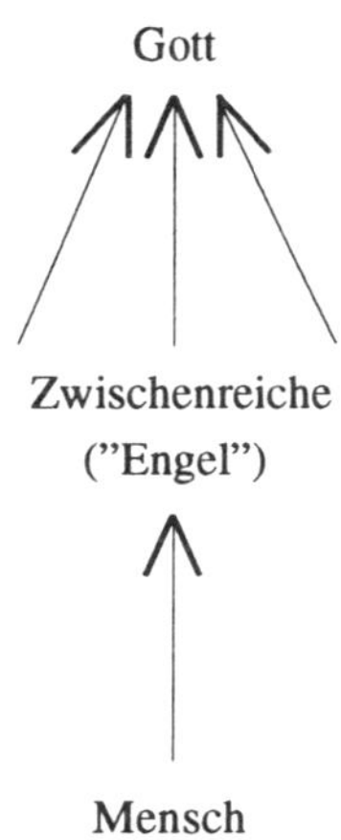

Auch diese Anschauung läßt sich aus biblisch-theologischer Sicht nicht aufrechterhalten. In verschiedenen neutestamentlichen Schriften wird zwar von "angéloi" gesprochen und werden "thrónoi", "kyriótetes", "archai", "dynámeis" usw. genannt, die als Engelreiche gedeutet werden können (vgl. Eph 1,21; 3,10; Kol 1,16 u.ö.).[43] Ihr Wesen und ihre Funktionen entsprechen jedoch nicht dem, was Rittelmeyer über sie sagt.

Im Blick auf das Wesen der *Engel* läßt sich feststellen, daß sie – im Unterschied zum Sohn Gottes – nicht "gezeugt", sondern geschaffen sind (Hebr 1,5).

Sie sind somit nicht göttlichen Wesens, sondern von Gott unterschiedene Geschöpfe, "dienstbare Geister" (Hebr 1,14) und "Boten" (Hiob 33,23; Lk 1,26ff u.ö.). Ihrem Wesen als "Engel" ("Boten") entspricht es, daß sie aus sich heraus kein göttliches Wissen haben (Mt 24,36; 1.Petr 1,12), sondern *nur* ausrichten oder ausführen, was ihnen Gott in Form seiner Offenbarung aufgetragen hat: Sie sind "Diener, nichts als Diener", und ihr Dienst ist "ein Dienst des *Zeugnisses*" (Karl Barth)[44]. Wollen sie *mehr* ausrichten – und das heißt: dem Bestreben des Menschen nachkommen, mehr wissen zu wollen und zu "sein wie Gott" (Gen 3,5) –, dann verkünden sie Trug und handeln im Widerspruch zum Willen Gottes (Gal 1,8; 2.Kor 11,14). Die Engel, die das tun, fallen von Gott ab und werden zu "Dämonen" (1.Kor 10,20; Jud 6; Apk 12,8f u.ö.). So betont Karl Barth zu Recht:

"Er [sc. der Engel] müßte ein Lügengeist, ein Dämon sein, ein Wesen, das sich selbst und Andere [sic] hinsichtlich seines himmlischen Charakters täuschen würde, wenn er von dieser seiner Natur und Stellung mehr haben, etwas für sich selbst herausschlagen, eine eigene Figur darstellen, eine eigene Rolle spielen, eigene Zwecke verfolgen und eigene Erfolge erzielen wollte."[45]

Wir sehen also, daß es dem Wesen und Auftrag der Engel widerspricht, die Gier des Menschen nach übersinnlichen Erkenntnissen zu befriedigen. Wenn man von Engeln als Bewohnern von "Zwischenreichen" sprechen will, dann kann man das nur in dem Sinne tun, daß sie Übermittler der göttlichen Offenbarung sind und in dieser Hinsicht "zwischen" Gott und Mensch stehen (vgl. Gen 18,1ff; Mt 1,20; 28,5ff.parr. u.ö.), aber keinesfalls in dem Sinn, daß sie selber Anteil am göttlichen Wesen hätten. Der Weg der Offenbarung verläuft dabei immer "von oben" (Gott) "nach unten" (Mensch), nicht umgekehrt. Das Wirken der Engel ist exklusiv an Gottes Wort und Auftrag gebunden. Entscheidend ist immer Gottes *Wort*. Der Sohn selbst ist der Inbegriff seines Wortes, d. h., er ist der Logos. Wieder kann auf Karl Barth verwiesen werden:

"Und wo immer das Sein und Tun eines Engels wahrgenommen wird, da wird *Gottes* Wort gehört, das Geschehen *seines* Willens angeschaut, Dankbarkeit, Glaube und Gehorsam gegen *ihn* erweckt oder bestätigt oder wiedererweckt. Der Engel hat dann bloß gedient, Zeugnis abgelegt, geholfen."[46]

Welchen Bereich erreicht der Mensch nun durch die "Erkenntnisse höherer Welten"? Es ist *nicht* die Welt Gottes, denn diese ist nur durch Offenbarung durch Gottes Wort, in dem er sich selbst erschließt, zugänglich.

1.3.3.5 Parallelen zu gnostischen Systemen

Auch Rittelmeyer kann und möchte die Bedeutung einer "göttlichen Offenbarung" nicht bestreiten. Deshalb unternimmt er einen letzten Versuch,

Offenbarung ("von oben") und Erkenntnisstreben ("von unten") zusammenzubringen. Wir haben seine Argumentation bereits kennengelernt und verdeutlichen sie uns durch ein weiteres Zitat:

"Die *Anstrengung*, die der Mensch aufzubringen hat, um der göttlichen Offenbarung *entgegenzukommen*, ist nicht die willkürliche Anstrengung des eignen Willens, auch nicht die Anstrengung des Denkens ... sondern alle Anstrengung des Denkens und des Wollens verwandelt sich in Anstrengung der Aufmerksamkeit und Hingabe für das, was gegeben wird. Selbst diese Aufmerksamkeit und Hingabe kommt aber nicht aus der *primären* Initiative des Menschen, sondern kann nur vorhanden sein, wenn schon ein Schein oder Schatten der Offenbarung die Seele berührt und zu einer ersten Anerkennung, zu Verlangen und Sehnsucht geführt hat."[47]

Im Bild:

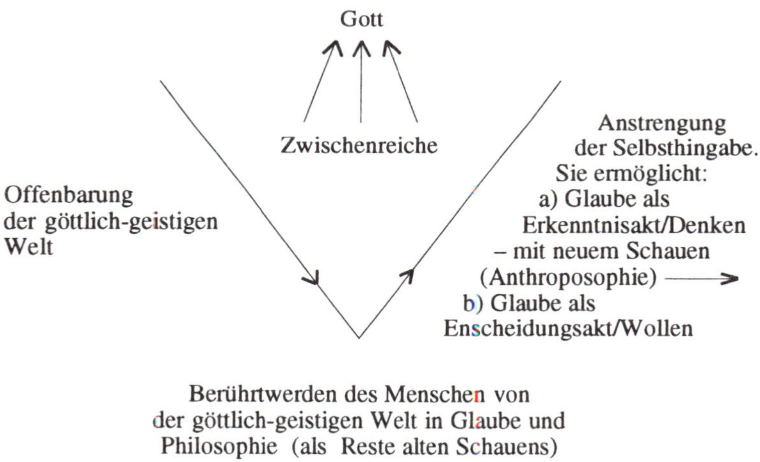

Die Offenbarung gilt somit als das primäre Geschehen, welches das Erkennen des Menschen (als ersten Schritt des Glaubens) und das Wollen (als zweiten Schritt des Glaubens) ermöglicht. Dieser Auffassung könnten wir aus biblisch-theologischer Sicht durchaus zustimmen, würde sich nicht hinter den Bezeichnungen "Glaube" und "Erkennen" in der Anthroposophie ein anderer, dem neutestamentlichen Zeugnis widersprechender Sinn verbergen.[48] Diesen Unterschied gilt es nun herauszuarbeiten. Wir kommen damit zur Beantwortung der weiter oben formulierten Fragen, die sich auf das Verhältnis von Offenbarung, Glaube und Erkennen sowie die Untergliederung des Glaubens in Erkenntnis- und Entscheidungsakt bei Rittelmeyer beziehen.

Zunächst zeigt sich folgendes: Die anthroposophische Vorstellung, daß der Glaube des gewöhnlichen Christen der "letzte Rest eines alten 'Schauens'" sei und daß dieser "Glaube als Erkenntnisakt" einer "Stärkung" durch "geistige Übungen" bedürfe (s.o.), entstammt nicht neutestamentlichem, sondern gnostischem Gedankengut. Es ist ein prägendes Kennzeichen gnostischer Systeme, daß sie eine Abwertung des gewöhnlichen Glaubens und eine Aufwertung der "höheren Erkenntnis" (die dann manchmal mit einem "besseren Glauben" gleichgesetzt wird) vornehmen. Die valentinianische Gnosis beispielsweise, die Rittelmeyer als das wichtigste gnostische System gut vertraut war (s. I.B.1.2), vertrat eine Einteilung der Menschheit in *drei Gruppen:*

"Drei Gruppen von Menschen gebe es: Pneumatiker, Psychiker, Sarkiker. Die Gruppe der Pneumatiker seien sie selbst, wie sie auch Gnostiker heißen, sie bedürften keiner Anstrengung als nur der Erkenntnis (Gnosis) und dessen, was in den Mysterien dazu gesagt würde ... Die zweite Gruppe von Menschen in der Welt, die sie psychisch nennen, könne von sich aus nicht gerettet werden, wenn sie nicht durch Mühe und rechtes Tun sich selbst rette. Die materielle Gruppe der Menschen in der Welt könne weder die Erkenntnis fassen noch sie aufnehmen."[49]

Rittelmeyer nimmt zwar keine solche Aufteilung der Menschheit in Gruppen vor, aber er proklamiert – wohl in Anlehnung an derartige altkirchlich-gnostische Vorstellungen – unterschiedliche Erkenntnisstufen in *demselben* Menschen.

1.3.3.6 Christliche Glaubenserkenntnis als "Anerkenntnis"

Der *Glaube* im neutestamentlichen Sinn aber braucht keine "Aufwertung" durch "höheres Erkennen" oder "Schauen", das durch "geistige Übungen" herbeigeführt wird, sondern er ist dem Christen von Gott als seligmachendes, rettendes (und zwar *allein* rettendes) Geschenk gegeben (Joh 20,31; Röm 3,28; Gal 3,23ff u.ö.). Der Glaube ist ein "Nichtzweifeln an dem, das man *nicht* sieht" (Hebr 11,1), und selig werden diejenigen gepriesen, die "*nicht* sehen und doch glauben" (Joh 20,29).

Das heißt nun nicht, daß der Glaube blind sei, sondern er ist durchaus mit einem *Erkennen* dessen verbunden, worauf er sich richtet. Das Erkennen tritt aber nicht als "höhere Schau" *über* den Glauben, sondern wird *im* Glauben von Gott geschenkt: "Echter Glaube, d. h. [sic] Glaube, der 'bleibt', hat als solcher in sich das ginōskein ... es bildet ein Strukturmoment des Glaubens, und zwar ist es das dem Glauben eigene Verstehen ..." (Rudolf Bultmann)[50]. Indem ich glaube, erkenne ich Gott als denjenigen, der sich mir als Erlöser und Herr in Jesus Christus zuwendet. Und indem ich Gott so wirklich erkenne, habe ich die Möglichkeit, an ihn zu glauben (vgl. Joh 6,69; 1. Joh 4,16; Hebr 11,3 u.ö.). Diese Möglichkeit wird durch einen – ebenfalls von Gott geschenkten (Phil 2,13) – Willensentschluß zur Wirklichkeit. Insofern kann man tatsächlich zwischen einem Erkenntnisakt und einem Entscheidungsakt im Glauben unterscheiden.[51]

Der maßgebliche Unterschied zum gnostischen wie auch zum anthroposophischen Erkenntnisbegriff liegt nun aber darin, daß in biblisch-theologischer Sicht Erkenntnisakt und Entscheidungsakt untrennbar zusammengehören. Das bedeutet: ich erkenne Gott nur, wenn ich mich im Glauben für ihn entscheide, ihn als meinen Retter und Herrn *an*erkenne und seiner Heilszusage vertraue. Die lutherischen Bekenntnisschriften unterscheiden hier die heilbringende fiducia von einer bloß intellektuellen notitia der historia Christi.[52] "Erkenntnis Gottes ist Gehorsam gegen Gott" (K. Barth)[53]. "Ihn oder seinen Namen kennen, heißt ihn *bekennen, anerkennen,* ihm die Ehre geben, seinem Willen gehorchen" (R. Bultmann)[54]. Christliche Gotteserkenntnis beruht also auf der *An*erkennung Gottes und seines in der Bibel festgehaltenen Willens, nicht auf "höherer Schau" und selbstherrlicher Spekulation. Mit Karl Barth können wir von einer *"Anerkenntnis"* Gottes reden, die aus der Anerkennung entsteht.[55]

Was geschieht, wenn diese vertrauensvolle, gehorsame Anerkennung Gottes *nicht* vorhanden ist? Dann findet sich der Mensch in der Situation vor, die Paulus in *Röm 1,18–23* beschreibt: Obwohl sich Gott jedem Menschen in seinen Werken zu erkennen geben will und auch zu erkennen gibt, erkennen ihn die Heiden, "die die Wahrheit in Ungerechtigkeit gefangen halten", nicht an. Und weil sie Gott nicht anerkennen, erkennen sie ihn auch nicht: "Ihr unverständiges Herz ist verfinstert. Da sie sich für weise hielten, sind sie zu Narren geworden" (V. 21f; vgl. 1. Kor 1,18ff). Götzenbilder (Röm 1,23) und selbstherrliche Spekulationen (1. Tim 1,3ff) treten an die Stelle der Verehrung des unvergänglichen Gottes und seiner Herrlichkeit. Die Heiden verfallen dem Trug dämonischer Inspiration (1. Kor 10,20 u. ö.).[56]

1.3.3.7 Die Nichtanerkennung der göttlichen Souveränität in der Anthroposophie

Nun sind wir bei der entscheidenden Fragestellung angekommen: *Erkennt die Anthroposophie mit ihrem Erkenntnisweg den Willen Gottes an?* Handelt sie, wenn sie diesen Erkenntnisweg beschreitet, in Einklang mit dem Willen Gottes? Die Antwort wird darüber entscheiden, ob sie Gott und seine Welten auch wirklich erkennt.

Vergegenwärtigen wir uns zunächst, in welche Bereiche der anthroposophische Hellseher durch sein "Erkennen" (im Sinn von "Schauen") eindringen will: in die Geheimnisse der Weltschöpfung und Weltentwicklung, in die Beschaffenheit der "höheren Welten", in die letzten Geheimnisse des Menschseins, in das Wissen um die Zukunft und das Leben nach dem Tod, in die "Beschaffenheit" des Christus – und damit in Gottes eigenes Wesen (vgl. 601,5).

Rittelmeyer hat davon gesprochen, daß dieses Erkennen ein Teil des Glaubens sei und durch eine Offenbarung im Sinne des "Berührtwerdens von der göttlichen Welt" angeregt werde. Wenn das so ist, dann müßte dieser Erkenntnisakt, wie die Anthroposophie ihn betreibt, von Gott selber gutgeheißen sein bzw. mit seiner allgemein zugänglichen Offenbarung in der Bibel übereinstimmen. Deutlicher gesagt: es dürfte sich in der Bibel keine Aussage finden, die eine solche Art des Erkennens grundsätzlich verbietet.

Das einhellige Zeugnis der alt- und neutestamentlichen Schriften nun läßt sich in folgende Sätze zusammenfassen: Alle oben genannten Gebiete, in die der anthroposophische Hellseher eindringen will, gehören zum Bereich der *Geheimnisse Gottes.* Davon kann der Mensch nur soviel erfahren, wie ihm Gott *offenbart.* Art, Maß und Zeitpunkt der Offenbarung liegen einzig und allein in der Hand Gottes. Der Mensch erfaßt diese Geheimnisse in der Zeit zwischen Erhöhung und Wiederkunft Jesu Christi nicht durch eine "höhere Schau", sondern durch den einfachen *Glauben.* Alles Erkenntnisstreben, das sich nicht im gläubigen und gehorsamen Hören unter die Offenbarung Gottes stellt, sondern in eigenmächtigem und selbstherrlichem Mehr-Wissen-Wollen darüber hinauszugehen versucht, versagt Gott die Anerkennung und widerpricht seinem Willen. Weil der Mensch durch solches Erkenntnisstreben Gott und seinen Willen nicht anerkennt, erkennt er auch Gott und seine Geheimnisse dadurch nicht, sondern verfällt den Einflüsterungen und dem Trug gottfeindlicher Mächte. Diese Feststellungen werden wir nun entfalten und begründen.

Der Mensch kann Gott und seine Geheimnisse aus eigenem Erkenntnisstreben nicht erkennen, weil er durch seine (wirkliche, seinsmäßige[57]) *Sünde* von ihm getrennt ist (Gen 3; Jes 59,2 u.ö.). Der unsichtbare Gott wohnt in einem unzugänglichen Lichte, und kein Mensch kann ihn sehen, ohne zu sterben (Ex 33,20ff; Jes 6,3ff; Joh 1,18; 5,37; 1.Tim 1,17; 6,16 u.ö.). "Im Lichte seines eigenen Seins verborgen ist Gott unzugänglich" (Eberhard Jüngel)[58]. Der Graben zwischen dem heiligen Gott und dem unheiligen, sündigen Menschen kann nur von der Seite Gottes, nicht von der Seite des Menschen her überbrückt werden: Gott offenbart sich, wem, wann, wie und wo er will – und er offenbart, was er will, nicht mehr und nicht weniger (vgl. Ex 33,20ff; Jes 6,3ff). Zu Recht weist Hermann Diem – unter Bezugnahme auf Gal 4,9 und 1.Kor 8,3 – auf die "Verordnung des Erkanntwerdens des Menschen durch Gott vor dem Erkennen Gottes durch den Menschen" hin und betont:

> "So kann Gott niemals zum bloßen Objekt der Erkenntnis werden, sondern ist als deren Urheber immer zugleich auch ihr Subjekt."[59]

Die entscheidende, heilbringende Offenbarung Gottes geschah in seinem *Sohn* (Hebr 1,1ff u.ö.). Der Glaube an Gottes Sohn Jesus Christus, an seinen Kreuzestod auf Golgatha und an seine leibliche Auferstehung für uns ist der einzige Weg zur Vergebung der Sünden und damit auch zur wirklichen Erkenntnis Gottes des Vaters und seiner Geheimnisse (Mt 11,27; Joh 3,16; 14,6.9 u.ö.). Denn "das Geheimnis Gottes" ist "Christus" selber. In ihm liegen "alle Schätze der Weisheit und der Erkenntnis verborgen" (Kol 2,2f). In ihm wohnt "die ganze Fülle der Gottheit leibhaftig" (Kol 2,8f).

Es sei nochmals betont: *"verborgen"* liegen die Schätze der Weisheit und der Erkenntnis Gottes in Jesus Christus – verborgen unter der Gestalt des Fleisches, der Niedrigkeit, der menschlichen Erscheinung (Jes 53; Joh 1,14; Phil 2,5–11). Die Offenbarung Gottes geschieht in Form des Gegenteils dessen, was der Mensch erwartet (vgl. das Nichtverstehen sogar der Jünger: Mt 16,21ff; Lk 18,34). E. Jüngel spricht in diesem Sinn von einer "präzisen Verborgenheit Gottes sub contraria specie" und definiert:

"Die christologische Gestalt der Offenbarung Gottes bedeutet die Verbergung der schlechthinnigen Verborgenheit Gottes im Menschsein Jesu."[60]

Kein "Schauen" dringt in dieses Geheimnis ein, sondern allein der einfache, kindliche, von Gott geschenkte Glaube, der durch die "Torheit" des Kreuzes hindurch an Gott festhält (Mt 11,25ff; Lk 18,17; 1.Kor 1,18ff). Die "Weisheit der Weisen" wird hier "zunichte" (1.Kor 1,19), und der Glaube ruht nicht auf "Menschenweisheit" (griech. sophia anthrōpōn = "Anthroposophie"!), sondern auf "Gottes Kraft" (1.Kor 2,5). Treffend stellt der Neutestamentler Peter Stuhlmacher fest:

"Die Offenbarung von Gottes Herrlichkeit im gekreuzigten Christus kann als Selbsterschließung Gottes zur Rettung der Verlorenen nur wahrnehmen und wahrhaben, wer mit seinem selbstmächtigen Wissen und Willen vor Gott zunichte geworden ist, d.h. die von Gott erwählten und erleuchteten 'Pneumatiker' (vgl. [1.Kor] 1,18.27f.; 2,14)."[61]

1.3.3.8 Natürliche Gotteserkenntnis und Synergismus als Abwege

Aus der bisherigen Darstellung folgt, daß wir es bei der Anthroposophie mit einer Form *natürlicher Gotteserkenntnis* zu tun haben, die scheitern muß. Jede natürliche Gotteserkenntnis, die meint, Gott unabhängig von seiner Offenbarung erkennen zu können, ignoriert das Gesamtzeugnis des Neuen Testamentes, daß jede Erkenntnis Gottes an seine Selbstoffenbarung gebunden ist.

Ferner taucht bei dem anthroposophischen Erkenntnisweg deutlich das Problem des *Synergismus* auf. Er erinnert formal (nicht inhaltlich) an das tridentinische Stufenschema der Rechtfertigung, das auf die Erkenntnisfrage angewandt wird. K. v. Stieglitz bringt seine Kritik am anthroposophischen Erkenntnisweg treffend auf folgenden Nenner:

"Die menschliche Aktivität erscheint als kleines Zwischenglied zwischen der objektiv geschaffenen Voraussetzung und der von oben schaffenden Gnade. Dieses kleine Zwischenglied ist aber das Kennzeichen des anthroposophischen Erkenntnisweges. Ohne den Menschen geht es nicht."[62]

Das Mitwirken des Menschen bezieht sich auf die "Ausbildung höherer Erkenntnisorgane". Die Bibel jedoch spricht von der Alleinwirksamkeit der Gnade bzw. den Gnadengaben des Geistes (Röm 3,24; 9,12; Gal 5,4; 1.Petr 1,13 u.ö.). Für sie "gibt es jenes Zwischenglied nicht". Zwar wissen ihre Verfasser um die eigenmächtige Erkenntnisbemühung des Menschen, aber "die vom Menschen erstrebte und erreichte Erkenntnis ist nicht Erkenntnis Gottes, sondern schließt die Gotteserkenntnis geradezu aus"[63].

1.3.3.9 "Flucht" in die Zukunft

Die Anthroposophie kann sich somit nicht auf den klaren Wortsinn der biblischen Schriften berufen, sondern hat diesen gegen sich. Deshalb verstehen wir, daß sie die "Flucht" antritt – diesmal aber nicht in die Vergangenheit (wie mit der Reinkarnationslehre), sondern in die Zukunft: Die Bibel spreche zwar vom Glauben, aber auch vom Schauen, und die Zeit des Glaubens (im Sinn des "letzten Rests eines alten 'Schauens'") gehe vorbei (Rittelmeyer; s.o.). "Ein neues Hellsehen für die ätherische Welt, die nächst benachbarte Sphäre des Übersinnlichen, will im Menschen aufwachen, so daß es wie Schuppen von seinen Augen fallen wird" (Bock VII,370). Der erste Repräsentant dieses zukunftsträchtigen "neuen Schauens" oder "Äthersehens" (und somit der Vorläufer der anthroposophischen Schau) sei Paulus gewesen (ebd, 7).

Damit schließt sich der Kreis der Argumentation, der wir gefolgt sind. Bereits am Anfang unserer theologischen Kritik haben wir die Unvereinbarkeit von biblischer und anthroposophischer Schau nachgewiesen. Auf die Frage des "Äthersehens" bei Paulus werden wir gesondert eingehen (s. III.B.6). Soviel sei hier jedoch schon gesagt: Die Behauptung, der Glaube in der Bibel werde bereits hier und jetzt durch das Schauen abgelöst, kann die Anthroposophie nur aufgrund einer spiritualistischen Umdeutung des Wortlauts (etwa in Form der "Vorverlegung" der Wiederkunft Christi in die Gegenwart) aufrechterhalten (vgl. II.B.3).

1.3.4 Zusammenfassung

Damit sind wir am Ende eines langen und komplizierten Argumentationsgangs angekommen. In seinem Verlauf ist die theologische Unhaltbarkeit des anthroposophischen Erkenntnisweges an verschiedenen zentralen Punkten klar hervorgetreten. Auf der Grundlage des Herausgearbeiteten können wir die Kernpunkte unserer theologischen Kritik in Form von Thesen formulieren:

a) Die Anthroposophie erkennt Gott und seine Geheimnisse nicht, weil sie den von Gott gewollten Erkenntnisweg (Erkenntnis durch unverfügbare Offenbarung) mißachtet.

b) Gottes Wille besteht darin, daß er sich und seine Geheimnisse souverän offenbart – wem, wo, wie und wann er will – und daß er die Respektierung seiner Souveränität erwartet.

c) Jeder Versuch, durch einen "Erkenntnisweg" in die Geheimnisse Gottes einzudringen – also durch eine erlernbare Methode, die vom Menschen ("von unten") in die "höheren Welten" ("nach oben") führt – steht in eklatantem Widerspruch zur Souveränität des sich selbst offenbarenden Gottes.

d) Wer einen solchen Weg beschreitet, kann für dieses Tun die Begriffe einer vorgängigen "Gnade" oder "Offenbarung" nicht in Anspruch nehmen, weil er im Ungehorsam Gott gegenüber handelt und sein Weg somit unmöglich von Gott gewollt oder gesegnet sein kann.

e) Der anthroposophische Erkenntnisweg beruht auf natürlicher Gotteserkenntnis und Synergismus und ist zum Scheitern verurteilt.

f) Der einzige "Weg" hingegen, Gott zu erkennen, ist der von Gott geschenkte Glaube, dem sich durch die "Torheit" des stellvertretenden Kreuzestodes Jesu Christi hindurch Gottes liebendes Wesen offenbart. Dieser Glaube wird durch das verkündigte Evangelium als das geistesmächtige "Wort Christi" und "Gottes Kraft" gewirkt.

g) Erst nach der Auferstehung der Toten bei der – in der Zukunft liegenden – Wiederkunft Christi werden diejenigen (und zwar *nur* diejenigen), die durch den *Glauben* an Jesus Christus Zugang zum "Vater" haben (Joh 14,6), Gott und seine Geheimnisse schauen.

h) Einzelnen auserwählten Gläubigen schenkt Gott an besonderen Punkten der Geschichte auch *vor* dieser Zeit aus seiner freien Gnade heraus ein Schauen des "offenen Himmels". Diese Schau ist jedoch nicht mit der anthroposophischen Schau vergleichbar. Denn:

i) Wer das allgemeine Schauen der gläubigen Christen am Jüngsten Tag vorwegnehmen oder das Schauen einzelner Knechte Gottes verallgemeinern will, mißachtet die Souveränität von Gottes Offenbarung.

j) Er muß, um sein System zu stützen, das biblische Reden von Gott, Mensch und Welt durch eigene Vorstellungen ersetzen und biblische Grundbegriffe (z. B. "Offenbarung", "Glaube" und "Erkennen") umdeuten. Das geschieht bei der Anthroposophie.

In welche Welten der anthroposophische Hellseher eindringt und wie sein Weg aus biblisch-theologischer Sicht zu beurteilen ist, das werden wir weiter in

III. A. 2 entfalten. Im nächsten Kapitel betrachten wir zunächst das Objekt der hellseherischen Schau: die Akasha-Chronik.

2. Die Akasha-Chronik als "Richterin" der Bibel

2.1 Darstellung der Akasha-Chronik

2.1.1 Der Begriff "Akasha" in der Religionsgeschichte

Die Bedeutung des Begriffs "Akasha" (auch "Akascha", "Akasa" u.ä. geschrieben; Sanskrit/Pali: ākāśa = "Raum") ist in der Geschichte der Religionen und des Okkultismus keineswegs einheitlich. Eine kurze Darstellung wichtiger Positionen vor Steiner soll das verdeutlichen.

Der *Buddhismus* zählt Akasha als "Raumelement" zur "Gruppe der sechs (öst[lichen]) Elemente": "festes, flüssiges, erhitzendes, luftiges Element, Raumelement, Bewußtseinselement."[64]

Der *Brahmanismus* kennt fünf Elemente. Dabei ist Akasha das (direkt aus dem Brahman-Atman kommende) Urelement, aus dem seinerseits die anderen Elemente und die Lebewesen hervorgehen: "Aus dem Atman kam der Raum(ākāśa), aus dem Raum der Wind, aus dem Wind das Feuer, aus dem Feuer das Wasser, aus dem Wasser die Erde, aus der Erde die Pflanzen, aus den Pflanzen Nahrung (anna), aus der Nahrung Samen, aus dem Samen der Mensch (purusa)."[65] "Es ist das A[kasha], aus welchem alle Kreaturen hervorgingen und wohin sie zurückkehrten; das A[kasha] ist älter als sie alle, das A[kasha] ist das allerletzte Ende."[66]

Die abendländisch-esoterische Tradition des 19. Jahrhunderts erweitert diese Bedeutung von "Akasha" als "Raumelement" um die Dimension der Zeit. Bei H.P. Blavatsky (1831–1891) und ihrer *Theosophie* wird Akasha zur "Akasha-Chronik", zu einem "raumätherischen Weltgedächtnis" (auch als "Gedächtnis Gottes" bezeichnet), in dem alle Ereignisse aus Vergangenheit, Gegenwart und Zukunft gespeichert sind. Durch Hellsehen kann man Einblick in diese "Weltenchronik" bekommen. Blavatsky schreibt:

> "It [sc. the akasa] keeps an unmutilated record of all that was, that is, or ever will be. The minutest acts of our lives are imprinted on it, and even thoughts rest photographed on its eternal tablets. It is the book which we see opened by the angel in the Revelation, 'which is the Book of life, and out of which the dead are judged according to their works.' It is, in short, the MEMORY of GOD!"[67]

Was Blavatsky "Akasha-Chronik" nennt, hatte der französische Kabbalist und Okkultist *Eliphas Lévi* (Pseudonym des Abbé Alphonse Louis Constant; 1810–

1875) schon vor ihr (und somit lange vor Steiner) "entdeckt" und als "Astrallicht" bezeichnet. Nach Lévis Ansicht "kann der Magier im Astrallicht auch die Gestalten derer hervorbringen, die unsere physische Welt bereits verlassen haben ... Wir rufen die Erinnerungen wach, die sie [die Geister der Verstorbenen; d. Verf.] im Astrallicht hinterlassen haben, welches das gemeinsame Sammelbecken der universalen magnetischen Kraftäußerungen ist."[68] Über Lévi bemerkt Miers:

"Nahezu alle okkulten Bewegungen und namentlich ihre Wortführer haben aus seinen Werken geschöpft, ohne allerdings [in jedem Fall; d. Verf.] seinen Namen zu erwähnen."[69]

Vor Lévi wiederum hatte *Paracelsus* (1493-1541) vom "siderischen Licht" gesprochen: "Das A[strallicht] entspricht dem 'siderischen Licht' von Paracelsus." Gemeint ist "die unsichtbare Region, welche unseren Kosmos umgibt" und "die nur dem hellsichtigen Auge sichtbar ist". In ihm sind "alle Ereignisse der Vergangenheit, Gegenwart und möglicherweise der Zukunft aufgezeichnet".[70]

Eine ähnliche Vorstellung begegnet im 16. Jahrhundert in den kabbalistischen Schriften des *M.A. Fano*. Dieser spricht von einem "okkulten Äther ... der das Medium sei, durch das die Werke des Menschen bis zum Jüngsten Gericht aufbewahrt werden ... Das vom Talmud erwähnte 'Buch des Gedächtnisses', das vor Gott aufgeschlagen liegt, ist also in gewisser Weise eine solche 'Akascha-Chronik'."[71]

Ein Hinweis auf ein solches *"Buch der Taten eines Menschen"* findet sich tatsächlich an einigen biblischen Stellen (Jes 65,6; Mal 3,16; Dan 7,10; Apk 20,12), aber nie ist davon die Rede, daß ein Mensch hellseherisch in einem solchen Buch lesen könnte.[72]

Die Leistung von Blavatsky bestand in der Namensgebung und Ausschmükkung des von Lévi Übernommenen. Wie J.W. Hauer darstellt, fand "man" (d.h. die Theosophie) in Indien "den *Namen* für die Weltenchronik – die nebenbei bemerkt keine indische Idee ist – indem man sie mit dem indischen Namen des Weltäthers ākāśa, [sic] verband. Akasha-Chronik hatte einen guten Klang!"[73]

2.1.2 Die anthroposophische Auffassung von der Akasha-Chronik

R. Steiner übernahm die *Definition* der Akasha-Chronik, die Blavatsky ihr beigelegt hatte. Er sagt:

"Alles, was in der sinnlich-physischen Welt geschieht, das hat ja sein Gegenbild in der geistigen Welt ... Nehmen wir an, es läßt der Geistesforscher den Blick zurückschweifen bis zu Karl dem Großen oder bis in die römische Zeit oder in das griechische Altertum. Alles, was da geschehen ist, ist seinen geistigen Urbildern nach durch Spuren erhalten geblieben in der geistigen Welt und kann dort geschaut werden. Dieses Schauen ... nennt man das 'Lesen in der Akasha-Chronik'" (112,28).

Über den *Vorgang* des "Schauens" bzw. "Lesens in der Akasha-Chronik" führt F. Rittelmeyer folgendes aus:

"Eine Schlacht Cäsars wird also nicht wie von einem körperlichen Zuschauer von außen mit angeschaut, sondern von der Seele Cäsars aus miterlebt und von da in ihrem äußeren Verlauf rekonstruiert. Darum hat Rudolf Steiner, wenn er in eine geschichtliche Zeit eindringen wollte, seinen Ausgang meist genommen von irgendeinem Ereignis, das starke seelische Erlebnisse mit sich brachte. In bezug auf die christlichen Urgeschehnisse ging er zum Beispiel aus von dem Pfingsterlebnis und suchte von da aus in der Erinnerung der Jünger sich allmählich zurückzutasten, wobei er manchmal an Punkte kam, an denen er dann nicht oder lange nicht weiterkam."[74]

Von dieser Vorgehensweise aus ergibt sich die (für die weitere Untersuchung höchst bedeutsame) Grundhaltung Steiners gegenüber der *Bibel* und anderen "Urkunden":

"Und wenn der Geistesforscher Ihnen die Ereignisse von Palästina oder die Beobachtungen des Zarathustra beschreibt, so beschreibt er nicht das, was in der Bibel, was in den Gathas steht, sondern er beschreibt, was er selbst in der Akasha-Chronik zu lesen versteht. Und dann wird eben nachgeforscht, ob das, was in der Akasha-Chronik entziffert worden ist, sich auch in den Urkunden, in unserm Falle in den Evangelien, findet" (112,28).

Es ist also "gegenüber den Urkunden ein völlig freier Standpunkt, den die Geistesforschung einnimmt". Gerade darum aber wird sie nach Meinung Steiners "die eigentliche Richterin sein über das, was in den Urkunden vorkommt". Wenn dem Geistesforscher "in den Urkunden das gleiche entgegentritt", was er "in der Akasha-Chronik selbst zu verfolgen in der Lage" ist, dann ergibt sich für ihn, "daß diese Urkunden wahr sind, und ferner, daß sie jemand geschrieben haben muß, der auch in die Akasha-Chronik zu schauen vermag". "Viele der religiösen und anderen Urkunden des Menschengeschlechtes" will die Anthroposophie auf diese Weise wiedererobern (112,28f).

An anderer Stelle betont Steiner, daß es "nicht die Aufgabe der Geisteswissenschaft" ist, "aus den Evangelien zu schöpfen, was sie zu sagen hat. Gar nichts von demjenigen, was von mir gesagt wird, ist etwa auf Grundlage der Evangelien geschöpft". Die "einzige Urkunde für den Geistesforscher" ist das, was man "hellsichtig beobachten kann". So gelangt Steiner zu der Aussage: "Wären durch irgendeine Katastrophe alle Evangelien verlorengegangen, so könnte trotzdem alles gesagt werden, was in der Geisteswissenschaft über den Christus gesagt wird" (117,106f).

Die Position Steiners läßt sich in acht Sätzen zusammenfassen:

a) Die hellseherisch geschaute Akasha-Chronik ist die materiale Quelle seiner Weltanschauung.

b) Sie soll ihm die innere Unabhängigkeit von allen äußeren "Urkunden" (zu denen er auch die Bibel zählt) ermöglichen.

c) Sie soll die "Richterin" über alle in den äußeren Urkunden mitgeteilten Inhalte sein.

d) Diese Inhalte sollen nur dann für "wahr" gelten, wenn sie mit Steiners eigenen Schauungen in der Akasha-Chronik übereinstimmen.

e) Stimmen Akasha-Chronik und äußere Urkunden überein, dann bedeutet das, daß auch die Verfasser der äußeren Urkunden in der Akasha-Chronik zu lesen verstanden haben.

f) Stimmen sie nicht überein, dann beruht dies darauf, daß die Urkunden – etwa durch exoterische Bearbeitung in der Alten Kirche (s. II.A.1.1) – verderbt sind.

g) Die äußeren Urkunden sind im Grunde überflüssig; ihr Verlust wäre nicht allzu schlimm – denn:

h) Der Hellseher kann sie selber (und besser, d.h. in ihrer spirituellen Fülle) wiederherstellen, wiedererobern.

Die Geringschätzung der Bibel bei Steiner beruht zum ersten auf dem verwirrenden Bild, das eine theologisch orientierungslos gewordene Auslegung (v.a. um die Jahrhundertwende) von ihr bot (s. II A.1); zum zweiten auf der Vorstellung, daß die biblischen Verfasser nicht alle die gleiche Höhe des Erkenntnisweges erstiegen hätten (s. III.A.1); und zum dritten auf dem Sendungsanspruch des Anthroposophen, der meint, nun – im Zeitalter der "Bewußtseinsseele" – den vollen Zugang zu den "spirituellen Wahrheiten" zu besitzen (s. III.A.3).

Aus dem Gesagten ergibt sich deutlich Steiners hermeneutischer Weg, den er so beschreibt:

"Der Gang der spirituellen Mitteilungen ist in der Regel so, daß zunächst Tatsachen der Akasha-Chronik bekanntgegeben werden, ohne Anknüpfung an eine bestimmte Urkunde. Erst nachher wird dann gezeigt, daß sich alle diese Dinge in gewissen Urkunden wiederfinden lassen, besonders in den Evangelien, die nur mit Zuhilfenahme der Tatsachen der Akasha-Chronik richtig zu verstehen sind" (117,10).

Die (zeitliche und rangmäßige) Reihenfolge des hermeneutischen Weges lautet also:

a) Erforschung der Akasha-Chronik;

b) Erforschung der (biblischen) Urkunden mit Hilfe und unter Voraussetzung der Akasha-Chronik;

c) Feststellung der Übereinstimmung oder Nicht-Übereinstimmung zwischen Akasha-Chronik und (biblischen) Urkunden.

Obwohl Steiner somit die Bibel auf den "zweiten Platz" verweist und aufgrund seines Einblicks in die Akasha-Chronik im Grunde überhaupt nicht auf die Bibel als Quelle angewiesen ist, möchte er doch nicht auf sie verzichten. Denn er ist überzeugt davon, vieler seiner Schauungen in der Bibel *bestätigt* zu sehen und auf diesem Wege auch diejenigen nahebringen zu können, die selber nicht seine "Erkenntnisse höherer Welten" haben.[75] Nur bedarf die Bibel nach anthroposophischem Verständnis zu diesem Zweck einer neuen Deutung: der spirituellen Interpretation. Auf sie bezieht sich unser nächstes Kapitel. Bevor wir sie betrachten, entfalten wir – wiederum auf der empirischen und auf der theologischen Ebene – unsere Kritik an der Akasha-Chronik. Die Akasha-Chronik als Frucht des anthroposophischen Erkenntnisweges steht und fällt mit diesem. Wir setzen daher unsere in II.B.1 geäußerte Kritik voraus und ergänzen sie durch einige Beobachtungen.

2.2 Empirische Kritik der Akasha-Chronik

2.2.1 Die fehlende Nachprüfbarkeit der Mitteilungen

Wie der Erkenntnisweg selber, so hält auch die Akasha-Chronik dem Anspruch ihrer wissenschaftlichen Nachprüfbarkeit nicht stand. Denn erstens gelangen – wie gezeigt – überhaupt nur wenige angeblich zum Lesen[76] ihrer Botschaft. Zweitens sind auch die Mitteilungen dieser Wenigen aus der Akasha-Chronik in mehrfacher Hinsicht problematisch. Wir werden uns nun mit dem zweiten Kritikpunkt beschäftigen.

Der Religionswissenschaftler J.W. Hauer wies zu Lebzeiten Steiners (im Jahr 1922) auf folgende *Beweismöglichkeit* für die Richtigkeit der Schauungen aus der Akasha-Chronik hin:

> "Steiner soll sich irgend ein noch unaufgehelltes Gebiet der Geschichte wählen und dieses aus der Akaschachronik erforschen. Nur muss es ein solches sein, das auf der irdischen Ebene noch so viel Spuren hinterlassen hat, dass eine zweifelsfreie Nachprüfung auf dem Wege des gewöhnlichen Wahrnehmens und Denkens möglich ist. Eine Kommission von ihm selbst genannter Männer, die auf dem betreffenden Gebiete anerkannte Autoritäten sind, aber keine Anthroposophen sein dürfen, soll die Entscheidung fällen, ob seine Angaben stimmen oder nicht."[77]

Steiner hat diese Beweismöglichkeit für seine Schauungen nicht ergriffen. Seine Weigerung versucht er folgendermaßen zu erklären:

"Nun könnte jemand, der in solchen Dingen nicht bewandert ist, sagen: Wenn ihr uns erzählt von vergangenen Zeiten, so glauben wir, daß das alles nur Träumerei ist. Denn ihr kennt aus der *Geschichte*, was der Cäsar getan hat und glaubt dann durch eure mächtige Einbildung irgendwelche unsichtbaren Akasha-Bilder zu sehen. – Wer aber in diesen Dingen bewandert ist, der weiß, daß es umso leichter ist, in der Akasha-Chronik zu lesen, *je weniger* man dieselben Dinge aus der äußeren Geschichte kennt. Denn die äußere Geschichte und ihre Kenntnis ist geradezu eine *Störung* für den Seher" (112,29f; HddV).

Daher sei es dem, "der in diesen Sachen bewandert ist", am allerliebsten, wenn er "von *längst vergangenen* Entwickelungsstadien unserer Erde sprechen" könne. Darüber nämlich gebe es *"keine Urkunden"*. Da berichtet die Akasha-Chronik "am allertreuesten, weil man am wenigsten dabei durch die äußere Geschichte gestört" werde (112,31; HddV).

Betrachten wir diese Argumentation genauer: Als eigentliches Forschungsgebiet der Akasha-Chronik nennt Steiner weit in der Vergangenheit (oder in der Zukunft[78]) liegende Ereignisse, von denen keine Urkunden vorhanden sind. Damit zieht er sich auf ein *entlegenes Territorium* zurück, das durch äußere Daten weder widerlegt noch bewiesen werden kann. Doch selbst von diesen "Epochen", die als bevorzugtes Forschungsgebiet der Akasha-Chronik gelten, kann Steiner nur "Einzelbilder" vermitteln und eine "Schilderung in weniger scharfen Begriffen" geben (601,160). Seine Beobachtung der "Mondenentwickelung" etwa liefert "gar nicht etwas in so scharfen und bestimmten Umrissen, wie sie die Erdenwahrnehmungen zeigen". "Man hat es bei der Mondenepoche gar sehr mit *wandelbaren, wechselnden Eindrücken*, mit *schwankenden, beweglichen Bildern* zu tun und mit deren Übergängen" (ebd; HddV).

Spricht Steiner bei weit entfernten Zeiträumen von "schwankenden, beweglichen Bildern", so wird er, je näher es an die auch "äußerlich" erfaßbare – und überprüfbare! – Geschichte herangeht, um so zurückhaltender. Hier erwägt er sogar die Möglichkeit von *"Störungen"* – und damit von Irrtümern (s.u.) – beim Schauen. Die Schuld dafür schreibt er der Ablenkung durch die Kenntnis der "äußeren Geschichte" zu, die somit geradezu in Konkurrenz zum Lesen der Akasha-Chronik tritt. *Der Zunahme äußerer Daten entspricht die Abnahme der Möglichkeit zur hellseherischen Schau.*

Eine wissenschaftliche Nachprüfung der Mitteilungen aus der Akasha-Chronik ist somit nicht nur unmöglich, sondern widerspricht auch Steiners eigener Argumentation. Sie scheidet – ebenso wie eine systemimmanente Beurteilung (s. II.B.1.2) – aus. Was bleibt, ist die Möglichkeit, die Schauungen derer, die den Steinerschen – oder einen ihm entsprechenden – Erkenntnisweg gegangen sind, zu überprüfen – nicht anhand von äußeren Daten, sondern indem wir sie *untereinander* vergleichen.

2.2.2 Die Widersprüche der "Schauenden" untereinander

Wie Steiner schreibt, will er in dieselbe "Geisterwelt" eindringen, die schon "der Mystiker, der Gnostiker, der Theosoph" gekannt haben (600,13). Er will an alte Einweihungswege anknüpfen. Steiner behauptet, daß die "Mitteilungen, die aus solchen geistigen Quellen stammen, nicht immer völlig", aber doch "im *wesentlichen*" übereinstimmen: "Die Eingeweihten schildern zu allen Zeiten und allen Orten im *wesentlichen* das Gleiche" (616,17f; HiO). Trifft diese Aussage zu?

Wir beschränken uns auf einen *Vergleich zwischen theosophischer und anthroposophischer Schau.* Beide Strömungen erheben den Anspruch, aus der Akasha-Chronik zu lesen, und doch finden sich zwischen ihren Schauungen auffallende Widersprüche – *gerade* im Wesentlichen, nämlich im Verständnis des Christus. Der Anthroposoph J. Hemleben drückt es so aus:

"Die entscheidende Differenz, die in den Jahren 1912/13 zum endgültigen Bruch mit der indisch-angelsächsischen Theosophie führte, lag in Steiners Stellung zum Christentum. Bei aller, zeitweise radikalen Ablehnung der historischen Formen und Dogmen der Kirchen, hat er Zeit seines Lebens ... in Jesus Christus und dem 'Ereignis von Golgatha' das zentrale Geschehen der Erd- und Menschheitsgeschichte gesehen. Diese Sicht war den Theosophen wie Helena Petrowna Blavatsky, Annie Besant und H. S. Olcott fremd."[79]

Die Theosophen sahen in einer "allgemeinen Synthese aller Religionen und ihrer gleichberechtigten Wahrheiten" ein "hohes Ideal". Für die *"Einmaligkeit"*, die in der "Erscheinung des Gottessohnes Christus im Menschen Jesus von Nazareth auf Erden" gelegen ist, bestand bei ihnen "kein Verstehen und keine Anerkennung". Statt dessen proklamierte Annie Besant den Hinduknaben Krishnamurti als die "Reinkarnation Christi".[80]

Hätten die "Eingeweihten" "zu allen Zeiten und allen Orten" wirklich "im *wesentlichen* das Gleiche" in der Akasha-Chronik lesen können, so hätte es zu einem solchen gravierenden Widerspruch – und damit zur Trennung Steiners von der Theosophischen Gesellschaft – nie kommen dürfen. Hier bleibt nur die Alternative, entweder der theosophischen oder der anthroposophischen Schau zu vertrauen. Nur *eine* Richtung – wenn überhaupt – kann recht haben. Wo aber ein solcher Glaube an die Schauenden gefordert wird, ist das Gebiet der wissenschaftlichen Nachprüfbarkeit verlassen.

2.2.3 Die Beeinflussung der Hellseher durch die historische und kulturelle Situation

Wie kommt es nun zu solchen Widersprüchen zwischen den verschiedenen Schauenden? Hemleben gibt folgende Erklärung:

"In diesem Zusammenhange muß gesehen werden, daß die Theosophische Bewegung ihr Hauptquartier in Adyar bei Madras (Indien) hatte und primär aus *orientalischen Quellen* schöpfte. Rudolf Steiner ehrte den Osten, aber eine Lösung der Probleme des Westens erwartete er nicht von ihm." Zu deren Lösung "wird eine Kraft benötigt, die aus diesem *Geiste des Abendlandes* selbst gewonnen ist."[81]

Die Widersprüche rühren also von den unterschiedlichen Traditionen her, in denen die Schauenden stehen: die Theosophie mehr in der orientalischen (hinduistischen und buddhistischen), Steiner mehr in der abendländischen (jüdisch-christlichen) Tradition. Aus dieser Feststellung ergibt sich als weitere Konsequenz: Die jeweilige Tradition – das heißt der kulturelle und historische Hintergrund – des Schauenden beeinflußt *maßgeblich* die Inhalte seiner Schauungen. So erweist sich Steiners Behauptung, der Hellseher würde von der "vergänglichen Geschichte" zur "unvergänglichen" bzw. zum "Ewigen" vordringen (616,16f), als falsch. Es ist sehr wohl die *vergängliche* Geschichte, an die er anknüpft und die ihm Art und Inhalt seiner Schauungen diktiert, nämlich seine eigene Zeit und Umwelt und auch die bereits vorhandene esoterisch-okkulte Literatur der jeweiligen Tradition.[82]

In seinen Schilderungen mit dem Titel "Aus der Akasha-Chronik" nennt Steiner gleich im Vorwort selbst seine *Quelle*, von der er ausgeht und zu der er "Ergänzungen" bringt:

"Daß der Meeresboden des Atlantischen Ozeans einstmals Festland war, daß er durch etwa eine Million von Jahren der Schauplatz einer Kultur war, die allerdings von unserer heutigen sehr verschieden gewesen ist: dies, sowie die Tatsache, daß die letzten Reste dieses Festlandes im zehnten Jahrtausend v.Chr. untergegangen sind, kann der Leser in dem Büchlein *'Atlantis, nach okkulten Quellen, von W. Scott-Elliot'* nachlesen. Hier sollen Mitteilungen gegeben werden über diese uralte Kultur, welche *Ergänzungen* bilden zu dem in jenem Buch Gesagten" (616,18; HddV).

Während bei Scott-Elliot "mehr die Außenseite, die äußeren Vorgänge bei diesen unseren atlantischen Vorfahren geschildert werden", soll bei Steiner "einiges verzeichnet werden über ihren seelischen Charakter und über die innere Natur der Verhältnisse, unter denen sie lebten" (ebd). Wer war W. Scott-Elliot? Im "Lexikon des Geheimwissens" von H.E. Miers findet sich folgende Charakterisierung:

"*Scott-Elliot, W.*, neben Jules Verne einer der ersten Science-Fiction-Schriftsteller; von ihm stammen die Vorlagen, aus denen Annie Besant, Leadbeater und R. Steiner die Einzelheiten über Rassen, Atlantis und Lemuria geschöpft haben."[83]

Ob man Scott-Elliot nun als "Science-Fiction-Schriftsteller" bezeichnet, der seine Schilderungen erfunden hat, oder ob man ihn als Okkultisten bezeichnet, der sie "geschaut" hat – das Ergebnis bleibt in beiden Fällen dasselbe: Ein Beweis dafür, daß es die von ihm geschilderten Welten gibt, ist nicht möglich, da keine objektiven äußeren Daten aus diesen Zeiträumen vorliegen. Hingegen lassen sich Indizien, die *gegen* die Existenz dieser Welten (oder zumindest gegen die Richtigkeit ihrer Beschreibung bzw. Erkenntnis aus der Akasha-Chronik) sprechen, erbringen. Wiederum gelangen wir hierzu durch einen Vergleich – nämlich zwischen der Schilderung von Scott-Elliot, auf die sich Steiner bezieht, und Steiners eigener Schilderung. Wir wählen ein besonders hervorstechendes Beispiel.

In seinem – erstmals im letzten Drittel des 19. Jahrhunderts erschienenen[84] – Buch hatte Scott-Elliot die Fähigkeit der "atlantischen Luftfahrzeuge" folgendermaßen beschrieben:

"Die *Flughöhe* belief sich nur auf einige 100 Fuß, so daß, wenn hohe Berge in der Fluglinie lagen, die Richtung gewechselt und der Berg *umfahren* werden mußte."[85]

Steiner kennzeichnet in seinem 1904 verfaßten Aufsatz mit dem Titel "Unsere atlantischen Vorfahren" die Fähigkeit der atlantischen Luftfahrzeuge so:

"Diese Fahrzeuge fuhren in einer Höhe, die geringer war als die Höhe der Gebirge der atlantischen Zeit, und sie hatten Steuervorrichtungen, durch die sie sich über diese Gebirge *erheben* konnten" (616,22f; HddV).

Während Scott-Elliots Atlantier die Berge umfahren mußten, können sie sich bei Steiner über sie erheben. Dieser Widerspruch ist im Rahmen der Akasha-Forschung unerklärlich; er löst sich aber auf, wenn wir den Blick weg vom Geschilderten und hin auf die Verfasser richten. Zur Zeit von Scott-Elliot gab es lediglich Heißluftballons, die relativ unbeweglich waren und deren Insassen befürchten mußten, an plötzlich auftauchenden hohen Bergen zu zerschellen. Ein Jahr, bevor Steiner seinen Aufsatz schrieb, hatten hingegen die Gebrüder Wright mit ihrem Doppeldecker "Flyer" die ersten Motorflüge durchgeführt, bei denen Steuervorrichtungen jede gewünschte Richtungsänderung – sowohl horizontal als auch vertikal – rasch ermöglichten. Die Schau des Hellsehers ist somit – wie auch J. W. Hauer schreibt – "in der Richtung fortgeschritten ... in der die technische Entwicklung seiner eigenen Zeit fortgeschritten ist. Einen schlagenderen Beweis für die *Beeinflussung* des Hellsehers durch seine Umgebung kann es kaum geben"[86]. Diese Tatsache aber ist für Hauer wie für uns "der stärkste Anlass zum Zweifel an der Wirklichkeit der Akaschachronik, oder doch wenigstens an der Fähigkeit der theosophischen und anthroposophischen Hellseher, diese Weltenchronik zu lesen". Wie Hauer sind wir "geneigt, anzunehmen, dass es sich – wenn überhaupt Erlebnisse der Art vorliegen – um Suggestionserlebnisse hellseherischer Naturen handelt, die zu ihren Erleuchtungen durch die ... Hingabe an die 'Offenbarungen' des Elliotschen Buches [und anderer Schriften; d. Verf.] gekommen sind"[87].

2.2.4 Zusammenfassung

a) Die Schauungen aus der Akasha-Chronik sperren sich von der Art ihrer Entstehung her prinzipiell gegen jede historische Nachprüfung mittels "äußerer Daten".

b) Zwischen den Schauungen der einzelnen Hellseher, die sich gleichermaßen auf die Akasha-Chronik oder verwandte "Quellen" berufen, treten Widersprüche in wesentlichen Punkten auf.

c) Diese Widersprüche lassen sich nicht aus der Akasha-Chronik, sondern nur aus der historischen und kulturellen Situation des Hellsehers erklären.

d) Die Beeinflussung des Hellsehers durch die historische und kulturelle Situation läßt darauf schließen, daß seine "Schauungen" entweder ganz auf suggestivem Wege zustande kommen oder zumindest weitgehend durch Suggestionen gefärbt sind.

e) Als weitere Konsequenz ergibt sich, daß eine Akasha-Chronik entweder gar nicht existiert oder daß zumindest ein eindeutiges, widerspruchsfreies Erkennen ihrer Inhalte unmöglich ist.

f) In beiden Fällen erweist sich der Anspruch der Akasha-Chronik, absoluter Maßstab für eine Weltanschauung – und damit auch für das Bibelverständnis – zu sein, als unhaltbar. Das Lesen in der Akasha-Chronik kann nicht zur Klarheit, sondern nur zur Verwirrung führen.

Der letzte Kritikpunkt leitet zum nächsten Abschnitt über.

2.3 Theologische Kritik der Akasha-Chronik

2.3.1 Die Nichteignung zur "richterlichen" Autorität

2.3.1.1 Die Möglichkeit des Irrtums

Für das Lesen in der Akasha-Chronik gilt die Begrenztheit des menschlich-irdischen Erkennens. Steiner selbst gibt die *Möglichkeit des Irrtums* zu:

"Um einem möglichen Irrtum vorzubeugen, sei hier gleich gesagt, daß auch der geistigen Anschauung *keine Unfehlbarkeit* innewohnt. Auch diese Anschauung kann *sich täuschen,* kann *ungenau, schief, verkehrt* sehen. Von *Irrtum* frei ist auch auf diesem Felde kein Mensch; und stünde er noch so hoch" (616,17; HddV).

Deshalb solle man sich "nicht daran stoßen, wenn Mitteilungen, die aus solchen geistigen Quellen stammen, *nicht immer völlig übereinstimmen";* im *"wesentlichen"* stimmten sie ja überein (616,17f; HddV).

Im vorigen Abschnitt haben wir gezeigt, daß es diese Übereinstimmung gerade in wesentlichen Punkten *nicht* gibt. Aber selbst wenn es sie gäbe und wenn nur in *un*wesentlichen Bereichen Widersprüche auftreten würden, so ist doch mit dem hier von Steiner Gesagten der Akasha-Chronik die Befähigung abgesprochen, Richterin aller menschlichen historischen Urkunden zu sein. Selbst wenn man sich auf die Voraussetzungen Steiners einließe, würde sich wegen dieser grundsätzlichen Unsicherheit folgende Konsequenz ergeben: Weil der, der die Akasha-Chronik liest (und somit vermittelt), "keine Unfehlbarkeit" besitzt, kann er sich niemals *über,* sondern bestenfalls *neben* die Bibel stellen – wobei sich dann die Übereinstimmung oder Nichtübereinstimmung von biblischen Aussagen und "Schauungen" in der Akasha-Chronik aus dem kritischen Vergleich der Inhalte erschließen würde (s. III.B).

2.3.1.2 "Störungen" bei der hellseherischen Schau

Darüber hinaus nehmen bei der hellseherischen Schau laut Steiner die *"Störungen"* um so mehr zu, je näher man an die durch Quellen auch äußerlich erfaßbare Geschichte herankommt (s.o.). Diese Feststellung hat für unser Thema Konsequenzen, wenn man bedenkt, daß die biblischen Erzählungen sich größtenteils innerhalb von durch vielfältige historische Quellen erfaßbaren Zeiträumen abspielen. Somit müßte mit massiven "Störungen" zu rechnen sein, wenn der Hellseher die Ereignisse der jüdischen und christlichen Geschichte aus der Akasha-Chronik abliest. Das wird von anthroposophischer Seite bestätigt: "Rudolf Steiner verschweigt nicht die Mühe und die besonderen Schwierigkeiten, Bilder, die sich auf das Christentum beziehen, aus der Akasha-Chronik zu erschließen", bemerkt der Herausgeber Ernst Weidmann in seinen "Einleitenden Worten" zu Steiners Vortragszyklen "Aus der Akasha-Forschung. Das Fünfte Evangelium" (148,6). Steiner selber meint hoffnungsvoll, daß der Hellseher der Zukunft "präziser" in der Akasha-Chronik werde lesen können:

> "Denn wir alle sind ja Kinder der Zeit. Es wird aber eine nahe Zukunft kommen, in der man genauer, präziser wird sprechen können, in der vielleicht manches von dem, was heute nur andeutungsweise erkannt werden kann, viel, viel genauer wird erkannt werden können in der geistigen Chronik des Werdens" (148,37).

Ein "andeutungsweises" Erkennen jedoch kann da nicht genügen, wo es um letzte Wahrheiten geht und wo sogar der Anspruch erhoben wird, ein "Fünftes Evangelium" zu offenbaren, das "so alt" sein soll "wie die vier anderen Evangelien" (148,9). Eine Vertröstung auf die "nahe Zukunft", in der man "vielleicht manches" (!) genauer erkennt, kann genausowenig genügen – außer vielleicht demjenigen, der meint, durch Reinkarnation irgendwann einmal in diese (bisher nicht eingetretene und daher keineswegs "nahe") Zukunft zu gelangen.[88]

Vor allem aber fällt auf, daß sich Steiner unter die "Kinder der Zeit" rechnet, denen (noch) keine absolute Erkenntnis möglich ist. Er gibt damit die Relativität seiner eigenen Schauungen aus der Akasha-Chronik – und damit seiner gesamten Weltanschauung – zu. Wenn aber Steiner als derjenige Mensch gilt, der am weitesten auf dem Erkenntnisweg vorangekommen ist, und wenn selbst er nur "andeutungsweise" über die Inhalte der Akasha-Chronik sprechen kann, dann erweist sich auch hierdurch, daß dieser "Chronik" in keiner Weise das Recht zugebilligt werden kann, Richterin der biblischen Urkunden zu sein – zumindest so lange nicht, als keine eindeutigen, absoluten und auf unfehlbare Art wahrgenommenen Mitteilungen vorliegen.

2.3.2 Der verhüllte "spiritistische" Hintergrund

Nun betrachten wir noch etwas näher, wie das "Lesen in der Akasha-Chronik" abläuft. Wir erinnern uns an Rittelmeyers Beschreibung: Um Ereignisse der Vergangenheit zu erforschen, versetze sich der Hellseher in die "Seele" der damals Beteiligten und taste sich – ausgehend von Ereignissen, die "starke seelische Erlebnisse" mit sich brachten – immer weiter in deren "Erinnerung" zurück. "Eine Schlacht Cäsars wird ... von der Seele Cäsars aus miterlebt", und das Leben Jesu vom "Pfingsterlebnis" der Jünger her.[89] Steiner selber beschreibt letzteren Vorgang folgendermaßen:

"Heute will ich von dem sprechen, was man das Pfingstereignis nennt. Es war für mich selber der Ausgangspunkt des Fünften Evangeliums. Den Blick wendete ich zuerst in die Seelen der Apostel und Jünger, die nicht nur nach der Tradition, sondern wirklich versammelt waren zu dem Zeitpunkt des Pfingstfestes ... Es gibt einen ungeheuren, tiefgehenden Eindruck, wenn man so zuerst sieht, wie am Pfingstfeste die Seelen der Apostel zurückschauend hinblicken auf das Ereignis von Golgatha. Und ich gestehe, daß ich zuerst den Eindruck hatte, nicht direkt hinblickend auf das Mysterium von Golgatha, sondern schauend in den Seelen der Apostel, wie sie es gesehen hatten, vom Pfingstfeste hin schauend" (148,208f).

Was geschieht hier? Steiner beansprucht, Mitteilungen von Menschen zu bekommen, die zum Zeitpunkt seiner Schau längst verstorben sind. Auch wenn er diese Tatsache zu verdecken sucht, indem er behauptet, im Geiste zu den damals lebenden Personen zurückzureisen, so handelt es sich faktisch doch um ein Befragen von Totengeistern, d.h. um eine sublime Art von *Spiritismus*. R. Tischner definiert:

"Der Spiritismus stellt eine geistige Bewegung dar, begründet auf der Überzeugung, daß die Menschen über bestimmte Personen, die 'Medien', mit den Verstorbenen in Verbindung treten und so Offenbarungen aus dem Jenseits erhalten können."[90]

Durch sein Schauen in die Akasha-Chronik bzw. in die Seelen von Verstorbenen erweist sich Steiner als ein solches spiritistisches Medium. Wenn Steiner sich immer wieder gegen den gewöhnlichen Spiritismus, den Bereich "des Aberglaubens, des visionären Träumens, des Mediumismus" abgrenzt (z.B. in: 600,153ff), so geschieht das nur insofern, als er diesen Wegen die

Befähigung abspricht, in unserer Zeit wirklich zur Erkenntnis höherer Welten zu gelangen:

"Was aber durch solche Offenbarungen [sc. des gewöhnlichen Spiritismus und Mediumismus] zutage tritt, ist keine *übersinnliche,* es ist eine untersinnliche Welt" (600,155; HiO).

Rittelmeyer schreibt:

"Rudolf Steiner stand ... wohl direkt über den medialen Hellsehern der Vergangenheit und Gegenwart, aber eben um eine ganze Spiralwindung höher ..."[91]

Der Unterschied zwischen Steiner und den medialen Hellsehern des gewöhnlichen Spiritismus ist somit kein prinzipieller, sondern nur ein gradueller. Beide beanspruchen, in Kontakt mit den Geistern Verstorbener zu treten, wenn auch auf verschiedenen Wegen. Beide *betreiben* somit Spiritismus und unterliegen der gleichen Beurteilung.

Nach dem Zeugnis vor allem des Alten Testaments hat Gott jede solche Betätigung grundsätzlich verboten. Befragung von Totengeistern und Hellseherei gehören zu den heidnischen Praktiken, durch welche der Mensch die Souveränität Jahwes und die Alleingültigkeit seiner Offenbarung in Frage stellen und selbst wie Gott sein will (vgl. II.B.1). Sie sind Jahwe ein "Greuel" und – als Verstoß gegen das erste Gebot – Sünde (vgl. Ex 20,2f; Lev 19,31; 20,6.27; Dtn 18,10ff; Jes 8,19). Das frühe Christentum hat die schroffe Ablehnung derartiger Praktiken uneingeschränkt übernommen. Die Totenbefragung gehört zu den Praktiken der phármakoi und mágoi, die Gott nach dem Zeugnis des Neuen Testaments verwirft (Act 13,6.8; Gal 5,20; Apk 21,8; 22,15). Die frühkirchlichen Apostolischen Konstitutionen verbieten die Nekromantie für Christen.[92]

Hans-Jürgen Ruppert differenziert folgendermaßen:

"Auch das biblische Weltbild kennt zahlreiche paranormale Phänomene, Visionen, Auditionen, Erscheinungen, Wunder usw., deren Realität nicht angezweifelt, sondern als selbstverständlich vorausgesetzt wird. Okkulte Praktiken dagegen werden, sofern sie das Erste Gebot und den Glauben an den unverfügbaren, persönlichen Gott tangieren, von den biblischen Autoren streng verurteilt ..."[93]

2.3.3 Zusammenfassung

a) Die Akasha-Chronik kann nicht Richterin der Bibel und anderer Quellen sein, da sie keine unfehlbare Instanz ist, die sich über diese stellen könnte.

b) Weil das angebliche "Lesen" in ihr durch verhüllt-spiritistische Praktiken zustande kommt, widerspricht es dem Zeugnis der alt- und neutestamentlichen Schriften, die solche Praktiken als Übertretung des ersten Gebots und Sünde verwerfen.

c) Infolgedessen ist zu vermuten, daß auch die Inhalte des in der Akasha-Chronik Geschauten mit den biblischen Aussagen unvereinbar sind oder ihnen zumindest in wesentlichen Punkten widersprechen. Das zu prüfen, wird Aufgabe der folgenden Untersuchungen sein.

Wir betrachten nun die anthroposophische "spirituelle Interpretation", welche die Übereinstimmung von Akasha-Chronik und Bibel behauptet.

3. Die spirituelle Interpretation als "Rettung" der Bibel

3.1 Darstellung der spirituellen Interpretation

3.1.1 Hintergründe, Wurzeln und Definitionen

Für die anthroposophische Bibelauslegung finden sich mehrere Bezeichnungen, die wir im einzelnen noch kennenlernen werden. Als Oberbegriff, der neben manchen anderen[94] Interpretationsweisen auch die anthroposophische Bibelauslegung einschließt, wählen wir – mit G. Wehr – die Bezeichnung "spirituelle Interpretation".

Spirituelle Interpretation ist nach Wehr[95] eine Interpretationsweise, die von der *"Anerkennung des Spirituellen als eines Existierenden"* ausgeht. Sie tritt damit in Gegensatz zu allen Interpretationsweisen, die nach Ansicht der Anthroposophie eine solche "spirituelle Dimension" nicht kennen (vgl. II.A). "Freilich – und diesem Punkt dürfte besonderes Gewicht zukommen – die Gesprächspartner werden zu definieren haben, was unter dem Spirituellen oder unter der Anerkennung der 'göttlich-geistigen Welt', wie sich Steiner wiederholt ausgedrückt hat, verstanden werden soll", gibt Wehr selber zu bedenken. Bei Steiner ist die spirituelle Dimension das Ergebnis seiner hellseherischen Schauungen. Es ist in der Tat zu fragen, ob und inwiefern diese hellseherisch geschaute Dimension mit dem biblisch-theologischen Denken übereinstimmt und ob somit eine *"'Spiritualisierung des theologischen Denkens'"* im Sinne Steiners, wie Wehr sie fordert, auf diese Weise möglich ist.

Wehr spricht im Blick auf Steiners Bibelauslegung von *"Mehrdimensionalität"*. Mehrdimensional im Sinne Wehrs ist Steiners Auslegung insofern, als dieser nicht wie die traditionelle Exegese vom philologisch-historisch zu erfassenden Wortlaut des Textes ausgeht und sich erst recht nicht wie der Fundamentalismus mit den wörtlichen Aussagen der Bibel begnügt oder wie die Existentialtheologie auf den "reinen Existenzbezug eines Textes" konzentriert, sondern sein besonderes Augenmerk auf die "Durchleuchtung des Übersinnlichen" richtet, das seiner Ansicht nach hinter oder über den Texten steht.[96]

Emil Bock möchte die anthroposophische Auslegung gegen den Vorwurf der in der vorreformatorischen Exegese verbreiteten Allegorisierung abgrenzen:

"Ein abstraktes Denken wird einer Evangelienauffassung, die auf das Übersinnliche hinblickt, immer den Vorwurf machen: Ihr verliert den Boden der Geschichte und löst alles in Allegorien auf. Das rührt davon her, daß das abstrakte Denken immer zum Entweder-Oder neigt und nicht die Kraft zum Sowohl-als-auch hat. Es meint: entweder geistige oder physische Auffassung. Es kann nicht verstehen, daß physisch-reale Vorgänge *zugleich* Sinnbilder, Realsymbole für Übersinnliches, Verkörperungen von Geistigem, sein können" (Ev,39; HiO).

So handelt es sich bei der anthroposophischen Exegese nach der Selbsteinschätzung ihrer Vertreter eher um "symbolische" als um "allegorische" Schriftauslegung, wobei allerdings die Begriffe nicht immer exakt auseinandergehalten werden (s.u.). *Allegorie* nämlich bedeutet, "daß ein sprachlicher Ausdruck oder eine Kunstform bildlicher oder monumentaler Art etwas anderes aussagt (álla agoreúei), einen tieferen Sinn als den buchstäblichen oder unmittelbaren hat"[97]. Sie will im Text "*neben* dem Erstsinn einen Zweitsinn entdecken", der – ist er nicht durch den Kontext oder ein anderes Bezugssystem festgelegt – "zunächst ein beliebiger" sein kann.[98] *Symbol* hingegen ist – um mit Paul Ricoeur zu reden – jene sprachliche Form, die "das Lesen eines anderen Sinns *im* ersten, wörtlichen, unmittelbaren Sinn erheischt"[99]. Nicht abgehoben vom Buchstaben und der Historie, nicht über und neben dem Erstsinn (wie bei der Allegorese), sondern nur innerhalb und vermittels des Erstsinns soll der Zweitsinn bei der symbolischen Schriftauslegung gewonnen werden. Deshalb wird sie auch als "symbolisch-historische" oder "symbolisch-reale" Auslegung bezeichnet.

Schon Steiner hatte gesagt:

"*Alle Namen und Bezeichnungen in den alten Zeiten sind in einer gewissen Weise durchaus real – und zu gleicher Zeit tief symbolisch gebraucht* ... Nicht die historische Realität wird durch eine symbolische Erläuterung geleugnet; sondern es muss betont werden, daß die esoterische Erklärung beides umfasst: die Auffassung der Tatsachen als historische – und, indem sie historisch sind, bedeuten sie selbst zugleich das, was wir ihnen beilegen ... Symbolisch und historisch zugleich, nicht nur das eine und nicht nur das andere, das ist es, um was es sich handelt bei der wirklichen Evangelien-Erklärung" (103,81; HiO).

G. Wehr führt diese Gedanken weiter aus. Er zitiert zunächst den Theologen W. Knevels:

"Die mythische Sprache, die mythische Erzählung und das mythische Bild sind symbolisch; das, was gemeint ist, steht *dahinter;* man muß es entdecken, man muß durchschauen. Aber gemeint ist nicht bloß eine Idee, ein Bedeutungsgehalt, sondern eine echte Wirklichkeit, eine übergeschichtliche Wirklichkeit, Gott selbst, sein Erscheinen und sein Handeln."[100]

Dann fährt Wehr selber fort:

"Von daher gesehen nennt Knevels drei Möglichkeiten, den biblischen Mythos aufzufassen: einmal 'massiv-geschichtlich-natürlich', es ist ein buchstäbliches Verstehen; dann 'illusionär, psychologisch, religionsgeschichtlich, existentialistisch und so weiter'. Beide Möglichkeiten ... lehnt Knevels zugunsten der dritten Möglichkeit [ab], die er *'symbolisch-real'* nennt und bei der der Mythos 'eine unirdische, göttliche Wirklichkeit (ausdrückt), die im Irdischen erscheint beziehungsweise an dem Irdischen sichtbar wird'."[101]

Die Bezeichnung "symbolisch-real" möchte Wehr mit der ähnlichen Ausdrucksweise Steiners verbinden und somit einen "Brückenschlag zwischen der Interpretationsweise Steiners und der auf theologischen Fundamenten errichteten von Knevels" nahelegen.[102] Sehen wir einmal von der unterschiedlichen Gottesvorstellung in Theologie und Anthroposophie (vgl. III.B.1) ab, dann können wir verstehen, wie Wehr dazu kommt. Für die Anthroposophie nämlich sind die Ereignisse auf dem irdischen Plan Widerspiegelungen und Manifestationen von Ereignissen in der übersinnlichen Welt. In den Evangelien z.B. finden sich – so sagt Steiner – "gewisse Punkte, die sich vollziehen im äusseren historischen Leben, und dieselben Punkte sind es, die sich abspielen in den Mysterien bei dem, der die Einweihung sucht" (123,210). Wie wir oben (in II.A.1) sahen, gilt das Christusleben selbst als ein zur Historie gewordenes Mysterium. So sollen sich also in den "realen" und "historischen" Schilderungen der Bibel und durch sie hindurch "Mysterien" einer übersinnlichen Welt offenbaren. Die irdisch-historische Realität ist das Symbol, die Bibel der Symbolträger dafür. Um diese Symbolwelt eindeutig und richtig zu entziffern, ist jedoch die Kenntnis der Akasha-Chronik notwendig.[103]

3.1.2 Der "okkulte" Zugang zur Schrift

Betrachten wir nun verschiedene Aussagen Steiners zur Bibelauslegung, so erhalten wir auf den ersten Blick ein Bild großer *Uneinheitlichkeit.* Zum einen will Steiner die allegorische oder "mystische" Auslegungsmethode gebrauchen und meint, daß für die "mystische Auslegung ... eben die geschichtliche Untersuchung gar nicht in Betracht" kommt (619,114). Zum anderen wertet er die "allegorisch-symbolische" Auslegung ab, denn – wie er selber sieht – kann sie "sehr geistreich sein, aber sie ist vielfach willkürlich" (94,161). Zudem wird durch die Zusammenziehung von "allegorisch" und "symbolisch" zu *einem* Begriff deutlich, daß Steiner der oben genannten Unterscheidung dieser Begriffe (welche übrigens auch Wehr[104] vornimmt) nicht immer Beachtung schenkt. So zeigt sich spätestens hier, wie berechtigt Wehrs Hinweis ist, daß Steiner "nicht die Sprache des Theologen", sondern "des Esoterikers" spricht und damit "in anderen Kategorien" denkt.[105]

Trotz dieser (sprachlich-formalen und kategorial-inhaltlichen) Schwierigkeit wollen wir nachfolgend Steiner weiter befragen, um herauszufinden, wie denn nun sein Zugang zur Schrift aussieht. Wir zitieren dazu den äußerst aufschlußreichen direkten Kontext der eben angeklungenen Stelle. Steiner unterscheidet folgende Zugänge zur Bibel:

"Die religiösen Urkunden können von vier Gesichtspunkten aus betrachtet werden. Erstens: *Naiv und wörtlich* genommen. Zweitens: Vom Standpunkt der *Wissenschaft* aus, die sich für klüger hält als die Verfasser dieser Urkunden. Drittens: *Allegorisch-symbolisch* in der Auslegung. Diese Art der Auslegung kann sehr geistreich sein, aber sie ist vielfach willkürlich. Viertens: Vom *okkulten* Standpunkt aus, indem man die Tatsachen, die in der eigentümlichen Sprache derartiger Dokumente verfaßt sind, wiederum *exakt* auffaßt und dadurch wieder ein *wörtliches* Verständnis gewinnt. So ist zum Beispiel der Regenbogen des Noah kein Symbol, sondern der Ausdruck dafür, daß nach dem Untergang der Atlantis und dem Abziehen der Nebel ein Regenbogen erst möglich war" (94,161f; HddV).

Steiner kennzeichnet hier deutlich seinen Ausgangspunkt: Es ist nicht die Bibel, sondern die "okkulte" Forschung, d. h. die hellseherisch geschaute Akasha-Chronik und die daraus abgeleitete "Geheimwissenschaft". Dieser *"okkulte Standpunkt"* liefert ihm sein Vorverständnis für die Interpretation der biblischen Schriften. Er liest sie nicht "naiv und wörtlich" (wie der "einfache" Bibelleser), nicht "wissenschaftlich" (wie z.B. die historisch-kritische Forschung), auch nicht "allegorisch-symbolisch" (all das sind für ihn Zugänge, die sich als "exoterisch" bezeichnen lassen), sondern vom okkult-hellseherischen Standpunkt her ("esoterischer" Zugang).

Die überraschende Konsequenz daraus ist, daß Steiner dadurch ein neues "wörtliches" Verständnis der Bibel und eine "exakte" Auffassung der in ihr geschilderten Tatsachen gewinnen will. Anders ausgedrückt: sein Verständnis der Bibel soll ihm nicht den (symbolisch vermittelten) Zweitsinn, sondern den (eigentlichen und ursprünglichen) Erstsinn der Schrift liefern. So offenbare sich dem Hellseher z.B. die wirkliche – naturwissenschaftliche – Bedeutung des Regenbogens in der Noah-Geschichte, während die übrige Menschheit diese Bedeutung nicht mehr wahrnehmen könne und nur noch ein Symbol darin sehe.

Die Frage nach dem *Erstsinn* in einem Text ist in der Tat von entscheidender Bedeutung, weil er allein der maßgebliche Sinn ist. Alle weiteren "Sinne" (Zweitsinn, evtl. auch noch Drittsinn usw.) unterliegen der Gefahr und dem Verdacht subjektiver Willkür. So verstehen wir Steiners Bemühen, seiner Auslegung den Rang des Erstsinns zu sichern, der in einem neuen Wörtlichnehmen des Textes bestehen soll.

Der Erstsinn, der einem Text beigelegt wird, ist nun freilich auch keine "objektive" Größe, sondern hängt – um mit Th.S. Kuhn[106] zu reden – von dem "Bezugsrahmensystem" oder *"Paradigma"* ab, in dem der Interpret steht. Das Paradigma wiederum wird von der jeweiligen Weltanschauung bestimmt. Daraus folgt: was für Steiner der Erstsinn und somit "wörtlich" zu nehmen ist, wird von seiner Weltanschauung bestimmt. Daraus folgt weiter: wer in Steiners Weltanschauung nicht "drinnen" steht und etwa von einem "naiv-wörtlichen" Standpunkt herkommt, wird Steiners Auslegung nicht als "wörtliche", sondern als "symbolische" oder "allegorische" ansehen.

Welche Bezeichnung gewählt wird, ist also eine Frage des Ausgangspunktes. Das erklärt nun auch ein Stück weit, warum Steiner wechselnde und scheinbar einander widersprechende Bezeichnungen für seine Auslegungsweise wählt (von seinem Denken in nichttheologischen Kategorien und einer generellen sprachlichen Ungenauigkeit – es handelte sich meist um freie Rede[107] – abgesehen; s.o.). Wir differenzieren folgendermaßen:

Wenn Steiner vom *Esoteriker* (Eingeweihten) her denkt, spricht er von *"wörtlicher"* Auslegung. Wenn er vom *Exoteriker* (Nichteingeweihten) her denkt, spricht er von *"symbolischer"* Auslegung.

Was dem *Esoteriker* wörtlich *"einleuchtet",* ist für den *Exoteriker* nur im Weg über das Symbol *(andeutungsweise)* zu verstehen.

Was für den *Esoteriker Erstsinn* ist, ist für den *Exoteriker* (möglicher und durch den Esoteriker zu erschließender) *Zweitsinn.*

Was für den *Exoteriker Erstsinn* ist, ist für den *Esoteriker* eine *veräußerlichte,* materialistische oder bestenfalls in der imaginativen Ebene des Symbols steckenbleibende Auslegung.

3.1.3 Zusammenfassung und Schaubild

Folgendes Schaubild möge die Zusammenfassung des bisher Herausgearbeiteten illustrieren (s. nächste Seite).

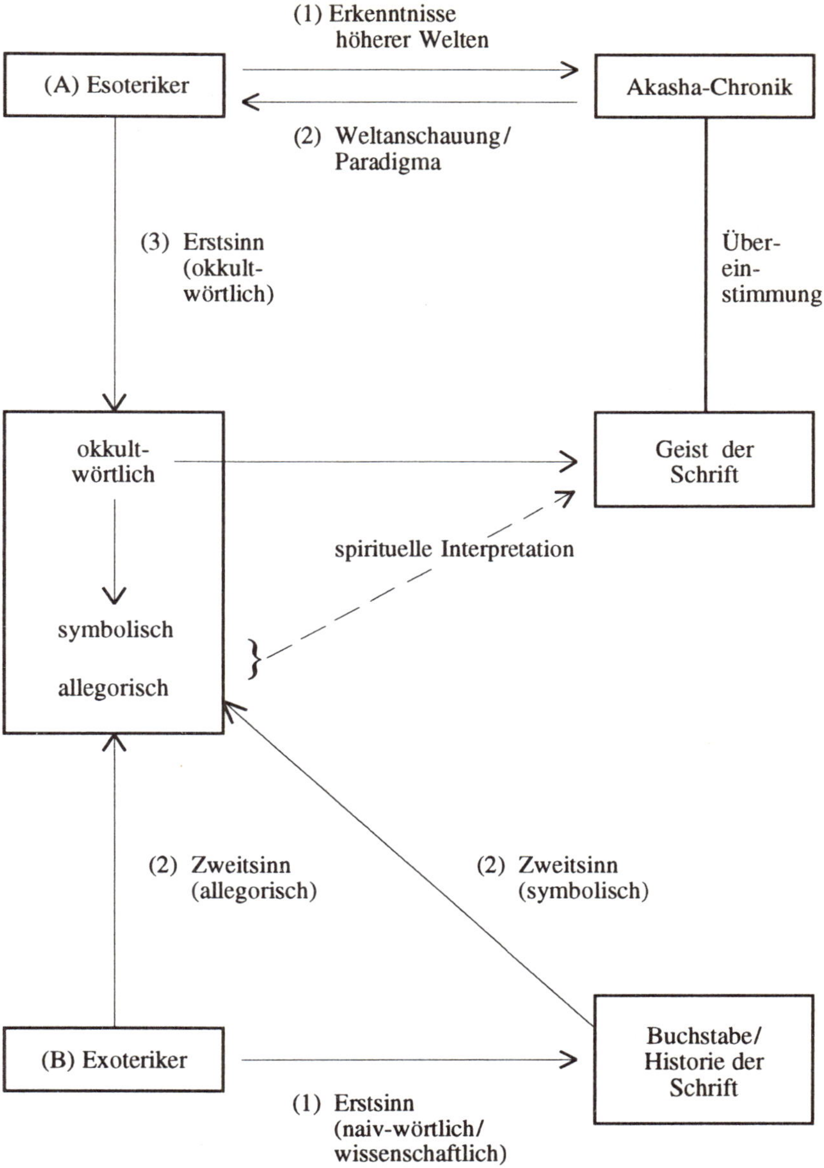
(1) Erkenntnisse höherer Welten
(A) Esoteriker
Akasha-Chronik
(2) Weltanschauung/ Paradigma
(3) Erstsinn (okkult-wörtlich)
Über-ein-stimmung
okkult-wörtlich
Geist der Schrift
spirituelle Interpretation
symbolisch
allegorisch
(2) Zweitsinn (allegorisch)
(2) Zweitsinn (symbolisch)
(B) Exoteriker
Buchstabe/ Historie der Schrift
(1) Erstsinn (naiv-wörtlich/ wissenschaftlich)

Der *Esoteriker* (A) gewinnt durch die Erkenntnisse höherer Welten (1) Einblick in die Akasha-Chronik. Die Akasha-Chronik liefert ihm seine Weltanschauung mit dem Paradigma (2), das er an die Urkunden bzw. Schriften (z.B. die Bibel) anlegt. Er sieht die Urkunden mit neuen Augen und kann sie auf eine neue, "okkulte" Art wörtlich nehmen (3). Dieser neue, okkulte Wortsinn wird für ihn so selbstverständlich, daß er für ihn der Erstsinn im Umgang mit den Urkunden wird. Er erschließt ihm den Geist der Schrift.

Der *Exoteriker* (B) kann sich dem Geist der Schrift nur *nähern* – und zwar auf zwei Wegen. Entweder wählt er den abgekürzten, *unmittelbaren* Weg über die Allegorie (2), sucht also den Zweitsinn *neben* dem Erstsinn. Oder er bemüht sich zuerst in einer naiv-wörtlichen oder wissenschaftlichen Art (1) um den Erstsinn im Buchstaben und in der Historie der Schrift, um dann *innerhalb* und *vermittels* dieses für ihn unmittelbaren, buchstäblichen Sinns zum symbolischen Zweitsinn (2) vorzustoßen. Beide exoterischen Wege sind ungenügend: Die Allegorie ist vielfach willkürlich und damit ungewiß. Der symbolisch-exoterische Zugang bleibt auf der Stufe der Imagination stecken. Er bedarf der Hilfe der okkulten Interpretation des Esoterikers, um zu den weiteren Stufen der Inspiration, der Intuition usw. (s. III.A.1) und damit zum Geist der Schrift vorzustoßen.

Nur der Esoteriker erkennt die Übereinstimmung zwischen der Akasha-Chronik und dem Geist der Schrift, die aus ihrer veräußerlichten, materialistischen (an Buchstabe, Geschichte, Existenz usw. klebenden) Interpretation zur Höhe des Geistes erhoben werden muß, um ihre übersinnlichen, spirituellen Wahrheiten zu offenbaren. Das leistet die spirituelle Interpretation.

Wir wenden uns nun der theologischen Kritik zu.

3.2 Theologische Kritik der spirituellen Interpretation

3.2.1 Die Kriterien der Beurteilung

Die Kriterien, welche zur Beurteilung der geistigen Schriftauslegung bzw. spirituellen Interpretation dienen können, entstammen der reformatorischen und zum Teil bereits der vorreformatorisch-katholischen Tradition. Wir fassen sie in folgende Thesen zusammen:

a) Geist und Buchstabe sind eine untrennbare Einheit. Deshalb kann der geistige Sinn nicht *neben* dem, sondern nur *in* dem buchstäblichen Sinn (als Erstsinn) gesucht werden.[108]

b) Eine spirituelle Interpretation darf sich gegenüber dem Bibeltext nicht verselbständigen. Sie muß den unmittelbaren und gesamtbiblischen Zusammenhang sowie die Intention des Verfassers beachten und von den klaren

Stellen der Schrift – d.h. von ihrem buchstäblichen Wortsinn (Literalsinn) – ausgehen.[109]

c) Der Literalsinn ist die normale, einfache Wortbedeutung, die sich geschichtlich und sprachlich aus dem Textzusammenhang ergibt. Diese Regel fordert, Erzählung als Erzählung, Dichtung als Dichtung, Geschichtsbericht als Geschichtsbericht, Gleichnis als Gleichnis, Allegorie als Allegorie usw. auszulegen. Bildhafte Ausdrücke (Metaphern, Gleichnisse usw.) etwa gehören gar nicht zum geistigen, sondern zum buchstäblichen Sinn, wo es sich vom Wortsinn und Kontext her um uneigentliche Rede handelt.[110]

d) Wenn die spirituelle Interpretation bei der Auslegung unklarer oder "geheimnisvoller" Stellen zu weitergehenden, über den Literalsinn hinausreichenden Aussagen gelangt, so dürfen diese nicht in Widerspruch zum Inhalt der klaren Stellen treten. Vielmehr muß sich die "geistige" von der buchstäblich-wörtlichen Deutung her verifizieren oder falsifizieren lassen. Die spirituelle Interpretation soll Exegese (Auslegung), keine "Eisegese" ("Einlegung", Hineininterpretation) sein.

e) Lassen sich die Aussagen der spirituellen Interpretation nicht am klaren, buchstäblichen Wortsinn verifizieren, so sind sie nicht zur Argumentation geeignet, da ihnen Eindeutigkeit fehlt.[111]

Nun beansprucht die Anthroposophie, eine "symbolisch-reale" bzw. "symbolisch-historische" Auslegung zu betreiben, die nicht *neben* dem Erstsinn (wie bei der allegorischen Auslegung), sondern *in* dem Erstsinn des Textes den Zweitsinn entdecken möchte – ja noch mehr: die durch ein neues "Wörtlichnehmen" den eigentlichen Erstsinn erst erschließen will (s. o.). Wird sie diesem Anspruch gerecht?

3.2.2 Zwei Beispiele anthroposophischer Exegese

Zur Beantwortung dieser Frage gelangen wir, indem wir zunächst einige repräsentative *Beispiele* Steinerscher Exegese betrachten. Es sind Beispiele für sein neues "wörtliches Verständnis" vom "okkulten Standpunkt" aus (94,161). Das erste Beispiel *(die Deutung des Regenbogens in Gen 9)* gebraucht Steiner unmittelbar, um seine Auslegungsmethode zu illustrieren. Es ist deshalb von besonderem Gewicht. Steiner sagt:

"So ist zum Beispiel der Regenbogen des Noah kein Symbol, sondern der Ausdruck dafür, daß nach dem Untergang der Atlantis und dem Abziehen der Nebel ein Regenbogen erst möglich war. In der alten Atlantis konnte es ja noch keinen Regenbogen geben. Noah ist als der Führer, Manu, anzusehen, der die Völker aus der untergehenden Atlantis herauszuführen hatte. In diesem Zeitpunkt geschah es, daß zum erstenmal der Regenbogen entstand" (94,161f).

Diese "Exegese" widerspricht in zweifacher Hinsicht den oben genannten Prinzipien:

a) Sie trägt völlig andere, spekulativ-mythische Vorstellungen ("Atlantis", "Manu"), die mit einem vorgegebenen, nicht verifizierbaren Geschichtsbild verbunden werden, an die biblische Schilderung heran. Für diese Vorstellungen gibt es zwar Anhaltspunkte in der Sagenwelt außerchristlicher Überlieferungen oder Religionen, nicht jedoch in den biblischen Berichten selber.[112] Die Behauptung, daß Noah der "große Manu" und der "Führer derjenigen Mysterienstätte in der alten Atlantis [war], die sich aus allen anderen als ein hell-leuchtendes Zentrum heraushob" (so Bock I,79), ist reine Phantasie.

b) Verschiedene Einzelheiten dieses Weltbildes treten überdies in direkten Gegensatz zum Wortsinn des Textes, z.B. die Behauptung, Noah habe "die Völker aus der untergehenden Atlantis" herausgeführt (der Erzähler in Gen 7,7 spricht lediglich von "seinen Söhnen, seiner Frau und den Frauen seiner Söhne"; vgl. auch 1.Petr 3,20; 2.Petr 2,5) oder der Regenbogen sei "kein Symbol" (Gen 9,12 kennzeichnet ihn ausdrücklich als "Zeichen" bzw. "Symbol" – hebr. "ōt" – des Bundesschlusses Gottes mit den Überlebenden; diese eigentliche *theologische* Bedeutung des Regenbogens für den biblischen Erzähler geht bei der naturmythologischen Deutung Steiners völlig verloren).[113]

Es handelt sich somit nicht um "Exegese", sondern um "Eisegese", um die Hineininterpretation fremder Inhalte in den Text. Die Person des Noah und der Begriff des Regenbogens werden nicht in ihrem vom biblischen Kontext und Wortsinn her festgelegten Gehalt erfaßt, sondern lediglich in einem formalen Sinn als Bindeglieder benutzt, um die eigenen, angeblich von der "Akasha-Chronik" diktierten, in Wirklichkeit aber assoziativ gewonnenen Inhalte in sie hineinzutragen.

Als zweites wählen wir ein Beispiel aus dem Neuen Testament. Nach *Joh 13,18* sagt Jesus im Anschluß an Ps 41,10: "Der mein Brot ißt, der tritt mich mit Füßen." Steiner gibt folgende Deutung:

"Dieses Wort muss wörtlich genommen werden. Der Mensch isst das Brot der Erde – und wandelt mit seinen Füssen hier auf dieser Erde herum. Ist die Erde der Leib des Erdengeistes, das heisst des Christus, dann ist der Mensch derjenige, der mit den Füssen herumwandelt auf dem Erdenleib, der also den Leib dessen, dessen Brot er isst, mit Füssen tritt" (103,133).

Auch mit dieser Deutung verliert Steiner den Wortsinn gerade; denn vom Wortsinn her handelt es sich in Ps 41,10 um ein Bildwort, das den Verrat des ehemaligen Freundes zum Ausdruck bringt. Die Auslegung als Bildwort ist die wörtliche, weil vom Textzusammenhang geforderte Auslegung. Das macht sowohl der Kontext von Ps 41 als auch der Kontext im Joh deutlich. Die

Stelle in Ps 41 lautet im Zusammenhang: "Auch mein Freund, dem ich vertraute, der mein Brot aß, tritt mich mit Füßen" (V. 10). Das gemeinsame Mahl ist Zeichen einer "unverletzlichen Vertrauensbindung" und *"communio"*, die von dem ehemaligen Freund aufgekündigt wird.[114]

Diese Aufkündigung der communio nimmt auch Judas Ischarioth vor, indem er Jesus verrät und so "mit Füßen tritt". Nach V. 26 ist er es, dem Jesus den Bissen eintaucht und gibt, der also sein "Brot ißt". Der Bezug auf Ps 41,10 in Joh 13,18 soll "auf das Unglaubliche hinweisen, daß der Verräter ein Tischgenosse Jesu ist, zum Freundeskreise gehört"[115]. Die phantastische Deutung Steiners hingegen (Erde als Leib des "Erdengeistes", der "Christus" sein soll) hat weder an dieser noch an einer anderen Stelle der Bibel einen vom klaren Wortsinn her verifizierbaren Anhaltspunkt (vgl. III.B.4.).

3.2.3 Das "wörtliche Verstehen" als versteckte Allegorese

Diese Beispiele – und sie lassen sich beliebig vermehren (vgl. III.B.) – bestätigen die Vermutung, daß Steiners Auslegung nicht vom biblischen Gesamtzusammenhang und Wortlaut bestimmt wird, sondern von einer Größe, die außerhalb der Bibel liegt: von der Akasha-Chronik, wobei dieselbe sein eigenes, durch assoziierende Spekulation gewonnenes Produkt ist. Steiner behauptet zwar, daß Akasha-Chronik und Bibel miteinander in Einklang stehen; wie wir in II.B.2. grundsätzlich und soeben exemplarisch gezeigt haben, ist das jedoch nicht der Fall. Deshalb versucht Steiner, beide Größen miteinander in Einklang zu *bringen* – und zwar, indem er durch seine "Auslegung" die Bibel etwas *anderes* sagen läßt, als im Text dasteht. Diese Form der "Auslegung" heißt – "Allegorese".
Steiners "wörtliches Verstehen" des Bibeltextes ist eine versteckte Form der Allegorese.[116] Als ein Verstehen vom "okkulten Standpunkt" her trägt es die Ergebnisse der Akasha-Forschung in die Bibel hinein und verfehlt damit ihre vom innerbiblischen Kontext her festgelegte Botschaft. Die Kritik, die Luther im Blick auf Karlstadts "Übergenaunehmen von Buchstaben"[117] formuliert hat, gilt auch hier. Gerhard Ebeling faßt sie zusammen:

"Diese ohnehin unhaltbaren philologischen Kunststücke, die ein Wort herausgreifen und darüber den Sinn des ganzen Textes verfehlen ... liegen für Luther auf der gleichen Ebene wie die Allegorese. Der Glaube kann weder auf Punkten und Buchstaben, noch auf grammatischen Regeln beruhen ... *Der Widerspruch zwischen einem Übergenaunehmen von Buchstaben und einer sich über den wörtlichen Sinn hinwegsetzenden Allegorese ist im Grunde nur ein scheinbarer.*"[118]

Luther selber schreibt:

"Es gillt ... nicht, eyn wort eraus zwacken und drauff pochen, man mus die meynung des gantzen texts, wie er an eynander hangt, an sehen."[119]

Steiners kritische Bemerkung, daß eine "allegorisch-symbolisch[e]" Auslegung "sehr geistreich" sein kann, aber "vielfach willkürlich" ist (94,161), richtet sich nun gegen ihn selbst: Das Herantragen einer aus der "Akasha-Chronik" stammenden und damit – empirisch wie theologisch – unhaltbaren und gesamtbiblisch nicht verifizierbaren Weltanschauung an die Bibel kann nur als Willkür bezeichnet werden. Da diese Weltanschauung nur *formal* an Begriffe der Bibel anknüpft, aber deren wesentlichen *Inhalte* z.T. völlig umdeutet oder ignoriert, kann auch von einem Auffinden des Zweitsinns *im* Erstsinn – und damit von einer "symbolischen" Auslegung – keine Rede sein. Eine angeblich "symbolische" Auslegung ist von dem Augenblick an als allegorisch zu erkennen, wo sie den gesamtbiblischen Kontext außer acht läßt und somit ihr "Zweitsinn" auf keinem abgesicherten Erstsinn mehr ruht. Nicht der biblische Gesamtzusammenhang, sondern die *neben* der Bibel stehende Akasha-Chronik bestimmt bei Steiner, was als Zweitsinn zu gelten hat, und zwingt somit zur Allegorese.

3.2.4 Die Vernachlässigung des Literalsinns

Dieser Zweitsinn (wir nennen ihn "Akasha-Zweitsinn") verselbständigt sich bei Steiner nun so weit, daß er den biblisch-buchstäblichen Erstsinn entweder ganz verdrängt und an seine Stelle tritt oder sich als spezifisch anthroposophischer sensus spiritualis über diesen erhebt – gleichsam als "höhere" Stufe der Interpretation, auf die es der Anthroposophie ausschließlich ankommt. Charakteristisch für den allegorischen Gebrauch des Akasha-Zweitsinns ist also, daß er *unabhängig* vom biblisch-buchstäblichen Erstsinn existieren bzw. seine Bedeutung entfalten kann, da er nicht von diesem, sondern von der Akasha-Chronik seine Sinngebung erfährt.

L. Goppelt erinnert daran, daß Gegenstand der allegorischen Auslegung weder die "Fakta" noch der "Wortsinn" einer Darstellung als ganzer, sondern lediglich ihre "Begriffe und Wendungen" sind. Die allegorische Auslegung sucht in ihnen, sie als "Metaphern" auffassend, "'neben dem buchstäblichen Sinn des Textes oder bisweilen auch unter völligem Ausschluß desselben eine andere, hiervon verschiedene und vermeintlich tiefere Bedeutung'". "Geschichtlichkeit" und "Wortsinn" des Berichteten sind "für die Allegorie *gleichgültig,* für die Typologie (und wenigstens letzterer auch für die symbolische Deutung) Grundlage". Goppelt weist auch darauf hin, daß der Allegorist selber "diese Doppelsinnigkeit nicht als eingetragen, sondern als vom Text gewollt und gegeben" ansieht.[120]

Diese für die Allegorese charakteristische *Gleichgültigkeit gegenüber dem buchstäblichen, "äußeren" Sinn* tritt in der anthroposophischen Bibelauslegung immer wieder klar zutage. Beispielsweise antwortet E. Bock auf die Frage, ob es sich bei der Sturmstillung durch Jesus (Lk 8,22–25 parr) "nur um einen

Vorgang in den Seelen oder zugleich um ein Geschehen im äußerlich physischen Sinne handelt":

"Diese Frage muß jedoch nicht unbedingt entschieden werden. Denn ob sich der Vorgang der Überfahrt über den stürmischen See Genezareth und die Stillung des Sturmes durch Christi Werk *äußerlich* abgespielt hat oder nicht: auf jeden Fall meint das Evangelium, wie es der lukanische Zusammenhang unverkennbar zeigt, einen *inneren* Vorgang, den die Jünger im Zusammensein mit Christus erlebt haben" (Ev,679f; HddV).

Der "innere Vorgang", den die Jünger erlebt hätten, sei der, daß sie "in ihrem Seelenwesen den Sturm gewahr [wurden], der es nicht duldet, daß sich der Spiegel der ätherischen Lebenskräfte rein und klar den lichten Sphären der Geistwelt gegenüberstellt und seine Lotosblumen als Augen aufschlägt" (Ev, 680).

Diese Außerachtlassung des äußeren Vorgangs und die "Entdeckung" des anthroposophischen Erkenntnisweges (mit seiner Ausbildung der hellseherischen Lotosblumen) im Text ist ein typisches Beispiel für allegoristische *"Eisegese"*.

Wir erinnern uns in diesem Zusammenhang daran, wie Steiner seine Auslegungsweise definiert:

"Nicht die historische Realität wird durch eine symbolische Erläuterung geleugnet; sondern es muss betont werden, dass die esoterische Erklärung beides umfaßt: die Auffassung der Tatsachen als historische – und, indem sie historisch sind, bedeuten sie selbst zugleich das, was *wir ihnen beilegen*" (103,81f; HddV).

Und R. Frieling schreibt über seine "Gesichtspunkte der Auslegung":

"Um aber dieses tief Bedeutsame aus-legen zu können, müssen wir die Begriffe und Bildvorstellungen der altheiligen Texte erst wieder *auffüllen*. Solches Auffüllen mag den Anschein erwecken, daß wir nicht 'aus-', sondern *'ein-legen'*. Letzteres ist dann aber vollberechtigt, wenn wir nichts anderes hineinlegen, als was von Anbeginn her von Gottes und Rechts wegen in diesen Inhalten daringelegen war."[121]

Was "von Anbeginn her" in den Texten "daringelegen" war und jetzt wieder "eingelegt" werden soll, bestimmt die Anthroposophie: "Sie gibt wieder ein Welt-Bild, transparent für den Goldgrund des Übersinnlichen."[122] Dieses Weltbild stammt aus den "Mitteilungen des Geistesforschers", also aus der Akasha-Chronik. "Keineswegs" – so E. Bock – "wird hier in Anspruch genommen, solche Mitteilungen zu beweisen oder gar aus dem biblischen Text herauszulesen. Sie werden als einzelne, aber durchaus organische Bestandteile einer Gesamtanschauung und -überzeugung tatsachenmäßig angeführt, damit sich alles gegenseitig beleuchte und trage und vertiefe: die Mitteilungen der biblischen Urkunde, die Ergebnisse der äußeren Geschichtserforschung und die Ergebnisse der [anthroposophischen; d. Verf.] Geistesforschung" (II,27). Diese Tendenz der umfassenden, höchst spekulativen, angeblich "organischen" Harmonisierung ist typisch für die Anthroposophie.

Da diese Harmonisierung, wie gezeigt, jedoch nicht ohne weiteres gelingt, muß die Akasha-Chronik die Rolle der "Richterin" übernehmen. Die biblischen Texte sind daraufhin so lange "aufzufüllen" (bzw. ihr Wortlaut ist so lange umzudeuten), bis sie den Mitteilungen aus der Akasha-Chronik entsprechen. R. Frieling formuliert das so:

"Das Zunächstliegende soll man nicht weg-deuten, man soll es nur *tief genug* nehmen. Man braucht nichts Fremdes in die Dinge hineinzuinterpretieren, aber das Vergängliche ist Gleichnis, und hinter dem Vordergründigen erscheint *in der Ferne* das Ungeheure, das Weltengroße."[123]

Wenn diese "Tiefendeutung" jedoch in so große "Ferne" zum biblischen Wortlaut gerät, daß ihr nicht nur jeder inhaltliche Bezug zu diesem fehlt, sondern sie darüber hinaus in direkten Widerspruch zu ihm tritt, dann führt sie sich selber ad absurdum. Dann zeigt sich, daß *doch* Fremdes an das "Zunächstliegende" des Wortlauts herangetragen worden ist.

3.2.5 Philologische Fehler

Das "Auffüllen" der "altheiligen Texte" geschieht, indem die "schöpfungsgemäße Bedeutungs-Fülle" der darin enthaltenen Begriffe wieder hergestellt werden soll:

"Nicht darauf kommt es an, jeweils *eine* bestimmte Bedeutung lexikologisch zu fixieren und etikettenmäßig aufzukleben, sondern darauf, die schöpfungsgemäße *Bedeutungs-Fülle* wieder herzustellen."[124]

Wo jedoch einem Wort eine *Fülle* von Bedeutungen beigelegt wird, steht die Tür zu subjektiv-willkürlicher Auslegung weit offen. Eindeutigkeit – und damit die Möglichkeit zur Argumentation – wird hingegen nur durch die lexikologische und kontextuale Festlegung des Wortsinns gewährleistet.

Da die anthroposophische Exegese die Tätigkeit "blosse[r] Philologen" geringachtet (vgl. z.B. 103,17f), verwundert es nicht, daß ihr *Fehler* unterlaufen, die bei einem Ernstnehmen des Wortsinns und ernsthaftem philologischen Bemühen so kaum geschehen würden. Darauf haben Werner Foerster und Guenther Siedenschnur anhand mehrerer Beispiele aus der anthroposophischen Literatur hingewiesen.[125] Foerster bemerkt im Blick auf die anthroposophische Auslegungsmethode:

"Will man hier folgen, so muß man allerdings seine griechischen und hebräischen Kenntnisse und was man aus der Zeitgeschichte weiß, zu Hause lassen und sich den Geistesforschungen Steiners willig und kritiklos beugen."[126]

Im folgenden geben wir zur Veranschaulichung zunächst zwei Beispiele von Foerster und dann vier weitere Beispiele aus unserer eigenen Beobachtung wieder.

a) Nach Emil Bocks Auffassung hängt der Name *"Kana"* zusammen mit *"Kanaan,* dem ganzen Lande in seiner ursprünglichen, elementarischen Art. Er hängt aber auch zusammen mit *Kain*" (Ev, 187; HddV). – Wie jedoch Foerster richtig anmerkt, schreiben sich die Worte "Kain" und "Kanaan" im Hebräischen mit verschiedenen Buchstaben: Kanaan mit kaph, Kain mit qoph. "Beide Laute kann der Semit nicht miteinander verwechseln."[127]

b) Emil Bock schreibt: "*'Saba'* ist mehr als ein geographischer Name. Die Mehrzahl von Saba heißt *Sabaoth:* die Sternenheere des Himmels und die in den Sternen wohnenden Engelhierarchien, die himmlischen Heerscharen" (Ev, 546; HddV). – Auch hier verwechselt Bock die Buchstaben. Foerster: "Die Königin von Saba, hebräisch Sch'ba, soll an Zebaoth erinnern: mit dem vollständig anderen zade-Laut beginnend."[128]

c) Nach Rudolf Steiner ist "*Manna* ... das gleiche Wort wie *Manas*" (94,268; HddV). Friedrich Rittelmeyer führt aus: "Das *Manna,* das schon in seinem Wortstamm hinweist auf den Geist, *mens, manas,* ist in der Bibel das Bild einer zukünftigen Ernährung von oben."[129] – Außer dem ähnlichen Klang haben diese Worte jedoch nichts miteinander gemeinsam, da sie völlig unterschiedlichen Sprachbereichen entstammen: "Manna" (hebr. "mān") dem semitischen, "mens" (lat.) dem romanischen und "manas" (Sanskrit) dem indischen Sprachbereich. Das hebräische Äquivalent zu "Geist" wäre "ruāh", nicht "mān".[130] Zu Recht vermutet Steiner, daß "die Philologen manches gegen diese Erklärung einwenden" werden, um dann freilich sogleich – ohne Begründung und mit dogmatischem Anspruch – zu beteuern: "... aber es verhält sich doch so" (94,268).

d) Steiner gibt der *Verheißung an Abraham* in *Gen 22,17* eine astrologische Deutung: "Deine Nachkommen sollen angeordnet sein nach der Ordnung, nach der Zahl der Sterne – was unsinnigerweise die Bibel übersetzt: 'Deine Nachkommen sollen sein wie der Sand am Meer'" (117,116). – Aber abgesehen davon, daß Steiner hier ohne sachlichen Grund "Sterne" und "Sand" gegeneinander ausspielt (wohl infolge flüchtigen Lesens; in Wirklichkeit steht beides da), ist festzustellen, daß weder der hebräische Urtext noch der Kontext die Steinersche Deutung stützen: Im Urtext ist nicht von einer "Anordnung" (das wäre hebr. "mispāt"), sondern davon die Rede, daß Gott Abrahams Geschlecht "viel machen, vermehren" will (hebr. "rabāh")[131], und auch die Parallelstellen in Gen 13,16 und 15,5 bringen durch die Betonung der Unzählbarkeit deutlich den numerischen Skopus zum Ausdruck. Es ist auffallend, daß selbst R. Frieling von der – wohl gar zu willkürlichen –

Steinerschen Deutung abrückt und Gen 13,16; 15,5 und 22,17 ebenfalls numerisch deutet: "Unzählbar groß soll seine Nachkommenschaft sein – wie die Staubkörner der Erde, wie der Sand am Meeresufer, wie die Sterne des Himmels."[132]

e) Nach Steiner verlangt das griechische Wort *"autōn"* in der *ersten Seligpreisung (Mt 5,3)* folgende Deutung: "'In ihnen selbst' – oder 'durch sich selbst' – 'werden sie haben die Reiche der Himmel'" (123,270). – Diese Deutung widerspricht jedoch dem Wortsinn und Kontext, denn bei der Formulierung "autōn estin" handelt es sich um einen Genitivus possesivus: "Ihrer ist [bzw. ihnen gehört] das Königtum [Singular!] der Himmel."[133] Hätte Steiner recht, dann müßte es "en autois" o.ä. heißen, was aber nicht der Fall ist.

f) Der Ausdruck in *Mt 7,29,* daß Jesus lehrte "hōs exusíān echōn", bedeutet nach Steiner: "... er lehrte die, welche da in den Synagogen saßen, wie ein 'Exusiai', wie eine Gewalt, wie eine Offenbarung" (124,110f). Die "Exusiai" sind ein Glied der anthroposophischen Geisterhierarchie (s. hierzu III.B.1.). – Doch auch diese "Übersetzung" Steiners hat keinerlei Anhaltspunkt im Text: "Exusíān" ist nicht Nominativ, sondern Akkusativ, der von "echōn" abhängt. Der Nominativ müßte zudem "exusíā" heißen. Die korrekte Übersetzung lautet: "Er lehrte sie wie einer, der Vollmacht hat" – im Gegensatz zu den Schriftgelehrten, die diese Vollmacht nicht haben, wie der matthäische Gesamtkontext ergibt.[134]

"Auslegungen" wie die eben beschriebenen kommen offensichtlich durch das Denken in "großen Zusammenhängen" und die damit verbundene Vernachlässigung der philologischen Detailarbeit im Ausbildungs- und Berufsgang der betreffenden Autoren zustande, wie sich etwa in den Biographien Steiners und Bocks deutlich zeigt (s. I.1.2 und 3.3). Doch werden solche "Exegesen" häufig auch bewußt konstruiert. Wie das geschehen kann, hat Steiner selber an einer – gegen Arthur Drews gerichteten – "Satyre" aufgezeigt. Um zu "beweisen", daß Napoleon nie gelebt habe, könne man z.B. folgendermaßen verfahren:

"'Napoleon' hat den Namen des Sonnengottes 'Apollon'. Nun bedeutet ein 'N' vor dem Namen im Griechischen nicht eine Verneinung, sondern eine Verstärkung; daher wäre 'Napoleon' – N'Apollon – sogar eine Art 'Ueber-Apollon'. Dann kann man weiter gehen und eine merkwürdige Aehnlichkeit finden: Denken Sie daran, was der Erfinder des nichtexistierenden Jesus, der deutsche Philosophie-Professor Drews, herausfindet als Aehnlichkeit solcher Namen wie Jesus, Joses, Jason usw. ... So kann man merkwürdige Namenanklänge herausfinden zwischen der Mutter des Napoleon – Lätitia – und der Mutter des Apollon – Läto. Man kann weiter gehen und sagen: Apollon, die Sonne hat um sich zwölf Sternbilder: Napoleon hatte um sich zwölf Marschälle, die nichts weiter sein sollen als symbolische Ausdrücke für die sich um die Sonne herumgliedernden Tierkreisbilder. Aber nicht umsonst hat der Held des

Napoleon-Mythos gerade sechs Geschwister, so dass Napoleon mit seinen Geschwistern zusammen sieben ergibt: wie auch die Planeten sieben an der Zahl sind. Also hat Napoleon nicht gelebt!" (123,322f).

Steiner sieht darin eine Parallele zur Leugnung der Existenz des historischen Jesus durch Drews und fährt fort:

"Das ist eine sehr geistreiche Satyre auf die symbolischen Ausdeutungen, die heute eine so grosse Rolle spielen ... Und wir müssen uns auch darüber klar sein, dass hierin gerade Anthroposophen recht leicht sündigen können. Auch die anthroposophische Bewegung ist keineswegs frei gewesen von jenem Spielen mit allerlei Symbolen, die aus den Sternenwelten genommen sind" (123,323).

Leider erkennt Steiner nicht, daß auch er selber solcher Willkür im Umgang mit biblischen Aussagen verfallen ist, wie die obigen Beispiele ergeben haben.

3.2.6 Der "neue Kontext" als Ergebnis fortgesetzter Allegorisierung

Nun ist noch darauf hinzuweisen, daß die anthroposophische Exegese versucht, einen *neuen Kontext* zu schaffen – und zwar durch *fortgesetzte Allegorisierung:* Allegorie wird an Allegorie gereiht und dann eine Allegorie mit der anderen begründet.[135] Auf diese Weise hat E. Bock seine siebenbändigen "Beiträge zur Geistesgeschichte der Menschheit" verfaßt, in denen er das anthroposophische Weltbild der biblischen Geschichte aufzuprägen versucht.

Als Beispiel für die fortgesetzte Allegorisierung wählen wir das *Leben des Mose*. Für Bock ist Mose "der große Führer aus dem Traumland alten Schauens in das Wachland des Gedankens" (II,44). Schon als Säugling wurde er zur Einweihung in die Mysterien vorbereitet, was durch das "Mose-Kästchen" als "Symbolum des Einweihungssarges" zum Ausdruck kommt (II,25). Als er dann später den Ägypter niederschlug, erschlug er "eigentlich den Ägypter in sich selbst", d. h. er begann, Ägypten als Ort des alten Schauens zu verlassen (II,33). Das Leuchten auf dem Angesicht Moses nach der Begegnung mit Gott (Ex 34,29f) entstammte der "zweiblättrigen Lotosblume", dem "Licht-Gehörn" als demjenigen "Geist-Organ", das "als letztes im denkerisch-bewußt werdenden Menschen erlosch" (II,39).

Bei den zehn ägyptischen Plagen handelte es sich "nicht um physische, sondern um seelische Vorgänge", die das "immer tiefere Heruntersteigen des seelisch-geistigen Menschenwesens in die harte physische Leiblichkeit" darstellten (II,51f). Beim Durchzug durch das Rote Meer kam es zur Trennung zwischen der "neuen intellektualisierten Weltanschauung" des Moses und dem alten Hellsehen der Ägypter (II,54), und in der Gesteinswüste, die es durchzog, sollte das Volk Israel "die Erde finden als den nun fertig erhärteten Bodensatz alles kosmischen Werdens". Durch die "Ausbildung eines konsequent irdischen Bewußtseins" sollte es die physische Jesusleiblichkeit ausgestalten, die später dem "vom Himmel zur Erde wandernden Christus" als "Hülle" dienen sollte (II,59.61). Soweit Emil Bock.

Eine solche Art der Darstellung ist nur so lange in sich geschlossen, wie der Betrachter innerhalb der allegorischen Ebene – und das heißt hier: der anthroposophischen Weltanschauung – bleibt. Sobald er sie verläßt, wird er mit der wörtlichen Bedeutung von Texten konfrontiert, die sich nicht – oder nur gewaltsam – allegorisieren lassen und deren Umdeutung somit keineswegs "in der Linie des Textes" liegt, wie es R. Frieling für die anthroposophische Exegese beansprucht.[136] So ist es z.B. nur höchst gewaltsam möglich, die Familienangehörigen des Noah in Gen 7,7 zu "Völkern" umzudeuten, die der große "Manu" angeblich "aus der untergehenden Atlantis" herausgeführt hat (s.o.). Ebenso gewaltsam ist die Deutung des erschlagenen Ägypters (Ex 2,12) auf Mose selbst. Auch die anderen Vorstellungen Bocks finden keinen Anhaltspunkt im Wortsinn der Texte (zur Unvereinbarkeit von jüdisch-christlichem Gottesglauben und magischen Vorstellungen in nichtchristlichen Religionen s. III. A.2.). Ist jedoch bereits *ein* Glied in der Kette der allegorischen Begründung gesprengt, dann ist die *ganze* Kette gerissen. Das ist bei der anthroposophischen Bibelauslegung der Fall.

3.2.7 Zusammenfassung

Wir fassen unser Ergebnis im Blick auf den anthroposophischen Zugang zur Bibel in folgende Thesen zusammen:

a) In der Anthroposophie ist der exoterische Zugang zum Geist der Schrift (spirituelle Interpretation) vom esoterischen Zugang (Akasha-Chronik) abhängig.

b) Die Übereinstimmung zwischen Akasha-Chronik, äußerer Geschichtsforschung und Bibel wird postuliert, aber nicht bewiesen.

c) Wo sich die Übereinstimmung zwischen Akasha-Chronik und Bibel aus dem vorliegenden biblischen Wortlaut und Kontext nicht ergibt, wird sie durch Außerachtlassung oder Umdeutung des Wortlautes und Kontextes der Bibel künstlich herbeigeführt.

d) Da hierbei nicht inhaltlich, sondern nur formal an biblische Begriffe und Wendungen angeknüpft wird, handelt es sich nicht um symbolische, sondern um allegorische Deutung. Sie setzt sich über philologische Regeln hinweg und trägt fremde Inhalte an die biblischen Begriffe und Wendungen heran, die nur als Formhülsen zur Aufnahme dieser Inhalte fungieren.

e) Daß die anthroposophische Exegese nur formal, nicht inhaltlich an die biblischen Texte anknüpft, wird daran deutlich, daß ihre Deutungen (als Zweitsinn) vielfach in direkten Widerspruch zum biblischen Wortlaut (Erstsinn) treten. Ein solcher Widerspruch zwischen Erstsinn und Zweitsinn aber ist eine exegetische Unmöglichkeit und zeigt die Unhaltbarkeit des gesamten anthroposophischen Unterfangens auf.

f) Wenn die anthroposophische Bibelauslegung behauptet, durch ihr "wörtliches Verstehen" den eigentlichen Erstsinn eines Textes zutage zu fördern, verliert sie den Wortsinn (Erstsinn) gerade, wo sie durch ihr "Übergenaunehmen von Buchstaben" den – kontextual als Erstsinn festgelegten – Charakter des Textes (z.B. als Bildrede) zerstört. Hier liegt eine Form versteckter Allegorese vor.

g) Einer solchen – vom kontextual geforderten Erstsinn her nicht begründbaren – Allegorese eignet Uneindeutigkeit und Willkür. Sie ist zur Argumentation ungeeignet. Eine Weltanschauung – etwa die anthroposophische – läßt sich durch eine solche Art der Auslegung nicht stützen.

III. Dritter Hauptteil:

Entfaltung und Anwendung des anthroposophischen Bibelverständnisses

A. Systematische Entfaltung des anthroposophischen Bibelverständnisses

Der anthroposophische Zugang zur Bibel hat sich aus empirischer und aus theologischer Sicht als unhaltbar erwiesen. Nun gilt es, das Verständnis der Bibel selbst zu prüfen. Stimmt das anthroposophische mit dem biblisch-reformatorischen Schriftverständnis überein?

Unser erstes Kapitel bezieht sich auf die Einheit und Ganzheit der Bibel.

1. Die Bibel als einheitliche und ganzheitliche Größe

1.1 Darstellung der anthroposophischen Auffassung

Die Frage, ob die biblischen Schriften eine Einheit und Ganzheit bilden, nimmt einen breiten Raum in der theologisch-hermeneutischen Diskussion ein. Wir können diese allgemeine Frage hier nicht umfassend erörtern, sondern müssen uns darauf beschränken, Leitlinien aufzuzeigen, die zur Beantwortung der *speziellen Frage* dienen: *Sind die anthroposophischen Argumente zur Begründung der Einheit und Ganzheit der Bibel mit dem biblisch-reformatorischen Schriftverständnis vereinbar?* Wir konzentrieren uns also streng auf den hermeneutischen Gesprächsbeitrag der Anthroposophie.

1.1.1 Die Komposition der Bibel aus übersinnlichen Welten

Anthroposophische Bibelausleger betrachten die Bibel als *einheitliche und ganzheitliche Größe.* So wendet Steiner z.B. kritisch gegen die alttestamentliche Quellenscheidung ein, sie verliere den "einheitlichen Geist in der Bibel". Demgegenüber solle man das Alte Testament doch "als Ganzes auf sich wirken lassen", man solle "geistig" seinen "spirituell-künstlerischen Sinn" erkennen und nicht mehr glauben, es sei "ein Stück in der Mitte von dorther, ein anderes Stück von woanders herrührend" (139,31f).

In ähnlicher Weise spricht E. Bock im Blick auf die Evangelien im Neuen Testament von "Kunstwerken" und ihrer Komposition durch übersinnliche Welten:

"Die Evangelien sind Kunstwerke; aber sie sind zugleich unendlich viel mehr: sie sind Kunstwerke Gottes. Wer ihre höhere Figur erkennt, schaut in ein Symbolum hinein, das in seiner Ordnung und Komposition die heiligen Ordnungen und Gesetze einer höheren, göttlichen Welt offenbart, die wesenhaft in und über der Sinneswelt den großen Leib Gottes bildet" (Ev,45).

Treten solche Ausführungen in Gegensatz zur *historisch-kritischen Exegese* – insbesondere zur formgeschichtlichen Forschung – in der Theologie? G. Wehr verneint dies und versucht, eine "Synthese" herbeizuführen, die freilich in Wirklichkeit eine Abgrenzung der jeweiligen "Zuständigkeitsbereiche" darstellt. Er schreibt:

"Zweifellos hat jede historisch-kritische Arbeit ihre Berechtigung, solange die aus ihren Ergebnissen zu ziehenden Schlüsse keine Metabasis, keine Grenzüberschreitungen in einen anderen Zuständigkeitsbereich hinein bedeuten. Die Frage nach dem Geistursprung eines Textes, sowohl seines Sinngehaltes nach [sic] wie im Hinblick auf die 'spirituell-künstlerische' Seite seiner Gestaltung, bleibt noch unbeantwortet, wenn der Literarhistoriker sein Votum über eine Perikope abgegeben hat."[1]

Der exoterisch arbeitende Theologe – dieser Gedanke steckt dahinter – sei nämlich nicht in der Lage, hinter die literarische Gestalt und schon gar nicht hinter die mündliche Tradition zurückzufragen, was der Esoteriker hingegen aufgrund seiner übersinnlichen Erkenntnis ohne weiteres könne. So schreibt Wehr weiter:

"Die literarische Gestalt, selbst – sofern erschließbar – die Form der mündlichen Tradition, ist bereits ein Fertiges, Abgeschlossenes. Der schöpferische Impuls, die wortschöpferische *Inspiration,* das 'bibelstiftende Bewußtsein' muß zuvor am Werk gewesen sein ... Die eigentliche Autorschaft liegt gar nicht beim Aufschreibenden, sondern kommt durch Wirkungen aus einer anderen Sphäre zustande ... So kann sich die formgeschichtliche Forschung ... von einer spirituellen Betrachtung befruchten lassen, die über die literarische und mündliche Überlieferung der Evangelien hinaus zu dem *ewigen Evangelium* des Christus vorstoßen will."[2]

Zwei wichtige Begriffe sind hier angeklungen: "Inspiration" und "ewiges Evangelium". Wir betrachten zunächst den zweiten Begriff.

1.1.2 Das "ewige Evangelium" hinter den Evangelien

Die anthroposophische Bibelauslegung geht davon aus, daß hinter den geschriebenen "Evangelien"[3] ein einheitliches, nicht schriftlich fixiertes, nur in den höheren Welten existierendes Ur-Evangelium, das *"ewige Evangelium"* steht, aus dem die einzelnen Evangelisten und Verfasser heiliger Schriften hellseherisch geschöpft haben. Hier wird der in Apk 14,6 vorkommende Begriff "ewiges Evangelium" ("euangélion aiōnion") inhaltlich mit der Steinerschen Akasha-Chronik identifiziert. Anknüpfend an die platonische Ideenlehre, führt beispielsweise Bock folgendes aus:

"Da werden wir an das Wort der Offenbarung des Johannes erinnert von dem ewigen Evangelium, dem 'Evangelium aeternum'. Wir haben uns vorzustellen, daß es in der übersinnlichen Welt das große Evangelium gibt, von dem es auf der Erde immer nur abgeschattete Widerspiegelungen geben kann. So ist das Neue Testament eine bereits heller gewordene Offenbarung dessen, was im Alten Testament noch stark von Schatten durchzogen ist. Und der alttestamentliche Tempeldienst ist der noch dunkle vorausgeworfene Schatten dessen, was sich nachher lichtvoll im christlichen Sakrament offenbart und was im Gange der Zeiten immer neue und durchsichtigere Formen der Offenbarung finden wird" (Ev,1007).

Deutlich spricht hier Bock von einer mehrstufigen, immer heller werdenden Offenbarung – Vorstellungen, die uns in einer ähnlichen Form im 12. Jahrhundert bei Joachim von Fiore und im 13. Jahrhundert beim radikalen Flügel der sabbatianischen Kabbala in Gestalt einer variierten Tora de-'aziluth[4] begegnen. Anthroposophische Bibelausleger greifen offensichtlich auf diese Vorstellungen zurück.

J. v. Fiore (ca. 1135-1202) unterschied drei "Weltzeiten" (statūs) in Anlehnung an die göttliche Trinität. Sie besitzen v.a. folgende Kennzeichen[5]:

Weltzeit des Vaters	*Weltzeit des Sohnes*	*Weltzeit des Geistes*
Gesetz und Furcht	Gnade und Glaube	Liebe
sklavische Knechtschaft	kindlicher Dienst	Freiheit
Züchtigung	Tätigkeiten	Kontemplation
Wasser	Wein	Öl
Verheiratete	Kleriker	Mönche
Wissen	Teilhabe an der Weisheit	Vollkommenheit der Erkenntnis
Zeit des Alten Testaments	seit Usia, vollends seit Christus	seit Benedikt, vollends 1260
	Petruskirche	Johanneskirche

Wenn die Weltzeit des Geistes da ist, wird der Geist ein "ewiges Evangelium" offenbaren. Dieses wird durch die vollkommene, "geistbestimmte Erkenntnis" (intelligentia spiritualis) erfaßt. In Apk 14,6 ist von dem Engel die Rede, der ein ewiges Evangelium bringt. "Ein geschriebenes Evangelium ist dann unnötig ... Doch ist zu beachten, daß es sich [sc. beim 'ewigen Evangelium'] wesentlich nicht um ein anderes, sondern um ein tiefer verstandenes Evangelium gegenüber der Zeit des Sohnes handelt."[6]

Wir entdecken bei J. v. Fiore mehrere Kennzeichen einer spirituellen Interpretation, die uns sowohl in der späteren Kirchengeschichte[7] als auch in der anthroposophischen Bibelauslegung[8] immer wieder begegnen:

a) Es gibt ein unsichtbares "ewiges Evangelium" als Urbild der geschriebenen Evangelien.
b) Das "ewige Evangelium" wird erkannt, indem uns der "Geist" zur "vollkommenen Erkenntnis" führt.
c) Im Zeitalter des Geistes oder der "johanneischen Kirche"[9] ist die "Buchstabenreligion" zu Ende[10].
d) Die geschriebenen Evangelien und die anderen biblischen Urkunden sind für denjenigen im Grunde unnötig, der den direkten Zugang zum Geist hat.
e) Dennoch treten sie (als unvollkommene Abbilder) nicht in Widerspruch zum "ewigen Evangelium" (als vollkommenem Urbild), sondern werden von letzterem her erst in ihrem eigentlichen, tieferen Sinn erschlossen. Ihre zunächst noch verborgene innere Einheit wird offenbar.

1.1.3 Der anthroposophische Inspirationsbegriff

Der zweite wichtige Begriff im Text von G. Wehr lautet "Inspiration". Was ist in der Anthroposophie damit gemeint?

E. Bock definiert *"Inspiration"* als "eine Stufe des erhöhten Bewußtseins und Erkennens, in das der Mensch sich erheben kann" (Ev,48). "Inspiration" wird also ganz im Steinerschen Sinn aufgefaßt: als eine Stufe des anthroposophischen Erkenntnisweges (s. II. B. 1.). Der Mensch erweitert sein Bewußtsein und dringt dadurch in die übersinnlichen Welten ein.

Auch die biblischen Schriften sind nach Bocks Ansicht so entstanden – und können auch nur so verstanden werden: "Man muß selber Anteil haben an der Welt eines inspirierten Erkennens, um den inspirierten Charakter einer Schrift oder eines Kunstwerkes erkennen und Grade der Inspiration unterscheiden zu können" (Ev,70). Diese Fähigkeit jedoch ist "in inspirationslosen Zeiten" und "im Zeitalter materialistischen Denkens" verlorengegangen, so daß man mehr und mehr von einer organischen zu einer mechanischen

Inspirationsauffassung übergegangen ist, mit der dann wiederum eine "nach Erkenntnis-Ehrlichkeit strebende Theologie ... aufzuräumen" hatte. Die "fast zum Dogma erstarrte Lehre von der Inspiration" zerbröckle "von Tag zu Tag mehr", schreibt Bock unter Berufung auf den Neutestamentler Adolf Deißmann (Ev,70f).

Anthroposophie soll "die Wiedergewinnung des Inspirationsgedankens" ermöglichen, weil sie "selber aus lebendiger Inspiration" stammt und "auch von neuem einen lebendigen und nicht dogmatisch isolierten Inspirationsbegriff" enthält (ebd). Mit "Inspiration" ist nicht mehr der gesamte Vorgang gemeint, welcher der Schriftwerdung der Bibel vorausgegangen ist, sondern eben nur eine Stufe auf dem hellseherischen Erkenntnisweg zwischen Imagination und Intuition. Bock fährt fort:

"Mit dieser genauen Unterscheidung dessen, was früher einfach in den allgemeinen Begriff der Inspiration zusammengefaßt wurde, ist außerordentlich viel für das Verständnis der Evangelien und ihres übersinnlichen Ursprungs gewonnen. Es ist dadurch vor allem möglich gemacht, die verschiedenen biblischen Schriften und in den einzelnen Schriften die verschiedenen Teile in ihrem individuellen Charakter voneinander zu unterscheiden" (Ev,72).

1.1.4 Die unterschiedlichen "Erkenntnisstufen" der biblischen Verfasser

Diese Unterschiede in und zwischen den biblischen Schriften versucht Bock dadurch zu erklären, daß die einzelnen Schreiber der Bibel zu unterschiedlichen Stufen der Erkenntnis aufgestiegen seien. Es habe im Urchristentum "durch Schicksal und Schulung Menschenseelen" gegeben, in denen "nicht nur das gewöhnliche Sinnes- und Verstandesbewußtsein Platz hatte, das die sinnliche Welt spiegelt, sondern dazu ein erhöhtes Bewußtsein, das die übersinnliche Welt spiegelt ... und je nach Schicksal und Schulung unterschieden sich auch die Bewußtseine der verschiedenen Evangelisten" (Ev,49). Und das sind nach Bock die Stufen, die die einzelnen Evangelisten erreicht haben:

"Die ersten beiden Evangelien, nach *Matthäus und Markus,* zeigen sich als Früchte des *imaginativen* Wahrnehmens, weshalb sie in Bildern verlaufen, die gar nicht immer physische Vorgänge wiedergeben. Sie sind durchaus nicht in erster Linie Berichterstattung von dem, was sich äußerlich zugetragen hat. Vor allem sind es *Bilder*, in denen beschrieben wird, was sich *innerseelisch* zugetragen hat. Das *Lukasevangelium* stammt auch aus der Imagination, aber auf wunderbare Weise strahlt bereits etwas von *Inspiration* herein. Ein unmittelbares *Logos- und Wortwirken* verbindet sich mit dem bildhaften Element. Das *Johannesevangelium* ist auch von Imagination durchwoben, aber überall steigt es sogleich zum inspirativen und am Schluß sogar zum *intuitiven* Element auf."[11]

Nach Bock ergibt sich somit für die vier Evangelien folgendes Schema:

Intuition (Berührung mit Wesen)				x
Inspiration (Hören von Worten)			x	x
Imagination (Schauen von Bildern)	x	x	x	x
	Mt	Mk	Lk	Joh

Mit "Imagination" sind also vor allem Bildreden (Gleichnisse) und (innerseelisch zu verstehende) Wundertaten gemeint. "Inspiration" soll das reine Wortwirken in den Reden bezeichnen, das freilich häufig von Bildern durchsetzt ist. "Intuition" schließlich soll die Textstellen erfassen, an denen es zu einer direkten Berührung mit dem Göttlichen kommt, etwa wenn der Lieblingsjünger beim letzten Mahl an Jesu Brust liegt oder der zweifelnde Thomas den Auferstandenen berühren darf.[12]

Ein ähnliches Schema führt Bock zur Erklärung der Unterschiede zwischen "historischen", "poetischen" und "prophetischen" Büchern im Alten Testament ein:

"In der ersten Gruppe [sc. *historische* Schriften] herrscht das *imaginative* Wahrnehmen vor, in der zweiten [sc. *poetische* Schriften] das Wort, das sie als *inspirative* Schriften erkennen läßt; die prophetischen Schriften schließlich sind aus dem *intuitiven* Element hervorgeflossen."[13]

Intuition			x
Inspiration		x	x
Imagination	x	x	x
	historische	poetische Schriften	prophetische

Auch für das Neue Testament in seiner Gesamtheit will Bock diese verschiedenen Erkenntnisstufen auf die einzelnen Schriften verteilt wissen:

"Da stehen am Anfang herrliche göttliche *Bilderbücher* [sc. die *Evangelien*], weil sie aus der Bilderschau der *Imagination* stammen. Dazu kommen in der Mitte die *Briefe* des Paulus und der anderen Apostel: das *Wort* herrscht vor, *Inspiration* fließt herein ... In der Offenbarung des Johannes ... webt und wogt der Atem und Pulsschlag der *Intuition.*"[14]

Intuition			x
Inspiration		x	x
Imagination	x	x	x
	Evv u. Act	Briefe	Apk

Hier finden wir bei Bock allerdings einen inneren Widerspruch: Er ordnet nun die Evangelien als "Bilderbücher" allesamt der Sphäre der Imagination zu, während er vorher innerhalb der Evangelien unterschieden und bereits für Lk und Joh "höhere Stufen" postuliert hatte (nicht erst für die Briefe!). Wir werden auf diesen Widerspruch zurückkommen, wenn wir die Schematisierung bei Bock hinterfragen (s.u.).

1.1.5 Die "geistige" Harmonisierung von Widersprüchen

Die "geisteswissenschaftliche" Erklärung für die *Unterschiede* zwischen den biblischen Büchern haben wir kennengelernt. Wie aber hält die Anthroposophie ihre Lehre von der Einheit und Ganzheit der Schrift gegenüber der Behauptung aufrecht, daß es *Widersprüche* in den biblischen Büchern gebe? Indem sie – wie Bock in Anlehnung an Origenes ausführt – weder über sie hinwegliest noch einer "Evangelienkritik" verfällt, sondern sie auf einer anderen, "geistigen" Ebene vereinigt:

"Ihm [Origenes] sind die 'Widersprüche', die ja lediglich in der Unvereinbarkeit *äußerer* Vorgänge und Tatsachen beruhen, Aufforderungen, den tieferen Sinn zu suchen. Widersprechen sich die äußeren Tatsachen, so handelt es sich entweder um zwei verschiedene äußere Begebenheiten, oder aber es handelt sich ganz oder teilweise nur scheinbar um äußere, in Wirklichkeit aber um geistige Vorgänge. Die Tatsachen widersprechen sich nur innerhalb einer falschen Auffassung; *geistig* verstanden stimmen sie zusammen" (Ev,37; HddV).

Beispiele für diese Betrachtungsweise werden wir unten kennenlernen.

1.1.6 Zusammenfassung

a) Anthroposophische Ausleger betrachten die Bibel als etwas "Ganzes" und betonen die "Einheitlichkeit" der biblischen Schriften.
b) Sie gelangen zu dieser Ansicht aufgrund ihrer Vorstellung über die Entstehung der Bibel: Die Verfasser haben Erkenntnisse höherer Welten gehabt und Einblick in die Akasha-Chronik besessen.
c) Die Akasha-Chronik wird – unter Aufnahme joachimitischer Gedanken und Berufung auf Apk 14,6 – auch mit dem Namen "ewiges Evangelium" belegt.
d) Die innere Einheit der biblischen Schriften erklärt sich aus dem "einheitlichen Geist", der in der Akasha-Chronik bzw. in dem "ewigen Evangelium" herrscht und zu dem die biblischen Verfasser aufgrund ihres "erhöhten Bewußtseins" Zugang gehabt haben.
e) Äußere Unterschiede im biblischen Schrifttum rühren von der Unzulänglichkeit des "gewöhnlichen Sinnes- und Verstandesbewußtseins" und den unterschiedlichen Stufen der Erkenntnis her, welche die biblischen Verfasser erstiegen haben.
f) Der einheitliche Geist der biblischen Schriften ist nur für den Esoteriker erkennbar, der ebenfalls den Erkenntnisweg geht und dabei die Bibel "in einer ganz neuen Weise" liest, nämlich als "Erkenntnisbuch" (139,30 f).
g) Der Exoteriker jedoch, der sie nur hier und da "in einer etwas süßlich-sentimentalen Art" als "Gebrauchsbuch" aufschlägt (naiv-wörtlicher Zugang) oder mit seiner bibelkritischen "Gelehrsamkeit" in "lauter Fragmente " auflöst (wissenschaftlicher Zugang), kann schwerlich zur Erkenntnis ihrer Einheit gelangen (ebd; vgl. II. B. 3.).

1.2 Theologische Kritik der anthroposophischen Auffassung

1.2.1 Die Unvereinbarkeit von anthroposophischem und biblisch-theologischem Inspirationsbegriff

Die *anthroposophische* "Inspiration" ist eine Stufe des Steinerschen Erkenntnisweges, eine "Stufe des erhöhten Bewußtseins und Erkennens, in das der Mensch sich erheben kann" (Ev,48). Manche biblischen Verfasser seien bis zu dieser Stufe, manche auch zu anderen Stufen übersinnlicher Erkenntnis (Imagination, Intuition) emporgestiegen. Sie seien Eingeweihte gewesen, die in Kontinuität zu den Eingeweihten der heidnischen Mysterienreligionen gestanden hätten (s. o.).
Im Gegensatz hierzu ist der *biblisch-theologische* Inspirationsbegriff nicht auf einzelne Teile der Bibel beschränkt. Der Geist Gottes läßt sich nicht quantifizieren und in unterschiedlichem Maß auf verschiedene biblische

Schriften verteilen. Er ist, wie Otto Weber zu Recht feststellt, nicht "etwas 'Göttliches' *innerhalb* des für uns Denkbaren und Verrechenbaren", das sich in pantheistischer oder synergistischer Weise vereinnahmen ließe. "Der 'Unterschied', der zwischen dem Heiligen Geist und allem menschlichen Werk besteht, ist vielmehr *qualitativ*. Je entschiedener wir ihn denken, desto weniger werden wir in Gefahr geraten, ihn positiv oder negativ zu quantifizieren und in einen innerdimensionalen Unterschied umzuwandeln."[15]

Daß die Anthroposophie diesen qualitativen Unterschied zwischen Gott und Welt, zwischen göttlichem und menschlichem Geist nicht wahrt, haben wir in II. B.1. aufgewiesen. Die Auswirkung auf das Inspirationsverständnis ist offensichtlich: Läßt sich nämlich aus theologischer Sicht "Inspiration" als von *Gott* ausgehender *"Erwählungs- und Ermächtigungsvorgang"* definieren, bei dem Menschen "zu einem auf Jesus Christus verweisenden Wort des Zeugnisses" ermächtigt werden (P. Stuhlmacher)[16], so kommt die anthroposophische Auffassung – ganz im Gegenteil dazu – der *Selbstbemächtigung* einer höheren, vermeintlich göttlichen Sphäre durch den Menschen gleich.

1.2.2 Die Unhaltbarkeit der anthroposophischen Lehre von den "Erkenntnisstufen"

Doch wie verhält es sich mit den *Unterschieden* zwischen den Evangelien? Um diese zu erhellen, braucht man nicht wie Steiner davon auszugehen, daß die Evangelisten verschiedene Stufen des Erkenntnisweges erstiegen hätten oder "aus vier verschiedenen Mysterientraditionen schöpften" (619,112). Die Unterschiede lassen sich viel einfacher und theologisch begründbar durch die unterschiedlichen Situationen, in denen die Evangelien entstanden sind, die unterschiedlichen Zielgruppen, an die sie gerichtet sind, und das unterschiedliche Quellenmaterial, das ihren Verfassern vorlag (vgl. Lk 1,1ff), erklären.[17]

So weisen z.B. "die strenger jüdische Formulierung der übernommenen Stoffe, die betonte Aufnahme der 'Erfüllungszitate' und die Einfügung der die bleibende Gültigkeit des Gesetzes und die besondere Rolle Israels vertretenden Texte" darauf hin, daß der Verfasser des Mt "in judenchristlicher Tradition" lebte.[18] Hingegen war der Verfasser des Lk "Heidenchrist", was sich u.a. daraus ergibt, "daß charakteristische Überlieferungen über den Kampf Jesu gegen das pharisäische Gesetzesverständnis bei ihm ebenso fehlen, wie palästinische Züge zu hellenistischen abgeändert sind"[19]. Das Joh als spätestes Evangelium kann auf die Existenz der anderen Evangelien und einen höheren Grad theologischer Reflektion zurückblicken. Seine Interpretation des Weges Jesu ist somit "ungleich intensiver als in den Synoptikern"[20].

Die anthroposophische Verteilung der biblischen Schriften auf die Stufen von "Imagination", "Inspiration" und "Intuition" preßt die Schriften und ihre

Verfasser in ein *starres, dem Reichtum der Textaussagen widersprechendes Schema,* das der Souveränität und geschichtlichen Lebendigkeit der göttlichen Offenbarung nicht gerecht wird. Auf den inneren Widerspruch in der Darstellung Bocks (er unterteilt die Evangelien an einer Stelle in imaginativ, inspirativ und intuitiv empfangene und ordnet sie an einer anderen Stelle allesamt der Ebene der "Imagination" zu) haben wir bereits oben im Rahmen der Darstellung hingewiesen. Ein zusätzliches Beispiel zeigt die Unhaltbarkeit des anthroposophischen Schemas noch deutlicher auf.

Wie Bock schreibt, findet sich nur in den Schlußkapiteln des Johannesevangeliums "das Nähe-Geheimnis, das der Sphäre der Intuition innewohnt"[21]. Zur Intuition, zum Einswerden mit dem Geistwesen des Christus (vgl. 601,264f) komme es durch Berührung mit diesem, etwa als der Lieblingsjünger "an Jesu Brust" liege (Joh 13,23.25) oder der zweifelnde Thomas den Auferstandenen "berühren" dürfe (Joh 20,24ff).[22] Die anderen Evangelisten seien höchstens bis zur Ebene der "Inspiration" aufgestiegen. – Nun findet sich aber nicht nur im Joh, sondern auch am Ende des Lk die Aufforderung des Auferstandenen, ihn zu berühren, und damit (gemäß anthroposophischer Definition) der Sachverhalt der "Intuition": "Sehet meine Hände und Füße, ich bin's selber. Fühlet mich an (psylaphésate) und sehet; denn ein Geist hat nicht Fleisch und Bein, wie ihr sehet, daß ich habe" (Lk 24,39).[23]

Die anthroposophische Vorstellung von der Entstehung der biblischen Schriften ist somit in sich widersprüchlich und darüber hinaus mit dem biblisch-theologischen Inspirationsverständnis unvereinbar. Sie entspricht nicht der biblischen Offenbarung, sondern dem anthroposophischen Erkenntnisweg.

1.2.3 Die Unhaltbarkeit der anthroposophischen Lehre vom "ewigen Evangelium"

Das *"ewige Evangelium",* aus dem die einzelnen Evangelisten geschöpft hätten, ist folgerichtig in der Anthroposophie nur eine andere Bezeichnung für die hellseherisch geschaute Akasha-Chronik. Der in Apk 14,6 gebrauchte Begriff "euangélion aiṓnion" läßt sich aber mit der anthroposophischen Akasha-Chronik nur gewaltsam – durch allegoristische "Eisegese" – in Verbindung bringen.

Vom gesamtbiblischen Kontext her ergibt sich nämlich, daß das "euangélion aiṓnion" die "Wiederaufnahme der Missionspredigt am Ende der Tage" bedeutet. Sie enthält die letzte, gnadenvolle "Aufforderung, Gott als den Schöpfer der Welt zu fürchten und zu ehren, begleitet von dem Hinweis auf den nahen Tag des Gerichts"[24]. Die Kennzeichnung dieser Predigt als "aiṓnios" gibt der "Einheitlichkeit, Unveränderlichkeit, unvergänglichen Gültigkeit des göttlichen Ratschlusses" Ausdruck.[25] Eine zeitliche Vorverlegung der Enthüllung dieser Botschaft in die Gegenwart verbietet sich ebenso wie eine Spekulation über deren Inhalt, die über das im Text Gesagte hinausgeht. Daraus folgt: *Das "ewige Evangelium" nach Apk 14,6 ist nicht die Akasha-Chronik.*

1.2.4 Die Unhaltbarkeit der anthroposophischen Harmonisierung von Widersprüchen

In II. B. 2. haben wir sowohl die Uneinheitlichkeit der "Schauungen" aus der Akasha-Chronik als auch ihre Unvereinbarkeit mit der biblischen Offenbarung nachgewiesen. Die Akasha-Chronik kann somit keinesfalls als "Kronzeugin" für die Einheit der Bibel gebraucht werden. Auch eine Harmonisierung kann nicht durch eine allegorische Uminterpretation des Wortlauts erzwungen werden. Eine solche *Allegorisierung* nimmt aber die anthroposophische Bibelauslegung vor, indem sie Tatsachen, die sich nach ihrer Ansicht in einer äußerlichen "falschen Auffassung" widersprechen, "geistig" in Einklang zu bringen sucht (Bock; s. o.).

Am Beispiel der *"sieben Schöpfungstage"* soll dies veranschaulicht werden. Steiner deckt zunächst einen äußeren "Widerspruch" auf, um ihn dann mit Hilfe seiner okkulten Erkenntnisse "geistig" aufzulösen:

"Nun weiss doch jedes Kind heute, dass die Ordnung unseres 24stündigen Tages von dem Verhältnis der Erde zur Sonne abhängt. Wenn das aber erst am vierten Tag eingerichtet worden ist, so kann vorher von solchen Tagen nicht die Rede sein ... Da hat man es nicht zu tun mit einer blossen abstrakten Zeitbestimmung, sondern mit etwas Wesenhaftem. Jom [= das hebr. Wort für "Tag"!; d. Verf.] ist eine Wesenheit. Und wenn man es mit aufeinanderfolgenden sieben solcher Jomen [sic] zu tun hat, dann hat man es mit sieben einander ablösenden Wesenheiten oder, meinetwillen, Wesensgruppen zu tun ... Es sind die dienenden Geister der Elohim ..." (122,77ff).

Steiner übersieht in seiner Kritik, daß nach Gen 1,3ff nicht erst durch die Erschaffung der Gestirne (am "vierten Tag"), sondern bereits durch die Scheidung von Licht und Finsternis der Zeitrhythmus ("der erste Tag") entsteht. Die Schöpfung "beginnt nicht mit der Scheidung des Weltraumes, sondern mit der von Tag und Nacht als der Grundordnung der Zeit" (C. Westermann)[26]. Die Bezeichnung "Tag" – konstituiert durch "Abend und Morgen" – bleibt von da an immer gleich. Die polytheistische Deutung Steiners werden wir ausführlich in III. B. 1. hinterfragen.

Als zweites Beispiel wählen wir die beiden *Speisungswunderberichte* im Mt und im Mk (Mt 14,15–21/Mk 6,35–44: Speisung der Fünftausend; Mt 15,32–39/Mk 8,1–9: Speisung der Viertausend). Wie Bock erwähnt, sieht die kritische Forschung in diesen Berichten eine "'Doublette'", "den doppelten Bericht eines und desselben Vorganges" Ev,203). Werden die Berichte als Doublette gelesen, dann ergeben sich für Bock unausweichlich Widersprüche zwischen ihnen, v. a. im Blick auf die unterschiedlichen Zahlenangaben. Die anthroposophische "Lösung" besteht darin, daß die Zahlen nicht quantitativ, sondern "qualitativ" aufgefaßt werden.

"Jede Zahl war ein individuelles Wesen, eine Figur", schreibt Bock (Ev,204). Nach anthroposophischer Deutung sind "mit den 5000 und 4000 nicht abgezählte Menschenmengen gemeint", sondern astrologisch bestimmte "Weltentage": "Weltschöpfung und Weltgeschichte verlaufen in Rhythmen von je sieben großen Weltentagen. Was am 3. Tag geschieht, steht unter dem Zeichen der Zahl 3000, die Menschen des 4. Tages sind die 4000, die Menschen des 5. Tages die 5000 ... der 5. Tag, an dem wir heute leben, steht im Zeichen der Fische" (Ev,205f). Bocks Konsequenz im Blick auf die biblischen Berichte lautet: "Die irdischen Zeitgenossen des Christus-Lebens sind die 4000. Die 5000 leben noch gar nicht auf der Erde, sie ruhen noch wie der 5. Weltentag selber im Zukunftsschoße" (Ev,208).

Bei dieser anthroposophischen Deutung handelt es sich um *Zahlenallegorese.* Sie stützt sich auf das "Platonische Jahr" (Präzession), dessen Aufteilung in zwölf Tierkreiszeichen in der Astrologie mit zwölf aufeinanderfolgenden "Zeitaltern" in Verbindung gebracht wird.[27] Da diese Deutung im Literalsinn der Texte keinen Anhaltspunkt findet, kann sie nur durch *fortgesetzte Allegorisierung aller weiteren Textdetails* aufrechterhalten werden. So bemerkt Emil Bock: "Es mag jemand den Einwand machen: Ist nicht eine so deutlich-irdische Einzelheit: 'es war aber viel Gras an dem Ort' die glatte Widerlegung der These, daß es sich um eine Szene im Geistgebiet handele?" (Ev,212). Bock verneint dies und fügt das "Gras" durch allegorische Deutung in seine Darstellung ein:

"Für die übersinnliche Anschauung, so wird es oftmals von Rudolf Steiner beschrieben, bietet der Leib im Wachen das Bild einer verdorrenden, im Schlaf dagegen das Bild einer grünenden Wiese dar. Es ist viel Gras an dem Ort: Die Fruchtbarkeit der Nacht, die alles am Tage Verbrauchte wieder herstellt, waltet allenthalben" (Ev,213).

In Kapitel II.B.3 haben wir die Unhaltbarkeit solcher allegorischer Konstruktionen nachgewiesen. Eine "Harmonisierung", die auf eine solche Art zustande kommt, wirkt gewaltsam und kann nicht überzeugen.

Mit einem weiteren, vieldiskutierten Harmonisierungsversuch (der Harmonisierung der unterschiedlichen Stammbäume Jesu) werden wir uns in III.B.3 beschäftigen.

1.2.5 Zusammenfassung

a) Die Vorstellungen von den unterschiedlichen Einweihungsstufen der biblischen Verfasser und einem "ewigen Evangelium", aus dem sie hellseherisch geschöpft hätten, entstammen der Steinerschen Weltanschauung; sie finden aber keinen Anhaltspunkt in den biblischen Texten selber und sind darüber hinaus in sich widersprüchlich.

b) Da die als "ewiges Evangelium" bezeichnete Akasha-Chronik bei ihren "Interpretatoren" zu unterschiedlichen Ergebnissen führt und zudem eine völlig spekulative und spiritistisch inspirierte Größe ist, kann sie keinesfalls zur Begründung der Einheit und Ganzheit der Bibel herangezogen werden. Ihre Begründung durch Apk 14,6 ist willkürlich.

c) Eine "geistige" Auflösung von vermuteten biblischen Widersprüchen durch anthroposophisch-spirituelle Interpretation kann ebenfalls nicht zur Begründung der Einheit und Ganzheit der Schrift dienen; sie widerspricht den klaren Textaussagen und beruht auf frei assoziierenden Umdeutungen.

d) Über die Frage der Einheit und Ganzheit der Schrift ist damit nicht entschieden; die anthroposophischen Antworten jedoch haben sich als unhaltbar herausgestellt.

2. Die Bibel als Einweihungs- und Meditationsbuch

2.1 Darstellung der anthroposophischen Auffassung

2.1.1 Die anthroposophische Definition von "Einweihung"

Wir sahen bereits: Steiner will die Bibel als "Erkenntnisbuch" lesen (139,30). An anderen Stellen bezeichnet er die Evangelien (auf sie richtet er immer wieder sein besonderes Augenmerk) als "aufgefrischte Einweihungsritualien" (131,209), als "umgeschriebene, alte Einweihungsritualien" (124,68), als "Einweihungsbücher" (ebd). Auch Bock nennt sie "Einweihungsbücher" (Ev,52). Was ist gemeint?

"Einweihung" ist nach Steiner die Stufe auf dem Weg der "Erkenntnisse höherer Welten", die "den Verkehr mit den höheren Wesenheiten des Geistes" eröffnet – die dritte Stufe nach der "Vorbereitung" (sie entwickelt "die geistigen Sinne") und der "Erleuchtung" (sie zündet "das geistige Licht" an) (600,30). Wir haben dieselben Stufen unter den Bezeichnungen "Imagination", "Inspiration" und "Intuition" bereits in II.B.1. kennengelernt.[28] "Einweihung" bezeichnet also die Stufe der "Intuition". Freilich ist dieser Sprachgebrauch nicht einheitlich, denn Steiner kann gleichzeitig den gesamten Erkenntnisweg als "Einweihung" bezeichnen. Dabei denkt er vom Ziel seiner Darstellung her und ordnet die Vorstufen "Vorbereitung" und "Erleuchtung" der "Einweihung" unter.[29] Auch gebraucht er den Begriff "Einweihung" (oder "Initiation") für

die hellseherischen Wege der alten Mysterien (z.B. Ägyptens und Griechenlands), die – in einem anderen Zeitalter stehend – eine Vorform des Steinerschen Weges bildeten.

2.1.2 Die Bibel als Einweihungsbuch

"Was mag in solchen alten Einweihungs- oder Initiationsvorschriften [sc. der Mysterienkulte] gestanden haben?" fragt Steiner und gibt sogleich folgende Antwort:

"In ihnen war vorzugsweise enthalten, wie der Kandidat für die Schulung zu den höheren Welten stufenweise seinen Weg hinaufgeführt werden sollte, wie er nach und nach gewisse innere Erlebnisse, gewisse Erlebnisse seiner Seele durchzumachen hatte, wie er die in seiner Seele schlummernden Kräfte zur Erweckung zu bringen hatte; wie sich eine höhere Stufe an eine niedere angliederte, bis zu jener Stufe der Initiation hinauf, auf welcher hereinbricht in die Seele des zu Initiierenden die geistige Welt ..." (124,68f).

Auch die *Verfasser der Bibel* sind nach anthroposophischer Vorstellung "Eingeweihte", "Mysten" oder "Initiierte" gewesen. Sie haben "Erkenntnisse höherer Welten" besessen – freilich in unterschiedlichem Maß (vgl. 619,111ff). Die höchste Stufe hat Lazarus erstiegen, der in der Anthroposophie als Verfasser des Joh gilt (vgl. 619,119ff; s. III.B.5.). Deshalb ist, so schreibt Bock, unter den vier Evangelien nur das Joh "im eigentlichen Sinne inspiriert" und darüber hinaus "von Intuition durchwoben". "Die ersten drei Evangelien: Matthäus, Markus, Lukas sind geschaut, 'imaginiert'" (Ev,55).

Aus der Entstehung der biblischen Bücher (hier z.B. der Evangelien) erklären sich ihr Wesen und ihre Funktion: Durch Einweihung der *Verfasser* entstanden, sind sie Einweihungs*bücher* und haben die Einweihung der *Leser* zum Ziel. Bock formuliert das so:

"Ein jedes biblische [sic] Buch führt die Menschenseele einen *Weg*, der durch Stufen aufwärts leitet. Die Evangelien sind nicht Bücher zum bloßen Lesen; sie sind nicht historische Berichte, die stets auf dem gleichen Niveau verlaufen. Sie sind Bücher, die die Menschenseele anleiten wollen zur stufenweisen Wandelung ... Wenn es recht verstanden wird, so kann man sagen, daß die Evangelien Einweihungsbücher sind in dem Sinne, daß die Seele darin die Stufen von Weihewegen emporgeleitet wird" (Ev,52; HiO).

Je höher ein biblischer Verfasser auf dem "Weihe-" oder "Erkenntnisweg" emporgestiegen ist, desto höher kann er auch die Seele seines Lesers führen (ebd). Daher rührt die Hochschätzung des Joh in der Anthroposophie. Gerade am Joh nun versucht Bock zu demonstrieren, daß es auch eine "Steigebewegung" (vgl. Ev,52) *innerhalb* der einzelnen biblischen Bücher gibt:

"Ihre umfassendste Ausgestaltung findet die johanneische *Imagination* in den Kapiteln *1–11,* in den sieben Wundern, die johanneische *Inspiration* in den Kapiteln *12–17,* den Abschiedsreden, die johanneische Intuition in den Kapiteln *18–21,* Passion und Auferstehung" (Ev,61; HddV).

Intuition	18–21
Inspiration	12–17
Imagination	1–11

Wenn die Evangelien "Einweihungsbücher" sind, welche die Seele "die Stufen von Weihewegen" emporleiten sollen (Ev,52), wie steht es dann mit ihrem *historischen Gehalt?* Steiner antwortet auf diese Frage mit seiner eigentümlichen Deutung des Christentums als "mystische Tatsache". "Das Christentum als mystische Tatsache" (so der Titel des betreffenden Vortragszyklus) ist "eine Entwicklungsstufe im Werdegang der Menschheit". Es ist "die Erfüllung nicht nur dessen, was die jüdischen Propheten vorhergesagt hatten", sondern auch "die Erfüllung dessen, was die Mysterien vorhergebildet hatten". Die Folge: "Das Kreuz von Golgatha ist der in eine Tatsache zusammengezogene Mysterienkult des Altertums" (619,165).

Zwischen den alten Mysterien (z.B. Ägyptens und Griechenlands) und dem Christentum bestehen allerdings zwei wichtige Unterschiede:

Erstens: "Was sich ... für die alten Mysterienkulte im *Innern* der Mysterientempel abgespielt hat, das ist durch das Christentum als eine *weltgeschichtliche* Tatsache aufgefaßt worden" (619,107; HddV).

Zweitens: "Zu dem *Christus Jesus,* dem Initiierten, dem in *einziggroßer Weise Initiierten,* hat sich die Gemeinde bekannt ... Die Mysterienweisheit wurde für die christliche Gemeinde unlösbar verknüpft mit der Persönlichkeit des Christus Jesus" (ebd; HddV).

Anders ausgedrückt: in dem "Christus Jesus" ist das, was sich jahrtausendelang "in dem tiefsten Geheimnis der Mysterientempel" zugetragen hat (nämlich das Eindringen in die übersinnlichen, geistigen Welten) in einzigartiger Weise "historisches Ereignis" geworden (124,70f). So entsteht gewissermaßen eine Gleichung: Mysterieneinweihung (übersinnlich) = Jesusleben (historisch) – wobei das erste auf das zweite hinstrebt. Von dieser Gleichung her eröffnet sich für Steiner ein *Rückschlußverfahren* in beide Richtungen:

a) *vom Leben Jesu her auf die Mysterien* ("Hier ... ist es [sc. die Einweihung] historisches Ereignis geworden, aber es ist eine Wiederholung der Tempelritualien"; 124,71);

b) *von den Mysterien her auf das Leben Jesu* ("Wir könnten also das Jesus-Leben beschreiben, wenn wir angeben die Stufen, die sonst bei den Einweihungen durchgemacht wurden"; ebd).

"Deshalb nehmen sich die Evangelien aus wie sozusagen in Weltgeschichte umgesetzte Einweihungsvorschriften", folgert Steiner (ebd). Am Leben Jesu läßt sich der Weg der "Einweihung" verfolgen, besonders an Kreuzigung und Auferstehung, die dem "Stirb und Werde" bei der Mysterieninitiation entsprechen (vgl. 619,107.126).

Steiner bestreitet somit nicht den historischen Gehalt der biblischen Schriften, aber er relativiert ihn. Er möchte durch die Historie hindurch in die "Mysterientraditionen" blicken: "Man schöpfte nicht aus der Geschichte, sondern aus den Mysterientraditionen" (619,112). K. v. Stieglitz hat Steiners Auffassung von den Evangelien so kennzeichnen wollen: "Sie sind historischer Bericht im Mysteriengewand."[30] Wir treffen den Sachverhalt besser, wenn wir diese Formulierung umdrehen: *Die Evangelien sind für Steiner Mysterienmitteilungen im historischen Gewand.* Die Mysterien sind der Kern; das Historische ist nur die Schale, durch die es vorzustoßen gilt.

2.1.3 Die anthroposophische Definition von "Meditation"

Den Kern, den "Geist" der Schrift nun entdeckt man nicht durch Kritik, sondern durch *Meditation.* Der Anthroposoph Rudolf Meyer ruft dazu auf, "das Bewußtsein aus den Fesseln eines erdverhafteten Intellektualismus freizukämpfen", um in die Bezirke hinaufzuwachsen, "aus denen Offenbarung fließt". Das leistet "die Geisteswissenschaft Rudolf Steiners". "Man kann es auf die Formel bringen: wo der voreilige Intellekt meint, *kritisieren* zu müssen, beginnt sie zu *meditieren.*"[31]

"Meditation" ist ein vielgebrauchtes und vieldeutiges Wort. Was ist in der Anthroposophie damit gemeint? G. Wehr trifft folgende Unterscheidung:

"An dieser Stelle sei nur gesagt, daß unter Meditation nicht das verstanden wird, was als 'Predigtmeditation' in die theologische Fachsprache Eingang gefunden hat und dort sachgemäßer als Besinnung über den Text beziehungsweise über die Situation der Predigthörer bezeichnet würde. Der geisteswissenschaftliche Meditationsweg ist ein Übungsweg zur Stärkung der Seele ... Rudolf Steiner ... nennt als erste Eigenschaft, die ausgebildet und geübt werden kann, 'die *rückhaltlose, unbefangene Hingabe* an dasjenige, was das Menschenleben oder auch die außermenschliche Welt offenbaren'."[32]

Dann beschreibt Wehr weitere Stufen des Steinerschen Erkenntnisweges, die durch meditative "Übungen" erstiegen werden sollen.[33] "Meditation" im anthroposophischen Sinn ist also ein Ausdruck für die Übungshaltung, die auf das Erringen der "Erkenntnisse höherer Welten" hinzielt – eine Haltung, in der man sich – wie Steiner schreibt – "zum völlig leeren Gefäß" macht, "sich auslöscht" und "alles unbefangen auf sich wirken" läßt (615,137f). Dadurch gelangt man zum Lesen der Akasha-Chronik (Wehr: zum "geistigen Quellort des Gotteswortes") und über diese zum Geist der Schrift.[34]

2.1.4 Die Bibel als Meditationsbuch

Über was soll nun meditiert werden? In II.B.1. haben wir festgestellt, daß es Gegenstände, Empfindungen oder auch Worte und Formeln sein können. Als solche Worte und Formeln, die im "magischen" oder "mantrischen" Sinn gebraucht werden sollen, gelten der Anthroposophie auch Texte der Bibel. So sagt Steiner im Blick auf den Bibelgebrauch der Rosenkreuzer, die er als Vorläufer[35] seines anthroposophischen Erkenntnisweges betrachtet:

"Man las das Johannes-Evangelium nicht wie ein literarisches Erzeugnis, sondern sah darin ein Mittel zur *Einweihung* ... Die ersten vierzehn Verse dieses Evangeliums waren für die Rosenkreuzer Gegenstand einer täglichen *Meditation* und einer geistigen Übung. Man schrieb ihnen eine *magische* Wirkung zu, und diese haben sie in der Tat für den Okkultisten. Solcher Art war ihre Wirkung. Indem man sie täglich zur selben Stunde unermüdlich *wiederholte,* gelangte man dazu, im Traumbewußtsein die Vision von all den Ereignissen zu haben, die im Evangelium erzählt werden, und sie innerlich zu erleben" (94,48f; HddV).

Emil Bock schreibt von einem "mantrischen Gebrauch des Wortes", der "bis in die urchristlichen Jahrhunderte" – etwa im gottesdienstlichen Rezitieren – eine Rolle gespielt habe:

"Ein Text, der Gottes Wort war, mußte so vorgelesen werden, daß wirklich Gott sprach, wenn der Text erklang ... Nicht auf den gedanklich erfaßbaren Inhalt, sondern auf den *mantrischen* Wert des Wortes kam es an. Man könnte diesen auch den Besprechungswert nennen in dem Sinne, daß man glaubte, durch das *Ertönenlassen* der heiligen Texte ein geistiges Fluidum herbeisprechen zu können. Dieses Prinzip hat bis in die urchristlichen Jahrhunderte eine Rolle gespielt ... Wichtiger als was Gott sprach, war, *daß* er sprach."[36]

Bock sieht dieses "Ertönenlassen der heiligen Texte" als Vorbild dafür an, wie heute – im Zeitalter der "Bewußtseinsseele" – "das Bibelwort dem lebendigen Hören zurückgegeben" werden kann. Wie er ausführt, wird eine "neue Bewußtseinsära ... nicht aus dem Sprechen, sondern aus dem Hören hervorgehen". So wird auch "das Gehör ... das erste Geistorgan des Menschen" sein. "Richtig zuhören wird ein Weg zur geistigen Welt sein ... Mit dem Ohr der Seele sehen wir in den offenen Himmel hinein. Da wachsen Sehen und Hören ganz innig zusammen. Da keimen Imagination und Inspiration geschwisterlich miteinander auf."[37]

Das "Hören" der biblischen Texte wird also von Bock mit der Stufe der "Inspiration" auf dem Steinerschen Weg gleichgesetzt. Durch sie wird "das Evangelienlesen und -hören, ohne Beeinträchtigung der gedanklichen Klarheit und Wachheit, wieder *über* die Ebene des bloß intellektuellen Denkens hinausgehoben"[38].

2.1.5 Zusammenfassung

Wir fassen den Ertrag unserer Darstellung zusammen:

a) Nach anthroposophischer Auffassung waren die Verfasser der biblischen Schriften – in unterschiedlichem Grad – in die antiken Mysterienkulte eingeweiht.
b) Sie haben die biblischen Schriften geschrieben, um auch dem Leser den Weg der Einweihung bzw. der Erkenntnisse höherer Welten zu weisen.
c) Durch das Leben des Christus Jesus ist die Einweihung der Verborgenheit und Innerlichkeit entrissen und – für jeden Suchenden sichtbar – auf den historischen, physischen Plan gehoben worden.
d) Der Christus Jesus ist der "in einziggroßer Weise Eingeweihte", und das Kreuz von Golgatha ist der "in eine Tatsache zusammengezogene Mysterienkult des Altertums".
e) Die Evangelien, die von dem Christus Jesus berichten, sind deshalb "sozusagen in Weltgeschichte umgesetzte Einweihungsvorschriften"; sie sind Mysterienmitteilungen im historischen Gewand.
f) Die Einweihung wird aber darüber hinaus durch alle Bibeltexte ermöglicht, die auf eine "magische" oder "mantrische" Weise zur "Meditation" gebraucht werden können.
g) Durch solche Meditation kommt es zur Entwicklung des inspirativen"Hörens" als Geistorgan, das den Weg zur "geistigen Welt" öffnet.

2.2 Theologische Kritik der anthroposophischen Auffassung

2.2.1 Der fremdreligiöse Hintergrund der anthroposophischen "Einweihung"

Unsere Kritik wird sich vor allem mit Steiners Betrachtung des "Christentums als mystische Tatsache" beschäftigen. Waren die biblischen Personen und Autoren wirklich Eingeweihte im anthroposophischen Sinn? Ist das Kreuz von Golgatha wirklich der "in eine Tatsache zusammengezogene Mysterienkult des Altertums"? Um diesen Fragen nachzugehen, müssen wir – in Anknüpfung an II. B. 1. – zunächst untersuchen, in welche "höheren Welten" der anthroposophische Eingeweihte denn eigentlich eindringt und wo die geistigen Wurzeln seiner Schau liegen.

Wir erinnern uns an Rittelmeyers Worte: "Erst wenn Zwischenreiche deutlich werden, in denen das Irdische zwar noch erdenähnlich, aber schon geistig, in denen das Geistige zwar schon erdennah, aber noch geistartig da ist, fängt das Verstehen an."[39] Die Anthroposophie lehrt einen *"Stufenbau" der Welt,* an dessen unterem Ende die Materie und an dessen Spitze der reine Geist (= "Gott") steht. Die Zwischenreiche gelten als Übergangsstufen zwischen Geist und Materie mit unterschiedlicher stofflicher Dichte, die nach unten hin zunimmt. Die "Geist-Welt", der "Geist" oder "Gott" bleibt zwar "mit dem weitaus größten Teil über dem Menschen", ragt aber "mit einem kleinsten Teil" in den Menschen hinein.[40] Es gibt "tatsächlich ein feines Element, eine feine Substanz, in der das Seelische webt und in das sich das Geistige gleichsam kleiden muß, wenn es zum Menschen kommen will ... Beobachtet man, wie nun das Geistige hineinstrahlt in das Seelisch-'Astrale', dann erst steht man der wirklichen geistigen Welt gegenüber"[41]. Im Bild läßt sich das so darstellen:

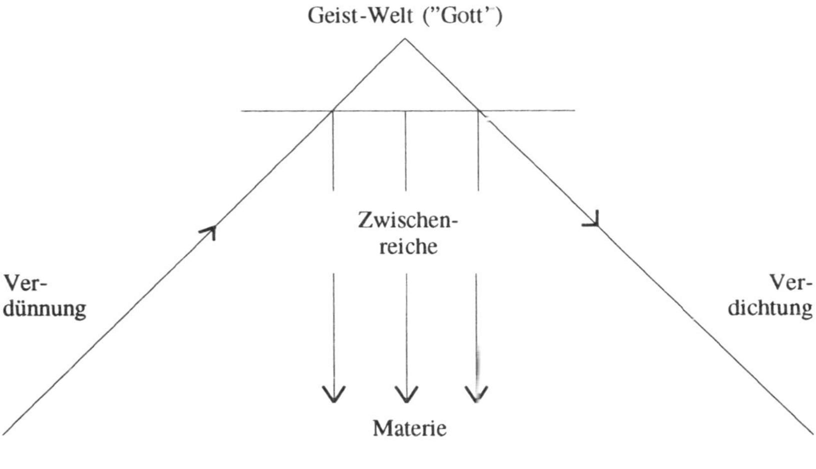

Religionsgeschichtliche Parallelen zu diesen Vorstellungen finden sich in der Stoa (s. II.B.1.1.2) und – viel früher – im *hinduistischen Śivaismus und Viṣṇuismus.* H. W. Schomerus schreibt:

"Es ist der Steinersche Gott vergleichbar mit den höchsten Göttern der theologischen Systeme des Śivaismus und Viṣṇuismus, die an sich ebenso sehr transzendent sind wie das Brahman der Upanisaden oder das Vedānta, dann aber mit gewissen Bestandteilen ihres Wesens, mit ihrer Sakti, sich in die Welt hinabgesenkt haben."[42]

Der hinabgesenkte Teil dieses Gottes werde als eine "geheimnisvolle kosmische Kraftsubstanz" (die sogenannte Manakraft) erfahren, derer sich der Mensch "bemächtigen" müsse – und zwar durch "Hellseherorgane".[43] Dazu dient im Hinduismus der Yogaweg. In Anlehnung daran wurden im Abendland verschiedene Wege der "Einweihung" entwickelt, etwa der "christlich-gnostische Weg" und der "christlich-rosenkreuzerische Weg", wie Steiner formuliert (94,276). Und er sagt: "Welcher Schulung Sie sich unterziehen, ist nicht entscheidend. Sie können auf allen drei Wegen Ihre Seelenkräfte entwickeln und Erkenntnisse der übersinnlichen Welt erlangen" (94,289).

Steiner empfiehlt somit das Beschreiten dieser Wege; er ordnet sie allerdings einem vergangenen Zeitalter (dem Zeitalter der Empfindungsseele) bzw. einem anderen kulturellen Umfeld (Indien) zu (vgl. 94,276). Er selber will einen Weg lehren, der dem Zeitalter der Bewußtseinsseele und der Situation des abendländischen Menschen angemessen ist. Grundsätzlich aber gilt, daß er in dieselbe "Seelen-" und "Geisterwelt" eindringen will wie "der Mystiker, der Gnostiker, der Theosoph" aller Zeiten und Religionen (600,13).[44] Zudem behauptet er, auch die Personen und Verfasser der Bibel seien in diese Welt eingedrungen.

2.2.2 Die Konfrontation zwischen jüdisch-christlichem Gottesglauben und nichtchristlicher Religiosität

Solchen Ausführungen Steiners liegt die Ansicht zugrunde, daß zwischen biblischem Gottesglauben und nichtchristlicher Religiosität *Kontinuität im Sinne einer evolutionären Diastase und Synthese der Religionen* besteht. Sehr deutlich bringt diesen Ansatz Emil Bock zum Ausdruck, wenn er schreibt: "Es ist nicht wahr, daß die Frömmigkeit des Alten Testamentes im Prinzip und von Anfang an zur Naturreligion im Gegensatz stand." Erst mit Elias sei "die antiheidnische, jüdische Frömmigkeit" und damit "die weltgeschichtliche Antithese von Heidentum und Judentum" auf den Plan getreten. Diese Antithese werde durch das "recht verstandene Christentum", das als "Synthese ... über dem Gegensatz von Heidentum und Judentum" stehe, wieder abgelöst (III,176).

Hinter solchen Aussagen Bocks, die formal vom Hegelschen Dreischritt "These – Antithese – Synthese" beeinflußt sind, stehen folgende inhaltlichen Deutungen der Begriffe "Heidentum", "Judentum" und "Christentum": Heidentum sei "Naturreligion", Judentum sei (verinnerlichte) "Seelenreligion", und Christentum sei die Verbindung von beidem, "da doch sein Blick und seine Verehrung dem hohen göttlichen Wesen gelten, das sich auf seiner Wanderung zur Erde den Menschen zuerst aus den Naturreichen und dann, als die Zeit seiner Menschwerdung schon näher herbeigekommen war, aus dem menschlichen Seelenraum geoffenbart hat" (III,176).

Diese anthroposophische Vorstellung einer Kontinuität zwischen den Religionssystemen steht ganz offensichtlich in der Tradition des *"Modells der entwicklungsgeschichtlichen Kontinuität" ("Evolutionsmodell")* wie es – mit gewissen Variationen – Schleiermacher und Troeltsch vertreten haben.[45] Die Nähe der führenden Anthroposophen zu diesen theologischen Richtungen ist im biographischen Teil (I.) tatsächlich immer wieder deutlich geworden. Kennzeichnend für dieses Modell ist, daß religiöses Bewußtsein "keine zeitlose Vernunftwahrheit", sondern "eine anthropologische Grundstruktur [ist], die sich in konkreten religiösen Gestaltungen geschichtlich entwickelt. Christlicher Glaube verhält sich zu außerchristlichen Religionen wie die definitiv oder schließlich nur relativ (Troeltsch) reifste Stufe zu weniger reifen Stufen in der geschichtlichen Entfaltung des religiösen Bewußtseins."[46]

Dieses Modell hat jedoch vielfach – und u.E. zu Recht – Widerspruch hervorgerufen. Der Widerspruch gipfelt darin, daß zwischen biblischem Gottesglauben und nichtchristlicher Religiosität im tiefsten Grunde nicht Kontinuität, sondern *Diskontinuität und Konfrontation* besteht.

So spricht Gerhard von Rad von "Jahwes Eiferheiligkeit" und bezeichnet als "das Eigentümlichste an Israels Kultus" den "schroffen Ausschließlichkeitsanspruch Jahwes im ersten Gebot ... Dieser intolerante Ausschließlichkeitsanpruch ist religionsgeschichtlich ein Unikum, denn die antiken Kulte waren gegeneinander duldsam und ließen den Kultteilnehmern freie Hand, sich zugleich auch noch bei anderen Gottheiten einer Segnung zu versichern."[47]

Der *Ausschließlichkeitsanspruch Jahwes,* der automatisch die Verwerfung der Götter und magisch-mantischen Praktiken der heidnischen Kulte einschließt, zieht sich wie ein roter Faden durch die alttestamentlichen Schriften. Er wird an wichtigen Stellen immer wieder besonders betont, so etwa im Heiligkeitsgesetz (Lev 19), im S^{e}ma Jisrāel (Dtn 6,4), im antibaalistischen Kampf des Elia (1.Kön 18), in der Wiederherstellung des Jahwedienstes durch Josia (2.Kön 23), in der Götzenpolemik der großen Schriftpropheten (z.B. Jes 44,9–20; Jer 10,1–14) usw.[48]

Im Neuen Testament tritt nun nicht, wie E. Bock meint, eine "Synthese" zwischen "Judentum" und "Heidentum" ein, sondern Jesus als der zwar erwartete, aber von vielen nicht erkannte Messias und Gottessohn steht in unüberbrückbarem Gegensatz zu den fremdreligiösen Göttern. Der *Absolutheitsanpruch Jesu,* der alleinige Offenbarer Gottes und einzige Weg zum Heil zu sein, wird – etwa in den johanneischen "Ich-bin"-Worten – mit Bestimmtheit zum Ausdruck gebracht. Die Aufrichtung der Herrschaft Christi geht einher mit der *Entmachtung der anderen Götter,* die im Neuen Testament nicht als Vorläufer Christi, sondern als gottfeindliche "Mächte" und "Dämonen" bezeichnet werden (vgl. 1.Kor 10,20; 2.Kor 6,14-17; Kol 2,15).[49]

Treffend weist diesbezüglich der Religionswissenschaftler Hendrik Kraemer nach, daß "der Ausdruck Erfüllung" im Sinne einer ungebrochenen Kontinuität "nicht anwendbar [ist] auf das Verhältnis der nichtchristlichen Religionen zu der Offenbarung in Christo". Zwar gibt es in den nichtchristlichen

Religionen "Strebungen, Sehnsüchte und Schauungen ... die in Christo ihre Erfüllung finden", aber diese "Erfüllung" in Christus geschieht nur durch "Bekehrung und Wiedergeburt", also durch einen *Bruch* mit dem alten Leben und Denken, mit der alten Götterverehrung, hindurch. Die "Erfüllung" in Christus widerspricht nämlich der "Selbstbehauptung" als Sünde, die in den nichtchristlichen Religionen zum Ausdruck kommt.[50]

Auch Karl Heim erblickt hinter "dem ganzen Heidentum in allen seinen Abwandlungen ... immer die eine Grundsünde des Menschen, die Konzentration auf sich selbst", bei der der Mensch – etwa durch religiös verbrämte Magie und Zauberei – "Gott und die göttlichen Kräfte für sich zur Erfüllung seines eigenen Lebenshungers ausnützen" will. Dieser "Anthropozentrismus" verbindet sich häufig – insbesondere in den fernöstlichen Religionssystemen – mit einem "naturalistischen Monismus", der in Gegensatz zum biblischen "Theozentrismus" und "Dualismus" tritt. Beide Anschauungen lassen sich – auch durch ein quantitativ-evolutionäres Stufenschema – nicht miteinander verbinden, sondern stehen in qualitativer Unterschiedenheit einander gegenüber.[51] Da sich die anthroposophische Gottesvorstellung, wie gezeigt, unter anderem aus hinduistisch-monistischen Systemen speist, trifft diese Kritik demzufolge auch sie.

Das Wesen der nichtchristlichen Religiosität läßt sich u.E. am besten mit dem *"tripolaren Verständnis"* beschreiben, wie es – anknüpfend an Karl Heim[52] und Walter Freytag[53] – der Missionswissenschaftler Peter Beyerhaus[54] entwikkelt hat. *Monopolar* ist nach Beyerhaus das "rein anthropologische Religionsverständnis" im Gefolge Ludwig Feuerbachs, welches Religion nur auf das "religiöse Bewußtsein oder die transzendentale Orientierung des Menschen selber", nicht jedoch auf eine "objektive transzendente Wirklichkeit" bezieht. *Bipolar* ist ein Verständnis, das dem Menschen ein "reales transzendentes Gegenüber" gibt, zu dem er sich dialektisch verhält: einerseits nach ihm suchend, andererseits gegen es rebellierend.[55] *Tripolar* ist ein Verständnis, das mit der Ambivalenz dieser transzendenten Größe rechnet:

> "Es wird allzu selbstverständlich vorausgesetzt, daß der transzendente Bezugspunkt der Religion Gott selbst sein müsse. Das ist aber nach der Deutung der Religion, wie sie Paulus in 1. Kor 10,20 und 2. Kor 6,14–17 gibt, keineswegs als immer bewiesen anzusehen. Der transzendente Bezugspunkt des heidnischen Kultus können auch die *Dämonen* sein."[56]

Im Kult nichtchristlicher Religionen konkretisiert sich "die dämonisch inspirierte Ursünde des Menschen, sich der Kräfte der Gottheit habhaft zu machen, ja sich selber zu vergotten, in gleichzeitiger Selbstbehauptung und Nichtachtung des Anspruches, welchen der Schöpfer an ihn stellt"[57].

Ist das aber der Fall – und u. E. spricht der biblische Befund für diese Feststellung –, dann kann keineswegs von Kontinuität, sondern höchstens von einer "positiv anknüpfenden Konfrontation"[58] zwischen biblischem Gottesglauben und nichtchristlicher Religiosität geredet werden, die in der missionarischen Verkündigung ihren Zielpunkt hat:

"Theologisches Verstehen der Religionen im Lichte des Evangeliums geschieht zuerst und zuletzt 'um der Mission willen', es geht um die Ausrichtung des der Gemeinde Jesu Christi aufgetragenen Zeugnisses unter allen Völkern."[59]

Aus dem Gesagten ergibt sich: Die Verfasser der Bibel lassen sich in keiner Weise mit "Eingeweihten" der antiken Mysterien identifizieren oder auch nur in Verbindung bringen. Sie sind *keine Eingeweihten;* ihre Schriften sind *keine Einweihungsbücher*. Und das Kreuz von Golgatha ist *nicht* der Gipfelpunkt heidnischer Mysterienweisheit, sondern der schroffe Gegensatz dazu: "Die Menschwerdung einer göttlichen Gestalt und erst recht ihr schimpflicher Tod am Fluchholz war ... kein 'Anknüpfungspunkt', sondern ein 'Skandalon', ein Stein des Anstoßes ... der Gekreuzigte war für einen antiken Menschen von Bildung und Rang nur Ausdruck der Torheit, Schande und Häßlichkeit" (Martin Hengel)[60].

2.2.3 Zum Gegensatz zwischen frühem Christentum und antiken Mysterien

Schließlich ist Steiners Auffassung von den antiken Mysterien und deren Beziehung zum Christentum kritisch zu hinterfragen. Offensichtlich besitzt er nur unzureichende Kenntnisse darüber, denn die antiken Mysterien waren nicht geistige Bewegungen, sondern Rituale mit magischen Handlungen, welche aus älteren Vegetationskulten erwuchsen.[61] Die Behauptung einer Abhängigkeit des frühen Christentums von antiken Mysterienkulten darf heute als überholt gelten. Der Neutestamentler Martin Hengel führt aus:

"Die ständig wiederholte Meinung, die Entwicklung der Sohn-Gottes-Christologie sei ein typisch hellenistisches Phänomen und bedeute einen Bruch im Urchristentum, hält näherer Nachprüfung kaum stand. So kannten die hellenistischen Mysterien weder sterbende und wiederauferstehende Göttersöhne, noch wurde der Myste selbst zum Kind des Mysteriengottes. Sterbende Vegetationsgötter wie der phönizische Adonis, der phrygische Attis oder der ägyptische Osiris hatten keine Gottessohnfunktion. Man betrachtete sie in der Spätantike häufig als Menschen der mythischen Urzeit, denen – ähnlich wie Herakles – nach ihrem Tode Unsterblichkeit geschenkt wurde ... Keiner der sterbenden Vegetationsgötter ist 'für' andere Menschen gestorben."[62]

Nach Hengel sind die Mysterien "ursprünglich eine typisch griechische Form der Religiosität, die in hellenistischer Zeit erst in die unterworfenen orientalischen Gebiete 'exportiert' werden mußte". Er zitiert L. Vidman: "Die große Woge der orientalischen Mysterienreligionen beginnt aber erst in der Kaiserzeit, vor allem im II. Jahrhundert ..." Demzufolge – so Hengel – war "das im

2. Jh. n.Chr. schon recht verbreitete und gefestigte Christentum ... zwar schärfster Konkurrent, aber kaum mehr Objekt synkretistischer Überfremdung". Wir wissen "über die Verbreitung von Mysterienkulten im Syrien der 1. Hälfte des 1. Jh.s v. Chr. nahezu nichts. Es gibt keinerlei Beweise dafür, daß sie dort um diese frühe Zeit besonders verbreitet waren und starken religiösen Einfluß besaßen. Man sollte umgekehrt bei den späteren Mysterienbelegen aus dem 3. u. 4. Jh. n. Chr. eher mit christlicher Beeinflussung rechnen."[63] Während die *"'Hellenisierung' der Christologie"*, die im 2. Jahrhundert einsetzte, *"zum Doketismus führen"* mußte, sind die Quellen für das frühchristliche Denken in Wirklichkeit *"im antiken Judentum"* zu finden.[64]

Auf "Lazarus-Johannes" und Paulus, die in der Anthroposophie als Musterbeispiele für "Eingeweihte" gelten, werden wir in III. B. 5. und III. B. 6. noch einmal gesondert eingehen.

2.2.4 Der hinduistisch-magische Hintergrund der anthroposophischen "Meditation"

Nun aber bleibt die Frage: Sind die biblischen Texte *"Meditationstexte"* im anthroposophischen Sinn? Oder verbirgt sich auch hinter dieser Bibelbetrachtung im Grunde ein fremdreligiös geprägtes Verständnis? Konkret: verbergen sich hinter dem Reden von einer "magischen Wirkung" (Steiner), einem "mantrischen Wert" oder einem inspirativen "Hören" des Wortes (Bock) Einflüsse der hinduistischen Mantra-Technik?

H. E. Miers nennt in seinem "Lexikon des Geheimwissens" vier Bedeutungen des Sanskrit-Wortes "Mantra" (oder "Mantram"):

a) Mantras sind "Verse aus den Veden, die als Beschwörungs- oder Zauberformeln verwendet werden".

b) Es sind im engeren Sinne "alle solche [sic] Teile der Veden, welche nicht als Brahmanas (= Erklärungen) bezeichnet sind".

c) In der Esoterik bedeutet Mantra "das fleischgewordene Wort, das durch göttliche Magie objektiv (sinnlich wahrnehmbar) Gemachte".

d) Wichtig ist die vierte – mehr grundsätzliche – Definition: Mantra ist "eine Vereinigung rhythmisch angeordneter Wörter oder Silben, die, wenn sie laufend gesprochen werden, auf höheren Ebenen bestimmte Schwingungen hervorbringen"[65].

"Rhythmisch angeordnete Wörter" finden sich nicht nur in den Veden, sondern auch in der Bibel in Form vieler durchkomponierter Texte (Gebete, Weisheitssprüche, Hymnen). Diese werden von abendländisch-esoterischen Bewegungen daher häufig für den mantrischen Gebrauch herangezogen. Miers erwähnt die Vorliebe der Freimaurer für die Psalmen und die salomonischen

Bücher (Prediger, Hoheslied, Sprüche) sowie die Vorliebe der Rosenkreuzer für den Anfang des Johannes-Evangeliums und einige Passagen der Offenbarung.[66]

Was geschieht bei einem mantrischen Gebrauch von Silben, Wörtern oder Texten? Es wird angenommen, daß das Wort eine Eigenmächtigkeit gewinnt und dem, der es in der richtigen Weise gebraucht, Macht über Vorgänge, Menschen und sogar Götter verleiht. Klostermaier beschreibt diesen Sachverhalt so:

"Einmal gegeben, ist das Wort selbst-tätig und dem Einfluß dessen entzogen, der es gab. Der Gott ist dem von ihm gegebenen Wort gegenüber machtlos ... Die Götter sind nur nötig in einem rein formalen Sinne. Das Wort war im Anfang, es war nicht das Wort Gottes und nicht auf Gott zu – es war nicht Gott. Es war Macht, der auch der Gott gehorcht. Religion gibt dem Menschen die Mittel, über diese Macht zu verfügen ... Es ist eine Wort-Religion, die zur Wort-Magie wird."[67]

Zusammengefaßt: Es ist nicht der Sinn der Worte, der eine Wirkung hervorbringt. Es ist auch nicht "eine Gottheit", die eine Wirkung hervorbringt. Die Wirkung erzeugt "der Mantra als solcher, die genaue Aufeinanderfolge von bestimmten Buchstaben in bestimmter Art und Weise"[68].

Wir verstehen nun, was E. Bock damit meinte, daß man "durch das Ertönenlassen der heiligen Texte ein geistiges Fluidum herbeisprechen zu können" glaubte und daß die Tatsache, "daß" Gott sprach, wichtiger war als das, "was" er sprach (s. o.). Nicht Gott, sondern das selbsttätige Wort gilt als eigentlich wirkende Ursache.

Im Blick auf die heutige Anthroposophie wäre demnach zu folgern: Nicht ein "Gott", sondern der formelhafte – "mantrische" oder "magische" – Gebrauch von Symbolen, Wörtern oder Texten (auch Bibeltexten) öffnet dem "Geistesforscher" den Weg in die übersinnlichen Welten. *Das "Wort" dient als Mittel, um sich der "göttlich-geistigen Welt" zu bemächtigen.* Der Verlauf des Steinerschen Erkenntnisweges (s. II. B.1.) bestätigt diesen Schluß.

2.2.5 Die Unvereinbarkeit der anthroposophischen "Meditation" mit dem christlichen Verständnis von "Gebet"

Eine solche Bemächtigung der "göttlich-geistigen Welt" durch einen formelhaften Gebrauch von Worten oder Texten ist mit der Personalität und Souveränität des sich selbst offenbarenden Gottes unvereinbar. In Mt 6,7 werden die – vom Ziel her gesehen mit den anthroposophischen Methoden durchaus vergleichbaren – wortmagischen Gebete und Vorstellungen (das "Plappern" und "Viele-Worte-Machen") der Heiden abgelehnt: "Der Vorstellung, daß Gott/die Götter unberechenbare, durch magische Kräfte beeinflußbare Wesen sind, wird die Vorstellung eines Gottes gegenübergestellt, der um die Nöte des Menschen im vorhinein weiß und 'euer Vater' genannt wird" (Joachim Gnilka)[69]. Gott ist kein unpersönliches "Es", das sich magischen Techniken fügt, sondern ein persönliches "Du", das dem Menschen selbständig gegenübertritt und ihn anredet. Es ist deshalb sehr wohl entscheidend, was Gott spricht. Gottes Wille wird nur durch seine Offenbarung im Wort erkannt.

Auch Klostermaier weist auf den "großen Unterschied zwischen der biblischen und hinduistischen Auffassung" hin. Für die biblische Auffassung ist kennzeichnend, daß "das Wort nicht eine eigene unabhängige Existenz und Wirkung hat, sondern immer als Wort Gottes wirkt ... Nicht der 'Mantra' wirkt, sondern Gott im Wort ... Das Wort ist nie mechanisch wirksam – immer nur persönlich. Gott ist nie das Objekt der religiösen Akte, sondern immer das Subjekt."[70]

Der Gebrauch von Bibeltexten als formelhafte "Meditationstexte" nach hinduistischem Vorbild in der Anthroposophie widerspricht somit dem biblischen Schriftverständnis. Ein solcher Gebrauch kann nur als *Mißbrauch*[71] gekennzeichnet werden.

2.2.6 *Zusammenfassung*

a) Der von der Anthroposophie vertretene Einweihungsweg hat – wie die Anthroposophie insgesamt – einen fremdreligiösen Hintergrund. Wesentliche Elemente bezieht er aus hinduistischen Systemen.

b) In den biblischen Schriften findet sich hingegen durchgehend die radikale Abgrenzung des jüdisch-christlichen Gottesglaubens von fremdreligiösen Systemen, Praktiken und Einweihungswegen. Biblisch-christlicher Glaube steht zu nichtchristlichen Religionen nicht im Verhältnis der Kontinuität, sondern der – wenn auch gelegentlich positiv anknüpfenden – Konfrontation.

c) Es ist deshalb eine innere Unmöglichkeit, die Personen und Verfasser der Bibel als Eingeweihte im Sinne solcher Religionen und Mysterienkulte zu betrachten, wie die Anthroposophie es tut. Die biblischen Schriften sind keine Einweihungsbücher.

d) Ebensowenig sind einzelne biblische Texte Meditationstexte, die zur Bemächtigung der göttlich-geistigen Welt im anthroposophischen Sinn führen würden. Hier wird die hinduistische Mantra-Technik mit ihrem unpersönlich-magischen Gottesbild auf die Bibel übertragen – ein Gottesbild, das zum jüdisch-christlichen Glauben an einen persönlichen, souveränen Gott in unüberbrückbaren Gegensatz tritt.

3. Die Bibel als zeitbedingte und relative Größe

3.1 Darstellung der anthroposophischen Auffassung

Die bisherige Darstellung hat bereits gezeigt: Nicht die Bibel, sondern die Akasha-Chronik ist Basis und Ausgangspunkt für Steiners Erkenntnisse. Der Grund dafür: Steiner betrachtet die Akasha-Chronik – wenigstens prinzipiell – als überzeitlich und absolut, die Bibel hingegen als zeitbedingt und relativ. Mit dieser Ansicht, ihrer Begründung und ihren Folgen werden wir uns nun beschäftigen.

3.1.1 Die Lehre von der "fortschreitenden Offenbarung"

Nach Steiners Auffassung erfaßt die Bibel nur eine bestimmte, eng begrenzte Epoche der Weltentwicklung, nämlich einen Teil des "Erdenzeitalters". Die Entwicklung geht jedoch von Epoche zu Epoche weiter, so daß "immer neue Offenbarungen" notwendig sind und man nicht am "Buchstaben" als Niederschlag einer zu einer bestimmten Zeit geschehenen Offenbarung hängenbleiben darf. Der Buchstabenglaube, der sich an den biblischen Wortlaut klammert, wird ohnehin überflüssig, weil im 1899 angebrochenen "Zeitalter des Geistes" immer mehr Menschen das "Äthersehen" erlangen werden, also direkt in der Akasha-Chronik lesen können (118,123ff.176ff; vgl. II. B.2.). Im Blick auf eine zersetzende Bibelkritik (s. II. A.1.) tritt Steiner gewissermaßen die "Flucht nach vorn" an (vom "Buchstaben" bzw. der Historie zum "Geist" bzw. Schauen), wenn er (im Jahr 1910) sagt:

"Denn in den nächsten zwei Jahrzehnten werden die Menschen dann immer mehr und mehr von dem *Buchstaben* der Evangelien abfallen, sie werden sie nicht mehr verstehen ... Die *historischen* Dokumente werden für die Menschheit an Wert verlieren, die Zahl derer, die den Christus Jesus leugnen, wird immer größer und größer ... Der *geistige* Beweis des Christus Jesus wird dadurch geliefert werden, daß gehegt werden die Fähigkeiten der Menschen, daß sie *schauen* sollen den wahrhaft vorhandenen Christus in seinem Ätherleib" (118,124; HddV).

"Nicht, damit wir festhalten an den wenigen Worten der Evangelien, die in dem ersten Jahrzehnt der Begründung des Christentums gesprochen worden sind", ist nach Steiner "der Heilige Geist herniedergegossen worden", sondern darum ist er ergossen worden, daß "immer Neues und Neues die Botschaft des Christus erzählen kann". "Je nachdem die Menschenseelen von Epoche zu Epoche, von Inkarnation zu Inkarnation vorschreiten, muß immer Neues für die Menschenseele gesagt werden" (118,177). Seine Lehre von der *"fortschreitenden Offenbarung"*[72], die durch das "Äthersehen" bzw. Lesen in der Akasha-Chronik erfaßt wird, will Steiner durch biblische Aussagen bestätigt wissen. Er stützt sich v.a. auf Joh 16,12; 20,30f und 21,25[73] sowie auf das Pfingstereignis in Act 2 (mit seinem "Pfingstimpuls" eines fortwährenden Geisteswirkens) und das (neu übersetzte) Wort des auferstandenen Christus in Mt 28,20:

"'Ich bin bei euch alle Tage bis an das Ende der Erdenentwickelung!' Wenn ihr euch erfüllt mit dem Christus-Impuls, könnt ihr das Wort, das angeregt worden ist durch den Stifter bei der Begründung des Christentums, forthören durch alle Epochen, das Wort, das der Christus spricht zu allen Zeiten, weil er bei den Menschen ist zu allen Zeiten, hörbar für die, welche ihn hören wollen. So fassen wir die Kraft des Pfingstimpulses auf als etwas, was uns ein Recht gibt, das Christentum als ein *immer wachsendes* anzusehen, das uns *immer neue Offenbarungen* gibt" (118,177f; HddV).

3.1.2 Die Lehre von der "direkten Offenbarung"

Am Beispiel des Pfingstereignisses will Steiner erklären, wie diese "Offenbarungen" zustande kommen:

"Und die ersten Versteher des Christus fühlten sich durch das Pfingstereignis berufen, zu verkündigen, was *in ihrer eigenen Seele* war, was sich ihnen offenbarte in ihren *Offenbarungen und Inspirationen der eigenen Seele* als der Inhalt der Christus-Lehre ... Nicht etwa bloß das, was der Christus ihnen gesagt hat, nicht allein diejenigen Worte, welche der Christus gesprochen hatte, erkannten sie an, die so den Sinn des Pfingstereignisses verstanden, sondern das erkannten sie an als Christus-Worte, was aus der Kraft einer Seele kommt, die den *Christus-Impuls in sich fühlt"* (118,176f; HddV).

Der "Christus-Impuls" also ist entscheidend, den die einzelne Seele in sich fühlt – eine "Offenbarung", die sich direkt von der übersinnlichen Sphäre des Christus in die Seele ergießt, so daß ein geschriebenes Wort als Zwischenstufe mehr und mehr überflüssig wird. Die Lehre von der "fortschreitenden Offenbarung" enthält somit als entscheidenden Faktor die Lehre von der "direkten Offenbarung". Die Lehre von der *"direkten Offenbarung"* findet sich in vielfältigen Variationen bei Mystikern und religiösen Spiritualisten aller Zeiten, so etwa bei den Montanisten[74], bei verschiedenen gnostischen Gruppen[75], bei Meister Eckhardt[76], bei verschiedenen "Schwärmern" der Reformationszeit[77] sowie bei Gruppen und Einzelpersonen der Neuzeit und Gegenwart[78]. Der immer gleichbleibende Zug ist die Behauptung eines unmittelbaren "Offenbarungsempfangs" durch Visionen, höhere Erkenntnisse, Vereinigung mit dem Göttlichen usw. Dieser "Offenbarungsempfang" rückt die in den neutestamentlichen Schriften festgehaltene Grundtradition der ersten, man könnte auch sagen: apostolischen Zeugen als Vermittler der Offenbarung an die zweite Stelle (sie dient nur noch zur Bestätigung des unmittelbar "Geschauten") oder macht sie sogar überflüssig (nämlich dann, wenn die unmittelbare Erkenntnis des Geistigen, das "Zeitalter des Geistes" u. ä. kommt). So bemerkt Kurt Hutten:

"Es wiederholt sich dann, wie die Erfahrung zeigt, immer derselbe Vorgang: Die 'Ergänzung' wird zum Prokrustesbett, auf das die Schrifttexte gespannt werden. Was nicht zur neuen Lehre paßt, wird ausgeschieden oder umgebogen oder als überholt bezeichnet."[79]

Wir sahen bereits, wie sich diese Vorstellungen in ihren Grundzügen bei der Anthroposophie finden (s. II.B.2. und 3.).

3.1.3 Zusammenfassung

a) Die anthroposophische Bibelauslegung betrachtet die Bibel als zeitbedingt und relativ in dem Sinne, daß diese nur die Offenbarungen einer "bestimmten Epoche" im Entwicklungsgang der Menschheit erfaßt und daß dieser Epoche "geistige Grenzen" gesetzt sind.
b) Der auferstandene Christus gibt aber durch seinen Geist von Epoche zu Epoche neue Offenbarungen, die nicht durch das Kleben am "Buchstaben" der Bibel, sondern nur "geistig" erfaßt werden können. Im "Zeitalter des Geistes" geht die "Buchstabenreligion" zu Ende.
c) Die Anthroposophie vertritt somit die Lehre von einer "fortschreitenden Offenbarung", die mit der Lehre von der "direkten Offenbarung" gekoppelt ist.

3.2 Theologische Kritik der anthroposophischen Auffassung

3.2.1 Die Einheit von Wort und Geist

Während der Spiritualismus den Geist vom Wort lösen will, sind Wort und Geist in biblisch-theologischer Sicht eine *Einheit.* Wort und Geist können nicht – wie bei Steiner – gegeneinander ausgespielt werden, sondern "Gott gibt seinen Geist nicht anders als so, daß das äußere Wort vorangeht; also nicht unmittelbar, 'ohn Mittel', sondern mittelbar"[80]. Wäre der Geist nicht mehr an das durch die Überlieferung der prophetischen und apostolischen Zeugen entstandene Bibelwort gebunden, dann wäre der Willkür, der Uneindeutigkeit und damit der Heillosigkeit Tür und Tor geöffnet. Gott aber "will, daß alle Menschen gerettet werden und sie zur Erkenntnis der Wahrheit kommen" (1.Tim 2,4) – und das kann nur ermöglicht werden, wenn die Offenbarung Gottes innerlich klar und eindeutig ist. Mit Luther sprechen wir deshalb von einer *"litera spiritualis"*, einem geisthaltigen Wort und einem wortgebundenen Geist (s. II.B.3.). Eine "direkte Offenbarung", ein Sprechen des

Geistes Gottes unter Umgehung dieses äußeren Bibelwortes, ist somit mit dem biblisch-reformatorischen Schriftverständnis unvereinbar.

3.2.2 *Die abgeschlossene Offenbarung des göttlichen Heilsplans*

Karl-Heinz Schlaudraff stellt im Anschluß an Martin Hengel fest: *"Paulus wie dem Urchristentum insgesamt war die Universalgeschichte vom Weltanfang bis zum Weltende durch die alttestamentlich-jüdische Apokalyptik vorgegeben".*[81] Diese Offenbarung ist mit der Sendung und Verkündigung Jesu Christi zu ihrem Höhepunkt und Abschluß gekommen (vgl. Gal 4,4; 1. Kor 4,6; Hebr 1,1f; 2. Joh 9f; Apk 22,13.18f.). Deshalb gilt:

"Die Heilsgeschichte selbst geht, allerdings nur noch als Entfaltung des Christusgeschehens, weiter, aber die durch Ereignis und Deutung gebotene Offenbarung über den göttlichen Plan, nach dem sich die Heilsgeschichte entwickelt hat und weiter bis zum Ende entwickeln wird, ist abgeschlossen"(O. Cullmann). Ihre Begrenzung ist nach Cullmann "gleichbedeutend mit der Fixierung des Kanons".[82]

In den neutestamentlichen Schriften ist somit alles enthalten, was für das Heil und ewige Leben des Menschen notwendig ist. Deshalb kommt es den neutestamentlichen Autoren gar nicht so sehr auf eine lückenlose Schilderung der Ereignisse an, sondern es genügt die Darstellung dessen, was zur Weckung und Stärkung des rettenden Glaubens führt (vgl. Joh 20,30f). Von daher wird deutlich, warum sich in den Evangelien z. B. keine Berichte über das Leben Jesu zwischen seinem zwölften und seinem dreißigsten Lebensjahr finden. Sie sind für den Glauben ohne Belang. Steiner hingegen bringt in Form seines "Fünften Evangeliums" sehr ausführliche "Schilderungen" aus dieser Zeit, die er der "Akasha-Chronik" entnimmt (vgl. 148,9ff).

3.2.3 *Das Kriterium der lehrmäßigen Kontinuität zur neutestamentlichen Überlieferung*

Es ist hier nun nicht der Ort, um die Kanonproblematik in ihrer Breite zu entfalten.[83] Nur soviel sei im Blick auf die anthroposophischen Neuoffenbarungen festgestellt: Sie vermögen dem entscheidenden altkirchlichen Kanonkriterium der *Apostolizität* oder *Urkirchlichkeit*[84] in keiner Weise zu entsprechen. Das verhindert bereits der zeitliche Abstand. Diesen Abstand versucht Steiner zwar durch seine Schauungen in der Akasha-Chronik zu überspringen, doch ist seine diesbezügliche Argumentation weder in empirischer noch in theologischer Hinsicht überzeugend (s. II. B. 2.).

Noch wichtiger ist freilich die Frage, ob die Steinerschen Neuoffenbarungen in Einklang mit der *Glaubensregel* stehen, die sich aufgrund der rezipierten

Tradition aus apostolischer und urkirchlicher Zeit ergibt.[85] Wilfried Joest formuliert dieses Kriterium so:

"Ist auch die Schrift Tradition, so spricht in ihr eben die maßgebende Grundtradition, an der alle weitere zu messen ist."[86]

Die entscheidende Frage ist also, ob die anthroposophischen Neuoffenbarungen mit den Aussagen der in den alt- und neutestamentlichen Schriften bezeugten "Grundtradition" übereinstimmen oder ob hier Widersprüche auftreten. Zumindest müßte zwischen "alter" und "neuer" Offenbarung eine Kontinuität erkennbar sein. Versteht sich nämlich Steiners Christosophie "zu Recht als eine Ergänzung des in der Bibel Gesagten, zu Recht als ein neues Wort des Herrn, der als der erhöhte zugleich der gekreuzigte und auferstandene Herr ist, dann müßte das Wesen der neuen Offenbarung der bereits ergangenen innigst verwandt sein, dann müßte sich in der fortgeschrittenen Erkenntnis wiederfinden lassen, was als Ansatz oder Wurzel im Neuen Testament vorhanden wäre" (K. v. Stieglitz)[87]. Der ausführlichen Untersuchung dieser Frage dient der abschließende Teil III. B.

3.2.4 Die Unhaltbarkeit der anthroposophischen "Belegstellen"

Doch zuvor ist die Behauptung Steiners zu prüfen, daß im Neuen Testament selber von einer "fortschreitenden Offenbarung" die Rede sei. Wir betrachten dazu die von Steiner herangezogenen Hauptbelegstellen im einzelnen.

Nach *Mt 28,20* verheißt der auferstandene Christus seinen Jüngern, daß er "alle Tage bis an das Ende der Weltzeit (aiōn)" bei ihnen ist. Steiners Übersetzung "bis an das Ende der Erdenentwickelung" (118,177) trägt die anthroposophische Lehre von den sieben aufeinander folgenden Entwicklungsepochen der Erde (vgl. I. A. 2.2) allegorisch in den Bibeltext hinein. Sie läßt sich mit der neutestamentlichen Äonenlehre nicht in Einklang bringen, die in einer ganz anderen Art zwischen zwei Äonen, nämlich dem bösen Äon der Sünde und dem in diesen hineinragenden und mit Christus bereits angebrochenen guten Äon des neuen Lebens, unterscheidet (vgl. Mt 12,32; Gal 1,4 u.ö.).[88] Entscheidend ist nun aber, daß im Kontext von Mt 28,20 mit keinem Wort von neuen Offenbarungen die Rede ist. Den Jüngern wird ganz im Gegenteil aufgetragen, nur das zu lehren, was Jesus ihnen "befohlen" hat, also das, was sie zu seinen irdischen Lebzeiten gehört haben. Es geht um die "Bewahrung der Lehre" bis zur Parusie, wobei die "in Jesu Vollmacht ausgesendeten Jünger seines Beistandes gewiß gemacht" werden (W. Grundmann)[89].

Ähnliches gilt für *Joh 16,12*. "Ich habe euch noch viel zu sagen; aber ihr könnt es jetzt nicht tragen" – diese Worte sind, wie R. Bultmann zutreffend bemerkt, "aus der Abschiedssituation heraus formuliert" und können nur im

Zusammenhang mit den daran anschließenden Aussagen über den Parakleten (Joh 16,13–15; s. auch Joh 14,26; 15,26) richtig verstanden werden. "Muß Jesus durch den Geist gleichsam ersetzt werden, wird erst die Leitung des Geistes zur vollen Wahrheit führen, – so doch nur deshalb, weil gerade dadurch Jesus und sein Wort erst zur Geltung kommen." Das Wort des Geistes ist also "kein Neues ... gegenüber dem Worte Jesu", sondern der Geist Gottes wird dieses "nur neu sagen". "Nicht neue Erleuchtungen wird der Geist bringen, neue Mysterien enthüllen, sondern in der von ihm gewirkten Verkündigung wirkt Jesu Wort weiter."[90]

Wenn Steiner mit den in Joh *20,30f und 21,25* erwähnten Lücken in der Berichterstattung neue Offenbarungen rechtfertigen will, dann verfehlt er den an diesen Stellen zum Ausdruck kommenden Skopus. Dieser Skopus besteht gerade nicht darin, ein möglichst lückenloses Bild vom Leben Jesu zu zeichnen, sondern darin, beim Leser den lebenbringenden "Glauben zu ermöglichen, zu wecken, zu stärken und zu vertiefen". Zu Recht betont Schnackenburg, daß es für Joh "keine Christologie losgelöst von der Soteriologie" gibt.[91]

Das in *Act 2* geschilderte Pfingstereignis schließlich muß in seiner heilsgeschichtlichen Besonderheit und Einmaligkeit ernstgenommen werden. Es sollte "nicht als Norm, sondern als Ausnahme gelten, nämlich als eine besondere Manifestation des Geistes, die der Urgemeinde in Jerusalem zum Durchbruch verhalf"[92]. Eine darüber hinausgehende Deutung wird dem Text nicht gerecht.

Damit soll nicht bestritten werden, daß es ein Wirken des Geistes Gottes über die apostolisch-urkirchliche Zeit hinaus gibt, ganz im Gegenteil, doch sind zu seiner Beurteilung die oben genannten Kriterien anzuwenden.

3.2.5 Das Scheitern der anthroposophischen Kriterien zur Prüfung neuer "Offenbarungen"

Nun wird von anthroposophischen Auslegern klar gesagt, daß für sie die biblische "Grundtradition" nicht der ausschlaggebende Maßstab zur Prüfung neuer "Offenbarungen", "Anschauungen"[93] oder "Vorstellungen" ist. "Es kommt schließlich nicht darauf an, ob eine Vorstellung 'platonisch' oder 'biblisch', sondern ob sie 'richtig' ist", schreibt etwa R. Frieling. Als *"richtig"* gilt eine Vorstellung, wenn sie durch die *"Menschheits-Erfahrung"* gesichert ist, was Frieling am Beispiel außerkörperlicher Zustände beweisen will: "Daß die Seele sich auch schon vor dem Tode mehr oder weniger vom Erdenkörper freimachen kann, ist uralte Menschheits-Erfahrung."[94]

F. Rittelmeyer[95] nennt einen ganzen Stufenweg zur *Prüfung neuer "Offenbarungen"*. Zunächst bezeichnet er es als "unzulässig", eine neue "Offenbarung" deshalb abzulehnen, weil "Bibelworte fehlen". Dann beschreibt er die einzelnen Stufen des Prüfens:

Erste Stufe: Die neue Offenbarung soll *"im praktischen Leben"* erprobt werden, wobei sich dann zeigen wird, "ob sie mit der biblischen Offenbarungswahrheit zusammenstimmt oder ihr widerspricht".

Zweite Stufe: Wer "ganz bei der *Bibel* bleiben" will, soll auf "die feinen Töne" hören und "weniger nach beweisenden Sprüchen als nach inneren Harmonien" fragen. Dabei soll er sich der "geistigen Grenzen" des israelitischen Volkes und des griechisch-römischen Zeitalters bewußt bleiben, auf die die biblische Offenbarung gestoßen ist. Schließlich kann er mit Hilfe der neuen Offenbarungen zu einem neuen Verständnis der Bibel gelangen; denn die Bibel "wird nicht nur erkannt durch das, was in ihr spricht, sondern auch durch das, was für sie spricht".

Dritte Stufe: "Wem diese Probe auch noch nicht genügt, der versuche es mit dem *inneren Weg der Nachbildung",* d.h. einem direkten Nachvollzug von "Weltgeheimnissen" in der eigenen Seele. (Dieser Weg findet sich in der mittelalterlichen Esoterik: Der Makrokosmos/das Weltall spiegelt sich im Mikrokosmos/im Menschen wieder und kann auf diese Art erkannt werden.)

Vierte Stufe: "Wem diese Probe immer noch nicht genügt, der wird die Wege zum eigenen 'Schauen' im Sinn der *anthroposophischen Geisteswissenschaft* suchen und prüfend gehen müssen." Nicht erst ein "voll erkennendes Schauen", sondern schon "ein erstes Aufleuchten von höheren Geisteseindrücken" bringt ihn "diesen Wahrheiten viel näher".

Fünfte Stufe: "Andernfalls bliebe ihm nichts übrig, als eben zu *warten,* bis genügend zuverlässige Menschen diese Einsichten aus eigener Erkenntnis bestätigen."

"Andre Wege wissen wir nicht. Diese aber wissen wir. Und sie sind noch nicht gegangen." Mit diesen Sätzen beschließt Rittelmeyer die Darstellung seines Stufenweges der Erprobung. Rittelmeyer gibt damit selber zu, daß die hier genannten Stufen gerade *kein* objektiver und bewährter Maßstab zur Prüfung neuer Offenbarungen sind, sondern daß sie im Grunde alles offen lassen. Der "Prüfende" muß – wie bei Frieling – seine subjektive Erfahrung zum primären Maßstab machen (1. Stufe), muß die Bibel allegorisch interpretieren (2. Stufe), muß den Steinerschen Erkenntnisweg (4. Stufe) bzw. eine Vorform davon (3. Stufe) beschreiten oder gar die Erkenntnisse der "Schauenden" einfach übernehmen (5. Stufe). Auf die Zirkelschlußhaftigkeit, Systemimmanenz und theologische Unhaltbarkeit solcher Argumentationsmuster, die auf dem Steinerschen Dogmatismus beruhen, haben wir schon mehrfach hingewiesen.

3.2.6 Zusammenfassung

a) Die Bibel ist zwar in Zeit und Raum entstanden und in ihren einzelnen Schriften nicht unabhängig von den zeitlichen und örtlichen Bedingungen, in denen diese verfaßt wurden, aber sie vermittelt gleichwohl das göttliche Wort, welches dem Glaubenden das Heil zuspricht und die gesamte "Heilsgeschichte" umfaßt.

b) Gott hat sich durch seinen Geist an dieses Wort gebunden und damit dessen Gültigkeit bleibend festgelegt, um die Eindeutigkeit des Heilsweges in Christus zu gewährleisten. Wort und Geist sind eine Einheit.

c) Jede "neue Offenbarung" ist daran zu messen, ob sie mit der "Grundtradition", also der Verkündigung der Apostel und anderen neutestamentlichen Zeugen, übereinstimmt. Entscheidend ist insbesondere, ob sie Christi Person und Werk so, wie ihn die ersten Boten verkündigt haben, bezeugt.

B. Exegetische Anwendung des anthroposophischen Bibelverständnis

In Teil II.B. sind wir zu dem Ergebnis gelangt: Nicht die Bibel, sondern die hellseherisch geschaute Akasha-Chronik ist die Grundlage der anthroposophischen Weltanschauung. Erst im nachhinein werden die Schauungen aus der Akasha-Chronik mit einzelnen Texten der Bibel verglichen. Man kann es auch so formulieren: Die auf hellseherischem Wege unabhängig von der Bibel erlangte anthroposophische Weltanschauung wird auf die Bibel angewandt.

Von dieser Feststellung her erklären sich unsere Überschrift und der innere Aufbau der nun folgenden Kapitel. In diesen werden zunächst die für unsere Darstellung wichtigen Details des *anthroposophischen Weltbildes* skizziert. Danach wird der *biblische Bezug* aufgezeigt, wie ihn anthroposophische Ausleger sehen. Schließlich entfalten wir unsere am biblisch-reformatorischen Schriftverständnis orientierte *Kritik.*

1. Elohim – nicht ein Gott, sondern viele Götter

1.1 Anthroposophische Auffassung

1.1.1 Der Stufenbau der "göttlich-geistigen Welt"

"Im Urbeginne schufen die Götter die Himmel und die Erde" – so übersetzt Rudolf Steiner den ersten Vers der Bibel (122,18). Welche Vorstellung steckt hinter dieser pluralischen Übersetzung des hebr. "elohim"? Welches Gottesbild vertritt die Anthroposophie?

Wie wir in III.A.2. gezeigt haben, geht die Anthroposophie von einem *Stufenbau der "göttlich-geistigen Welt"* aus. Zwischen der "Natur" bzw. dem "Irdischen" und der "Geist-Welt" bzw. "Gott" stehen "Zwischenreiche", in die der Mensch hellseherisch eindringen muß, um sich höherzuentwickeln. Diese Zwischenreiche werden von geistigen Wesen bewohnt, die sich ihrerseits Stufe um Stufe höherentwickeln und die dem Menschen bei seiner Höherentwicklung helfen, wenn er in Kontakt mit ihnen tritt (vgl. 601,103ff). Ziel ist die "Vergeistigung" der gesamten Welt, das Einmünden aller Wesen in einen *"'Kosmos der Liebe'"* (601,307; HiO), die Gottwerdung des Menschen[1]. Betrachten wir die "Zwischenreiche" genauer, so entdecken wir eine Aufgliederung der Geister in neun Entwicklungsstufen, eine genaue hierarchische Ordnung in der folgenden aufsteigenden Reihenfolge[2]:

1. Söhne des Zwielichts (Angeloi/Engel)
2. Geister des Feuers (Archangeloi/Erzengel)
3. Geister der Persönlichkeit (Archai/Urbeginne)
4. Geister der Form (Exusiai/Gewalten)
5. Geister der Bewegung (Dynameis/Mächte)
6. Geister der Weisheit (Kyriotetes/Herrschaften)
7. Geister des Willens (Thronoi/Throne)
8. Geister der Harmonien (Cherubim)
9. Geister der Liebe (Seraphim)

Eine ähnliche Aufteilung – allerdings in zehn Hierarchien – findet sich im kabbalistischen Sohar: "Engel, Ar'elim, Seraphim, Tierwesen, Ofanim, Chaschmalim, Elim, Elohim, Söhne der Elohim, Individualitäten." Ernst Müller merkt an, daß die Hierarchien "an verschiedenen Stellen der jüdischen Literatur teils verschiedene, teils verschieden gruppierte Namen tragen. Andere sind durch Dionysius Areopagita ins Christentum eingeführt worden und neuerdings auch in der Anthroposophie verwendet."[3]

Die hierarchische Stufung bei Steiner ist nicht in sich abgeschlossen, sondern nach oben und unten hin *offen.* Direkt unter den "Söhnen des Zwielichts" bzw. "Engeln" steht der Mensch. Unter ihm wiederum "liegen die drei Naturreiche: Tierreich, Pflanzenreich, Mineralreich" (613,88). Der Unterschied zwischen Engeln und Menschen besteht darin, daß die Engel im Erdenzeitalter keinen physischen Leib haben. Der niederste Leib der Engel im Erdenzeitalter ist der Ätherleib (weshalb sie unsichtbar sind), der niederste Leib der Erzengel (Geister des Feuers) der Astralleib, der niederste Leib der Geister der Persönlichkeit das Ich usw. Je höher hinauf es in den Hierarchien geht, desto vergeistigter und lichtvoller werden die Leiber. Engel, Erzengel usw. entwikkeln sich immer weiter, und auch der Mensch selber wird in den nachfolgenden Zeitaltern zum Zustand der Engel, Erzengel usw. aufsteigen, bis er sich auf der Stufe der Kyriotetes zum Geistesmenschen und dann sogar noch darüber hinaus zu den höchsten Geisterhierarchien und zur Einswerdung mit "Gott" oder dem absoluten "Geist" entwickelt. Über die höchsten Stufen oder gar ein Ende dieses Entwicklungsweges kann Steiner keine Aussagen machen.[4]

1.1.2 Die Deutung von "elohim" als Kollektivbegriff

Den Bezug zur Bibel nun stellt Steiner her, indem er die "Geister der Form" *("Exusiai")* mit dem pluralisch aufgefaßten Begriff *"elohim"* identifiziert:

"Einen Grad über den Geistern der Persönlichkeit haben wir die Geister der Form, die Exusiai, dieselben, die wir die Elohim nennen. Das sind also geistige Wesenheiten, die, als unser planetarisches Dasein mit dem alten Saturn begonnen hat, schon über das Menschendasein hinausgeschritten waren; hohe, erhabene, geistige Wesenheiten, die ihre Menschheitsstufe schon vor der alten Saturnzeit durchgemacht haben" (122,74).

Die "Exusiai" bzw. "Elohim" stehen gemäß Steiners System "um vier Grade in der hierarchischen Ordnung über der Menschheitsstufe" (ebd). Sie sind also nicht "Gott" im absoluten Sinn, sondern ein Glied der "göttlich-geistigen Welt", die selber noch in der Entwicklung begriffen ist. Ähnliche Vorstellungen fanden sich bereits in den gnostischen Systemen eines Saturnin und Apelles, die behaupteten: "Der Gott der Juden ist ein E[ngel]."[5]

Die anthroposophischen Ausleger stützen sich mit ihrer Argumentation v.a. auf die grammatische *Plural-Form* des hebr. "elohim" sowie auf den gelegentlichen pluralischen Gebrauch von Verben, die göttliche Tätigkeiten beschreiben (z.B.: "Lasset uns Menschen machen ..." in Gen 1,26). So stellt Frieling fest:

"Auf solch ursprüngliches Erleben des Göttlichen durch eine Mehrzahl höherer Wesen hindurch weist letzten Endes auch das Wort hin, das allermeist im Alten Testament für 'Gott' gebraucht wird: 'Elohim'. Nicht zu leugnen, daß das ein Plural ist."[6]

Und zu Gen 1,26 schreibt er: "Dreimal erklingt auf diese Weise das innergöttliche 'Wir'. Lasset *uns* – *unser* Bild – *unser* Gleichnis."[7] In der Regel tritt zu "elohim" im AT jedoch das Tätigkeitswort im *Singular,* was Frieling selber bemerkt:

"Andererseits ist zu beobachten, daß das Tätigkeits-Wort, das zu Elohim hinzutritt, die Mehrzahl nicht mitmacht, sondern in der Einzahl steht. Elohim 'schuf' – nicht etwa 'schufen'. Elohim 'spricht', Elohim 'segnet'."[8]

Frieling gibt somit indirekt zu, daß z.B. Steiners oben zitierte Übersetzung von "bara" in Gen 1,1 mit "schufen" (Mehrzahl!) grammatikalisch falsch ist. "Bara" ist – wie auch fast alle anderen Verben, die Gottes Reden und Handeln beschreiben – singularisch zu übersetzen. Wie läßt sich nun nach anthroposophischer Sicht die *Mehrzahl* der Elohim mit der *Einzahl* der dazugehörigen Verben in Verbindung bringen? – Indem "elohim" als *Kollektivbegriff* aufgefaßt wird. Frieling schreibt:

"Elohim wird also zur Zeit der Niederschrift jener Texte als Einheit empfunden. Die ursprünglich in Mehrzahl erlebten Elohim haben sich in ihrem Haupte Jahve zusammengeschlossen und sich wie zu einem einheitlichen Geist-Organismus zusammengelebt, zu einer 'Elohimheit' gleichsam."[9]

Wie E. Bock im Anschluß an Steiner (122,117ff) ausführt, sind es insbesondere "sieben Elohim, hohe Geister der Form", die "in den Urbeginnen die Erdenschöpfung aus der Weltennacht hervorgehen ließen, zuerst mehr als eine harmonisch zusammenwirkende Vielheit, dann immer deutlicher unter der zusammenfassenden Führung des mittleren der sieben Wesen, des Jahve". Jahve – im AT der Name Gottes – wird zum "gemeinsamen Ich der Elohim und ermöglicht so das Hereinwirken der höchsten Schöpferwesenheit, des Kyrios Christus, zu dessen Götterhülle und Organ sich die Siebenheit der Elohim darbietet". Als Wegbereiter des Christus ist "Jahve-Elohim" der "Bote und Bringer der Ichheit" (II,96). Nach Bocks Auffassung wird dies durch die göttliche Namensoffenbarung an Mose beim brennenden Dornbusch (Ex 3) bestätigt, wo zuerst von der "Götterwesenheit (Elohim) Abrahams, Isaaks und Jakobs" (V. 6), dann vom "ICH BIN (Ehjeh ascher ehjeh)" (VV. 13f) und schließlich von "Jahve" (VV. 15f) die Rede ist (II,94ff; HiO):

"Der *erste* der drei göttlichen Namen, die Moses hört, Elohim, wiederholt die alte Göttervielheit, der *dritte* spricht in der für die damalige Menschheit faßbaren Gestalt die heraufsteigende Einheit und Ichheit Gottes aus. Der *mittlere* Name ist wie der magische Donner und Blitz selbst, durch den der Vorhang vor dem Welteninneren zerreißt und die Zeit der Ichheit beginnt" (II,96; HddV).

Das Ziel der "Elohim" im Erdenzeitalter ist die Herausbildung des menschlichen Ich-Leibes (601,174; vgl. III.B.4.).

1.2 Theologische Kritik

Nun stehen wir vor der Frage: *Ergibt sich dieses anthroposophische Gottesbild tatsächlich aus dem Wortsinn des Bibeltextes – oder wird es allegorisch in ihn hineingelegt?* Die Antwort erfolgt in mehreren Schritten.

1.2.1 Die außerbiblischen Wurzeln des anthroposophischen Gottesbildes

Zunächst erinnern wir uns an die Beobachtung, daß die anthroposophische Gottesvorstellung große Ähnlichkeit mit der hinduistischen Vorstellung vom *Brahman* besitzt, das als absoluter Geist an der Spitze einer Seinspyramide steht, sich durch eine Fülle geistiger Wesenheiten hindurch bis in den Menschen und die Natur hinabsenkt und so – durch Anteilgabe an seiner eigenen Substanz – alle Wesen erschafft (s. III.A.2.). Diese Gottesvorstellung verbindet sich in der Anthroposophie mit Elementen der Gnosis, der Kabbala und anderer esoterischer Systeme. Wie etwa R. Frieling formuliert, "muß Gott sozusagen in die eigene Substanz hineingreifen und etwas von sich selber hergeben und loslösen"[10]. Gott als "'Vater der Geister'" hat "eine Fülle unsichtbarer Wesen ... aus sich hervorgehen lassen"[11]. Dieser Vorgang der *Emanation* ist nach Frielings eigener Feststellung in der Bibel selbst "nicht ausgesprochen", sondern – gemäß kabbalistischer Lehre – "als eine *allererste*

Phase des Gott-Welt-Verhältnisses ... dem Anfang der Genesis ('Im Anfang schuf Gott Himmel und Erde') stillschweigend vorauszusetzen ... Nun erst folgt als ein *zweites,* was in der Genesis den Anfang bildet: 'Berijah'", also das göttliche Erschaffen.[12] Gershom Scholem bemerkt:

"Die späteren Kabbalisten pflegten von vier Welten zu sprechen, die eine derartige geistige Hierarchie bilden, der Welt der göttlichen Emanation, *'Aziluth,* der Welt der Schöpfung, *Beri'a,* der Welt der Formation, *Jezira,* und der Welt der Aktivierung, *'Assija.* Diese Welten folgen nicht zeitlich aufeinander, sondern bestehen gleichzeitig und bilden die verschiedenen Stadien, auf denen sich die schöpferische Macht Gottes fortschreitend materialisiert."[13]

Gen 1,1 wird somit bei Frieling nicht auf den absoluten Anfang der Weltgeschichte bezogen, sondern lediglich auf den Anfang des "Erdenzeitalters", des vierten Zeitalters innerhalb des anthroposophischen Systems, dem bereits lange Emanations- und Entwicklungsprozesse im Saturn-, Sonnen- und Mondzeitalter vorausgegangen seien (601,103ff; 122,8f). – Da nun die Emanation und die damit verbundenen Spekulationen in der Bibel selbst nicht ausgesprochen werden, sondern angeblich *vor* dem liegen, was die Genesis berichtet, finden sie im literal verstandenen Bibeltext auch *keinen Anhaltspunkt.* Wer sie vertritt, muß auf die Spekulationen und Berichte der "Schauenden" vertrauen oder selbst den Erkenntnisweg gehen. Die damit verbundenen Probleme haben wir bereits in II.B.1. und II.B.2. aufgezeigt.

Philologisch wäre diese Vorstellung außerdem nur möglich, wenn "bereschit" in Gen 1,1 als status constructus und der Vers als untergeordneter Temporalsatz aufgefaßt würde, doch spricht mehr für die Deutung als status absolutus und Hauptsatz.[14] Und schließlich steht die Vorstellung einer "Emanation" im Gegensatz zu der sich aus dem gesamtbiblischen Kontext ergebenden Lehre von der Personalität und Souveränität Gottes, der die Welt "aus dem Nichts" durch sein "Wort" erschafft (vgl. Ps 33,6–9; Joh 1,1ff; Röm 4,17; 1.Kor 1,28; Hebr 11,3 u.a.). Diese "creatio ex nihilo" – so E. Jüngel – ist "Ausdruck der Gottheit Gottes, insofern der dreieinige Gott im Akt der Schöpfung aus dem Nichts *sein eigenes Sein betätigt* und *an nichts als an sein eigenes Sein anknüpft"*[15].

1.2.2 Die Unterschiedenheit der biblischen "Mächte" von den anthroposophischen "Geisterhierarchien"

Sodann zeigt sich, daß die von der Anthroposophie beschriebenen *Geisterhierarchien* nur Namen, nicht jedoch Wesen und Eigenschaften mit den im Neuen Testament erwähnten "thrónoi", "kyriótetes", "archai", "exousíai" usw. (wir nennen sie zusammenfassend "Mächte") gemeinsam haben. Diese "Mächte" sind im Gegensatz zu Steiners Geisterhierarchien nicht Emanationen des göttlichen Wesens (und somit nicht mit Gott wesensgleich), sondern sie sind – von Gott unterschiedene – *Geschöpfe* Gottes (Kol 1,16), "Mächte der geschaffenen Welt"[16], "kosmische Potenzen, Schicksalsmächte, die ihre Macht über Menschen und Welt aufzurichten trachten"[17]. Im Neuen Testament findet sich weder die Vorstellung, daß sich diese "Mächte" höherentwickeln, noch daß sie dem Menschen bei seiner Höherentwicklung helfen.[18] Überhaupt gibt es, wie im nächsten Kapitel gezeigt wird, keine Höherentwicklung im Verlauf verschiedener Reinkarnationen, sondern nur eine Erlösung hier und jetzt. Diese Erlösung bewirken aber nicht die "Mächte", sondern allein Gott bewirkt sie am Glaubenden durch seinen Sohn Jesus Christus, der "das Ebenbild des unsichtbaren Gottes, der Erstgeborene" (nicht Geschaffene!) "vor allen Kreaturen" ist (Kol 1,15).

E. Bock versucht nun, Christus und die "Mächte" zu vereinen, indem er Kol 2,9 so auslegt: "Christus ist *die Zusammenfassung aller Götterreiche* ... Er trägt das 'Pleroma' in sich ... die Fülle der göttlichen Wesenheiten, die Fülle der Hierarchien" (Ev, 932; HiO). – Auch hier wird übersehen, daß allein Christus, nicht aber die "Mächte" göttlichen Wesens sind. Christus empfängt die Fülle des göttlichen Wesens (griech. "theótēs"; Einzahl!) vom Vater, nicht von geschaffenen "Mächten", deren "Haupt" er ist, die in ihm "ihrer Macht entkleidet" sind und die, soweit sie sich gottfeindlich gebärden, am Ende sogar "vernichtet" werden (Kol 2,10.15; Eph 6,12; 1.Kor 15,24f). Christus steht "ganz auf seiten Gottes ... Wer von Christus spricht, spricht von Gott. Eikon [Kol 1,15] ist Christus als der Präexistente, der vor der Schöpfung bei Gott Existierende" (J. Gnilka)[19].

Da somit die "Mächte" nicht göttlichen Wesens sind, lassen sich die zu ihnen gehörenden "Exousiai" nicht mit der alttestamentlichen Gottesbezeichnung "elohim" gleichsetzen. Im NT werden Gott (theós) und die "Exousiai" durchgehend *unterschieden* (Röm 8,38f; Eph 1,15ff; Kol 2,15 u.ö.), wobei die Kontinuität und Identität zwischen dem "elohim" des AT und dem "theós" des NT zweifelsfrei feststeht (Mk 12,29f; Lk 1,68; Act 3,13 u.ö.).[20]

1.2.3 Die singularische Bedeutung von "elohim" in bezug auf den Gott Israels

Nun bleibt die *philologische Frage:* Handelt es sich bei "elohim" und Formulierungen wie in Gen 1,26 nicht doch um einen *Plural,* der auf eine Göttervielheit hinweist? Diese Frage ist nur dann richtig zu beantworten, wenn man diese Formulierungen nicht isoliert, sondern in ihrem *Kontext* betrachtet. Und hier fällt sofort auf, was auch R. Frieling zutreffend feststellt: Die Prädikate und Appositionen, die sich auf "elohim" beziehen, stehen fast immer im *Singular.* Die wenigen Ausnahmen, auf die wir z.T. gleich eingehen, ändern nichts daran: Der Singular ist der Regelfall – und zwar in *allen* alttestamentlichen Schriften und Epochen. Es gibt keinen Zeitpunkt in der alttestamentlichen Geschichtsdarstellung – auch nicht in der Genesis – wo man sagen könnte, "elohim" sei prinzipiell oder überwiegend mit Prädikaten und Appositionen im Plural konstruiert. Einen Hinweis auf eine ursprüngliche "Göttervielheit", die dann später in "Jahwe" als "Einheit" empfunden worden wäre, liefert somit der sprachliche Kontext von "elohim" nicht.

Wie steht es aber mit dem Begriff *"elohim"* selber? Zweifelsohne handelt es sich *grammatikalisch* um einen Plural. Er wird jedoch im AT nur selten als numerischer Plural aufgefaßt. Als *numerischer* Plural ("Götter") begegnet "elohim" nur, um die Götter der Heiden (vgl. Dtn 6,14; Ri 2,12 u.ö.), um Totengeister (1.Sam 28,13; Jes 8,19), um (im übertragenen Gebrauch) richtende Engelmächte oder evtl. auch menschliche Richter (Ps 82,1ff; vgl. Joh 10,34ff) u.ä. zu bezeichnen.[21] Als Bezeichnung für den *Gott Israels* hingegen wird "elohim" "in der Regel mit dem *Sing[ular]* konstruiert ... kann aber auch ein *pluralisches Attribut oder Prädikat* nach sich ziehen, ohne daß ein Bedeutungsunterschied erkennbar wäre"[22]. Gesenius weist allerdings darauf hin, daß der seltene pluralische Gebrauch von Prädikaten im Zusammenhang mit dem Elohim Israels "in bestimmter Absicht od[er] infolge eines Schreibfehlers" geschieht.[23]

Der Elohim ("Gott") Israels nun, der den Namen "Jahwe" trägt, wird in der Bibel als der *eine, wahre Gott* gekennzeichnet, der keine anderen Elohim ("Götter") neben sich duldet und gegenüber dem *alle* anderen Elohim ("Götter") seit *Anbeginn* der Welt Elilim ("Nichtse") sind (Ex 20,2f; Dtn 6,4; Ps 31,7; 96,5; Jer 2,5 u.ö.).[24] Von diesem *sachlichen* Aspekt der Einheit und Einzigkeit des Elohim Israels her ist die *sprachliche* Folgerung unausweichlich: *Der Begriff "elohim" kann, soweit er sich auf den Gott Israels bezieht, nur singularisch verstanden werden.* Wie auch W.H. Schmidt anmerkt, ist "der singularische Sinn der Pluralform für das AT so unbestritten, daß es das Wort [sc. 'elohim'] überall ohne jede Einschränkung (Verdacht auf Polytheismus) verwendet"[25].

Die Pluralform "elohim" in bezug auf den Gott Israels wird in der theologischen Forschung unterschiedlich gedeutet, so etwa als "pluralis trinitatis"[26], als "pluralis deliberationis"[27] oder als "pluralis amplitudinis"[28]. Eine letzte Klarheit gibt es darüber nicht. Die anthroposophische Deutung aber ist von den genannten sachlichen Gründen her mit Sicherheit auszuschließen.

"Der Polytheismus hatte recht. Der Monotheismus ist keine ewige, absolute Wahrheit", hat E. Bock geschrieben (II,95). Nach allem, was wir in III.A.2. und hier herausgearbeitet haben, können wir zusammenfassend sagen: *Der Polytheismus hatte nicht recht.*[29] Elohim sind entweder die vielen – und damit falschen – Götter. Oder aber Elohim ist (an der weit überwiegenden Zahl der Stellen) der eine, wahre Gott Israels, der Schöpfer der Welt, der Vater Jesu Christi. Welche Bedeutung jeweils gemeint ist, ergibt sich aus dem Textzusammenhang.

2. Reinkarnation und Karma – biblische Anklänge

2.1 Anthropos ophische Auffassung

"Wiederverkörperung ist, wie Rudolf Steiner immer wieder gesagt hat, nicht eine Lehre des Christentums, wie es zunächst auf uns gekommen ist"[30], schreibt F. Rittelmeyer. Wiederverkörperung ist somit nach der Selbstaussage der Anthroposophie *keine biblische Lehre.* Dennoch klinge sie in der Bibel an, und zwar deshalb, weil "Jesus, wenn er mit seinen Jüngern *intim* sprach, die Wiederverkörperung lehrte" (94,214; HddV). Mit den Stellen, die die anthroposophische Exegese hierzu anführt, werden wir uns in diesem Kapitel beschäftigen.

2.1.1 Geschichtliche Wurzeln

Die Wiederverkörperung oder Reinkarnation ist nach Ansicht der Anthroposophie *deshalb* keine biblische Lehre, weil die Menschen in alttestamentlicher und urchristlicher Zeit sie so, wie Steiner sie vertritt, *nicht verstanden* hätten (von den "Eingeweihten" des Jüngerkreises abgesehen, die sie aber für sich behielten).

Zum ersten nämlich gab Steiner der ursprünglich negativen, pessimistischen Auffassung der Reinkarnation bei Buddha ("Qualvoll ist dies Immerwiedergeborenwerden") eine *positive Wendung.* Er schloß sich an Gedanken G.E. Lessings an, der die Wiederverkörperung neuzeitlich-optimistisch im Sinne der "Entwickelungsmöglichkeit" des Erdendaseins verstanden und "die Freude des Werdens, des Lernens, der ein einziges Dasein nicht genugtut", betont hatte. Lessing legt diese Ansicht in seiner Schrift "Die Erziehung des Menschengeschlechts" dar. Als wichtige Unterschiede zu den fernöstlichen Reinkarnationsvorstellungen nennt Frieling, daß Steiner keine Verkörperung von Menschenseelen in *Tierleibern* vertrete und daß die Reihe der Inkarnationen *"keineswegs endlos"* sei.[31] Allerdings hat auch im Buddhismus der Kreislauf der Wiederverkörperungen einmal ein Ende, nämlich dann, wenn "die Gier und die anderen Leidenschaften, welche eine Wiederverkörperung herbeiführen, vernichtet werden" und der einzelne in die "ewige Ruhe des Nirvana" eingeht.[32] Ähnliches gilt für den Hinduismus.[33] Der wirkliche Unterschied zu den fernöstlichen Reinkarnationsvorstellungen liegt in der optimistischen Ausrichtung bei Lessing und Steiner, die – jeder auf seine Art – die Vergeistigung des Menschen anstreben.

Die optimistische Ausrichtung und die Ablehnung einer Verkörperung in Tierleibern berührt sich mit der Seelenwanderungsvorstellung im kabbalistischen Buch Bahir: "In dem ältesten kabbalistischen Text, dem Buch Bahir, das gegen 1180 in Südfrankreich redigiert worden ist, wird von dieser Lehre als von etwas ganz Selbstverständlichem gesprochen", während "die offizielle jüdische Theologie ... dieser Lehre mit betonter Ablehnung gegenüberstand". In das Buch Bahir flossen "die orphischen, platonischen und orientalischen Vorstellungen der Metempsychosis und Metensomatosis" ein. Zum Teil im Unterschied zu späteren kabbalistischen Schriften kannte das Buch Bahir "zweifellos nur eine Wanderung der Seelen durch Menschenleiber, und besonders gerade der Seelen Israels"[34].

Der zweite Grund, warum die Wiederverkörperung in alttestamentlicher und urchristlicher Zeit nicht verstanden wurde, ist nach Frieling die Tatsache, daß zu ihrem Verständnis die Ausformung des *Ich-Leibes,* des "Geistteiles" im Menschen notwendig sei, und diese Ausformung habe sich – durch den Impuls des Christus angeregt – erst in den letzten zwei Jahrtausenden allmählich vollzogen. R. Frieling schreibt:

"Erst wenn der auf Erden selbständig und mündig gewordene Mensch in Freiheit den Christus aufnimmt, kann er allmählich zu einem neuen, nunmehr viel bewußteren Gewahrwerden der höheren Welten und auch der wiederholten Erdenleben hingeleitet werden."[35]

2.1.2 Die anthroposophische Ausformung der Lehre von Reinkarnation und Karma

Wie sieht nun die *Reinkarnations- und Karmavorstellung bei Steiner* aus? Nach Steiner besteht der gegenwärtige Mensch aus physischem Leib, Ätherleib, Astralleib und Ich. Tritt der physische Tod ein, dann stirbt zunächst der physische Leib, nach einigen Tagen der Ätherleib und schließlich – nach dem Durchgang durch ein "Läuterungsfeuer"[36] und dem Auslöschen der "Begierden" – der Astralleib (601,70ff). "Für die übersinnliche Erkenntnis gibt es somit drei Leichname, den physischen, den ätherischen und den astralischen" (601,79). Das Ich jedoch ist "mit dem Göttlichen von einerlei Art und Wesenheit" und deshalb unzerstörbar und ewig (601,52). Es ist der geistige Wesenskern des Menschen, der sich durch alle Verkörperungen hindurch erhält, aber auch verändert, indem er die "Frucht" – den Ertrag, die Handlungen, die Erlebnisse – der einzelnen Verkörperungen aufnimmt. Diese "Frucht" nimmt das Ich nach dem Ablegen aller anderen Leiber mit in das "Geisterland", wo die über ihm stehenden hierarchischen Geistwesen an seiner Weiterentwicklung arbeiten.

"Diese Wesenheiten der geistigen Welt", schreibt Steiner, "wirken nunmehr zusammen mit dem, was der Mensch als Frucht aus dem vorigen Leben mitgebracht hat und was jetzt zum Keime wird. Und durch dieses Zusammenwirken wird der Mensch zunächst als geistiges Wesen aufs neue aufgebaut" (601,87f). Ein neuer Astralleib lagert sich um das Ich herum, der sodann von den geistigen Wesenheiten "zu einem Elternpaare geleitet" wird, so daß er "mit dem entsprechenden Ätherleib und physischen Leibe begabt werden kann" (601,89). "Der Mensch kann wieder durch eine Geburt gehen und in einem neuen Erdendasein erscheinen, das nun in sich eingegliedert hat die Frucht des früheren Lebens" (601,88). So wirkt "das vorgängige Leben bestimmend auf das neue". Die Taten des neuen Lebens "sind durch jene des vorigen in einer gewissen Weise verursacht". Für diesen "gesetzmäßigen Zusammenhang eines früheren Daseins mit einem späteren" gebraucht Steiner die Bezeichnung *"Gesetz des Schicksals"* oder auch den "aus der morgenländischen Weisheit entlehnten Ausdruck 'Karma'" (601,89; HiO).

2.2 Theologische Kritik

2.2.1 Die allegorische Hineindeutung von Reinkarnation und Karma in die Bibel

2.2.1.1 Präexistenz

Erste Voraussetzung für die Wiederverkörperungslehre ist die Annahme einer Existenz des Menschen vor seiner Zeugung im Mutterleib, einer *Präexistenz*. "Wird die *Prä-Existenz* in Frage gestellt, so entfällt damit jegliche Möglichkeit einer Wiederverkörperung"[37], betont R. Frieling ausdrücklich. – Nun kennt die Bibel zwar einen *Plan* Gottes für den Menschen vor seiner Zeugung (vgl. Ps 139,16; Jer 1,5 u.ö.) und eine ewige *Erwählung* von Menschen durch Gott (Eph 1,4); aber von einer *Existenz* des Menschen vor seiner Zeugung ist dabei nicht die Rede. Der Präexistenzgedanke findet sich in der Bibel – ohne die Reinkarnationsvorstellung – allein im Blick auf den Logos Jesus Christus (Joh 1,1ff; 8,58; Phil 2,5ff u.ö.), nicht auf die Menschheit allgemein.[38] Frieling beruft sich deshalb zwar – mit Einschränkungen – auf die Präexistenzlehre des Origenes, muß aber zugleich darauf hinweisen, daß diese Lehre "in der christlichen Kirche in aller Form verdammt" und "in das Reich heidnischen Fabulierens verwiesen" worden ist.[39]

2.2.1.2 Zwischenzustand

Die zweite Voraussetzung für die Wiederverkörperungslehre ist die Annahme einer nachtodlichen Existenz des Menschen, eines *Zwischenzustandes* zwischen Tod und Jüngstem Tag. Darauf weisen in der Tat mehrere Bibelstellen hin, die Frieling z.T. anführt.[40] Dennoch ist es nach seinen eigenen Worten "nicht zu übersehen, daß die diesbezüglichen Aussagen und Andeutungen sehr fragmentarisch sind", daß die Bibel auf die Frage "Was ist zwischen Tod und

Jüngstem Tag?" "keine umfassende Antwort" gibt. *"Hier ist im christlichen Weltbild eine Lücke"*, und nach Frielings Ansicht könnte "die Anschauung der Wiederverkörperung ... genau die 'eschatologische Lücke' ausfüllen"[41]. – Frieling gibt hier im Grunde zu, daß es sich bei seiner Argumentation nur um einen Erklärungsversuch, um eine *Hypothese* handelt, die etwas Neues an die Bibel heranträgt. In den biblischen Stellen selber, die auf einen Zwischenzustand hindeuten, finden sich hingegen *keine* detaillierten Beschreibungen dieses Zwischenzustandes und *keine* Ausführungen über eine Reinkarnation.

2.2.1.3 "Kehrt wieder, Menschenkinder!"

Aber gibt es nicht doch Stellen in der Bibel, in denen der Gedanke von Reinkarnation und Karma anklingt? Im Blick auf das *Alte Testament* bemerkt Frieling selber, daß "von wiederkehrenden Erdenleben so gut wie gar nicht die Rede ist" – eine Tatsache, die er auf die "Herausstellung des Geschichtlich-Linearen" im AT zurückführt. Auch in dem Psalmwort *"Kehrt wieder, Menschenkinder!" (Ps 90,3)* habe man "wohl mit Unrecht" einen "Hinweis auf die Wiederverkörperung" finden wollen. Der Urtext meine entweder "die Rückkehr des sterbenden Menschen, wobei im Sinne des 'Predigers Salomo' der 'Staub zur Erde' und der eingehauchte 'Geistesodem zu Gott' zurückkehrt (Pred. Sal. 12,7)", oder aber "das Geborenwerden neuer anderer Menschen ... (Pred. Sal. 1,4)"[42].

2.2.1.4 Elias und Johannes der Täufer

"Bedeutsam" sei hingegen die Ankündigung der Wiederkunft des Propheten *Elias* in Mal 3,23, die in *Johannes dem Täufer* ihre Erfüllung gefunden habe (Mt 11,14; 17,10–13 u.ö.). Nach Frielings Ansicht wird "an dem Beispiel *Elias – Johannes* ... die Wiederverkörperung ausdrücklich ausgesprochen, von dem Christus selbst ... Die direkte Identifizierung wird ... durch den Christus selbst vollzogen. 'Er ist Elias' (Mt 11,14)"[43].

Frieling übersieht in seiner Argumentation die *Einzigartigkeit* des Elias und seiner Funktion, durch die er gerade *kein* Beispiel für andere Menschen sein kann. Vor allem gilt: Elias ist gar nicht gestorben, sondern er wurde "entrückt" (2.Kön 2,11), so daß von einer Reinkarnation im Sinne Steiners, die den physischen Tod voraussetzt, nicht geredet werden kann.[44] Weil Elias nach der biblischen Erzählung nicht gestorben war, herrschte in der vorchristlichen Überlieferung des Judentums und im jüdischen Umfeld Jesu die allgemeine Überzeugung, daß der Weggang des Elias "keinen endgültigen Abbruch seiner Beziehungen zur Erde u[nd] zu seinem Volk bedeute, daß der Entrückte vielmehr auch noch in der Gegenwart, wann er wolle u[nd] wie er wolle, auf der Erde erscheine"[45]. Gegründet auf Mal 3,1 und 23f, wo Elias als "Wegbereiter Gottes" und "Friedensstifter zwischen Vätern u[nd] Söhnen" geschildert wird, war die Erwartung der "Wiederkunft des Propheten Elias am Ende der Tage" ein "feststehender Glaubensartikel der alten Synagoge" geworden.[46]

Das Kommen des Elias ist somit an das Kommen des Messias gebunden, dem es vorausgeht. Johannes der Täufer bereitete als der angekündigte Elias dem angekündigten Messias Jesus bei seinem ersten Kommen im Fleische den Weg (Mt 3,3 parr). Nur in dieser heilsgeschichtlichen Konkretion ist das von Frieling zitierte Wort Jesu aus Mt 11,14 zu verstehen, das vollständig heißt: "Er ist Elias, der kommen soll." Selbst wenn somit Johannes der Täufer als eine "Verkörperung" des Propheten Elias verstanden wurde (was vom biblischen Textbefund her freilich am ehesten im übertragenenen Sinn zu verstehen ist[47]), so kann doch mit Adolf Köberle nicht genug betont werden, "daß es sich dabei um einen einmaligen, gottgewollten, gottgewirkten Vorgang gehandelt hat im Zusammenhang mit dem eschatologischen Heilsplan, aber nicht um eine allgemeine Begründung der Wiederverkörperung"[48]. Vom biblischen Gesamtkontext her ist, wie wir unten sehen werden, die Vorstellung einer allgemeinen Wiederverkörperung eindeutig auszuschließen.

2.2.1.5 Das Gespräch mit Nikodemus

Als weitere Belegstelle für die Wiederverkörperung wird das *Gespräch Jesu mit Nikodemus (Joh 3,1ff)* genannt. Nach Steiner spricht Jesus zu Nikodemus "von einer richtigen Wiedergeburt". Der Mensch müsse "durch Geburt und Tod immer wieder hindurchgehen, bis er sein volles Maß der Reife erlangt hat, um dann Eintritt zu halten in das geistige Reich selbst, so daß er dann keine physischen Organe mehr braucht" (94,213). "Amen, amen, ich sage dir: Es sei denn, dass jemand geboren werde aus *Wasser und Luft,* sonst kann er nicht in die Reiche der Himmel kommen" – so übersetzt Steiner Joh 3,5 und gibt folgende Erklärung: "Das heisst, der Mensch ist einstmals [sc. bis zur Mitte der atlantischen Zeit] nicht geboren worden aus Fleisch und Erde, sondern aus Luft und Wasser. Und er muss später im Geiste wirklich wiedergeboren werden aus Luft und Wasser" (103,121f; HiO).

Auch hier trägt Steiner sein okkultes Weltbild ("atlantisches Zeitalter" etc.) allegorisch in den Text hinein. Dagegen ist festzustellen: Die Reinkarnationsvorstellung (Geburt "ek sarkos") klingt zwar – wenn auch mit ironisch-abwehrendem Unterton – möglicherweise in der Frage des Nikodemus an (V. 4; vgl. V. 6)[49]; sie wird aber durch die Antwort Jesu (Geburt "ek hýdatos kai pneúmatos") abgelehnt (V. 5). Was "ek hýdatos kai pneúmatos" bedeutet, ergibt sich aus dem Kontext der Stelle und dem gesamtbiblischen Gebrauch der Worte: "Hýdōr" bezeichnet das reinigende Wasser der Taufe, und "pneúma" den neuschaffenden Geist Gottes (Hes 36,25–27; Röm 6,4; Eph 5,26; Tit 3,5 u.ö.).[50] Es handelt sich somit nicht um höhere Wesensglieder des Menschen, wie Steiner behauptet. Die Neuschaffung des Menschen geschieht nicht durch eigene Höherentwicklung und Reinkarnation, sondern durch den Geist des souveränen Gottes "von oben her"[51]. Die "Geburt aus Wasser und Geist" oder "Geburt von oben" besagt somit nichts anderes, als daß in *diesem* Leben aus einem verlorenen *Geschöpf* Gottes ein gerettetes *Kind* Gottes wird, wo der "pneúma toū theoū"wirkt und im Glauben empfangen wird (vgl. Röm 8,14–16; 2.Kor 5,17).

2.2.1.6 Das Schicksal des Blindgeborenen

Eine weitere Erwähnung der Wiederverkörperung im NT findet sich nach Ansicht Frielings, "wenn auch indirekt", in der johanneischen Erzählung vom *Blindgeborenen (Joh 9).* Die Frage der Jünger "Meister, wer hat gesündigt, er oder seine Eltern, daß er blind geboren ist?" (V. 2) scheine "bei den Jüngern die Meinung vorauszusetzen, daß 'er' eventuell selbst durch Sündigen in einem vorangegangenen Erdenleben die Ursache für sein Blindgeborenwerden geschaffen haben könnte". Es habe damals auch "jüdische Anschauungen" gegeben, denen zufolge "dieses frühere Sündigen in einem präexistenten seelischen Dasein hätte möglich sein können". Aus der "abweisenden Antwort" des Christus ("weder er noch seine Eltern ..."; V. 3) dürfe man nicht eine "prinzipielle Verneinung" der Wiederverkörperung heraushören. Verneint werde "nur im Hinblick auf gerade diesen speziellen Fall, wo das nicht so stand"[52].

Frielings Deutung von V. 2, so stellen wir fest, gibt nur eine von mehreren Möglichkeiten wieder, und zwar diejenige, die dem jüdischen Denken zur Zeit Jesu *am wenigsten* entspricht. Die Lehre von der Präexistenz der menschlichen Seele findet sich bei den palästinensischen Schriftgelehrten – unter hellenistischem Einfluß – "erst seit der Mitte des 3. Jahrhunderts so vereinzelt ... daß sie für Jesu Zeit überhaupt nicht in Betracht kommt" – und damit auch nicht die Lehre von der Reinkarnation.[53] Hingegen gibt es in der rabbinischen Literatur und auch in der Bibel einige Stellen, die "ein Sündigen des Kindes im Mutterleib" erwähnen (vgl. Gen 25,22; Ps 58,4 u.ö.), und ganz geläufig war die andere – auch medizinisch erhebbare – Vorstellung, daß "körperliche Gebrechen der Kinder auf Versündigungen der Eltern zurückzuführen" sein können (z.B. Blindheit der Kinder durch eine Geschlechtskrankheit der Eltern).[54] Diese Vorstellungen mögen am ehesten hinter der Frage der Jünger gestanden haben, wogegen der Gedanke an eine Präexistenz oder gar Reinkarnation mit großer Wahrscheinlichkeit auszuschließen ist. (Auch Nikodemus hatte eine in diese Richtung gehende Frage eher mit ironischem Unterton gestellt; s.o.)

Daß sich die *Lehre* von der Reinkarnation in der Bibel nicht findet, wird von anthroposophischer Seite selber gesagt (s.o.). Aber auch die *Anklänge* an Reinkarnation, welche die anthroposophische Forschung aus der Bibel heraushören will, sind im Literalsinn der Texte nicht vorhanden. Sie werden durch *frei assoziierende Eisegese* in sie hineingelesen. Das hat unsere bisherige Untersuchung ergeben.

2.2.2 Die Ablehnung von Reinkarnation und Karma in der Bibel

Erschwerend für die anthroposophische Argumentation kommt hinzu, daß verschiedene Bibelstellen die Vorstellung eines wiederholten Sterbens und Geborenwerdens klar verneinen.[55] *In Hebr 9,26–28* etwa wird die Einmaligkeit der menschlichen Lebensexistenz so selbstverständlich vorausgesetzt, daß sie als Vergleichspunkt dienen kann, um die Einmaligkeit des Opfers Jesu – im Gegensatz zu dem jährlich sich wiederholenden Opfergang des jüdischen Hohenpriesters (Hebr 9,25) – herauszustellen.[56] Die Einmaligkeit des Opfers Jesu durch seinen Kreuzestod auf Golgatha, die das NT durchgehend bezeugt (Röm 6,10; 1.Petr 3,18 u.ö.), wird (zwar mit anderer Deutung, aber doch grundsätzlich) auch von der Anthroposophie anerkannt: *"Die Einzigkeit von Golgatha schließt jegliche Anwendung der Wiederverkörperungs-Idee auf den zur sarx herabsteigenden Christus aus"*[57], schreibt R. Frieling. Um so überraschender ist sein Versuch, das "einmal" (hápax) in bezug auf das (als Vergleichspunkt zu Christi Opfer dienende) "Sterben" des Menschen zu *relativieren:* "Als diese bestimmte einmalige Person [die gerade inkarniert ist; d. Verf.] stirbt man nur einmal. In einer nächsten Inkarnation würde die durchgehende ewige Individualität sich eine andere Person aufbauen, durch die sie 'per-sonat', 'hindurchtönt'." Daß dieser Relativierungsversuch im Neuen Testament selber keinen Anhaltspunkt hat (und somit nur als allegoristische Eisegese bezeichnet werden kann), wird von Frieling einige Zeilen vorher im Grunde zugegeben, wo er feststellt: "An wiederholte Erdenleben wird hier im Hebräerbrief gewiß nicht gedacht, wie auch sonst im Neuen Testament."[58]

Mit der Reinkarnationsvorstellung fällt auch die *Karmavorstellung,* die mit jener unlösbar verkoppelt ist. Als biblischer Beleg für die Karmavorstellung wird immer wieder der Tun-Ergehens-Zusammenhang in *Gal 6,7* angeführt. So schreibt Frieling: "Der von Paulus zunächst als allgemein gültige Wahrheit ausgesprochene Satz 'was der Mensch sät, das wird er ernten' (Gal 6,7) spricht auch das Grundgesetz des Karma aus."[59] – In Gal 6,7 selber steht jedoch nichts weiter als eben diese "allgemein gültige", zugleich aber biblisch zentrale Wahrheit, nämlich daß der Mensch für sein Tun verantwortlich ist und daß "vor dem Richterstuhl Christi ein jeglicher empfange, wie er gehandelt hat bei Leibesleben, es sei gut oder böse" (2.Kor 5,10).[60] Von wiederholten Erdenleben und einem gesetzmäßigen Zusammenhang eines früheren Daseins mit einem späteren (von Steiner als "Karma" bezeichnet; 601,89) läßt sich hingegen in Gal 6,7 nichts finden.

Vor allem aber ist die Karmavorstellung *mit der Erlösung in Christus unvereinbar.* Dem allmählichen Abtragen immer neuer Aktualsünden durch eigene gute Werke im Laufe vieler Wiederverkörperungen steht die ein für allemal geschehene und vollkommene Erlösung des Menschen von allen Sünden durch die stellvertretende Selbsthingabe Jesu Christi am Kreuz in radikaler Weise entgegen, die im Glauben empfangen wird (Röm 3,23f; 8,1; Eph 2,8f; Hebr 9,12; s.o.). Gal 6,8 als Entfaltung von Gal 6,7 ist geradezu eine Widerlegung der Karmalehre und besagt: Der Mensch, der auf sein "Fleisch" sät – das heißt: der auf sein altes, unerlöstes Wesen und dessen Werke baut (auch auf seine "guten Werke" im Verlauf vieler hypothetischer Wiederverkörperungen!) –, "der wird von dem Fleisch das Verderben ernten". Wer aber auf den "Geist" sät – wer allein auf die Kraft Gottes vertraut und die "Frucht des Geistes" hervorbringt –, "der wird von dem Geist das ewige Leben ernten."[61] Gegen alle Selbsterlösungsbestrebungen – dazu gehören auch die anthroposophischen – ist das Wort des Paulus gesprochen: "So halten wir nun dafür, daß der Mensch gerecht werde ohne des Gesetzes Werke, allein durch den Glauben" (Röm 3,28).

Die anthroposophische Karmalehre widerspricht somit völlig der Mitte des paulinischen Evangeliums von der Rechtfertigung des Sünders durch Jesu Sühnetod (Röm 4,5; 5,6-9 u.ö.). Gerade an diesem Punkt scheitert jeder Vermittlungsversuch zwischen der paulinischen Botschaft vom geschenkten Heil sola gratia und der im wesentlichen vom Menschen selbst bewirkten "Höherentwicklung" durch viele Wiederverkörperungen hindurch. Zwischen dem Evangelium Jesu Christi und der Botschaft Rudolf Steiners gibt es hier nur ein eindeutiges Entweder-Oder.[62]

3. Zwei Stammbäume – zwei Jesusknaben

3.1 Anthroposophische Auffassung

Die Unterschiede zwischen den Stammbäumen und Geburtsgeschichten bei Mt und Lk erklärt Rudolf Steiner damit, daß von zwei verschiedenen Jesusknaben die Rede sei. Kaum eine Lehre Steiners hat größere *Verwunderung* ausgelöst als diese – bis in anthroposophische Kreise hinein. So muß selbst Emil Bock "gestehen, daß wir diese Schlußfolgerung aus dem Nebeneinander der beiden Geburtsgeschichten trotz ihrer Klarheit und Unausweichlichkeit dennoch wohl nicht gezogen hätten, wenn nicht Rudolf Steiner als Ergebnis übersinnlicher Forschung dasjenige ausgesprochen hätte, was die Evangelien durch die schweigende Sprache ihrer Widersprüche sagen. Ohne Rudolf Steiner würden wir hilf- und ratlos vor der Unvereinbarkeit der beiden Berichte stehengeblieben sein; die zu ziehende Schlußfolgerung wäre zu sehr allen Denkgewohnheiten widersprechend, ihr Sinn so schwer einzusehen, daß wir den Gedanken zweier Jesusknaben wohl schwerlich allein zu denken gewagt hätten" (V,51f). Dennoch nimmt diese Deutung einen festen Platz im Denken der Anthroposophie ein. Sie ist, wie K. v. Stieglitz schreibt, "keineswegs am Rande vermerkt, sondern eines der zentralen Stücke der Christosophie"[63].

3.1.1 Die Entstehung der Lehre von den "zwei Jesusknaben"

K. v. Stieglitz weist darauf hin, daß Steiner "nicht von vornherein von zwei Jesusknaben spricht", sondern daß diese – nur der Anthroposophie eigene – Lehre zum ersten Mal im September 1909 im Baseler Lukas-Zyklus begegnet. Vorher hatte Steiner die Unterschiede zwischen den Stammbäumen und Geburtsgeschichten bei Mt und Lk durch die unterschiedlichen "Entwicklungsstufen" der Verfasser bzw. deren Einweihung in verschiedene "Mysterien" zu erklären versucht.[64]

Wie Steiner selber mitteilt, hat er sich "jahrelang" mit der Frage der beiden Stammbäume "vom geisteswissenschaftlichen Standpunkt aus" beschäftigt, bis er darauf gekommen ist: "Es handelt sich um zwei Jesusknaben!" (349,63). Die Enthüllung dieses Geheimnisses im Jahre 1909 fällt laut Guenther Wachsmuth mit dem "Beginn des Wirkens des Christus im Ätherischen" zusammen.[65]

Einen Anstoß für die Lehre von den zwei Jesusknaben könnte Steiner vielleicht aus der rabbinischen Tradition erhalten haben, in der gelegentlich von zwei Messiassen – einem königlichen Messias ben David und einem sterbenden Messias ben Joseph (bzw. ben Ephraim) – die Rede ist. Außer der Zweizahl und dem Tod des weniger bedeutenden Messias ben Joseph (im Kampf gegen Gog und Magog) bestehen jedoch zwischen dieser rabbinischen Lehre und Steiners Ansicht keine Analogien.[66]

3.1.2 Der dogmatische Ort der Lehre von den "zwei Jesusknaben"

Von welchen *weltanschaulichen Voraussetzungen* her Steiner zu seiner Lehre von den zwei Jesusknaben gelangt, haben wir in I.1. bereits skizziert. Davon ist hier insbesondere der Gedanke zu vertiefen, daß die Sonnengeister oder sechs Elohim, deren Haupt der Logos oder Christus ist, die Erde mit ihren Gaben "beschenken" und ihr Impulse zur Weiterentwicklung geben. Dieses "Beschenken" war durch alle Figuren der Religionsgeschichte hindurch, in denen sich der Christus vor seiner Verkörperung in Jesus offenbart hatte, immer nur geistig erfolgt (103,130). Eine Verkörperung im eigentlichen Sinn, also ein Eingehen in die Materie und in eine individuelle Person, hatte damals nicht stattgefunden. Erst in der "vierten Kulturepoche, der *griechisch-lateinischen"*, war der Mensch "heruntergelangt bis zum Begreifen der Materie", war er "bis zum Begreifen der Persönlichkeit gekommen". Das war die Zeit, "wo er den Gott als persönliche Erscheinung begreifen konnte, wo auch der zur Erde gehörige Geist bis zur Persönlichkeit fortschritt". In dieser Zeit "tritt der *Christus Jesus* auf der Erde auf" (103,158; HiO). "Der, der immer im Geistigen gesehen werden konnte, der ist Fleisch geworden und hat unter uns gewohnet" (103,168) – so deutet Steiner die in Joh 1,14 ausgesprochene Fleischwerdung des Logos. Der Christus-Sonnenlogos soll der Geschichte da, wo sie am Tiefpunkt der Materie angelangt ist, eine Kehrtwendung geben und die Menschheit zur Wiedervergeistigung hinaufführen.

Um die *Jesus-Leiblichkeit* vorzubereiten, in der sich der Christus-Sonnenlogos bei der Jordantaufe verkörpern kann, ist ein komplizierter Prozeß notwendig, in den Steiner möglichst viele religiöse Strömungen miteinbeziehen möchte. Zwar spricht Steiner von einem "Zusammenströmen *aller* früheren geistigen Strömungen der Menschheit" in dem "Christus Jesus"; er will aber "zunächst nur auf drei Strömungen aufmerksam machen", da sonst die Darstellung "zu unübersichtlich" würde. So nennt Steiner "die *althebräische* Geistesströmung, dann das, was in dem Gautama *Buddha* sich auslebte, und dasjenige, was an den Namen *Zarathustra* sich knüpfte" (117,106; HddV). Bei der Ausbildung der Jesus-Leiblichkeit steht die Steinersche Einteilung in physischen Leib, Ätherleib, Astralleib und Ich im Hintergrund. Die althebräische Geistesströmung, das "althebräische Volk war ausersehen, die leibliche Körperlichkeit, die körperlichen Hüllen [also physischen Leib und Ätherleib; d. Verf.] zu geben, die gewachsen waren als eine Wesenheit, um den Träger dieses Reiches der Himmel aufzunehmen" (117,54). Die Buddha-Strömung vermittelte den "astralischen Leib", die Zarathustra-Strömung das "Ich" (117,122ff).

Nun begegnet bei Steiner die eigentümliche Ansicht, daß wegen der Größe und Erhabenheit des Christus-Sonnengeistes "aus derselben Wesenheit heraus", aus der "die physische und ätherische Hülle für jenes Sonnenwesen vorbereitet worden sind", nicht zugleich "die astralische Hülle und nicht der Träger des eigentlichen Ich" vorbereitet werden konnten. "Dafür war eine besondere Veranstaltung nötig, die durch eine andere menschliche Wesenheit erzielt wurde ..." (123,29). Obwohl Steiner gerade im Blick auf diese Lehre betont, daß "das nicht aus den Evangelien geschöpft" ist, was er erzählt, so behauptet er doch: "Aber wir können es nachher vergleichen mit dem, was in den Evangelien steht, und wir werden es in Übereinstimmung finden" (117,107). Im folgenden zeigen wir den Bezug auf, den die anthroposophische

Auslegung zu den Evangelien herstellt. Wir stützen uns dabei im wesentlichen auf die systematische Zusammenfassung und theologische Reflektion der Gedanken Steiners in E. Bocks Werk "Kindheit und Jugend Jesu" (V) sowie auf Diether Lauensteins Monographie "Der Messias".[67]

3.1.3 Die unterschiedlichen Stammbäume und Geburtsgeschichten bei Matthäus und Lukas

Biblischer Hauptanknüpfungspunkt für die Lehre von den zwei Jesusknaben sind die voneinander abweichenden Namen im matthäischen (mt) und lukanischen (lk) *Stammbaum* in der Zeit zwischen David und Joseph (Mt 1,1–17; Lk 3,23–28). Gemäß der Aufzweigung des Stammbaums bei den David-Nachkommen Salomo (im Mt) und Nathan (im Lk) wird unterschieden zwischen einem salomonischen und einem nathanischen Stammbaum. Der *matthäisch-salomonische* Stammbaum "ist die dynastische Königsliste des Volkes und enthält die Namen sämtlicher Könige von Juda" (V,44; HddV). Der *lukanisch-nathanische* Stammbaum hingegen "zählt lauter völlig unbekannte Namen auf"; er führt in eine Strömung von "'Stillen im Lande'", von *"Namenlosen"* (V,46f; HddV), wobei auffällt, daß sich unter ihnen "viele alttestamentliche *Priesternamen* finden"[68].

Diese Unterschiede zwischen den Stammbäumen setzen sich in den *Geburtsgeschichten* fort. Bock sieht "zwei verschiedene Welten" bei Mt und Lk und spricht von "unvereinbaren Widersprüchen" zwischen ihren Geburtsgeschichten (V,31). "Die Weihnachts-Geschichte des Matthäus-Evangeliums ist die der *Könige,* die des Lukas-Evangeliums ist die der *Hirten"* (ebd; HiO). – Die Geburt des Jesuskindes geschieht bei Mt in einem *"Hause",* bei Lk in einem *"Stall"* (V,47; HddV). – Der Bericht des Mt mit herodianischem Kindermord und Flucht nach Ägypten ist "voll von *hochdramatischer Spannung und Tragik";* der Bericht des Lk atmet demgegenüber "einen wahrhaft *überirdischen Frieden",* in dem der "Schatten des Herodes und seiner Bluttat ... ferne" ist, so daß die Beschneidung und die Tempeldarstellung des Knäbleins in Jerusalem ungestört vonstatten gehen können (V,32f; HddV). Bock folgert daraus eine *zeitliche Differenz* zwischen den Geburten (wobei er die lukanische Schilderung als die spätere, nachherodianische ansieht) – und damit "die Geburt zweier verschiedener Kinder" (V,33f.51). – Zu zwei verschiedenen Kindern gehören zwei verschiedene Elternpaare, worauf die Evangelien nach anthroposophischer Ansicht ebenfalls hinweisen: Während Lk "Nazareth" als Sitz des Elternpaares nennt, ist bei Mt davon "keine Rede". Daraus folgert Bock, daß die matthäischen Eltern "in *Bethlehem* ansässig sind, wo ihnen dann auch ihr Kind geboren wird" (V,34; HddV).

3.1.4 *Die anthroposophische Lehre von den "zwei Jesusknaben" als Versuch der Harmonisierung*

Worin unterscheidet sich nun der "matthäisch-salomonisch-bethlehemitische" vom "lukanisch-nathanisch-nazarenischen" Jesusknaben? Bei der Beantwortung dieser Frage verbinden sich die aufgeworfenen *exegetischen Probleme* mit der oben geschilderten *anthroposophischen Spekulation,* die durch ihre – über den Bibeltext hinausgehende – Schau in die Akasha-Chronik eine Lösung verspricht. Diese Schau, für deren Beurteilung das in II.B.2. Gesagte gilt, stellen wir kurz dar. Danach wenden wir uns der Untersuchung der aufgeworfenen exegetischen Probleme zu, welche die anthroposophische Spekulation als Anknüpfungspunkt benutzt.

Nach Ansicht Bocks hat "die bibelkritische Theologie" den "Grundfehler" begangen, "daß sie *den Wert der offenen Frage* verkannte und nicht die Kraft fand, mit einer Frage so lange zu leben, bis sie selbst auf die Spur einer positiven Antwort führt". Die "Schultheologie" hat sich nach seinen Beobachtungen "immer schnell wieder aus der Affäre gezogen, indem sie auf Grund der auftauchenden Probleme die Evangelien-Berichte einfach für phantastisch und unhistorisch erklärte" (V,45; HiO). Wir betrachten zunächst den anthroposophischen Erklärungsversuch.

Der *matthäisch-salomonisch-bethlehemitische Jesusknabe* ist aus anthroposophischer Sicht der *"Erdenmensch",* der "zusammengefaßte Ertrag der ganzen irdischen Geschichte". In ihm lebt "das Ich des Urlehrers *Zarathustra",* das sich schon häufig inkarniert und dadurch "der fortschreitenden Menschheitskultur immer wieder neue Impulse eingepflanzt" hat (V,63; HddV). Auch das Volk Israel konnte durch seine zweimalige Verbannung bei der "Hermes-Kultur Ägyptens" und der "Gilgamesch-Kultur Babyloniens" als den "jeweils der Zeit entsprechenden Ausgestaltungen der Zarathustra-Weisheit in die Schule gehen" (V,67). Während nun aber damals "das Volk zum Zarathustra" kommen mußte, kommt in dem mt Jesusknaben "Zarathustra zum Volk", was durch die messianische Königslinie, den zarathustrischen "Goldstern" der Magier u.ä. angedeutet wird. "Und so wird das Zarathustra-Ich, die reifste Seele der Menschheit, in dem Jesusknaben des Matthäus-Evangeliums, dem Sprößling der messianischen Königslinie, wiederverkörpert" (V,70f). Bei dem mt Jesusknaben handelt es sich somit um einen "völlig ausgebildeten Menschen", dessen niedere Wesensteile vom Ich des Zarathustra geläutert werden (131,179). Da der Ertrag der gesamten Erdengeschichte in ihm zusammenfließt, ist dieser Knabe "von einer großen Reife und Weisheit" (V,53).

Der *lukanisch-nathanisch-nazarenische Jesusknabe* hingegen ist der *"Himmelsmensch"* (V,63; HddV). Er besitzt ein Ich, das "noch nicht in einem menschlichen physischen Leibe jemals verkörpert gewesen war", das "wie in einem Tabernakel aufbewahrt", "jungfräulich" und "unberührt von allen luziferischen und ahrimanischen Einflüssen" war: "das Ich des *'Adam'* vor seiner ersten irdischen fleischlichen Verkörperung". Dieses Ich war "ein Nichts, ein Negatives gegenüber allen Erdenerlebnissen". "Daher sah es so aus, als ob jener nathanische Jesusknabe, den das Lukas-Evangelium schildert, überhaupt kein Menschen-Ich hätte, als ob er nur bestünde aus physischem Leib, Ätherleib und Astralleib" (131,179; HddV). So erklären sich die "namenlosen" Vorfahren Jesu im lk Stammbaum und der "überirdische Friede", der in der Geburtsgeschichte herrscht (s.o.). Hinzu kommt, daß in dem nächstniederen Leib nach dem (provisorischen) Adam-Ich, im Astralleib, "die *Buddha*-Kräfte wirksam waren". Aus den Buddha-Kräften "Mitleid und Liebe" erklären sich die "Herzenseigenschaften" und die "ungeheure Liebefähigkeit" des lk Knaben; aus dem Fehlen eines eigentlichen menschlichen Ich erklärt sich, daß er "unbegabt" war für alles, "was die menschliche Kultur entwickelt hatte" (117,108f; 131,175.180; HddV).

Die *Eltern* beider Knaben heißen beidesmal Maria und Joseph. Obwohl die Eltern aus verschiedenen Orten (Bethlehem und Nazareth) stammen, werden beide Knaben in Bethlehem geboren, zuerst der mt (während der herodianischen Verfolgung), dann der lk Knabe (nach der Verfolgung). Die mt Familie kehrt nach der Verfolgung aus Ägypten zurück und siedelt sich in Nazareth an, wo dem Knaben mehrere Geschwister geboren werden. Der lk Knabe hingegen bleibt ein Einzelkind. Beide Familien wohnen nun in Nazareth, und eine "Schicksalsverwandtschaft ganz besonderer Art und Tiefe" macht sich zwischen ihnen geltend (V,52f).

Als der lk Knabe *zwölf Jahre alt* ist, pilgern beide Familien nach Jerusalem zum Tempel. Dort treffen sich die Knaben, und es kommt zur "Einswerdung", zur "Umlagerung des Ich" zwischen ihnen. Das Ich des Zarathustra geht vom mt auf den lk Knaben über. Mit beiden Knaben geschieht eine Veränderung: "Der lukanische, bisher schweigsam und zart, erwacht mit einem Male zu einer ganz erstaunlichen Kraft und Reife des Bewußtseins und des Denkens". Der matthäische Knabe hingegen, "von seinem Ich verlassen, siecht dahin und stirbt schließlich". Bock gibt zu, daß man sich "von einer solchen Umlagerung des Ich ... heute schwer eine Vorstellung machen" kann. Aber das Menschenwesen sei damals "noch sehr viel elastischer und beweglicher" gewesen als heute, und zudem habe "eine nicht wiederholbare einzigartige Zusammengehörigkeit der Seelen" vorgelegen. Die Umlagerung des Ich wird laut Bock im Lk dadurch angedeutet, daß die Eltern ihr Kind "fast nicht wieder" erkennen. Nun stirbt aber nicht nur der mt Jesusknabe, sondern auch sein Vater und die Mutter des lk Knaben. Die übrigbleibenden Elternteile heiraten einander, so daß aus zwei Familien eine Familie wird, zu der auch die Geschwister des gestorbenen mt Knaben gehören. Es gibt von nun an nur noch *einen* Jesus von Nazareth, *einen* Joseph und *eine* Maria (V,53f).

Möglicherweise war Steiner bei der Ausbildung dieser Lehre im Sohar und in anderen kabbalistischen Schriften des Mittelalters auf die Vorstellung des

"'Ibbur" gestoßen. Nach kabbalistischer Vorstellung nämlich – so schreibt Gershom Scholem – gibt es Fälle, "in denen der Mensch im Laufe seines Lebens, etwa in besonderen, bedeutenden Momenten, eine andere Seele, gleichsam in Schwängerung *('Ibbur)* seiner eigenen Seele, empfängt. Solche Zusatzseele, die mit seinem psychophysischen Organismus nicht von der Geburt an verbunden ist und keinen Teil an seinem Aufbau hat, kann ihn bis an den Tod begleiten, kann ihn aber auch schon früher wieder verlassen."[69] Der *eine* Jesus von Nazareth – so Steiner – besteht aus den vier Wesensgliedern physischer Leib, Ätherleib, Astralleib und Zarathustra-Ich. Das Zarathustra-Ich verläßt ihn bei der *Jordantaufe* in seinem dreißigsten Lebensjahr. Es hatte die Funktion gehabt, die "Hülle", die "menschliche Organisation" für die Aufnahme des Christus, vorzubereiten. "Was jetzt als Hülle da ist, das ist eine normale menschliche Organisation ... ist einfacher Mensch, schwacher Mensch." In diese vorbereitete Hülle tritt aus dem Weltenall als das neue Ich die "Christus-Wesenheit" ein. Die Ereignisse, die sich nun abspielen zwischen der Jordantaufe und dem "Mysterium von Golgatha", sind "die Ereignisse des Gottes Christus, nicht die Ereignisse eines Menschen", was daran deutlich wird, daß "derjenige Mensch, der diesen Leib bis zum dreissigsten Jahre bewohnt hat, diesen Leib verlassen" hat (131,88f). So weit die anthroposophische Darstellung.

3.2 Theologische Kritik

3.2.1 Die Unhaltbarkeit der anthroposophischen Lehrvoraussetzungen

Bei unserer *Beurteilung* müssen wir gemäß unseren in II.B.3. herausgearbeiteten Kriterien zunächst unterscheiden, was sich im *Literalsinn* der Evangelien findet und was sich *nicht* in ihm findet, was also nur aus der Spekulation geschöpft ist. *Nicht* im Literalsinn der Evangelien und des gesamtbiblischen Kontextes findet sich:

- die Einordnung Gottes und seines Sohnes Jesus Christus in die anthroposophische Geisterhierarchie (s. III.B.1.);
- die Lehre von der Reinkarnation (s. III.B.2.);
- die Einteilung des Menschen gemäß der anthroposophischen Vier-Leiber-Lehre (s. III.B.4.);
- die Übertragung der Vier-Leiber-Lehre auf Jesus und die Trennung zwischen "Jesus" und "dem Christus"[70];
- das Zusammenfließen fremdreligiöser und synkretistischer Strömungen (Buddhismus, Parsismus, Gnosis, Kabbala u.a.) in Jesus (s. III.A.2.);

- die Lehre von einem "jungfräulich" und sündlos gebliebenen Teil Adams[71];
- die Existenz zweier Elternpaare der Jesusknaben mit den gleichen Namen;
- der Bericht zweier zeitlich auseinanderliegender Geburten von Knaben namens "Jesus";
- die Existenz zweier Jesusknaben;
- der Bericht von einem Ich-Austausch dieser Knaben im Jerusalemer Tempel und einem Sterben des einen Knaben;
- der Bericht von einem Sterben des mt Joseph und der lk Maria und einem Zusammenziehen der Restfamilien;
- der Bericht von einem erneuten Ich-Austausch bei der Jordantaufe.

Diese Ansichten und eine Reihe weiterer Einzelheiten gehen weit über die biblischen Texte hinaus. Sie können nur mittels *allegoristischer Eisegese* in sie eingetragen werden. Dem gewaltsamen allegorisch-spekulativen Herantragen neuer Einzelheiten an die Evangelientexte ist allerdings spätestens da eine Grenze gesetzt, wo diese in unmittelbaren Widerspruch zum Literalsinn dieser Texte treten. Im Blick auf verschiedene Lehren der Anthroposophie, die ihrerseits die Voraussetzung für die Lehre von den zwei Jesusknaben bilden (z.B. Reinkarnation), haben wir den Widerspruch zum biblisch-reformatorischen Literalsinn und Gesamtzusammenhang bereits aufgezeigt. Damit aber ist vom biblisch-reformatorischen Schriftverständnis her der anthroposophischen Argumentation ihre Grundlage genommen.

Hinzu kommt der im Blick auf die geschichtliche Realität *irreal-künstliche Charakter* verschiedener Details, der sofort auffällt, v.a. die Verdoppelung und Halbierung der Personengruppen nach dem Steinerschen Zeitplan. Daß es nicht nur zwei "Jesusse" gab, sondern daß die Eltern *beider* Maria und Joseph hießen, ist schon statistisch unwahrscheinlich genug. Daß dann aber auch noch von diesen sechs Personen drei *fast gleichzeitig* starben und sich die Übriggebliebenen zu einer Familie mit *einem* Jesus, *einer* Maria und *einem* Joseph verbanden, kann nur noch als völlig realitätsferne harmonisierende – man könnte auch sagen: absurde – "Konstruktion" bezeichnet werden, die im Text der Evangelien keinerlei Rückhalt besitzt.

Was bleibt, ist das, was Bock die "schweigende Sprache" der "Widersprüche" zwischen den Evangelien nennt – eine Sprache, die die Anthroposophie nicht einfach durch die Behauptung der Legendenhaftigkeit der Berichte zum Verstummen bringen, sondern die sie ernst nehmen und durch ihre spekulative "Lösung" verstehbar machen will (s.o.). Die "argumenta e silentio", welche die Anthroposophie aufgrund der Differenzen konstruiert, sind jedoch mit dem, was die Evangelien ausdrücklich *sagen,* unvereinbar. Sie scheiden nach allem bisher Dargestellten aus. Dennoch sind die Differenzen zwischen den mt und lk Stammbäumen und Geburtsgeschichten tatsächlich da. Daß die Anthroposophie darauf hinweist – das ist der wahre Kern ihrer Argumentation. Und auch die Forderung Bocks nach einem Ernstnehmen der Texte hat durchaus ihre Berechtigung. Ist jedoch die anthroposophische Behauptung der Existenz zweier Jesusknaben die einzig mögliche "Erklärung" für die Unterschiede zwischen Mt 1–2 und Lk 1–3?

3.2.2 Nichtanthroposophische Erklärungsversuche und die bleibende Aporie

3.2.2.1 Julius Africanus

Wir betrachten zunächst die Unterschiede zwischen den *Stammbäumen*. Daß der Steinersche Lösungsversuch nicht der einzig mögliche ist – darauf weisen anthroposophische Autoren, etwa Emil Bock und Diether Lauenstein, selber hin.[72] Beide Autoren stellen den Anfang des 3. Jahrhunderts von *Julius Africanus* (gest. ca. 240) aufgestellten Harmonisierungsversuch dar, von dem Euseb in seiner Kirchengeschichte (1,7) berichtet und der bis in die Gegenwart mit verschiedenen Variationen und Verbesserungen immer wieder vertreten worden ist.[73] Julius Africanus erklärt die Differenzen zwischen den Stammbäumen mit Hilfe des alttestamentlichen Rechtsprinzips der *Leviratsehe:* "Wenn Brüder beieinander wohnen und einer stirbt ohne Söhne, so soll seine Witwe nicht die Frau eines Mannes aus einer anderen Sippe werden, sondern ihr Schwager soll zu ihr gehen und sie zur Frau nehmen und mit ihr die Schwagerehe schließen. Und der erste Sohn, den sie gebiert, soll gelten als der Sohn seines verstorbenen Bruders, damit dessen Name nicht ausgetilgt werde aus Israel" (Dtn 25,5f). Von diesem Rechtsprinzip her ist es möglich, daß ein Mann in Israel *zwei Väter* haben konnte: einen *juristischen* (der verstorben ist) und einen *leiblichen* (der dem Verstorbenen einen Namenserben gezeugt hat). So besitzt laut Julius Africanus auch Joseph, der Mann Marias, zwei Väter – und damit zwei Stammbäume, die beide auf David zurückgehen: Josephs juristischer Vater *Eli* (Lk) war kinderlos verstorben; daraufhin hatte *Jakob* (Mt) Elis Witwe zu sich genommen und mit ihr Joseph gezeugt.[74] Jakob und Eli waren Stiefbrüder: Sie hatten verschiedene Väter – Matthan (Mt) und Matthat (Lk) –, aber die gleiche Mutter, die zweimal verheiratet war.

Diether Lauenstein schreibt: "Unter den Alten hat m.E. Julius Africanus die Frage nach den beiden Stammbäumen Jesu am ehesten gelöst."[75] Auch Emil Bock bemerkt, daß die "neuere protestantische Theologie", soweit sie die Stammbäume als historisch relevant ansieht, die Lösung des Julius Africanus für die "bestmögliche" hält. Zugleich aber kritisiert er mit Recht, daß Julius Africanus "seine Zuflucht nehmen muß zu einer ganzen Summe unbeweisbarer und sehr unwahrscheinlicher Annahmen" (V,40). In der Regel werden deshalb derartige Harmonisierungsversuche in der Forschung abgelehnt, weil sie den Texten nicht gerecht werden. Die Differenz zwischen den beiden Stammbäumen läßt sich durch harmonisierende Vermutungen nicht beseitigen. Helmut Merkel nennt die heiklen Punkte:

"Diese ganze Konstruktion krankt natürlich daran, daß die Verwandtschaft zwischen Eli und Jakob nur erschlossen ist; außerdem dürfte bei Halbbrüdern mütterlicherseits die Verpflichtung zur Leviratsehe nicht mehr vorgelegen haben."[76]

So ergibt sich, daß die Annahmen des Julius Africanus zwar im einzelnen ebensowenig beweisbar sind wie die Konstruktionen Rudolf Steiners, aber wenigstens einen Rückhalt in der jüdisch-alttestamentlichen Tradition besitzen und daher noch eher im Bereich des Vorstellbaren liegen. Rudolf Steiner argumentiert so sehr viel weniger "historisch" als der Gelehrte Julius Africanus zu Beginn des 3. Jahrhunderts, der ja z.B. auch gegenüber Origenes die "Kanonizität" der Susanna-Erzählung im Danielbuch aus philologischen Gründen bestritt.[77]

3.2.2.2 Tatian

Ähnliches gilt für die *Geburtsgeschichten.* Auch für die Unterschiede zwischen ihnen gibt es harmonisierende Erklärungsversuche, die die Texte historisch ernst nehmen wollen, ohne Spekulationen in der Art Steiners zu verfallen. Den ältesten Erklärungsversuch liefert *Tatian* (2. Jahrhundert) in seiner Evangelienharmonie "Diatessaron", wo er den Besuch der Magier (Mt 2,1–12) nicht (wie viele moderne Synopsen) *neben,* sondern *hinter* den Besuch der Hirten mitsamt der Tempeldarstellung (Lk 2,8–40) einordnet.[78] Tatian nimmt also nicht (wie Steiner) eine zeitliche Differenz zwischen den Geburten, sondern zwischen den *Besuchen* an!

Nach dieser Erklärung sind die *Hirten* sogleich in der Nacht der Geburt *("heute")* zum Jesuskind gekommen, die *Magier* jedoch erst nach einem *nicht näher bestimmten Zeitraum* ("als Jesus zu Bethlehem geboren war"). Daß der Zeitraum zwischen der Geburt Jesu und dem Besuch der Magier nicht zu knapp angesetzt werden darf, sondern sogar ein bis zwei Jahre betragen kann, wird aus der Anordnung des Herodes gefolgert, "alle Knaben in Bethlehem und der ganzen Gegend töten zu lassen, die *zweijährig und darunter* waren, nach der Zeit, die er mit Fleiß von den Weisen erkundet hatte" (Mt 2,16). Wenn das Jesuskind zur Zeit des Besuches der Magier aber bereits ein bis zwei Jahre alt war, so ergibt sich, daß die Beschneidung und Tempeldarstellung, die das Lk schildert, bereits hinter ihm lagen und daß diese Ereignisse tatsächlich in einer friedlichen Atmosphäre – ohne Gefahr durch die herodianische Verfolgung – stattgefunden hatten. Die herodianische Verfolgung setzte ja erst *nach* dem Besuch der Magier ein.[79]

Freilich geht auch dieser historisierende Harmonisierungsversuch weit über das hinaus, was der Text sagt. Tatian und auch sein Lehrer Justin, der als erster um 150 n.Chr. das Mt und Lk *nebeneinander* verwendet und bezeugt, sind jedoch Zeugen dafür, daß die frühesten Ausleger ganz selbstverständlich Mt 1f und Lk 1f auf dasselbe Ereignis und dieselben Personen bezogen. Entscheidend ist, daß man in der frühesten Auslegung seit Justin, im Protevangelium Jakobi, bei Tatian, bei Irenäus usw. den mt und lk Bericht harmonisierend verband, aber nie an zwei verschiedene Jesuskinder dachte, selbst nicht bei den Gnostikern, die zwischen dem Menschen Jesus und einem himmlischen Christus unterschieden. Die Unterschiede führten nie zur Trennung beider Berichte.[80]

Auf der anderen Seite kann man sie auch nicht, wie es in der Alten Kirche geschah, gewaltsam harmonisierend verbinden, sondern muß sie nebeneinander stehen lassen.[81] Entscheidend bleiben die Gemeinsamkeiten, vor allem:

- Maria und Joseph als Eltern Jesu;
- die wunderbare Geburt;
- der Ort Bethlehem;
- das Aufwachsen Jesu in Nazareth;
- das Bekenntnis zur Messianität Jesu.

Als *Ergebnis* dieses Kapitels halten wir fest: Die Differenzen zwischen den Stammbäumen und Geburtsgeschichten in den Evangelien sind ein schwieriges Problem in der theologischen Forschung. Die Steinersche Behauptung der Existenz zweier Jesusknaben kommt durch willkürlich-spekulative Eisegese zustande und stellt eine eigenartige Mischung aus freier Phantasie und gewaltsam-harmonisierenden Bestrebungen dar. Sie bietet keine Lösung des Problems, sondern widerspricht den Evangelientexten und jeder Form einsichtiger Schriftauslegung.

4. Der Christusweg – ein Mysterium des Ich

Die Aufgabe des Christus ist nach anthroposophischer Vorstellung die *Verkündigung und Ausbildung des Ich,* des vierten Wesensgliedes der menschlichen Individualität. Christus als Summe der sechs Elohim erfüllt diese Aufgabe im Erdenzeitalter und ermöglicht damit das Weitergehen der Evolution. R. Steiner sagt: "Die Erde ist dazu da, dem Menschen das volle Selbstbewusstsein, das 'Ich-bin' zu geben. ... Und der Christus ist die Kraft, die die Menschen zu diesem freien 'Ich-bin'-Bewusstsein gebracht hat" (103,64). Die *Verkündigung* des Ich geschieht in den Worten und Taten des Christus, v.a. in den joh *"Ich-bin"-Worten.* Der entscheidende Impuls zur *Ausbildung* des Ich wird durch das *"Mysterium von Golgatha"* gegeben. Unter diesen zwei Gesichtspunkten wollen wir nachfolgend den Weg des Steinerschen

Christus betrachten. Er führt von der Verkündigung des Ich zum eigentlichen "Mysterium des Ich", zum "Mysterium von Golgatha" - und ist zugleich als ganzer von diesem her bestimmt.[82]

4.1 Die geistesgeschichtlichen Wurzeln in Fichtes Ich-Philosophie

Zuvor jedoch untersuchen wir, wie Steiner zu seiner *Betonung des Ich* gelangt ist. Im geschichtlich-biographischen Teil haben wir bereits gezeigt, daß seine "besondere Liebe" dem ersten Entwurf von *Fichtes "Wissenschaftslehre"* galt. Wie Fichte sah Steiner "in der Tätigkeit des menschlichen 'Ich' den einzig möglichen Ausgangspunkt für eine wahre Erkenntnis". Aber er hatte doch seine "eigenen Ansichten". So nahm er sich "die 'Wissenschaftslehre' Seite für Seite vor und schrieb sie um" (636,39). Worin der Unterschied zu Fichte liegt, das bringt Steiner in seiner "Philosophie der Freiheit" zum Ausdruck: "Er [sc. Fichte] versuchte das ganze Weltgebäude aus dem 'Ich' abzuleiten. Was ihm dabei wirklich gelungen ist, ist ein großartiges *Gedankenbild* der Welt, ohne allen Erfahrungsinhalt." Demgegenüber entwickelt Steiner in Anknüpfung an Goethe seine monistische Weltsicht: "Wir können die Natur außer uns nur finden, wenn wir sie in uns erst kennen. Das ihr Gleiche in unserem eigenen Innern wird uns der Führer sein" (627,26f; HiO). Dieser innere Führer ist das Ich.

K. v. Stieglitz stellt als Ergebnis seiner Untersuchung über die "Christosophie Rudolf Steiners" fest, daß Steiner *"seine Philosophie in seiner Christosophie historisiert"*[83]. Steiners Philosophie, in der er sich "Fichtes Ich-Philosophie ... in veränderter Form aneignet", ist *"Kult des Ich"*. "Im Ich konzentriert sich für Steiner die Freiheit und die Entwicklungsmöglichkeit des Menschen. In der Christosophie wird die beherrschende Bedeutung des Ich beibehalten. Der Christus wird Repräsentant des Ich und als 'Welten-Ich' der Führer zur vollkommenen Ichheit."[84] Der *philosophische* Ansatz aus Steiners Frühzeit (seine Betonung des "Ich" in der "Philosophie der Freiheit") verbindet sich so mit den späteren *theosophischen* Spekulationen über die verschiedenen Wesensglieder des Menschen und führt – in freier Anknüpfung an *jüdisch-christliche* Aussagen – schließlich zur spezifisch anthroposophischen Anschauung von Christus als dem Repräsentanten des Ich.

Das *Ich* nimmt nach anthroposophischer Ansicht deshalb eine so zentrale Stelle ein, weil die Existenz gerade *dieses* Wesensgliedes für die Ausbildung der höheren Wesensglieder entscheidend ist. Die Weiterentwicklung des Menschen geschieht nämlich dadurch, "dass der Mensch von seinem Ich aus nach und nach die drei andern Glieder durcharbeitet, durchläutert, durchkraftet". So verwandelt sich unter der Wirkung des Ich der Astralleib in "Manas" oder das "Geistselbst", der Ätherleib in "Buddhi" oder den "Lebensgeist", der physische Leib in "Atman" oder den "Geistesmenschen" (103,134). "Und das Hinblicken auf die Christuspersönlichkeit, auf die Christusimpulse, das Sichdurchkraften, Sichstärkenlassen durch den Christusimpuls, das zieht im Menschen das heran, wodurch er diese Umwandlung vollziehen kann" (103,136).

Im folgenden soll es nun nicht darum gehen, Fichtes Ich-Philosophie oder Steiners "Philosophie der Freiheit" zu untersuchen,[85] sondern wir konzentrieren uns allein auf die biblisch-theologische Fragestellung: *Ist Christus wirklich der Repräsentant des Ich im Steinerschen Sinne? Ist seine Aufgabe wirklich die Verkündigung des Ich und die Ausbildung des menschlichen Ich-Leibes?* Um zu einer Antwort zu gelangen, betrachten wir zunächst die anthroposophische Interpretation der joh "Ich"-Aussagen und "Ich-bin"-Worte. Unter den Schülern Rudolf Steiners hat sich besonders Friedrich Rittelmeyer um die Herstellung des biblischen Bezuges bemüht.

4.2 Die Verkündigung des Ich durch den Christus – Wirklichkeit oder Illusion?

4.2.1 Das Johannesevangelium als "Buch der Mysterien des Ich"

Rittelmeyer bezeichnet das Joh als *"das Buch der Mysterien des Ich"*[86]. "Nicht eine Biographie des Christus Jesus ist es, sondern eine Biographie der sich entwickelnden Menschenseele" (94,200), hatte Steiner selber gesagt. Überall im Joh, so fährt Rittelmeyer fort, breche die Ahnung herein, "daß unser Ich ein Organ ist, um den Vater zu finden – der selbst ein Ich ist". Das Ich des Vaters sei das "Groß-Ich" (Makrokosmos), unser Ich das "Klein-Ich" (Mikrokosmos), das dem von Christus geschenkten Ich entspreche. "Christus erringt uns nicht nur den Himmel oder verspricht uns den Himmel, sondern er *ist* der Himmel und kehrt als der Himmel in uns ein gerade mit diesem Ich, das er uns schenkt."[87]

4.2.2 Die Identifikation des Ich mit Christus

Rittelmeyer nimmt eine *dreifache Gleichsetzung* vor zwischen dem "Vater", dem "Christus" und dem "Ich" des Menschen. Die Gleichsetzung zwischen dem Vater und Christus ergibt sich aus dem Christuswort in Joh 10,30: "Ich und der Vater sind eins" (wobei "Vater" nach anthroposophischem Verständnis das, "was den ganzen Kosmos durchpulst", den "göttlichen Weltengrund" meint; vgl. 103,65)[88]. Doch wie begründet Rittelmeyer die Gleichsetzung zwischen Christus und dem Menschen-Ich? Indem er die biblischen Formulierungen vom "Sein in Christus" ("ich in Christus", "Christus in mir" u.ä.) im Sinne einer *wesenhaften Identifikation* versteht: "Christus ... ist gekommen, um uns sein ganzes Ich zu geben als unser wahres Ich. 'Ich in ihnen!'".[89]

Daß diese biblischen Formulierungen gerade *keine* Wesensidentität zwischen Christus und dem "Menschen-Ich" ausdrücken, daß Christus und der Mensch getrennte Personen sind und daß "Christus in mir" allein durch den *Glauben* (im Sinne einer persönlichen Vertrauensbeziehung) lebt, haben wir bereits in II.B.1. aufgewiesen. Auch Rittelmeyer bemerkt das und versucht deshalb, den Begriff des "Glaubens" umzudeuten: "Es ist die eine ganz große Forderung Christi an die Menschen: *Glaubet an mich!* Nicht in dem Sinn irgend eines willkürlichen Vertrauens, sondern in dem Sinn: Glaubet, daß in mir das wahre Ich erschienen ist, auf das ihr alle gewartet habt, in dem ihr alle euer eigenes Ich finden könnt, in dem sich der Sinn des Menschentums in der Erdengeschichte erfüllt!"[90] Die Aufforderung Christi "Glaubet an mich!" sei also folgendermaßen zu verstehen: "Glaubet an mein Ich!"[91] Und "die Sünde, daß sie nicht glauben an mich" (Joh 16,9) sei "*die* Sünde, wenn der Mensch nicht glaubt an das Ich, das in Christus da ist"[92]. – Diese Deutung scheitert allerdings bereits daran, daß an den betreffenden Stellen im Urtext eben nicht "ich" (egō) und schon gar nicht "das Ich", sondern "mich" (emé) steht. Der Glaube ist ein Akt personalen Vertrauens auf Jesus Christus, nicht die Aneignung eines höheren Wesensteils (s.u.).

4.2.3 Die Umdeutung der johanneischen "Ich-bin"-Worte

Die joh *"Ich-bin"-Worte* werden nun aber von der Anthroposophie im letzteren Sinn ausgelegt. Zwei Beispiele mögen zur Illustration genügen. *Joh 14,6* will Steiner gemäß seiner Lehre von den verschiedenen Leibern folgendermaßen verstehen: "In dem 'Ich bin' liegt der Weg zur Wahrheit und zum wahren Leben, weil das 'Ich bin' die niederen Leiber durcharbeitet und das wahre Leben in ihnen entstehen läßt." Steiner veranschaulicht das Ergebnis seiner Deutung durch folgendes Schema:

Ich bin	der Weg	die Wahrheit und das Leben	
Richtung	Geistselbst	Lebensgeist	Geistesmensch

Er meint: "Das 'Ich bin' zeigt die Richtung, die der Mensch einschlagen muß, um Geistselbst, Lebensgeist und Geistesmensch zur Entfaltung zu bringen" – und dadurch zum "Vater" (d.h. zur Einswerdung mit dem kosmischen Weltengrund, mit dem "Groß-Ich") zu gelangen (100,255f).

In dieser Auslegung lassen sich gewisse Analogien zur frühchristlichen *Gnosis* erkennen, die sagt: "Jesus Christus *ist* nicht selbst der Weg zum Vater, sondern er *lehrt* die Wahrheit, d.h. die Gnosis, die aus sich zum erlösenden Aufstieg in das Reich der Wahrheit wird."[93] Der Blick wird weg von der Person Christi und hin auf die durch ihn vermittelte Erkenntnis und den mit deren Hilfe zu erlösenden Menschen gerichtet. So nimmt auch Steiner in seiner Auslegung eine völlige Entpersönlichung Christi und Gottes, des Vaters, vor. Er spricht im Grunde nur noch vom Menschen und seinen Wesensgliedern.

Diese Deutung hat jedoch im literal verstandenen Text keinerlei Grundlage, sondern sie steht im direkten Widerspruch zu ihm. Der Skopus von Joh 14,6 liegt nämlich gerade darin, alle menschlichen Versuche der Selbsterlösung und "Höherentwicklung" auszuschließen und Jesus Christus als einzigen Vermittler des Heils, als einzigen Weg zu Gott dem Vater zu verkündigen. Jesus Christus in Person *ist* durch das, was er in seinem Leiden und Auferstehen vollbringt, der Weg (er ermöglicht den Zugang zum Vater durch die Vergebung der Sünden), die Wahrheit (er verkörpert die Offenbarung des Vaters durch die Übereinstimmung mit seinem Wesen und Willen) und das Leben (er ist der Überwinder des Todes, der als solcher den Glaubenden das ewige Leben schenkt).[94] Diese Auslegung läßt sich vom gesamtbiblischen Kontext her klar belegen, wogegen die Steinersche Deutung nicht einmal unter allegorischen Gesichtspunkten einleuchten will (was hat z.B. das Wesensglied "Lebensgeist" mit dem theozentrischen, ausschließlich auf Gottes Offenbarung bezogenen Begriff "Wahrheit" gemein?).

Nun betrachten wir ein zweites Beispiel: "Bevor der Vater Abraham war, war das 'Ich-bin'!" – so lautet Steiners Wiedergabe von *Joh 8,58.* Hinter dieser Wiedergabe steht die Vorstellung, daß es in alttestamentlicher Zeit nur ein "*'Gruppen-Volks-Ich'*" gab, das bestimmt war durch die "Blutsverwandtschaft" und hinaufreichte "bis zu Abraham". Sein Bekenner sagte: "Ich und der *Vater Abraham* sind eins." Er fühlte "noch nicht vollständig das 'Ich-bin' in seiner eigenen Persönlichkeit". Der Christus Jesus jedoch ging über die engen Schranken der Blutsverwandtschaft und des Vaters Abraham hinaus, indem er das Einssein des Ich mit dem "ganzen Kosmos", mit dem "göttlichen Weltengrunde", mit dem "geistigen Vatergrund" verkündigte: "Ihr sollt an einen geistigen Vatergrund glauben, in dem das Ich wurzelt, der geistiger ist als jener Grund, der das jüdische Volk als Gruppenseele verbindet." Deshalb sagte der Christus allgemeiner: "Ich und der *Vater* sind eins!" Er "war derjenige, der den Impuls gibt, dass die Menschen alle – jeder als *einzelnes Wesen* – empfinden können das 'Ich-bin'" (103,64f; HddV).

Auch diese Deutung steht dem Literalsinn und Gesamtzusammenhang der Textstelle entgegen. In Joh 8,48-59 geht es darum, am Beispiel des Vergleichs mit Abraham die einzigartige Verbindung, ja Einheit Jesu Christi mit dem Vater im Gegensatz zu allen Menschen zum Ausdruck zu bringen. Diese Einheit wurzelt in seiner Gottessohnschaft und ewigen Präexistenz – darin, daß er, wie das spätere Bekenntnis formuliert, vere homo et vere Deus ist. Kein Mensch könnte wie der joh Jesus von sich sagen: "Ich bin" (egō eimi), d.h. ich bin der Ewig-Seiende, "der Anfang und das Ende" (vgl. Joh 1,1ff;

Apk 22,13), sondern für jeden Menschen gilt das gleiche wie für Abraham: "er ist geworden" (genésthai). Jeder Mensch ist ein *in der Zeit "gewordenes" Geschöpf Gottes;* Jesus Christus aber ist *der überzeitlich "seiende" Sohn Gottes,* der in wesensmäßiger Einheit mit Gott dem Vater steht. Daher ist Joh 8,58 richtig so zu übersetzen: "Ehe Abraham wurde (genésthai), *bin* ich."[95]

Joh 8,58 liefert auch den *Schlüssel* zum Verständnis der "Ich-bin"-Worte insgesamt. "Prin Abraam *genésthai* egō *eimí*" – dieser überraschende Wechsel der Tempora (man würde grammatikalisch "egō ēn" erwarten) zeigt, daß "egō eimí" Formel- oder Zitatcharakter besitzt. R. Schnackenburg folgert: "Die atl. Stelle, die hinter dem Ausspruch Jesu steht, dürfte Ex 3,14 sein, wo sich Gott bezeugt als 'Ich bin der Ich-bin', von der LXX wiedergegeben mit Egṓ eimi ho ṓn."[96]

Wir halten somit fest: Jesus Christus ist in der Tat ein *Verkündiger des "Ich".* Er verkündigt aber nicht das "Ich" des Menschen, sondern er verkündigt *das göttliche und ewige "Ich-bin",* welches sich in seiner Person und in seinem Kommen in einzigartiger Weise heilbringend offenbart. Die "Ich-bin"-Worte Jesu sind keine *anthropologische,* sondern eine *theologische* Aussage. Das göttliche "Ich bin", das sich in Jesus Christus offenbart, ist von allem menschlichen Wesen grundsätzlich verschieden.

4.3 Die Ausbildung des Ich durch den Christus – Offenbarung oder "Irrlehre"?

Gerade diese absolute qualitative Unterschiedenheit zwischen Gott und Mensch wird von der Anthroposophie vehement bestritten. "Überall, wo man noch in der Gegenüberstellung zwischen Gott und dem Menschen verharrt und meint, dies 'Ich und Du' wäre das wahre Christentum, überall dort ist man aus dem Judentum noch nicht völlig heraus", schreibt Rittelmeyer in seinen 1938(!) veröffentlichten "Briefen über das Johannesevangelium". "Johanneisch" sei nicht: "Ich und Du", sondern: "Groß-Ich und Klein-Ich, Groß-Ich im Klein-Ich"[97]. Daß sich diese Deutung nicht halten läßt, haben wir oben und in II.B.1. nachgewiesen. Dennoch müssen wir zurückfragen: Wie *gelangt* die Anthroposophie eigentlich zu dieser Vorstellung? Welches *Weltbild* steht dahinter? Erst wenn wir diese Hintergründe kennen, können wir die Steinersche Auffassung vom "Mysterium von Golgatha" verstehen, die wir nun betrachten.

4.3.1 Die vier Christusopfer

Nach anthroposophischer Ansicht ist der Mensch ein Glied innerhalb der Geisterhierarchie, das sich unter dem Einfluß der über ihm stehenden Geistwesen höherentwickelt (s. III.B.1.). Diese Höherentwicklung kommt

innerhalb des Erdenzeitalters durch *"vier Christus-Opfer"* aus der hierarchischen Stufe der Exusiai zustande. Das *vierte* Christusopfer ist das "Mysterium von Golgatha", das *"einmal"* geschehen ist "innerhalb der physischen Erdenentwickelung" und "von dem uns die Evangelien und die Paulinischen [sic] Briefe Kunde geben". Die *drei anderen* Christusopfer sind *"die drei Vorstufen des Mysteriums von Golgatha"* oder "gewissermaßen ... drei Mysterien von Golgatha", die "noch nicht auf dem physischen Plan sich vollzogen haben". "Diese überirdischen Ereignisse fielen so, daß das eine in der alten lemurischen Zeit liegt, zwei liegen in der atlantischen Zeit. Das vierte Ereignis liegt in der nachatlantischen Zeit und ist unser Mysterium von Golgatha" (152,148f; HiO).
Die vier Christusopfer haben das Ziel, nacheinander die "Sinnesorgane", die "Lebensorgane", die "Gemütsorgane" und das "Ich" zu harmonisieren, indem sie ihnen den "Grundimpuls der Selbstlosigkeit" einflößen (152,149ff). Dieser "Grundimpuls", diese "Kraft" wurde bei den drei ersten Christusopfern ausgelöst, indem ein Geistwesen aus der hierarchischen Stufe der Archangeloi, also "ein Erzengel seine Seelischheit hingeopfert hat und der Christus dieses Erzengelwesen durchdrang" (152,151). So sollte auch das vierte Christusopfer ablaufen, welches die Harmonisierung des Ich bewirken sollte. Bevor dies geschehen konnte, trat jedoch das "Luzifer-Ereignis" ein, das den Abstieg des Menschen in die Materie zur Folge hatte. Um den Wiederaufstieg zum Geist zu ermöglichen, haben die höheren Geisterhierarchien sogleich bestimmte Wesensteile des Menschen dem luziferischen und ahrimanischen Einfluß entzogen. Ein unschuldiger Teil des Adam wurde aufbewahrt, um dem Menschen zu gegebener Zeit wieder zugeführt zu werden. Diese Zuführung geschah schließlich im Leib des nathanischen Jesusknaben, der sich mit dem im salomonischen Jesusknaben verkörperten Ertrag der Menschheitsentwicklung vereinigte und so dem Christus eine Hülle zubereitete (s. III.B.3.). Der Christus mußte sich diesmal *verleiblichen* (nicht "verseelen"), weil der Mensch selber bis zur Stufe der materiellen Leiblichkeit hinabgestiegen war. "Dieselbe Christus-Wesenheit, die sich dreimal in Erzengelgestalt verseelt hat, dieselbe Christus-Gestalt *verleiblicht* sich dann durch das Ereignis, das wir die Johannestaufe im Jordan nennen, in dem Leibe des Jesus von Nazareth" (152,158; HddV). "Weil das Ich des Menschen sich auf der Erde entwickeln muß, mußte das Ereignis von Golgatha auf der Erde stattfinden, Christus mußte den Leib des Jesus durchdringen, den wirklichen physischen Leib, während bei den Vorstufen ein Engel durchseelt wurde" (152,123).

4.3.2 Das Mysterium von Golgatha

Und dann tritt das vierte Christusopfer, das "Mysterium von Golgatha" ein. Was geschieht? Es wird die "Gefahr abgewendet ... die darin bestanden hätte, daß durch den Einfluß Luzifers und Ahrimans das *Ich* des Menschen in Unordnung gekommen wäre". Die "Harmonie" wird hergestellt "zwischen diesem Ich und den Kräften des Kosmos, so daß das Ich nicht ein Spielball werde der Kräfte des Kosmos" (152,158f; HddV). Die Harmonisierung des Ich ist deshalb so wichtig, weil das Ich die Grundlage zur Ausbildung der höheren Leiber – und damit zum Weitergehen der Evolution, zur Vergeistigung von Mensch und Kosmos – darstellt (s.o.). Die Kraft zur Harmonisierung und Ausbildung des Ich wird wiederum durch ein Opfer freigesetzt, eben durch das vierte Christusopfer, das eigentliche "Mysterium von Golgatha". Aber diesmal ist es nicht ein Erzengelwesen, welches das Opfer bringt, sondern ein Mensch: der Mensch Jesus von Nazareth.

Es ist wichtig zu betonen: Nicht "der Christus" opfert sich, sondern geopfert wird ein *Teil* des Wesens, das der Christus durchdringt. Dreimal hat "ein Erzengel seine Seelischheit hingeopfert" (s.o.); jetzt opfert der Mensch Jesus seine physische Hülle. Steiner betont, "daß nun tatsächlich der physische Tod eintrat für den physischen Leib des Jesus von Nazareth", daß aber "der Geist des Christus die drei Tage außerhalb des physischen Leibes weilte", bis er in den (unzerstörten) "verdichteten Ätherleib" des Menschen Jesus zurückkehrte (diese Rückkehr wird von Steiner als "Auferstehung" bezeichnet) (139,133). Schon vor der Kreuzigung "zog sich allmählich die Aura von dem Menschen Jesus von Nazareth zurück, und immer fremder wurden einander der Christus und der Menschensohn, der Jesus von Nazareth". Beim "Blutschwitzen auf Gethsemane" (Lk 22,44) wurde "dieser Zusammenhang" zwischen Jesus und dem Christus "gelockert"[98], und der Jüngling, der bei der Gefangennahme Jesu nackt entfloh (Mk 14,51f), "ist der junge kosmische Impuls, das ist der Christus, der entschlüpft, der jetzt nur noch einen losen Zusammenhang mit dem Menschensohn hat" (139,175ff). (Insofern ist es eigentlich irreführend, von einem *Christus*opfer zu reden!)

Nun sagt Steiner weiter: "Kein Evangelium spricht davon, daß der Menschensohn nur blieb und daß das kosmische Element ihn nur umschwebte, als das Markus-Evangelium" (139,176). Steiner setzt den fliehenden nackten Jüngling mit dem Jüngling gleich, der nach der Auferstehung Jesu im Grab sitzt: Es ist "derselbe Jüngling", der "wieder da ist, als die drei Tage vorüber sind, und der von jetzt ab wirkt als das kosmische Prinzip der Erde" (139,177f). Der Jüngling von Mk 14,51f und 16,5 wird so von Steiner mit dem Auferstandenen identifiziert. Bei dieser Identifizierung bereitet Steiner die Tatsache keine Schwierigkeit, daß der Jüngling den Frauen am Grab die Antwort gibt: "Ihr sucht Jesus von Nazareth, den Gekreuzigten. Er ist auferstanden, *er ist nicht hier"* (Mk 16,6). Der Jüngling und der Auferstandene sind also *zwei verschiedene Personen.* Um diese Schwierigkeit zu verdecken, hat Steiner einfach bei seiner Wiedergabe von Mk 16,6 den Teil "er ist nicht hier" weggelassen (vgl. 139,177).[99]

Nun war also nach anthroposophischer Vorstellung "der Christus" selber beim "Mysterium von Golgatha" zwar nicht mehr im Jesusleib, aber der Jesusleib

– insbesondere sein *Blut* – war "veredelt, durchgeistigt durch den dreijährigen Aufenthalt des Christus in dem Jesus von Nazareth" (139,194; vgl. 103,217). So konnte von ihm eine "Kraft", ein "Impuls" ausgehen. Dieser Impuls, der die Menschheitsentwicklung vorantreiben würde, erfolgte durch den Blut-Erde-Kontakt auf Golgatha: Zu dem Zeitpunkt, als "das Blut aus den Wunden des Christus Jesus floss", veränderte sich die "Aura der Erde", und der Christus-Sonnengeist wurde *"der Geist der Erde"*. Die Erde wurde zum "wahren Leib" des Christus. "In das geistige Dasein der Erde wurde aufgenommen, was ihr vorher von aussen zuströmte: die Kraft des Logos, durch das Ereignis von Golgatha" (103,129f.132; HiO). Nun kann der Christus als "Erdengeist" unmittelbar an der Ausbildung des Ich arbeiten. Das "tiefste Geheimnis" seines Wesens "ist das 'Ich-bin'; und die wahre und ewige Gewalt des 'Ich-bin' oder des Ich, die die Kraft hat, die anderen Leiber zu durchdringen, muss einfliessen in den Menschen. Sie ist im Erdengeist darinnen" (103,140). Das ist der Kern der Lehre Steiners über das "Mysterium von Golgatha".

4.3.3 Die Umdeutung der neutestamentlichen Berichte von der Kreuzigung

Sämtliche Ereignisse, die nach den Berichten der Evangelien mit der Kreuzigung Jesu Christi in Verbindung stehen, werden nun von dieser Lehre her interpretiert. Als Beispiele von zentraler Bedeutung betrachten wir die anthroposophische Interpretation zweier Kreuzesworte Jesu, wie sie Emil Bock wiedergibt.

"Mein Gott, mein Gott, warum hast du mich verlassen?" – das sage "gewissermaßen Jesus, der den Christus anruft", und zwar in dem "Augenblick, da das zurückbleibende Jesus-Bewußtsein sich schmerzvoll von seinem höheren Christus-Inhalt verlassen fühlt" (Ev,400; EddV). – Im Text steht aber nicht, daß "Jesus" "den Christus", sondern daß Jesus – unter Aufnahme von Ps 22,2a – "Eli", also seinen Gott und Vater anruft (Mt 27,46; Mk 15,34; vgl. Lk 23,34.46). "Jesu Ruf ... ist ein Gebet, der Notschrei des Bedrängten zu Gott" (R. Pesch)[100]. Im Ruf Jesu kommt die Gottverlassenheit infolge der Gottlosigkeit, der Grundsünde des Menschen, zum Ausdruck, die Jesus als das reine Opferlamm, das selber ohne Sünde ist, *stellvertretend* auf sich nimmt und dadurch sühnt (vgl. Joh 1,29.36; Hebr 2,17f; 4,15; s.u.).[101]

"Vater, in deine Hände befehle ich meinen Geist" – dieses Wort Jesu aus Lk 23,46 bringt Bock mit dem Wort aus der zweiten lk Leidensankündigung zusammen: "Des Menschen Sohn wird überantwortet werden *in der Menschen Hände"* (Lk 9,44). Bock schreibt: "'Des Vaters Hände' und 'der Menschen Hände' sind eins und dasselbe, nur weisen die Hände des Vaters noch über die Menschenwelt hinaus in das Ganze des Erdenkosmos." Der Christus (laut

Steiner der Sonnengeist, der zum Erdgeist wird; s.o.) opfere sich somit "in die Erden- und Menschenwelt hinein" (Ev,402; HddV). – Diese "Auslegung" ist ein klassisches Beispiel dafür, was geschieht, wenn einzelne Bibelstellen aus ihrem Textzusammenhang gerissen werden. Daß der Menschensohn "in der Menschen Hände" überantwortet werden wird – diese Selbstaussage macht der lk Jesus *vor* dem Passionsgeschehen. *Im* Passionsgeschehen wird Jesus tatsächlich in die Hände der Menschen überantwortet. *Danach* jedoch, am Ende des Passionsgeschehens, befiehlt sich Jesus – unter Aufnahme eines Gebetsverses aus Ps 31,6 – in die Hände seines göttlichen Vaters.[102] Es handelt sich also in der Darstellung des Lk um verschiedene, zeitlich auseinanderliegende Ereignisse, von denen Jesus spricht. Daß die Bocksche Gleichsetzung zwischen "des Vaters Händen" und "der Menschen Hände" unhaltbar ist, wird überdies daran deutlich, daß in der *dritten* lk Leidensankündigung eine nähere Kennzeichnung der Menschen erfolgt, denen der Menschensohn überantwortet wird: "Er wird überantwortet werden den *Heiden*" (Lk 18,32). Die Bocksche Deutung liefe somit darauf hinaus, Gott den Vater nicht nur mit den Menschen, sondern speziell auch mit den Heiden gleichzusetzen. Der Text ist hier wie so oft der assoziierenden Spekulation völlig zum Opfer gefallen.

Wie diese beiden, so werden auch die anderen Kreuzesworte Jesu sowie die weiteren Einzelheiten beim Kreuzesgeschehen *allegorisch umgedeutet.* Um nur noch zwei Beispiele zu erwähnen: Nach *Joh 19,23f* zerteilten die Soldaten das *Kleid* Jesu; den *Rock* Jesu jedoch zerteilten sie nicht. Steiner identifiziert den Christus mit dem "Geist der Erde", sein Kleid mit den "festen Teile[n] der Erde", seinen Rock mit der "Lufthülle, die um die Erde herum ist", und folgert: "In Kontinente und Gebiete ist das Kleid der Erde geteilt worden, nicht aber der Rock. Die Luft ist nicht geteilt worden; sie gehört allen gemeinsam" (103,194f).

Ein zweites Beispiel: Jesus wurden seine *Wunden* laut Steiner im Grunde nicht von außen, sondern *von innen* zugefügt: "Denn die höhere Kraft des Ich ... durchlöchert, durchdringt, zersticht den Leib." Und weil "mit dem Christus Jesus auf einmal das volle Ich in die Leiblichkeit eingezogen ist, weil da am stärksten die Ichheit eingezogen ist –, deshalb mußte diese Leiblichkeit nicht nur mit einer Wunde ... sondern mit fünf Wunden angeschaut werden, mit fünf Wunden, die notwendig sind wegen des Hinausragens der Christuswesenheit, das heißt des Voll-Ich des Menschen, über die Form der Leiblichkeit" (139,137).

Steiner bemerkt, daß solche Fragen und ihre Deutungen "zu den schwierigsten Dingen" gehören, daß es aber "die Möglichkeit eines Begreifens" gibt. "Freilich muß man lange meditieren, muß lange nachdenken über das, was gesagt worden ist" (139,139).

Da der Evangelientext nur Anknüpfungspunkt für die eigene "meditativ"-gewonnene Spekulation ist, braucht Steiner auch keine biblischen Belege, wo klar und deutlich von zwei Jesusknaben, von einer Trennung zwischen Jesus und Christus, von Christus als Sonnen- und Erdgeist und ähnlichem die Rede wäre. Nicht einmal das *Einfließen des Blutes in die Erde* wird in den Evangelienberichten über die Kreuzigung ausdrücklich erwähnt, obwohl dies durchaus so geschehen sein mag (vgl. Joh 19,34) und obwohl dem Blut Jesu in der biblischen Sühnetradition eine zentrale Bedeutung zukommt (s.u.). Daß aber die Evangelien den Vorgang des Einfließens des Blutes in die Erde, der Steiner so wichtig ist, mit Stillschweigen übergehen, weist auf ein grundsätzlich anderes Verständnis des Golgatha-Ereignisses bei Steiner hin – und dieses andere Verständnis des Ereignisses von Golgatha beruht auf einem völlig anderen Verständnis des Christuswesens und -weges.

4.3.4 Die Unvereinbarkeit naturhaft-magischer Vorstellungen mit den neutestamentlichen Berichten vom Kreuzestod

Das "Mysterium von Golgatha"[103] bei Steiner ist ein *naturhaft-magischer* Prozeß. Es tritt mit einer geradezu naturgesetzlichen Notwendigkeit im Laufe eines Evolutionsprozesses ein. Nach Steiner besitzt das Blut des "Christus Jesus" *an sich* eine Kraftwirkung, die sich beim Blut-Erde-Kontakt auf magisch-alchemistische Weise entfaltet und der sich kein Mensch entziehen kann. Jeder Mensch, ganz gleich ob er es weiß oder nicht, wird nun im Evolutionsprozeß fortschreiten und seine höheren Wesensglieder entwickeln. In der Vorstellung, daß Christus der "Geist der Erde" wird, mündet der Steinersche emanative "Polytheismus" in einen Pantheismus[104] ein, und die Lehre vom Abstieg in die Materie und der darauf folgenden Wiedervergeistigung, die durch den Logos in Gang gerät, entspricht in ihren Grundzügen gnostischer Spekulation (s.u.).

Vom neutestamentlichen Schriftverständnis her hingegen ist der Kreuzestod Jesu Christi und das Verhältnis zwischen Gott und Mensch insgesamt als *personales* Geschehen zu betrachten. Der Mensch, der sich als Geschöpf von seinem Schöpfer lossagt, verfällt der Sünde, und "der Lohn der Sünde ist Tod" (Röm 6,23). Das Todesurteil über die Menschen, die allesamt abgewichen und unter der Sünde sind und von denen keiner nach Gott fragt (Röm 3,9ff), kann nur durch Sühne aufgehoben werden. Sühne ist *"die von Gott her ermöglichte,* im kultischen Geschehen Wirklichkeit werdende und hier dem Menschen zugute kommende *Aufhebung des Sünde-Unheil-Zusammenhangs"* (Bernd Janowski)[105].

Da es "unmöglich [ist], durch das Blut von Ochsen und Böcken Sünden wegzunehmen", hat Gott seinen einziggeborenen Sohn Jesus Christus gesandt, der "durch sein eigenes Blut ein für allemal in das Heilige eingegangen" ist und "eine ewige Erlösung erworben" hat (Joh 3,16; Hebr 9,12.22; 10,4). Die Erlösung, die durch dieses stellvertretende Sühnopfer des unschuldigen Gottessohnes objektiv erwirkt wurde, wird durch den Glauben subjektiv empfangen (Röm 3,23–26) – aber eben nicht "automatisch", sondern personal – durch die Annahme und Inanspruchnahme des Opfers Jesu Christi für das persönliche Leben. So stellt der Neutestamentler Peter Stuhlmacher treffend fest:

"Im Glauben wird dieses sühnende Heilswirken, das sich in der Person des gekreuzigten Auferstandenen verkörpert, als 'für uns' geschehen und damit gleichzeitig Christus als Herr über Leben und Tod anerkannt, der Glaubende erfährt den ihn von seiner Sünde lösenden Freispruch Gottes und gewinnt Christus als Herrn und Fürsprecher."[106]

4.3.5 Das "Sein-Wollen-wie-Gott" als Ursünde des Menschen

Nun stehen wir vor der entscheidenden Frage: Wodurch ist es eigentlich zur Trennung von Gott, also zur Grundsünde des Menschen, gekommen? *Zur Trennung von Gott ist es gekommen, weil der Mensch selber "wie Gott" sein, sich selber "einen Namen machen" und nicht mehr "nach Gott fragen" will* (Gen 3,5; 11,4; Röm 3,11). Der Mensch will keinen Gott mehr *außerhalb* von sich suchen und verehren, sondern Gott in sich finden – in dem Sinne, daß er sich selber auf den Thron Gottes setzen, selber Gott sein möchte.[107] Wir haben schon mehrfach darauf hingewiesen, daß die Anthroposophie die Aussage "Ihr werdet sein wie Gott" in Gen 3,5 *positiv* wertet. Der Mensch soll durch die Geisterhierarchien stufenweise aufsteigen, bis er mit dem absoluten Geist (= "Gott") verschmilzt. Eine notwendige Entwicklungsstufe auf dem Weg zu dieser "Gottwerdung" ist die Ausbildung des menschlichen Ich, denn – wie Rittelmeyer betont – das "Ich kann Ja sagen zum Weltengeist, der sich in ihm spiegelt. Das Ich kann aus seiner Freiheit heraus eine Einigung mit dem Weltgeist vollziehen"[108]. Rittelmeyer spricht deutlich das "Menschenziel" nach anthroposophischer Vorstellung aus:

"'Sein wie Gott' – flüstert der Schlangengeist dem Menschen ein. Dies Wort als Menschenziel ist keine Lüge. Christus nimmt es wieder auf – und erhöht es sogar. Nicht nur 'sein *wie* Gott': sondern 'sein *in* Gott'. Das ist mehr. 'Sein wie Gott': das sind noch Zwei. 'Sein in Gott': das ist Einheit."[109]

Rittelmeyer verbindet hier Unvereinbares. Das "Sein in Gott" ist in biblisch-theologischer Sicht keine Weiterführung des "Seins *wie* Gott", sondern das *Gegenteil* davon. Das "Sein in Gott" bezeichnet die durch das Opfer Jesu Christi wiederhergestellte und durch den Glauben ergriffene Gemeinschaft mit Gott, die durch das "Sein-Wollen-*wie*-Gott" zerstört worden war (vgl. II.B.1.). Daß das "Sein in Gott" keine Wesensidentität, sondern die wiederhergestellte Gemeinschaft mit Gott bedeutet, zeigt auch der wechselseitige Gebrauch der Präpositionen "syn" und "en".[110] Nicht "Gott sein", sondern "allezeit mit dem Herrn zusammen sein" (1.Thess 4,17) und "Gott schauen" (Mt 5,8) ist das Menschenziel in neutestamentlicher Sicht.[111]

Das "Sein *wie* Gott", das nach dem biblisch-reformatorischen Schriftverständnis die Wurzel der *Sünde* darstellt, ist hingegen das "Menschenziel" nach Ansicht der Anthroposophie. Mit dieser Deutung verfehlt die Anthroposophie die biblischen Aussagen völlig. Auch hier zeigt sich, daß es für sie in Wirklichkeit keinen Gott als persönliches Gegenüber des Menschen gibt; denn weil für den personhaften Gott der Bibel in ihrem System kein Raum ist, eben darum kann sich der Mensch auch nicht von ihm trennen, sondern nur aus eigener Kraft sein Einssein mit dem "Göttlichen" (*unpersönlich* verstanden) oder dem "Weltengeist" Schritt für Schritt verwirklichen. Der Mensch, der diesen Weg gehen will, bewirkt aber *gerade* die Trennung vom *persönlichen* Gott und verfällt damit der Macht der Sünde. Er bleibt mit sich allein.

4.3.6 Die christologische Irrlehre

Mit der Umdeutung des *Weges* Christi durch die Anthroposophie ist die Umdeutung des *Wesens* Christi eng verbunden. In Steiners Christusvorstellung wollte der katholische Theologe Otto Zimmermann bereits 1918 einen *"Inbegriff christologischer Ketzerei"* sehen.[112]

Mag auch der kirchenhistorisch belastete Begriff der "Ketzerei" problematisch sein, so bleiben doch die Beispiele, die Zimmermann anführt und denen wir in unserer Darstellung folgen, bedenkenswert. Steiners Christologie widerspricht nicht nur dem Neuen Testament, sondern auch der altkirchlichen und reformatorischen Tradition und Schriftauslegung. Sie läßt sich mit christlicher Theologie, die diesen Namen verdient, nicht mehr vereinbaren.

Für Steiner ist "der Christus" ein *hohes Sonnenwesen,* das herabsteigt, um den Menschen durch einen kosmischen Impuls und die Ausbildung des Ich aus der Bindung an die Materie (= Finsternis) zu befreien und seinen Wiederaufstieg zum Geist (= Licht) zu ermöglichen. – Dieses Grundgerüst[113] der Steinerschen Christosophie weist deutliche Parallelen zu *gnostischen* (insbesondere manichäischen) *Erlöservorstellungen* auf, wo in ähnlicher Weise "der 'Fall' als ein Absinken der göttlichen Lichtteile in die Materie und die 'Erlösung' als Rückführung in das Pleroma" beschrieben wird. Der Erlöser "steigt (durch die Planetensphären) hinab und siegreich wieder empor und stellt auf diese Weise Weg und Ziel der zu erlösenden 'Seele' (des Göttlichen im Menschen) dar"[114]. Rudolf Schnackenburg bemerkt weiter hierzu: "Die zum Teil an die Gnosis erinnernde Ausdrucksweise des Joh-Ev darf nicht dazu verführen, den radikalen Unterschied im Erlösungsgedanken und den ganz anderen Ausgangspunkt für die Gestalt des Erlösers zu verwischen." Hauptunterschiede liegen darin, daß der joh Christus "kein Prototyp des erlösungsbedürftigen Menschen, kein 'Urmensch'" ist, daß seine Tätigkeit als Schöpfungsmittler "etwas ganz anderes als eine kosmogonische Erklärung des menschlichen Wesens" ist und daß dementsprechend im Joh "die anthropologische Betrachtung über das 'Selbst', den Wesenskern des Menschen", fehlt, die in der Gnosis ebenso wie bei Steiner im Mittelpunkt steht. Es geht im Joh nicht um eine Selbst- (oder Ich-)Philosophie, nicht um das mystische Erkennen einer ursprünglichen "Gottverwandtschaft" des Menschen, sondern um die "Heimholung des Menschen zu Gott", um die "Lebensgemeinschaft mit Gott" und um die personale "Gotteinigung", für die "der Glaubensanschluß an Jesus Christus, den Sohn Gottes, gefordert" wird. "So stehen sich beim gnostischen Erlösungsmythus und der joh. Christologie zwei Welten gegenüber, religiöse Philosophie (in mythischer Sprache) und biblische Religion (im Sinne menschlicher Bindung an einen personalen Gott), Mythus und Geschichte, Gnosis und Glaube."[115]

Für Steiner ist ferner "der Christus Jesus" ein *Mischwesen,* das sich aus verschiedenen Leibern zusammensetzt. In diesem Mischwesen stellt "der Mensch Jesus" nur die Hülle dar, in die sich "der Christus" bei der Jordantaufe hineinsenkt und die er vor Beginn der Passion wieder verläßt. – Bei dieser Anschauung handelt es sich um eine moderne Variante des *gnostischen Doketismus,* der behauptet, Christus habe einen Scheinleib getragen und sei nur scheinbar durch Passion und Tod gegangen. Zwar legt Steiner Wert auf das Eingehen des Christus in die reale physische Leiblichkeit, aber er vertritt das Beisammensein von Jesus und "dem Christus" nur für eine bestimmte Zeit und vor allem *nicht* für den Zeitraum von Passion und Tod. Diese Ansicht tritt zur zentralen biblischen Botschaft von der Erlösung des Sünders durch das Kreuzesopfer Jesu Christi in einen unauflösbaren Widerspruch. Daß sie in den neutestamentlichen Texten keinen Anhaltspunkt findet, haben wir oben bereits aufgewiesen. Nicht ein Scheinleib hat am Kreuz gelitten, sondern Jesus Christus als der lebendige Sohn Gottes, als "wahrer Gott und wahrer Mensch – unvermischt, ungetrennt, ungeteilt und unveränderlich", wie es das Konzil von Chalkedon im Jahre 451 formuliert hat.

Sowohl die wahre Gottheit als auch die wahre Menschheit Jesu Christi werden hingegen durch die Anschauungen Steiners bestritten. Der Christus Steiners ist *nicht wahrer Gott,* sondern lediglich ein "Sonnengeist", ein Glied auf einer Zwischenstufe der anthroposophischen Geisterhierarchie. In seiner Leugnung der wahren Gottheit Christi[116] berührt sich Steiner in gewisser Weise mit dem *Arianismus,* der Christus lediglich als das erste *Geschöpf* Gottes ansieht.

So wie "der Christus" Steiners nicht wahrer Gott ist, ist auch sein "Jesus" *nicht wahrer Mensch.* Die einzelnen Leiber des Steinerschen "Jesus" werden ja in einer Weise zubereitet, wie dies bei keinem anderen Menschen der Fall ist. Zudem verläuft die Entwicklung über einen mehrmaligen "Ich-Austausch" (zuerst zwischen den "zwei Jesusknaben" und dann bei der Jordantaufe, woraufhin gar kein "menschliches" Ich mehr im Jesusleib ist!).

Abgesehen von solchen Besonderheiten in Steiners System, ist freilich die anthroposophische Lehre von den verschiedenen Leibern grundsätzlich in Frage zu stellen. Eine Einteilung des Menschen in physischen Leib, Ätherleib, Astralleib und Ich wird weder von der biblischen noch von den gängigen wissenschaftlichen Anthropologien vertreten. Diese Lehre Steiners entspringt bestimmten philosophischen Vorstellungen (z.B. seiner Ich-Philosophie; s.o.) und übersinnlichen Spekulationen (Astralraum usw.). Die biblische Anthropologie lehrt hingegen die Einheit und Ganzheit des Menschen, der Leib, Seele und Geist *ist* (nicht hat) (vgl. Gen 2,7; 1.Thess 5,23; u.ö.). Leib, Seele und Geist sind Aspekte, nicht Teile der *einen* Person.[117]

Wir brechen dieses Kapitel hier ab und halten als Ergebnis fest: *Der "Christus Jesus" der Anthroposophie ist nicht der Jesus Christus der Heiligen Schrift.* Er schenkt dem Menschen durch seinen Kreuzestod keine Erlösung von Sünde und Tod, sondern treibt ihn auf dem Weg der eigenen Apotheose durch Höherentwicklung, auf dem Weg der Absolutsetzung des "Ich" erst recht in die Sünde, in die Loslösung vom dreieinigen Gott der christlichen Offenbarung hinein. Der "Christus Jesus" der Anthroposophie muß somit geradezu als ein modernes gnostisches Gegenbild zum Jesus Christus der Bibel bezeichnet werden.

5. Lazarus – der Verfasser des Johannesevangeliums

5.1 Anthroposophische Auffassung

Wer war der Verfasser des Joh? Das ist eine vieldiskutierte und offene Frage in der theologischen Forschung, für deren Beantwortung sie dankbar wäre. Rudolf Steiner beansprucht, eine eindeutige Antwort auf diese Frage geben zu können. Sie lautet: Der Verfasser des Joh war Lazarus.

5.1.1 Die Entstehung der anthroposophischen Auffassung

Diese Auffassung vertrat Steiner erstmals in seinem 1902 gehaltenen Vortragszyklus "Das Christentum als mystische Tatsache" (619,119ff). Eine Quelle für seine Erkenntnis gibt er selber nicht an, doch weisen sowohl die Anthroposophen Johannes Hemleben[118] und Kurt von Wistinghausen[119] als auch der Kritiker Klaus von Stieglitz[120] auf die "Neue Lösung der Johanneischen Frage" hin, die der Philosoph Johannes Kreyenbühl zwei Jahre vor Steiner vorgelegt hat.

Kreyenbühl vermutet als den Verfasser des Joh Lazarus – und hält diesen zugleich für den Gnostiker Menandros von Antiochia.[121] Die letztere Identifizierung begegnet jedoch bei Steiner nicht, so daß er zu seiner "Lösung" zwar möglicherweise von Kreyenbühl angeregt wurde, aber dann in eine andere Richtung weitergedacht hat. Doch halten wir fest, daß sich bei Steiner selber kein Hinweis auf eine Beeinflussung durch Kreyenbühl findet.

Hat nun das Problem der joh Verfasserschaft tatsächlich seine *"Lösung durch Rudolf Steiner"* erfahren, wie Kurt von Wistinghausen in seiner Monographie "Der verborgene Evangelist" schreibt?[122] Kann Lazarus wirklich als Verfasser des Joh gelten? Darum soll es hier gehen. Wir untersuchen also nicht die joh Verfasserfrage in ihrer ganzen Breite einschließlich aller vorgeschlagenen Lösungsversuche[123], sondern wir beschränken uns auf die Prüfung des Anspruchs Steiners, *die* Lösung des Problems gefunden zu haben.

5.1.2 Die Heranziehung allgemeintheologischer Argumente

Bevor wir die Position Steiners und seiner Schüler darstellen, ist anzumerken, daß es auch innerhalb der *wissenschaftlichen theologischen Forschung* einzelne Stimmen gibt, die eine Abfassung des Joh durch Lazarus für möglich halten, etwa Oscar Cullmann[124], auf den sich seinerseits K. v. Wistinghausen[125] bezieht. Anlaß dafür ist v.a. der Hinweis, daß Jesus Lazarus *"liebte"* (Joh 11,3.36: philein; Joh 11,5: agapān). Aufgrund dieses Hinweises wird Lazarus mit dem "Jünger, den Jesus liebte" (Joh 13,23–26; 19,26f; 20,3–10; 21,7–24: "ho mathetés hon ēgápa") gleichgesetzt, der in Joh 21,20–24 als Verfasser des Joh gekennzeichnet wird.[126] – Überzeugend ist diese Gleichsetzung jedoch nicht. Denn erstens wird Lazarus nirgends als "mathetés" bezeichnet.[127] Zweitens ist das "agapān" nicht auf Lazarus beschränkt, sondern die Agape Jesu gilt allen seinen Jüngern (Joh 13,1.34f; 15,9 u.ö.), ja letztlich allen Menschen (vgl. Joh 3,16; s. Joh 11,5: "Jesus hatte Martha lieb und ihre Schwester und Lazarus"); das schließt freilich die besondere Kennzeichnung eines Jüngers durch die Agape-Formel nicht aus. Drittens wird, wo *allein* von Lazarus die Rede ist, nicht "agapān", sondern "philein" gebraucht, was ein freundschaftliches Verhältnis zum Ausdruck bringt – und zwar nicht nur zu Jesus, sondern auch zum gesamten Jüngerkreis (Joh 11,3.36; vgl. V. 11: "ho philos *hēmōn*").[128] Viertens wird "der Jünger, den Jesus liebte" nirgends mit Namen bezeichnet, so daß seine Gleichsetzung mit Lazarus bloße Spekulation ist.

Als weiterer Hinweis auf eine Identität zwischen Lazarus und dem "Jünger, den Jesus liebte" wird die Tatsache gewertet, daß "der Jünger, den Jesus liebte" *erst nach der Auferweckung des Lazarus erscheint.* Während in Joh 11 und 12,2.9f.17 noch von Lazarus die Rede ist, verschwindet dieser Name plötzlich, und in Joh 13,23 taucht zum ersten Mal "der Jünger, den Jesus liebte" auf.[129] – Es gibt jedoch keinen Anlaß, daraus eine Identität zwischen beiden zu folgern. Zum ersten weisen wir auf die bereits genannten Argumente hin. Zum zweiten wird "der Jünger, den Jesus liebte" in Joh 13,23 durch eine komplizierte Vorstellungsformel eingeführt ("ēn anakeímenos heis ek tōn mathētōn autoū ..."), was kaum verständlich wäre, wenn er der bereits ausführlich beschriebene Lazarus wäre.[130] Zum dritten ist im markinischen Parallelbericht ausdrücklich von "den Zwölfen" die Rede, die am letzten Mahl Jesu teilnahmen (Mk 14,17). Zu diesem Kreis gehörte Lazarus nicht.[131] Zum vierten ließe sich das Zurücktreten des bekannten Lazarus in die Anonymität zwar vielleicht mit dem Todesurteil in Zusammenhang bringen, das die Hohenpriester über ihn gefällt hatten (Joh 12,10). Dann bliebe aber um so unerklärlicher, warum er als "der Jünger, den Jesus liebte" ungefährdet in aller Öffentlichkeit dem Kreuzesgeschehen beiwohnen konnte (Joh 19,26–28). (Träfe es darüber hinaus zu, daß "der Jünger, den Jesus liebte" mit dem "anderen Jünger" identisch wäre, der als Bekannter des Hohenpriesters freien Zugang zu dessen Palast hatte und somit Augenzeuge des Prozesses Jesu war [Joh 18,15f; vgl. Joh 1,40], so wäre jede Identität zwischen diesem Jünger und Lazarus vollends ausgeschlossen. Dies ist freilich nur eine Hypothese.[132])

Ein weiterer Hinweis auf eine Identität zwischen Lazarus und dem "Jünger, den Jesus liebte" wird schließlich darin gesehen, daß über diesen Jünger das Gerücht umlief, er würde *nicht sterben* (Joh 21,23). Dieses Gerücht könnte darauf beruhen, daß er als Lazarus bereits gestorben und wieder auferweckt worden sei.[133] – Doch diese Folgerung ist nicht zwingend. Erstens wird auch hier im Text keine Identifizierung zwischen Lazarus und dem "Jünger, den Jesus liebte" ausgesprochen. Zweitens wird im Kontext dieser Stelle deutlich gesagt, wodurch das Gerücht zustande kommt: durch die mißverstandene Aussage Jesu "Wenn ich will, daß er bleibe, bis ich komme, was geht es dich an" (VV. 22f). Dieses Wort Jesu ist in die Zukunft gerichtet; eine Begründung in der Vergangenheit – etwa im Lazarus-Ereignis – wird nicht gesucht. Jeder Bezug darauf ist daher rein spekulativ.[134]

Die Identifizierung des Lazarus mit dem "Jünger, den Jesus liebte" als dem Verfasser des Joh ist somit von den Aussagen des Joh her *unbeweisbar.* Es handelt sich, wie auch Oscar Cullmann feststellt, um eine "Möglichkeit" oder "Hypothese" neben anderen, die "nicht a priori abzulehnen" ist – nicht mehr und nicht weniger![135] Man darf hinzufügen, daß wesentlich mehr gegen diese Hypothese spricht als dafür. Diese *Möglichkeit* wird für Steiner und seine Schüler zur *Wirklichkeit,* indem sie durch die Anwendung der anthroposophischen Weltanschauung auf die joh Texte zu neuen Erkenntnissen und zur "Lösung" der Verfasserfrage gelangen wollen. Wie Kurt von Wistinghausen ausführt, sind diese neuen "Gedanken, Anregungen und Impulse ... zwar nicht nach 'historisch-kritischer', jedoch nach eigener, in der Anthroposophie selbst beruhender, stets sorgfältig eingehaltener Methode" gewonnen, die "nicht weniger genau ist als die der 'Wissenschaft'". "Die Ergebnisse der Fachwissenschaft können durch sie angeregt, ergänzt und vervollständigt werden, auch solche theologischer Forschung."[136] Wie sehen diese "Aussagen" aus?

5.1.3 Die Deutung von Joh 11 als Einweihungsbericht

Nach *anthroposophischer Vorstellung* sind die biblischen Bücher, insbesondere die Evangelien, *Einweihungsbücher.* Sie sind von Eingeweihten geschrieben und zur Einweihung der Leser bestimmt (s. III.A.2.). Den Vorgang der Einweihung beschreibt Steiner so: "... ein einzuweihender Mensch wird durch den Priester-Initiator in einen todähnlichen Schlaf gebracht; darauf wird der Betreffende durch die höheren Welten geführt, dann wird er wieder zurückgerufen durch den Priester-Initiator in seinen physischen Leib, und nunmehr ist er durch sein eigenes Erlebnis ein Zeuge der geistigen Welten" (103,72). Auf diese Weise wurde auch der Verfasser des Joh eingeweiht. Seine Einweihung geschah in dem Vorgang, von dem das Lazarus-Ereignis in Joh 11 berichtet. "Die Individualität des Lazarus sollte so eingeweiht werden, dass dieser Lazarus ein Zeuge von den geistigen Welten werden konnte" (103,73). Als solcher wurde er – nach seiner Vereinigung mit der "Jungfrau Sophia" (s.u.) – der Verfasser des Joh.

Die anthroposophischen Ausleger wollen in *Joh 11* Hinweise auf einen Einweihungsvorgang (analog zu den Initiationsriten in den antiken Mysterienreligionen) entdecken. Ein Hinweis findet sich nach ihrer Ansicht in *V. 4: "Diese Krankheit ist nicht zum Tode."* Das bedeutet für Steiner: "... sie ist der dreieinhalbtägige *todähnliche* Schlaf" (103,73; HddV). Steiner sieht diesen Satz somit als Bestätigung dafür an, daß Lazarus nicht wirklich tot ("tot" im gewöhnlichen Sinn) gewesen sei, sondern daß er lediglich den "Vorgang des Heraustretens des Astralleibes aus dem physischen Leibe" herbeigeführt habe. Dieser Vorgang dauere gewöhnlich "drei Tage" und diene dazu, "den Menschen völlig sehend zu machen". Er solle vom "Astralplan" zum "mentalen" Plan aufsteigen (94,198f). Lazarus sei "reif" gewesen, "diese Handlung an sich zu vollziehen". Er habe sich "in das Gewand der Mysten" gehüllt und "in einem Zustande von Leblosigkeit, die zugleich bildhafter Tod ist", eingeschlossen. Als Jesus erschienen sei, sei Lazarus "zum Schlußakte des großen Erkenntnisdramas" gelangt gewesen. Er habe "erkannt, wie man zur Auferstehung gelangt". Eine "Einweihung in die Mysterien" sei vollzogen worden (619,127f).

Es wird deutlich, daß für Steiner nicht Jesus, sondern *Lazarus der eigentlich Handelnde* in Joh 11 ist. Der "Tote" ist die eigentlich aktive Person; Jesus ist lediglich der "Lehrer", "Priester-Initiator" oder "Hierophant" der Einweihung, die Lazarus durchlebt (103,72f; vgl. VI,250f). Wir erinnern uns in diesem Zusammenhang daran, wie Steiner das Joh versteht: "Nicht eine Biographie des Christus Jesus ist es, sondern eine Biographie der sich entwickelnden Menschenseele" (94,200). Auch beim Lazarus-Ereignis geht es für Steiner daher um die Schilderung der "Einweihung in die Tiefen des Seelenlebens" (ebd), der Auferstehung des "ewigen Wortes", der Gottwerdung des Menschen: "Ist in Lazarus das 'ewige Wort' auferstanden, dann dient wirklich der ganze Vorgang dazu, den Gott in Lazarus erscheinen zu lassen" (619,124). "Das bewußte, gedankliche Sich-Finden auf dem höheren Plan für sein eigenes Selbst – das ist die Auferweckung des Lazarus" (94,199).

Gemäß dieser Ansicht legen Steiner und seine Schüler nun das gesamte Kapitel Joh 11 aus. Das Wort, "dass der Herr den Lazarus *lieb hatte" (VV. 3.5.36),* entstamme der "Mysteriensprache" und kennzeichne "das Verhältnis des Schülers zum Lehrer". "'Den der Herr lieb hatte' ist der intimste, der eingeweihteste Schüler" (103,73; HiO). "Jesus hat Lazarus lieb gehabt, weil er ihn für reif hielt, um das 'Wort' in ihm zu erwecken" (619,126). – *"Doxa"* in *V. 4* sei nicht mit "Herrlichkeit", sondern mit "Offenbarung" zu übersetzen, so daß der Versteil besage: "Durch die Heilung der Krankheit wird der verborgene Gott in dem Kranken zur Offenbarung kommen, in Erscheinung treten – durch das Wirken des Sohnes."[137] – Das *"Ich-bin"-Wort* in *V. 25* bedeute: Jesus sei "die Auferstehung, die an Lazarus geschehen ist" und "das *Leben,* das Lazarus lebt". Jesus habe nicht sagen wollen, "der Glaube an ihn mache einen Toten im gewöhnlichen Wortsinne wieder lebendig", sondern er selbst sei als "das 'Ewige, Anfängliche' in Lazarus auferstanden"; der ganze Vorgang habe "den Gott in Lazarus" erscheinen lassen (619,123f; HiO). – In den Worten *"Lazare, komm heraus" (V. 43)* könne man "den Ruf wieder erkennen, mit dem die ägyptischen Priester-Initiatoren diejenigen wieder ins Leben des Alltags zurückriefen, welche ... sich den weltentrückenden Prozessen der 'Einweihung' unterzogen" (619,129; HddV). – Und der *Todesbeschluß* der Hohenpriester und Pharisäer gegen Jesus *(VV. 46ff)* werde gefaßt, weil Jesus durch den öffentlichen Vollzug der "Lazarus-Initiation" das "Mysteriengeheimnis geoffenbart" hätte. "Es wird erklärlich, daß einen solchen Vorgang die Juden an Jesu ebensowenig ungesühnt lassen konnten, wie die Griechen es hätten an *Aischylos* ungesühnt lassen können, wenn er die Mysteriengeheimnisse verraten hätte." Die Mysterienveröffentlichung sei jedoch nötig gewesen, denn sie sollte "zum Verständnis des 'Mysteriums von Golgatha' vorbereiten", das in der Anthroposophie ebenfalls als Einweihungsvorgang ("Stirb und werde!") gilt (619,129f; HiO; vgl. 619,107ff).

5.2 Theologische Kritik

5.2.1 Die Verherrlichung Gottes als Skopus von Joh 11

Zur *Beurteilung* der anthroposophischen Deutungen vom biblisch-reformatorischen Schriftverständnis her gelangen wir, indem wir zunächst nach dem *Zielpunkt* von Joh 11 fragen. Diesen Skopus spricht im Bericht des Evangeliums Jesus selbst in aller Klarheit aus: Die Krankheit des Lazarus ist "nicht zum Tode, sondern zur *Verherrlichung* Gottes, damit der Sohn Gottes durch sie *verherrlicht* werde" (V. 4).[138] "Doxa" (bzw. "doxázein") kann sowohl vom etymologischen Standpunkt als auch vom gesamtbiblischen (und insbesondere joh) Kontext her nur mit "Verherrlichung" (nicht mit "Offenbarung") übersetzt werden. Im Joh erscheint nämlich "das ganze Leben Jesu als e[ine] Verherrlichung d[es] Sohnes durch den Vater" (Joh 8,54; 12,28; 13,31; 17,1.4) "u[nd] zugleich des Vaters durch d[en] Sohn" (Joh 13,31f; 14,13; 17,1). "D[ie] Verherrlichung des Sohnes wird herbeigeführt durch d[ie] Wunder, die ihn der Vater tun läßt", vor allem durch die Auferweckung des Lazarus (Joh 11,4; vgl. VV. 40ff).[139] Gewiß geschieht durch die "Verherrlichung" zugleich auch eine "Offenbarung" Gottes, eine Theophanie; aber nicht von der Theophanie[140] an sich ist hier die Rede, sondern von der Art, wie diese Theophanie geschieht – eben als "Verherrlichung". "Der Begriff der 'Verherrlichung' stellt also die Heilsoffenbarung Jesu Christi, wie sie zeichenhaft in seinen Werken und vollwirksam in seiner Erhöhung am Kreuz geschieht, unter den Gedanken der Offenbarung von Gottes Herrlichkeit."[141]

Es kann somit vom Skopus des Textes her kein Zweifel darüber bestehen: Nicht Lazarus, sondern *Jesus ist der wirklich Handelnde.* Nicht eine *"Offenbarung"* des (mit dem "höheren Selbst" identifizierten) "Gottes *in* Lazarus" findet statt, sondern die *"Verherrlichung"* des wirklichen, persönlichen Gottes und seines Sohnes *durch* die Auferweckung des Lazarus von den Toten. Nun haben wir schon mehrfach festgestellt, daß die Anthroposophie gar keinen personhaften Gott im Sinne der Bibel kennt, sondern nur eine Art "göttlich-geistiger" Überwelt, in die der Mensch hellseherisch eindringen und zu der er sich hochentwickeln soll. Die auf Gott und Christus bezogenen Aussagen (z.B. die joh "Ich-bin"-Worte) werden deshalb nicht theologisch und christologisch, sondern anthropologisch gedeutet. Wir haben gezeigt, daß diese Deutung dem biblisch-reformatorischen Schriftverständnis widerspricht. Von dieser Deutung her erklärt es sich aber, daß die Anthroposophie von einer "Verherrlichung" Gottes und seines Sohnes nicht reden kann, sondern nur von einer Höherentwicklung des Menschen und der zum Bereich des Geschöpflichen gehörenden Geisterwelt.

Rechnen wir dagegen von den biblischen Texten her mit der *Existenz* des persönlichen Gottes und seines Sohnes und betrachten wir die Texte in ihrem *Literalsinn,* so ergeben sich für die von Steiner herangezogenen Stellen aus Joh 11 folgende Erklärungen: *"Diese Krankheit ist nicht zum Tode"* (V. 4a) besagt nicht, daß Lazarus nicht wirklich sterben werde, sondern daß der Tod nicht Ziel und Ende dieser Krankheit ist. Ihr Ziel ist die Verherrlichung Gottes und seines Sohnes (V. 4b; s.o.). Daß Lazarus wirklich gestorben ist, wird im nachfolgenden Verlauf der Erzählung immer wieder betont (VV. 13f.-17.21.32.37.39.44). Wäre Lazarus nicht wirklich gestorben, sondern hätte er sich unter der Anleitung Jesu nur in einen Zustand der Einweihung versetzt, so wären die verzweifelten Reaktionen seiner Schwestern (VV. 3.19ff.31ff.39), die Trauer der anwesenden Juden (VV.19.31.33) und vor allem die starken Gemütsbewegungen Jesu (Zorn, Erregung, Weinen; VV. 33.35.38) unverständlich.[142] Hinzu kommt der zweimalige Hinweis, daß Lazarus "schon vier Tage" im Grabe liegt (VV. 17.39), während Steiner von einem "drei-" oder "dreieinhalbtägigen Einweihungsschlaf" spricht. Die "vier Tage" sind ein deutlicher Widerspruch gegen heidnische Einweihungsvorstellungen und gegen die Annahme, Lazarus sei nur scheintot gewesen.[143]

Die Gemütsbewegungen Jesu, die der Evangelist besonders hervorhebt und die im Falle einer "Einweihung" unverständlich blieben, werden sofort erklärlich, wenn man den Hinweis, daß Jesus Lazarus *"liebte"*, wörtlich nimmt. Jesus war durch seine Freundschaft (philía; V. 3.11.36) bzw. Liebe (agapan; vgl. V. 5) mit Lazarus verbunden.[144] Die Klassifizierung des "Liebens" Jesu als "Mysterienausdruck" hingegen ist eine unbegründete Eintragung in den Text und raubt der Erzählung darüber hinaus ihre Lebendigkeit und Wärme. Der Hinweis auf diese Gemütsbewegungen Jesu im Joh betont zugleich gegenüber einem damals aufkeimenden Doketismus (Kerinth) die wahre Menschlichkeit Jesu.[145]

Das *"Ich-bin"-Wort* in V. 25 bezieht sich – wie wir in III.B.4. im Blick auf die "Ich-bin"-Worte grundsätzlich gezeigt haben – nicht auf ein höheres "Selbst" oder "Ich" des Lazarus, sondern ist Selbstprädikation Jesu als göttlicher Offenbarer. Nicht der "Gott *in* Lazarus" wird erweckt, sondern Lazarus wird *durch* Gottes Sohn von den Toten auferweckt, der in seiner Person "die Auferstehung und das Leben" ist. Und nur durch die *personale* Gemeinschaft mit Jesus Christus im *Glauben* bekommt der einzelne an der Auferstehung und am Leben Anteil (VV. 25f).[146]

Der Ruf Jesu *"Lazarus, komm heraus!"* (V. 43) mit der damit verbundenen Totenerweckung weist nirgends im Text einen Bezug zu ägyptischen Einweihungsriten auf. Er stammt hingegen unverkennbar "aus apokalyptischer Tradition, nach der die Toten in den Gräbern durch die Stimme Gottes oder eines Engels (vgl. 1.Thess 4,16) zum Leben erweckt werden (vgl. Joh 5,28). In der Apk ist viel von solchen gewaltigen Stimmen oder Rufen die Rede"[147]. Indem Jesus die allgemeine Totenauferweckung am Ende der Tage – und auch seine eigene Auferstehung – zeichenhaft[148] an Lazarus vorwegnimmt (vgl. VV. 24f), wird er "verherrlicht" (V. 4) und im Glauben als der "Messias" und "Sohn Gottes" erkannt (V. 27).

Das ist für das Joh auch der Grund, warum die Hohenpriester und Pharisäer *Jesu Tod beschließen.* Sie sagen: "Dieser Mensch tut viele *Zeichen.* Lassen wir ihn so, dann werden sie alle an ihn *glauben,* und es werden die Römer kommen und nehmen uns Land und Leute" (VV. 47f). Das bedeutet: Die Hohenpriester und Pharisäer befürchten nach dem Joh, ihre (relative) Vormachtstellung in Israel zu verlieren, wenn das Volk Jesus zum Messias erhebt und daraus politische Unruhen erwachsen. Die Darstellung des Joh zeigt hier – mehr als die Synoptiker – einen "politischen Realismus", der mit den Zuständen in Jerusalem vor 70 n.Chr. vertraut ist: Da die Messiaserwartung zur Zeit Jesu eine höchst politische Dimension besaß (das Volk erhoffte sich durch den Messias die Befreiung von der Vorherrschaft der Römer; vgl. Act 1,6), war mit solchen Unruhen zu rechnen, wenn Jesus noch mehr Zulauf bekommen würde. [149] Die Annahme hingegen, daß das Todesurteil über Jesus wegen eines "Mysterienverrats" gefällt worden wäre, besitzt keinerlei Anhaltspunkt im Text.

5.2.2 Die Unhaltbarkeit der "Jungfrau-Sophia"-Lehre

Bevor wir das endgültige Ergebnis dieses Kapitels formulieren, betrachten wir noch die Erklärung, die Steiner für die *Entstehung des Joh* gibt. Das Joh sei dadurch entstanden, daß bei der Kreuzigung Jesu die Kraft seines Astralleibes auf den "Jünger, den Jesus liebte" (nach anthroposophischer Deutung also auf den eingeweihten Lazarus) übergegangen sei. "Diejenige Kraft, die in meinem astralischen Leib war und ihn befähigt hat, ein Träger zu werden für den Heiligen Geist [= den Christus-Sonnengeist; d. Verf.], diese Kraft übertrage ich auf dich; du sollst niederschreiben das, was dieser astralische Leib durch seine Entwickelung erlangen konnte!" – das habe Jesus durch sein Wort *"Das ist fortan deine Mutter!"* (Joh 19,27) sagen wollen. Die "Mutter" sei in Wirklichkeit die "'Jungfrau Sophia'", die Kraft des Astralleibes Jesu, die den Menschen zur höheren Einweihung, zur Aufnahme des Christus-Ich vorbereite. Und Lazarus, der als bereits Initiierter nun diese höhere Kraft von Jesus empfange, habe die Aufgabe, Vermittler dieser Kraft zu werden, indem er ein Einweihungsbuch – eben das Joh – schreibe: "'Und der Jünger nahm sie zu sich' [Joh 19,27; d. Verf.], das heisst: er schrieb das Johannes-Evangelium. Und das Johannes-Evangelium ist dasjenige Evangelium, in dem der Schreiber verborgen hat die Kräfte zur Entfaltung der 'Jungfrau Sophia'" (103,218f).

Ist die *"Mutter"* die "Jungfrau Sophia", also eine von Jesus ausgehende Kraft, dann kann sie nicht seine leibliche Mutter "Maria" sein. Daher versucht Steiner, jede Identität zwischen der "Mutter", die "bei dem Kreuze" steht (Joh 19,25), und der "Maria", die etwa in den mt und lk Geburtsgeschichten vorkommt, auszuschließen: "Nirgends steht im Johannes-Evangelium etwas davon, dass die Mutter Jesu Maria heisst. Es steht überall ... nur 'die Mutter Jesu'." Joh 19,25 übersetzt Steiner folgendermaßen: "Unten stand Jesu seine Mutter und seiner Mutter Schwester, die des Kleophas Weib war, Maria, und die Maria von Magdala." Und er folgert: "Es ist doch sonderbar, dass die beiden Schwestern Maria heissen! Das ist heute nicht gebräuchlich. – Und damals war es das auch nicht. Und da der Schreiber des Johannes-Evangeliums die Schwester Maria nennt, so ist klar, dass die Mutter Jesu nicht 'Maria' hiess" (103,174).

So klar ist das jedoch nicht! "Bei der Aufzählung der Frauen ist umstritten, um wie viele Personen es sich handelt", bemerkt Schnackenburg. Nach der

Satzkonstruktion könnten es "zwei, drei oder vier Frauen sein", doch ist die *Vierzahl* am wahrscheinlichsten. "Am besten versteht man die Aufzählung (mit den meisten neueren Exegeten) paarweise: die ersten zwei Frauen ohne Namensangabe, dann zwei mit Namen. Vorangestellt sind die nahen Verwandten Jesu, dann folgen zwei weitere Frauen mit dem Namen Maria, die durch Zusätze unterschieden werden."[150] Das von Steiner vorgebrachte Problem, daß zwei Schwestern "Maria" heißen würden, löst sich bei dieser Deutung auf, da beide gar nicht mit Namen bezeichnet werden.

Damit aber fällt das Hauptargument weg, welches Steiner anführte, um die "Mutter" Jesu von "Maria" zu unterscheiden. Die "Mutter" Jesu, die beim Kreuz steht, kann durchaus "Maria" heißen. Daß sie im Joh nicht namentlich genannt wird, dürfte auf stilistische oder andere Gründe zurückzuführen sein, über die wir nur Vermutungen anstellen können.[151] Das Verschweigen ihres Namens läßt aber keinesfalls den Schluß zu, daß die "Mutter" Jesu im Joh nicht mit der Mutter Jesu in den Synoptikern identisch sei, die dort stets den Namen "Maria" trägt.

5.2.3 Die Wertlosigkeit der anthroposophischen Argumentation für die theologische Forschung

Nun können wir das *Ergebnis* dieses Kapitels formulieren: Die anthroposophische "Lösung" der joh Verfasserfrage ist maßgeblich von der Steinerschen Weltanschauung bestimmt, welche die Evangelien als Einweihungsbücher betrachtet. Wie wir in III.A.2. grundsätzlich und hier am Beispiel des Joh nachweisen konnten, steht diese Vorstellung zu den klaren Aussagen der Evangelientexte im Widerspruch. *Daß Lazarus der Verfasser des Joh ist, läßt sich aus dem vierten Evangelium nicht beweisen, sondern höchstens aufgrund spekulativer Folgerungen vermuten. Die spezifisch anthroposophische Argumentation jedoch hilft durch ihre allegorische Willkür überhaupt nicht weiter. Sie löst die joh Verfasserfrage nicht.* Denn im Blick auf das für ihre Argumentation zentrale Kapitel Joh 11 gilt: Hier wird nicht von einer "Einweihung", sondern von einer Totenerweckung berichtet. Nicht Lazarus handelt, sondern Gott der Vater handelt durch seinen Sohn Jesus an ihm. Durch die Auferweckung des Lazarus wird Jesus als "die Auferstehung und das Leben", als "der Messias" und "der Sohn Gottes" offenbar – und Gottvater und Gottsohn werden "verherrlicht".

6. Paulus – der erste Ätherseher

6.1 Anthroposophische Auffassung

6.1.1 Die Erdenfahrt des Christus

Nach anthroposophischer Vorstellung war das Lazarus-Ereignis die letzte Einweihung alter Art. Der Mensch mußte seinen physischen Leib verlassen, um sich in die Astral- und Mentalsphären zu erheben und Erkenntnisse höherer Welten zu erlangen. Durch das Mysterium von Golgatha nun sind die höheren Welten zur Erde gekommen: Der Christus ist zum Geist der Erde geworden. Bei seiner Auferstehung ist er in den verdichteten Ätherleib zurückgekehrt. Seine Himmelfahrt war eine "Erdenfahrt" (148,212). Jetzt ist zur Einweihung ein Verlassen des physischen Leibes nicht mehr notwendig, sondern der Christus kann direkt in der Äthersphäre der Erde hellseherisch wahrgenommen werden. Der erste, der den Christus auf diese Weise erkennt, der erste *"Ätherseher"*, ist Paulus.

6.1.2 Die Erleuchtung des Paulus

Das Leben des Paulus läßt sich nach anthroposophischer Ansicht in zwei Teile gliedern: Vor dem Damaskus-Ereignis (Act 9,1ff; 22,3ff; 26,9ff) war er ein "Eingeweihter"; *durch* das Damaskus-Ereignis wurde er zum "Hellseher". Als "eine Art jüdischer Eingeweihter" konnte er das wissen, "was Eigentum war der hebräischen Geheimlehre", nämlich daß sich die hohe Sonnenwesenheit der Erde nähern und "einmal in einem Menschenleib" verkörpern würde. Und auch das "wußte" er: "Wenn der Christus-Geist in einem menschlichen Leib gewesen ist und dieser menschliche Leib tot ist, dann muß in der Erdenaura der Christus vorhanden sein." Was Paulus nicht wußte, war, "daß derjenige, der am Kreuz geendet hatte, der Träger war des Christus". Diese Erkenntnis wurde ihm erst durch das Damaskus-Ereignis zuteil, indem er fähig wurde, "in die Erdenaura" hineinzuschauen und zu sehen, "daß der Christus darinnen war". "Also mußte der Zeitpunkt, da dieser Christus durch einen physischen Menschenleib gewandelt war, schon dagewesen sein. Der Beweis war ihm geliefert worden, daß der Christus an dem Kreuze gestorben war" (112,269f).

"Das erschütternd Neue, das Paulus erlebt, ist, daß ihm aus der Ätheraura der Erde heraus der auferstandene Christus begegnet", schreibt E. Bock. Paulus erlebt als eine "Menschheitsfrühgeburt" als einzelner voraus, was "in einer fernen Zukunft von vielen erlebt werden sollte". "Die Wiederkunft Christi wird sich so abspielen, daß viele Menschen an den verschiedensten Orten zu gleicher Zeit Erlebnisse haben, die dem ähnlich sind, das Paulus vor Damaskus hatte" (Ev, 627). Dazu jedoch ist eine "innere Erkraftung der Seele" (VII, 79), eine Ausbildung der hellseherischen Fähigkeiten notwendig, die durch den anthroposophischen Weg nahezu zwei Jahrtausende nach Paulus ermöglicht wird.

Die Aufgabe des Moses war, "aus dem vorichhaften Träumen, das aber noch den Reichtum des alten Schauens in sich trug, in das wache Denken des menschlichen Hauptes vorwärtszuführen". Die Aufgabe des Paulus "war eine umgekehrte: Er hatte in den verarmten und verdunkelten Kopfgedanken mit dem Feuer des Herzens das Licht eines neuen Schauens anzuzünden". Er war somit "einer der größten schöpferischen Beweger und Neubeginner in der Geschichte des menschlichen *Bewußtseins"* (VII,7; HiO). Was ihm widerfuhr und was er tat, war somit vor allem ein Bewußtseinsakt: "Die 'Bekehrung' des Paulus war in erster Linie eine unerhörte 'Erleuchtung', eine erweiternde und erhöhende Umwandlung seines Bewußtseins ... Es ist zwar deutlich, daß die Stunde von Damaskus nicht nur das *Bewußtsein,* sondern auch das *Sein* des Paulus veränderte: er war fortan ein anderer Mensch. Aber das neue Sein war Folge und Frucht des neuen Bewußtseins" (VII,15; HiO).

Bock sieht somit weniger einen Bruch – eine "Bekehrung" im eigentlichen Sinn – im Leben des Paulus beim Damaskus-Ereignis, sondern viel mehr eine Kontinuität: "Wer den Begriff der 'Bekehrung' darauf [sc. auf das Damaskus-Ereignis] anwendet, setzt doch eigentlich voraus, daß alles, was im Leben des Paulus diesem Augenblick voranging, falsch und böse gewesen sei." Das sei nicht der Fall, sondern es gelte: "*Alles* in seinem bisherigen Leben war ... Vorbereitung auf diesen Augenblick gewesen." Paulus brachte – und hier fließt die Reinkarnationslehre mit ein – "in seinem Wesen, als Ergebnis aller seiner Schicksale und Wirksamkeiten in früheren Leben, die Voraussetzungen mit für den Empfang der gnadenvollen Licht-Berufung, die ihm in der Damaskus-Stunde zuteil wurde" (VII,22f; HiO).

6.2 Theologische Kritik

6.2.1 Die Unhaltbarkeit einer esoterischen Schulung des Paulus

Es sind im wesentlichen *drei biblische Hinweise,* auf die sich die anthroposophische Argumentation stützt. Das erste ist der Hinweis, daß Paulus *Pharisäer* war (Phil 3,5f; Act 5,34 u. 22,3). Bock folgert daraus die Beziehung des Paulus zu einem "esoterischen Kreise des Pharisäerordens", der sich durch visionäre und ekstatische Elemente auszeichnete (VII,66f). "Der einweihungsartige spezielle Ordensweg knüpfte an das prophetische Element, also auch an die Prophetenbücher des Alten Testamentes an, die den Blick in die messianische Zukunft lenkten. So wie die Propheten durch ein höheres Schauen und Hören zu Verkündern des Zukünftigen geworden waren, so sollte jetzt auch der Übende dazu gelangen, Schauungen zu haben und das Wort der Gottheit unmittelbar zu vernehmen" (VII,64).

Diese Argumentation ist aus mehreren Gründen unhaltbar. Erstens lassen sich die Schriftpropheten des Alten Testaments nicht mit Eingeweihten fremdreligiöser Kulte in Verbindung bringen, da ihre Botschaft nicht durch magisch-mantische Praktiken und eigenmächtiges Erkenntnisstreben zustande kommt, sondern sich als die souveräne Offenbarung Gottes an Israel darstellt (II.B.1.) und darüber hinaus den Kampf gegen Fremdkulte in Israel enthält (III.A.2.). – Zweitens zeichnen sich die Pharisäer, die sich an der Thora und den Propheten orientieren, wie diese durch eine radikale "Absonderung von allem ... Heidnischen" aus, wie Bock an anderer Stelle selber feststellt (VII,62). Esoterische Kreise innerhalb der Pharisäer, die diese Absonderung nicht streng einhielten, sondern mysterienhafte Elemente aus dem Heidentum übernahmen, sind uns nicht bekannt. Es wird pharisäische Apokalyptiker mit visionär-ekstatischer Begabung gegeben haben, aber diese hatten nichts mit den paganen Mysterien zu tun, sondern schöpften aus der jüdisch-prophetischen Tradition.[152] – Drittens schließlich wird nirgends in der Act und im Selbstzeugnis des Paulus eine Beziehung des Apostels zu "esoterischen Kreisen" innerhalb der Pharisäer erwähnt, was auch immer darunter zu verstehen sei. Und auch die Offenbarungen, die Paulus erhält (2.Kor 12,1ff), entstammen der unverfügbaren Sphäre Gottes und unterscheiden sich nach seiner eigenen Beurteilung deutlich von allen hellseherischen Bestrebungen.[153]

6.2.2 *Die Fehldeutung von "ektrōma" (1. Kor 15,8)*

Einen zweiten – und entscheidenden – Hinweis auf die besondere hellseherische Veranlagung des Paulus sieht die Anthroposophie in *1.Kor 15,8,* wo Paulus berichtet, daß der auferstandene Christus ihm als einer *"ektrōma"* erschienen sei. Steiner übersetzt "ektrōma" mit "Frühgeburt" und kommentiert: Paulus ist "nicht ausgetragen worden im mütterlichen Leibe", sondern "aus der geistigen Welt in die physische Welt heruntergestiegen, als er noch nicht völlig eingetaucht war in alle Elemente des Erdendaseins". Als jemandem, der "noch unbewußt den geistigen Mächten angehört", ist ihm "als einer Frühgeburt das geistige Auge eröffnet" worden (112,270). Weil Paulus also eine Frühgeburt "im physischen Sinne" war, konnte er als erster den Christus in der Äthersphäre erkennen (VII,70).

Mit dieser Deutung liefert Steiner ein klassisches Beispiel von assoziierender Allegorese durch sein "neues Wörtlichnehmen" (vgl. II.B.3.). Indem er "ektrōma" wörtlich als "Frühgeburt" im leiblichen Sinne versteht, läßt er völlig den Kontext von 1.Kor 15,8 außer acht, der die Deutung als *Bildwort* erforderlich macht. Paulus kommentiert nämlich das "ektrōma" aus V. 8 in den darauffolgenden Versen als Schimpfwort, das er sich – vielleicht aufgrund der Vorwürfe seiner Gegner – selber beilegt, um seine überraschende und unverdiente Begegnung mit dem Auferstandenen, dessen Anhänger er verfolgt hat, um so deutlicher zu kennzeichnen: *"Denn* ich bin der geringste unter den Aposteln, der ich nicht wert bin, daß ich ein Apostel heiße, darum daß ich die Gemeinde Gottes verfolgt habe" (V. 9). "Ektrōma" ist somit die "Fehlgeburt", die "unzeitige Geburt", die "nicht lebensfähige Geburt", die nur durch Gottes Gnade zum Leben finden und am Leben bleiben durfte: "Aber von Gottes Gnade bin ich, was ich bin" (V. 10). Die Deutung als Bildwort ist also der vom Kontext gebotene Literalsinn an dieser Stelle, wogegen die Steinersche scheinbar "wörtliche" Deutung dem Literalsinn widerspricht.[154]

6.2.3 Die Fehldeutung von "en emoi" (Gal 1,16)

Einen Hinweis auf die Art der Christus-Offenbarung beim Damaskus-Ereignis vermutet die Anthroposophie schließlich in *Gal 1,15f,* wo Paulus sagt, daß Gott seinen Sohn *"in"* ihm offenbarte. Bock kommentiert: "Nicht ein Wesen außerhalb seiner selbst wurde Paulus offenbar: zu seinem tiefsten Erstaunen mußte er in ihm das eigene höhere Selbst, aber eben zugleich das höhere Selbst aller Menschen, erkennen. Nicht *ein* Mensch, sondern *der* Mensch, nicht *ein* Ich, sondern *das* Ich offenbarte sich ihm." Nach Bocks Ansicht charakterisiert Paulus das Damaskus-Ereignis hier "als einen innerseelischen Vorgang", bei dem der Weg frei wird "für die Bejahung und das Wachstum des höheren wahren Selbstes im Menschen" (VII,86; HiO).

Bock setzt das Ich des Menschen mit dem Sohn Gottes gleich – eine Deutung, der wir schon wiederholt begegnet sind und deren Unvereinbarkeit mit dem biblischen Schriftverständnis wir aufgezeigt haben. Daß sich Christus "in" Paulus offenbart, besagt hingegen nichts darüber, wo die Offenbarung *herkommt,* sondern nur, wo sie *ankommt:* Sie kommt (was sich vom gesamtbiblischen Kontext her ergibt) vom souveränen, auferstandenen Herrn, also von außen, und sie trifft Paulus im Innersten seines Wesens. Das "in mir" wird an dieser Stelle wohl auch deshalb betont, weil die gesamte paulinische Verkündigung ihre Wurzel im Damaskus-Ereignis hat[155] und Paulus gegenüber den galatischen Angriffen seine *direkte* Beauftragung durch Jesus Christus – *ohne* Zwischenpersonen – zum Ausdruck bringen möchte. In Gal 1,15f betont er "die Unmittelbarkeit und die darin begründete Echtheit seiner Verkündigung und Beauftragung"[156]. Zudem ist es auch möglich, das "en emoi" einfach als Dativ zu deuten.[157]

6.2.4 Der Widerspruch zur paulinischen Theologie

Der anthroposophischen Vorstellung, Paulus sei Eingeweihter und Hellseher gewesen, fehlt somit jegliche Grundlage in den neutestamentlichen Texten. Sie tritt darüber hinaus zur paulinischen Theologie in direkten Widerspruch, deren zentraler Inhalt gerade der rettende *Glaube* – im Gegensatz zum Schauen – ist.[158] In zwei Punkten hat Bock zwar recht: a) Paulus besaß als Pharisäer eine starke Messiaserwartung[159]; b) er hatte Jesus zunächst nicht als den Messias, den Christus, erkannt (vgl. VII,75ff). *Daß* er ihn dann aber als den Messias erkannte, das kam nicht durch eine hellseherische Schulung oder Veranlagung des Paulus zustande, sondern durch die souveräne Offenbarung Gottes, welche aus dem Christenverfolger, dem der als Volksverführer und Gotteslästerer Gekreuzigte ein "Ärgernis" war (1. Kor 1,18ff), den Christusboten machte: "When he was almost at his destination he had that vision of the risen Christ which shattered his old life and opened up a completely new and unexpected future for him" (M. Hengel)[160].

Das *Ergebnis* dieses letzten Kapitels lautet somit: *Paulus war nicht "der erste Ätherseher".*

Gesamtbeurteilung des anthroposophischen Bibelverständnisses

Das anthroposophische Bibelverständnis beruht auf den Forschungen und Schauungen von *Rudolf Steiner*. Es wurde von verschiedenen Autoren systematisiert und in zum Teil eigenständiger Form weiterentwickelt, doch grundsätzlich in Kontinuität, nicht im Widerspruch zu den Lehren Steiners. Unter den Schülern Steiners, die sich um eine theologische Vermittlung, Systematisierung und Vertiefung seiner Aussagen bemüht haben, ragen *Friedrich Rittelmeyer, Emil Bock* und *Rudolf Frieling* besonders hervor. Durch frühe übersinnliche Erlebnisse geprägt, fanden diese weder in der lutherischen, reformierten und pietistischen "Orthodoxie" noch in der liberalen Theologie, sondern erst in der Steinerschen Anthroposophie eine dauerhafte geistige Heimat (I.).

Ihre Berechtigung und Notwendigkeit begründet die anthroposophische Exegese damit, daß die *gängigen Systeme der Bibelauslegung dem Materialismus verfallen* seien. Die Frage nach der spirituellen Dimension, die über den literalen Bibeltext hinausgehe, sei ihnen verlorengegangen. Das Anliegen der anthroposophischen Exegese sei es, die *Wiedergewinnung der spirituellen Dimension* zu ermöglichen.

Die anthroposophische Kritik trifft jedoch nur *teilweise* zu. Zwar hat es im theologischen Liberalismus, insbesondere in der religionsgeschichtlichen Schule, Vertreter gegeben, welche die biblischen Schriften lediglich als Erzeugnisse menschlicher Religiosität und mythischer Poesie ohne transzendenten Offenbarungsbezug betrachtet haben. Gegen solche wenden sich Steiner und seine Schüler zu Recht. Derartige Einseitigkeiten sind jedoch seit dem Widerspruch insbesondere der Dialektischen Theologie weitgehend überwunden. Vertreter eben der dialektischen Wort-Gottes-Theologie und einer am Alten und Neuen Testament als Gottes Offenbarung orientierten Exegese betonen nachdrücklich die geistlich-christologische Dimension biblischer Texte. Die anthroposophische Exegese ist somit ganz gewiß nicht der einzige moderne Versuch, den Bereich des "Transzendenten" zu erschließen. Das Bemühen Steiners, "Erkenntnisse höherer Welten" zu gewinnen, erscheint in dieser Hinsicht nur als ein Sonderfall (II. A.).

Ob der Weg der Anthroposophie in die "höheren Welten" und damit die Begründung eines neuen Bibelverständnisses gelingen kann, darüber entscheidet die empirische und theologische Untersuchung ihrer methodischen und weltanschaulichen Grundlagen. Diesem Ziel versuchte die vorliegende Arbeit zu dienen.

In *empirischer* Hinsicht erwies sich dabei der Anspruch Steiners, der Offenbarer neuer Wahrheiten zu sein und andere Menschen zu "Erkenntnissen höherer Welten" zu führen, als unhaltbar. *Steiners "Offenbarungen" sind in keiner Weise nachprüfbar, sein Erkenntnisweg läßt sich nicht nachvollziehen.* Keiner außer Steiner selber ist ihn bis ans Ende gegangen. Anfangsweise "Erkenntnisse" seiner Schüler können sich nicht dem Verdacht der Suggestion aufgrund der Beschäftigung mit Steiners Lehren entziehen.

Der Glaube an eine *"Akasha-Chronik"* als übersinnliche Quelle ist mit dem Glauben an Steiners Autorität und seine "Schauungen" gleichzusetzen. Wesentliche Elemente dieser "Schauungen" sind nachweislich von der kulturellen und historischen Umwelt Steiners beeinflußt und daher *zeitbedingt.* Zudem treten gravierende *Unterschiede* zu den "Schauungen" anderer "Visionäre" (etwa H. P. Blavatsky) auf, die ebenfalls in der Akasha-Chronik zu lesen beanspruchen. Dadurch wird die Lehre von der Existenz einer "Akasha-Chronik" ad absurdum geführt.

Vor allem aber in *theologischer* Hinsicht ist der Steinersche Weg zur Erlangung neuer "Offenbarungen" abzulehnen. Der Hauptgrund für diese Ablehnung liegt darin, daß sich hier der Mensch anmaßt, auf methodischem Wege in Bereiche vorzudringen, deren Offenbarung sich der dreieinige Gott, den die Bibel bezeugt, in seiner Souveränität vorbehalten hat. *Der anthroposophische Weg zur Erlangung von "Erkenntnissen höherer Welten" ist nicht der Weg des christlichen Glaubens, sondern der Weg alter gnostischer Systeme in neuer Gestalt.* Nach biblisch-theologischem Schriftverständnis führt er zu einer Vergewaltigung der alt- und neutestamentlichen Texte und damit in die Irre. Die Akasha-Chronik als die materiale Quelle der anthroposophischen Schau kann nicht die Richterin der Bibel sein, da die Behauptung ihrer Existenz schon in empirischer Hinsicht unhaltbar ist und das "Lesen" in ihr durch verhüllt-spiritistische Praktiken zustande kommt, deren Methodik und Ergebnisse im Widerspruch zur Grundintention und zum Wesen der biblischen Offenbarung stehen (II.B.1. und 2.).

Was nun die *anthroposophische Interpretation der Bibel* selber betrifft, so läßt sie sich als spirituell, okkult und allegorisch kennzeichnen. Sie ist *spirituell,* weil sie – im Unterschied zu den rationalistisch und "materialistisch" geprägten Auslegungsverfahren – eine höhere, "geistige" Dimension hinter den Texten sucht. An diesem Punkt deutet sie auf Defizite der liberalen Theologie am Ausgang des 19. Jahrhunderts (besonders um die Jahrhundertwende) hin. Sie ist *okkult,* weil sie diese höhere, "verborgene" Wirklichkeit – unabhängig von der Bibel – in der übersinnlich in der Geisterwelt geschauten Akasha-Chronik finden will. Und sie ist *allegorisch,* weil sie diese übersinnlich geschaute Wirklichkeit – ohne literale Grundlage in der Bibel selber – von außen an die Schrift heranträgt und Textaussagen häufig gewaltsam und gegen ihren Sinn uminterpretiert. Dabei erweist sich das "wörtliche Verstehen", wie es anthroposophische Exegeten unter Außerachtlassung des vom biblischen Kontext gebotenen Sinns praktizieren, zuweilen als eine Form *versteckter Allegorese.*

Die anthroposophische "spirituelle Interpretation" geht in ihren Auslegungen weit über die vom biblischen Literalsinn und Gesamtkontext her verifizierbaren Inhalte hinaus, ja sie tritt – wie wir zuletzt in exegetischen Einzeluntersuchungen ausführlich aufgezeigt haben (III.B.) – vielfach in direkten Gegensatz zu diesen. Das biblisch-reformatorische Schriftverständnis nämlich bindet jede Auslegung an den Literalsinn und Gesamtzusammenhang der Texte und wehrt damit exegetische Willkür und Spekulation grundsätzlich ab. Die anthroposophische Auslegung hingegen öffnet als allegoristische "Eisegese" der *Spekulation und Willkür* Tor und Tür. Indem sie die biblischen Aussagen in das okkulte Weltbild Rudolf Steiners einzuordnen versucht, werden diese bis zur Unkenntlichkeit entstellt und ihres eigentlichen Inhaltes beraubt (II.B.3.).

Diese Willkür zeigt sich deutlich an der Art, wie die anthroposophische Exegese die *Einheitlichkeit und Ganzheitlichkeit der Schrift* begründen und Unterschiede zwischen verschiedenen biblischen Büchern erklären will. Nach anthroposophischer Vorstellung sind die biblischen Schriften *"Einweihungsbücher"*. Unterschiede zwischen ihnen erklären sich von den unterschiedlichen *"Inspirations-" und "Einweihungsstufen"* der Verfasser her. Eine Harmonisierung wird auf *"geistigem"* Wege – sprich: durch allegorische Umdeutung des Wortlautes – mit Hilfe des "ewigen Evangeliums" (= Akasha-Chronik) angestrebt.

Harmonisierungsversuche dieser Art erweisen sich jedoch als *unhaltbar,* da sie den Literalsinn und Kontext der betreffenden Stellen nicht ernstnehmen und ihnen die Akasha-Chronik als völlig spekulative Größe überstülpen. Auch besitzt der anthroposophische Inspirationsbegriff, der den Geistempfang quantifizieren will, zur biblisch-theologischen Auffassung von Inspiration keinerlei Bezug, die mit der Freiheit, Unverfügbarkeit und völligen Andersartigkeit des göttlichen Geistes rechnet (III.A.1.).

Ferner ergibt die historische und theologische Untersuchung, daß die biblischen Schriften *keine Einweihungsbücher in Analogie zu den Einweihungsschriften antiker Mysterien* sind, wie Steiner behauptet. Steiners Interpretation der antiken Mysterien ist ahistorisch. Eine Abhängigkeit der biblischen Schriften von diesen läßt sich nicht nachweisen. Das hervorstechende inhaltliche Merkmal der im Alten und Neuen Testament bezeugten Offenbarung ist vielmehr gerade die Abgrenzung gegen fremdreligiöse Kulte mit ihren magisch-mantischen Praktiken sowie die Verkündigung des *einen* Gottes, Jahwe, der keine anderen Götter neben sich duldet.

Hier tut sich ein tiefer Graben zwischen Anthroposophie und biblisch-theologischen Aussagen auf, der über das Schriftverständnis hinausgeht und den Kern des Glaubens, das *Gottesverständnis,* betrifft. Denn die anthroposophische Vorstellung von einer "göttlich-geistigen Welt", zu der man durch bestimmte Meditationstechniken vordringen kann, weist deutliche *Parallelen zu fremdreligiösen (insbesondere hinduistischen, gnostischen, stoischen und kabbalistischen) Systemen* auf, nicht aber zum jüdisch-christlichen Gottesglauben. Von daher ergibt sich, daß der Gebrauch bestimmter Bibelstellen als *Meditationstexte* mit dem Ziel, sich der "göttlich-geistigen Welt" zu bemächtigen, aus biblisch-theologischer Sicht nur als *Mißbrauch* betrachtet werden kann (III.A.2.).

Einen letzten Versuch, die Autorität der Steinerschen "Offenbarungen" zu begründen, unternimmt die anthroposophische Exegese, indem sie einen zeitlich nicht gebundenen *fortschreitenden und direkten Offenbarungsempfang* behauptet. In dessen Verlauf sei die Offenbarung der biblischen Schriften nur als eine zeitbedingte und bezüglich deren Gültigkeit relative Offenbarung zu sehen.

Eine solche Relativierung steht jedoch im Widerspruch zu den Aussagen der biblischen Schriften selbst. In diesen ist – in einer *abgeschlossenen Offenbarung* – der gesamte "Plan" Gottes zum Heil seiner Geschöpfe festgehalten (Cullmann)[161]. Wort und Geist sind eine Einheit. Die in der Bibel niedergelegte *"Grundtradition"* (Joest)[162] ist der Maßstab, an dem sich alle "neuen Offenbarungen" auf ihre Übereinstimmung oder Nichtübereinstimmung hin überprüfen lassen müssen (III.A.3.).

Die Frage nach der Übereinstimmung haben wir im letzten Teil (III.B.) anhand zentraler Themen aus der Gotteslehre (1.), der Soteriologie (2.), der Christologie (3. und 4.) und anderen Bereichen (5. und 6.) gestellt. Anzuerkennen ist, daß Christus für die Anthroposophie eine zentrale Bedeutung besitzt und daß es ihr um die Wiedergewinnung göttlicher Transzendenz geht. Jedoch ist die *Unterschiedlichkeit, ja oft Gegensätzlichkeit zwischen biblischen und anthroposophischen Aussagen* unübersehbar. Vor allem hat sich gezeigt: *Der "Christus Jesus" der Anthroposophie ist nicht der Jesus Christus der Heiligen Schrift.* Rudolf Steiner und seine Schüler verkündigen einen anderen Gott, einen anderen Christus, eine andere Erlösung und ein anderes Evangelium (vgl. Gal 1,6). Anthroposophie hat mit dem christlichen Glauben gewiß manche Begriffe und Vorstellungen gemeinsam. Sie verfehlt aber völlig die Grundintention biblischer Offenbarung – die Rechtfertigung des Gottlosen allein aus Gnaden in Christus – und widerspricht den reformatorischen particulae exclusivae: solus Christus, sola fide, sola gratia und sola scriptura. Vom christlichen Glauben bleibt sie trotz ihrer Liebe zu den biblischen Texten und manchen Berührungspunkten durch einen Graben getrennt.

Die Überprüfung der methodischen und weltanschaulichen Grundlagen der Anthroposophie ergibt somit folgendes *Ergebnis:* Das anthroposophische Bibelverständnis ist aus dem berechtigten Anliegen heraus entstanden, die Exegese aus einer (mancherorts) rein diesseitigen, "materialistischen" Betrachtungsweise der Heiligen Schrift herauszuführen und einen neuen Zugang zur göttlichen Transzendenz zu gewinnen. Diesem Anliegen werden ihre Bemühungen jedoch nicht gerecht. Ihr esoterischer Ausgangspunkt läßt sie den eigentlichen Skopus der Schrift verfehlen, der sich nur durch die Berücksichtigung des Literalsinns und Gesamtkontextes der biblischen Aussagen offenbart. Die anthroposophische Exegese führt nicht zu einem vertieften Bibelverständnis, sondern sie führt von der Schrift weg – hin zu okkulter Spekulation. *Das anthroposophische Bibelverständnis ermöglicht keine sachgemäße Auslegung. Es ist mit dem biblisch-reformatorischen Schriftverständnis unvereinbar.*[163]

ANMERKUNGEN

Im kürzeren ersten Hauptteil werden die Anmerkungen fortlaufend numeriert. Im zweiten und dritten Hauptteil wird in den Teilen A. und B. jeweils neu mit der Zählung begonnen. Am unteren Rand ist stets vermerkt, auf welche Seiten sich die Anmerkungen beziehen.

Einleitung

1 Bruhn 1921; Frick 1923.

2 v. Stieglitz 1955.

3 Frör in: Kirche und Anthroposophie 1950, 117–130; Kögler 1984; Beckmannshagen 1984; Prange 1985; Ullrich 1986; Hansmann 1987; Badewien 1987; Rest 1987 u.a.

4 Hauer 1922; Schomerus 1922.

5 Bichlmair 1950; Harbsmeier 1957.

6 Gahr 1929, 231–236. Die Kapitelüberschrift findet sich im Inhaltsverzeichnis (S. 92 des Anhangs); in den fortlaufenden Text ist sie nur als "III." eingetragen.

7 Köberle 1939, 19.

8 Althaus 1949 [b], 15–17.

9 Kirche und Anthroposophie 1950, 77f.

10 H. Rusche, "Die Anthroposophie. Darstellung und Kritik", in: ebd, 9–75. 79–98 (davon zur Auslegung der Evangelien: 56–61. 89–91).

11 W. Foerster, "Das Verständnis der Evangelien bei der Christengemeinschaft", in: Stählin 1953,59–84.

12 Siedenschnur o.J., 71–89.

13 v. Stieglitz 1955, 46–59.

14 Ebd, 206f.

15 v. Stieglitz stützt sich in seiner Kritik auf die maßgeblichen Vertreter der "heilsgeschichtlichen Theologie" im 19. Jahrhundert. Nach seiner Ansicht "ist die Theologie von Beck, Auberlen und von Hofmann besonders geeignet, bei der Gegenüberstellung von biblisch bezeugter Geschichte und Steinerscher Bewußtseinsentwicklung auf Wesen und Eigenart dieser Geschichte aufmerksam zu machen" (ebd, 186). Wie Wilhelm Stählin in seinem Geleitwort bemerkt, läßt v. Stieglitz "bewußt die Aufgabe offen, diese Kritik über die von dem Verfasser als Maßstab vorausgesetzte 'heilsgeschichtliche' Theologie des 19. Jahrhunderts hinaus weiterzuführen" (ebd, 9).

16 v. Stieglitz 1965, 64–70; Pierott 1983, 148–153; Badewien 1985, 79–92.

17 Die Einbeziehung dieser "Schüler" ist aus zwei Gründen notwendig: Erstens spricht Steiner "nicht die Sprache des Theologen", sondern "des Esoterikers". Seine Sprache, sein Denken und seine Begrifflichkeit bedürfen daher der "Übersetzung und Interpretation" in theologische Kategorien, wenn die Auseinandersetzung auf theologischer Ebene mit ihm geführt werden soll. Um diese Übersetzung haben sich seine Schüler bemüht (vgl. Wehr 1968, 77). Zweitens haben Steiners Schüler seine Gedanken zum Teil eigenständig weiterentwickelt. Diese Eigenbildungen, die manchmal von nicht geringem theologischem Interesse sind, sollen hier – soweit möglich – Berücksichtigung finden.

18 Vgl. Edwards 1978.

19 Vgl. Bock Ev, 45ff; Rau 1972; ders. 1976.

I. Erster Hauptteil:

Geschichtlich-biographische Hinführung zum anthroposophischen Bibelverständnis

A. Ursprung und Wesen der Anthroposophie

[1] Marie Steiner, in: 636, 350.

[2] Gahr 1929, 50.

[3] Unter der Vielzahl der Lebensbeschreibungen Steiners sind insbesondere seine Autobiographie "Mein Lebensgang" (1923–25) (sie umfaßt die Jahre 1861–1907) und die über 600 Seiten starke Biographie des Steiner-Zeitgenossen und -Schülers Guenther Wachsmuth (1951) (sie umfaßt die Jahre 1900–1925) hervorzuheben. Wertvolle Hintergrundinformationen und kritische Anmerkungen zur Entwicklung Steiners finden sich bei: v. Stieglitz 1955, 16–36. 248–268, sowie bei H. Ringgren, Art. "Anthroposophie", TRE III/1978,8ff.

[4] Dieses für die weitere Entwicklung Steiners wichtige Ereignis ist auch erwähnt bei: v. Stieglitz 1955, 16; Hemleben 1983, 23f; Rittelmeyer 1983, 102.

[5] Hemleben 1983, 24.

[6] Ebd, 20.

[7] Der Titel der bei dem Rostocker Philosophen Heinrich von Stein verfaßten und 1891 veröffentlichten Dissertation lautete: "Die Grundfrage der Erkenntnistheorie mit besonderer Rücksicht auf Fichtes Wissenschaftslehre. Prolegomena zur Verständigung des philosophischen Bewußtseins mit sich selbst" (ebd, 48f; im Original hervorgehoben). Im Jahres-Verzeichnis der an den Deutschen Universitäten erschienenen Schriften, Bd. VII, 15. August 1891 bis 14. August 1892, Berlin 1892, findet sich folgender Eintrag: "Steiner, Rudolf: Die Grundfrage der Erkenntnistheorie m. bes. Rücks. auf Fichte's Wissenschaftslehre. Prolegomena z. Verständigg. d. philosophischen Bewusstseins mit sich selbst ... o.O., 1891; 1 B., 46 S. 8. (4.) Rostock, Phil. Fak., Inaug.-Diss. v. [26. Okt.] 1891."

[8] Ebd, 22.

[9] Steiner nennt in seinem "Lebensgang" den Namen nicht, doch hat Emil Bock durch intensive Nachforschungen die Identität des Kräutersammlers ermittelt (Bock 1967).

[10] Schuré 1947, 15f. Steiner selbst macht in seinen Schriften darüber nur Andeutungen (vgl. die zitierte Stelle aus "Mein Lebensgang" sowie 38,35f; vgl. auch Hemleben 1983, 25f; v. Stieglitz 1955, 20.252f).

[11] Zur Definition des Begriffs "Okkultismus" s. II. B.1.

[12] Vgl. Blavatsky 1958 und 1960. Kritische Analysen nehmen vor: Bruhn 1921; Mager 1922; Bichlmair 1950; Matzka 1950; Holthaus 1988.

[13] Vgl. Müllers autobiographischen Bericht "Mein Weg durch Judentum und Christentum", Judaica 1952, 232ff.

[14] E. Müller 1950, 140. – Obwohl im "Sachwort- und Namensregister der Inhaltsangaben" (1980) zur Rudolf-Steiner-Gesamtausgabe der Begriff "Kabbala" völlig fehlt und sich nur fünfmal eine Bezugnahme auf Eliphas Lévi findet, so sind – wie wir zeigen werden – die inhaltlichen Parallelen zwischen Lehren der Kabbala und manchen Gedanken Steiners doch unübersehbar. Steiner folgte offensichtlich einem Trend seiner Zeit, indem er die jüdisch-kabbalistischen Einflüsse weitgehend verschwieg und statt dessen in reicher Fülle hinduistische Modeworte wie "Joga", "Chakrams", "Deva" und "Atma" verwendete. Letztlich war er Eklektiker.

[15] Eckstein F., "Alte unnennbare Tage", Leipzig 1936, 130f.

[16] Gemeinsamkeiten und Unterschiede zwischen Theosophie und Anthroposophie zeigen auf: Bruhn 1921, 34ff; Mager 1922, 34f; Bichlmair 1950; Matzka 1950, 189ff.

[17] "Es ist ... in anthroposophischen Kreisen üblich geworden, Steiners Aussagen über den Christus als 'Christosophie' zu bezeichnen." Hingegen verstehen wir unter "Christologie" wie v. Stieglitz die "biblisch-theologische Anschauung" (v. Stieglitz 1955, 243).

[18] Ebd, 238.

[19] Ebd, 31.

[20] Ebd, 238.

[21] Wachsmuth 1951, 14 (HiO).

[22] Ebd, 12.

[23] Die meisten Vorträge wurden mitstenographiert oder skizziert. So umfaßt die in Dornach erschienene Rudolf-Steiner-Gesamtausgabe 373 Bände (die 354 Bibliotheks-Nummern sind manchmal in mehrere Bände unterteilt) mit höchst unterschiedlichem Umfang (zwischen ca. 100 und 800 Seiten). Davon entfallen auf Schriften 49 Bände, auf das Vortragswerk 324 Bände. Hinzu kommt das künstlerische Werk (vgl. die Übersichtsbände zur Rudolf-Steiner-Gesamtausgabe, Dornach 1982ff).

[24] Wachsmuth 1951, 625.

[25] Frieling 1974, 80 (HiO). Frieling bemerkt hierzu: "Eine bloße Anthropologie im Sinne von Virchow kann ihrem Gegenstand nicht gerecht werden, nur eine Anthropo-Sophia, die durch das Einbeziehen höherer Erkenntnisfähigkeiten den wahren 'Menschen' vor die Anschauuung bekommt" (ebd, 84).

[26] Unger 1968, 73f.

[27] Ebd, 73.

[28] Hartmann 1950, 12.

[29] Steiners Weltanschauung ist in zahlreichen Vorträgen und Schriften ausführlich beschrieben, v.a. in: 103; 131; 601; 615. Vgl. auch v. Stieglitz 1955, 36ff. 60ff. Wir bringen hier nur eine kurze Skizzierung aufgrund dieser Quellen. In Teil III.B. gehen wir auf einige zentrale Punkte näher ein.

[30] J.W. Hauer weist Vorstufen des Steinerschen Menschenbildes im Hinduismus, bei Paracelsus, in der Theosophie Blavatskys, Besants u.a. nach (Hauer 1922, 18ff).

[31] Vgl. ebd, 22f.

[32] W. Foerster, "Das Wesen der Gnosis" (1955), in: Rudolph 1975, 451f. – Vgl. Bichlmair 1950; Harbsmeier 1957, 10f.

[33] Vgl. hiermit die kabbalistische Vorstellung, daß Adam *vorzeitig* von der Frucht des Baums der Erkenntnis aß: "Adam wartete aber nicht, sondern nahm vorzeitig von der Frucht und brachte dadurch 'einen Götzen ins Allerheiligste', so daß die Kraft der Unreinheit von außen ins Innere trat ..." (Scholem 1986, 74; das Zitat im Zitat ist eine talmudische Wendung aus Ta'anith 25b).

[34] Irenaeus, adv. haer. I 24,1-2; zit. nach Andresen 1979, 56f.

[35] Darauf weist Hauer hin. Nach seiner Auffassung ist die Anthroposophie deshalb "geistiger Materialismus" (Hauer 1922, 137).

[36] Irenaeus, adv. haer. I 26,1; zit nach Andresen 1979, 50.

[37] So z.B. Gratenau 1985, 91.

[38] Vgl. hierzu: v. Stieglitz 1955, 122ff.

B. Die Vermittlung zwischen Theologie und Anthroposophie

[39] Rittelmeyer 1930, 6.

[40] Die wichtigsten Quellen zu Rittelmeyers Entwicklung sind seine beiden Autobiographien

"Meine Lebensbegegnung mit Rudolf Steiner" (1928, [10]1983) und "Aus meinem Leben" (1937). Während er sich in der ersteren allerdings im wesentlichen auf die Beschreibung des Kennenlernens Rudolf Steiners und der Anthroposophie beschränkt, beschreibt er in der letzteren auch die anderen Stationen seines Lebens, die der Begegnung mit der Anthroposophie vorausgegangen sind, insbesondere seinen theologischen und kirchlichen Werdegang. So legen wir unserer Darstellung vor allem die letztere Autobiographie zugrunde. Die Seitenzahlen im Text sind zunächst auf diese bezogen. Als weitere wichtige Quellen sind zu nennen: das Sonderheft der Christengemeinschaft "Friedrich Rittelmeyer zum Gedächtnis" vom Mai 1938, die Biographie des Anthroposophen Erwin Schühle (1969) und die zurückhaltend-kritische Dissertation von Hanspeter Wulff-Woesten über den "Werdegang Rittelmeyers" (1968).

41 Die Namen der Eltern nennt: Schühle 1969, 17.

42 Class 1896, 175f.184f.171.200. – In seinem späteren Werk "Die Realität der Gottesidee" (1904) vollzog Class den Schritt über den menschlichen Geist hinaus zum "absoluten Geist", zu Gott, betonte jedoch in deutlicher Abgrenzung gegen Lehren der *"Mystiker* und *Theosophien"* – und damit indirekt auch gegen Rittelmeyer – die Notwendigkeit des Glaubens im Unterschied zum Schauen: "So gestaltet sich denn unser Leben als eine Wanderung aus der Fremde nach der Heimat der Gottesnähe, wo wir eine geistige Anschauung von Gott haben werden. Solange wir aber wandern, müssen wir *glauben,* glauben im eigentlichen Sinne des Wortes. Glauben ist nicht schauen, nicht haben, sondern kühnlich setzen, daß das nicht Geschaute dennoch da ist, und zwar für uns da ist" (Class 1904, 45f; HiO).

43 Frank 1878, 2. 5f.

44 Schühle 1969, 47.

45 Vgl. Harnacks bekannten Ausspruch: *"Nicht der Sohn, sondern allein der Vater gehört in das Evangelium, wie es Jesus verkündigt hat, hinein"* (Harnack 1901, 91; HiO). Die Auferstehungsberichte des Paulus und der Evangelien bezeichnet er als etwas "Schwankendes", als etwas, "was immer wieder neuen Zweifeln ausgesetzt ist". Harnack betont demgegenüber die subjektive Seite der Erfahrung: "An den *Wurzeln* der Glaubensvorstellungen liegt auch hier die Wahrheit und Wirklichkeit. Was sich auch immer am Grabe und in den Erscheinungen zugetragen haben mag – eines steht fest: *von diesem Grabe her hat der unzerstörbare Glaube an die Überwindung des Todes und an ein ewiges Leben seinen Ursprung genommen"* (ebd, 102; HiO).

46 Diese Ahnung hat Rittelmeyer unter dem Eindruck eines Sonnenaufgangs am Ostermorgen überfallen. Er berichtet: "Als wir dann, einige Herrnhuter Studenten und ich, bis zum Beginn des Hauptgottesdienstes eine Wanderung über die strahlenden Höhen machten, da wußte man nicht mehr, was nun Sonne, was Frühling, was Ostern war. Eine neue Welt lag da im Osterglanz! ... Seit jenen Stunden ahnte ich auch zum ersten Mal, was *'Kosmisches Christentum'* ist. Christus und die Sonne! Christuslicht im Tageslicht!" (109f; HiO).

47 Im Jahres-Verzeichnis der an den Deutschen Universitäten erschienenen Schriften, Bd. XVIII, 15. August 1902 bis 14. August 1903, Berlin 1903, S. 406, findet sich folgender Eintrag: "Rittelmeyer, Friedrich, aus Dillingen: Fr. Nietzsche und das Erkenntnisproblem. Leipzig: W. Engelmann 1903 (IV, 109 S.) 8^0 Würzburg, Phil. Diss. v. 1903".

48 "Friedrich Nietzsche und die Religion" (1904); "Tolstojs religiöse Botschaft" (1905); "Buddha oder Christus?" (1909); "Was will Johannes Müller?" (1910). Über Meister Eckehart verfaßte Rittelmeyer einen Aufsatz, der in der "Monatsschrift für Pastoraltheologie" erschien (216).

[49] Die Lebensdaten entnehmen wir der Kurzbiographie Emil Bocks (Bock 1959, 98).

[50] J. Müller 1963, 8.

[51] Rittelmeyer 1918[a], 21.

[52] Schühle 1969, 65; vgl. Rittelmeyer 1912.

[53] F. Rittelmeyer, Art. "Christologie: III. Dogmatisch", in: RGG[1] I/1909, Sp. 1179f. – H. Wulff-Woesten faßt seine Analyse dieses Artikels folgendermaßen zusammen: "Auf den ersten Blick merkt der Fachmann, daß es Rittelmeyer hier weniger um die soteriologische, als vielmehr um die liberal-theologische, ethisch-moralische, psychologische, historisierende und – 'cum grano salis' – auch mystische Jesus-Interpretation geht." Obwohl schon der "kosmische Bezug" der Christologie zum Tragen kommt, so wird Jesus von Rittelmeyer doch "als reiner Mensch mit einem freudigen und gütigen Wesen und einem unerschütterlichen Gottvertrauen dargestellt" (Wulff-Woesten 1968,55).

[54] Geyers Lebensdaten entnehmen wir der Kurzbiographie Emil Bocks (Bock 1959, 109). – Die von Geyer und Rittelmeyer herausgegebenen Predigtbände lauteten "Gott und die Seele" (1906) und "Leben aus Gott" (1910). – Der Zeitraum, in dem "Christentum und Gegenwart" erschien, ergibt sich aus der Darstellung bei Erwin Schühle (Schühle 1969, 82.142f) sowie aus: Rittelmeyer 1937,440.

[55] Geyer 1929, 217.

[56] Ebd, 226f. Vgl. Rittelmeyer 1937, 303f.

[57] Rittelmeyer schreibt: "Durch die [sc. anthroposophische] Geisteswissenschaft habe ich eine *neue* Möglichkeit gewonnen, den Sündenfall auch als Geschichtsereignis zu verstehen, indem ich die Erzählung im Sinn einer bildhaften Schau wirklicher großer geschichtlicher Ereignisse ansehen darf" (305; HiO). Vgl. Geyer 1929, 227.

[58] Vgl. Geyer 1929, 201ff; Rittelmeyer 1937, 389ff.

[59] Vgl. Geyer 1929, 244ff.

[60] Vgl. Bauer 1913. – Zu den Lebensdaten siehe: Bock 1959, 137; Schühle 1969, 88.

[61] Hier und im folgenden wird Rittelmeyers autobiographischer Bericht "Meine Lebensbegegnung mit Rudolf Steiner" (1983) im Text zitiert und durch "Lebensbegegnung" gekennzeichnet.

[62] H. Wulff-Woesten weist darauf hin, daß Rittelmeyers körperliche und seelische Konstitution einander bedingten: "Nicht nur sein Körper war durch eine Impfvergiftung, durch eine vom Vater vererbte Lebensschwäche und später dann durch den schweren Sturz im Gebirge krank ... Auch seine Seele war durch angsthervorrufende Erlebnisse, durch nervliche Überanstrengung und durch Aufregungen innerhalb seiner Umgebung und Zeit geschwächt ... Seine Nervenschwäche war aber wohl auch ein Erbteil, da seine Eltern okkulte Neigung und Begabung hatten" (Wulff-Woesten 1968,41f). So suchte Rittelmeyer stets nach Heilung, gelangte aber durch die Anthroposophie im Grunde noch tiefer in die okkulte Belastung hinein (vgl. ebd.).

[63] Offensichtlich hatte Rittelmeyer sein 1912 veröffentlichtes "Jesus"-Buch zu diesem Zeitpunkt bereits geschrieben. Gleich nach dem Erscheinen war er über den Inhalt dieses Buches unbefriedigt. So schickte er es an Rudolf Steiner mit der Bemerkung, daß dies "das Beste sei, was er gegenwärtig leisten könne", und wollte sehen, "wie er durch die Mithilfe Rudolf Steiners mehr verstehen könne, was dieser über Christus sage" (Schühle 1969, 67).

[64] Rittelmeyer 1936, 5f.85.

[65] Wulff-Woesten 1968, 112.

[66] Ebd, 88f. Wulff-Woesten betont zu Recht, daß die Begriffe "'Anthroposophie' und 'Menschenweihehandlung' auf eine anthropozentrische Lehre" hindeuten, die sich "seit dem Liberalismus Rittelmeyers kaum geändert" hat (ebd, 89).

[67] Die distanzierte Haltung des frühen Rittelmeyer zur Reinkarnationslehre wird z.B. deutlich in einer 1910 veröffentlichten Predigt über das Thema "Gibt es ein Wiedersehen nach dem Tode?". Rittelmeyer führt aus: "Es gibt viele unter unsern Zeitgenossen, die uns offen bekennen, daß sie sich hingezogen fühlen zu der indischen Lehre von der Seelenwanderung. Viel Gutes ist ohne Zweifel von dieser Lehre ausgegangen. Aber im Morgenland ist gerade sie es, die den tiefer Empfindenden das ganze Dasein als ein so dunkles, wehevolles Verhängnis erscheinen läßt ... Wieviel ruhiger und größer, schlichter und herrlicher ist da unser christlicher Glaube: In Gottes Liebe ist unsre Liebe, sind alle unsre Lieben wohl geborgen!" (Geyer/Rittelmeyer 1910, 567). Aber selbst noch im Jahr 1918 gibt Rittelmeyer seiner Unsicherheit im Blick auf die Reinkarnationslehre Ausdruck: "Trotz merkwürdigster Lebenseindrücke steht mir auch heute die Wiederverkörperungslehre nicht völlig fest. Aber ich kenne Erlebnisse genug, die sie mir gerade auch vom christlichen Empfinden aus gar nicht so unwahrscheinlich erscheinen lassen" (Rittelmeyer 1918[a], 15).

[68] Wulff-Woesten 1968, 90ff.

[69] Vgl. H.-W. Schroeder, "Die Christengemeinschaft. Entstehung – Entwicklung – Zielsetzung", Chr Gem 1986, 105. – Der 16.9.1922 gilt als der eigentliche Gründungstag, da Rittelmeyer an diesem Tag die erste Menschenweihehandlung vollzog und 45 Personen zu Priestern weihte (vgl. Handbuch Religiöse Gemeinschaften 1985, 240).

[70] Baumann 1986, 36.

[71] Heyer 1977, 735.

[72] Rittelmeyers wichtigste theologische Schriften aus der Zeit von 1922 bis 1938 sind: "Die Menschenweihehandlung" (1926); "Der Ruf der Gegenwart nach Christus" (1928); "Sünde und Gnade" (1929); "Theologie und Anthroposophie" (1930); "Briefe über das Johannesevangelium" (1930–32; als Buch 1938); "Rudolf Steiner als Führer zu neuem Christentum" (1933); "Das Vaterunser als Menschwerdung" (1935); "Christus" (1936).

[73] W. Kelber, "Konturen eines Wesensbildes", Chr Gem 1960, 51 (HddV).

[74] Ebd, 50.

[75] Emil Bock weist darauf hin, daß seit 1930 "kaum ein Tag verging", an dem er nicht an der Übersetzung gearbeitet hätte. 1930–33 sowie in den 50er Jahren legte er in einzelnen Lieferungen zwei Fassungen in hektographierter Form vor. Die zweite Fassung wurde vom Verlag Urachhaus stark überarbeitet und als Buch veröffentlicht. Eine dritte Fassung, die Bock geplant hatte, konnte er infolge seines plötzlichen Todes nicht mehr anfertigen (Bock 1980, 685f; Brief G. Kačer-Bocks an den Verfasser vom 21.1.1989). So schreibt der Verlag Urachhaus als Herausgeber des Bock'schen "Neuen Testaments": "Emil Bock hat auch die letzte Ausgabe seiner Übersetzungen als eine 'provisorische' betrachtet und darum nur in vervielfältigter Fassung herausgegeben" (Bock 1982, 677).

[76] Vgl. auch: Bock 1959, 168 (Werkliste); Chr Gem 1960, 160 (Werkliste); Bock [u.a.] 1983, 186.

[77] Die wichtigsten Quellen sind: Bocks autobiographische "Erinnerungen", die von Dezember 1959 bis August 1961 in 21 monatlichen Folgen (hinzu kommen diverse Nachträge) in der Zeitschrift "Die Christengemeinschaft" erschienen sind und in denen er seine Entwicklung bis zur Gründung der Christengemeinschaft beschreibt; seine Monographie "Zeitgenossen – Weggenossen – Wegbereiter" (1959), in der er u.a. seine Lehrer Ernst Troeltsch und Adolf Deißmann charakterisiert; verschiedene Nachrufe und Erinnerungen von Freunden in der Zeitschrift "Die Christengemeinschaft" (hauptsäch-

lich im Jahre 1960); kurze biographische Daten in: Bock [u.a.] 1983, 184–186. – Die Rohfassung unserer Biographie Bocks haben wir an seine Tochter Gundhild Kačer-Bock geschickt. In ihrem Antwortbrief vom 21.1.1989 hat sie an einzelnen Stellen – auch in den Originalquellen! – Korrekturen angebracht, die in die hier vorliegende Endfassung eingeflossen sind und als solche kenntlich gemacht werden.

78 Bock [u.a.] 1983, 184. – Die Namen der Eltern und den Geburtsnamen der Mutter nennt G. Kačer-Bock in ihrem Brief an den Verfasser vom 21.1.1989.

79 Diese und die folgenden Seitenzahlen im Text beziehen sich auf Bocks "Erinnerungen" in: Chr Gem 1960.

80 Namen und Wirkungsort finden sich im Brief G. Kačer-Bocks an den Verfasser vom 21.1.1989.

81 In Bock [u.a.] 1983, 184, wird der 31.10.1914 als Tag der Verwundung angegeben, doch weist G. Kačer-Bock darauf hin, daß dieses Datum "keineswegs wirklich gesichert" ist (Brief an den Verfasser vom 21.1.1989).

82 Vgl. Bock [u.a.] 1983, 184.

83 Bock 1959, 24.

84 Troeltsch 1965, 887.

85 Ebd, 970.

86 Ebd, 30f. – Darauf, daß Troeltsch diesen "Durchbruch" nicht schaffen würde, deuteten schon seine Worte über das Unvermögen des Menschen, aus seiner Haut herauszugehen, hin, die er 1910 an Rittelmeyer richtete (s.o.). Daß Troeltsch aber ständig auf der Erkenntnissuche war und dabei auch die Stimme der Anthroposophie nicht überhören wollte, zeigt sein regelmäßiger Besuch der Predigten Rittelmeyers ab 1916 und die im Anschluß daran immer wieder an Rittelmeyer gestellte Frage: "Was sagt Steiner zu diesem oder jenem religiösen Problem?" (ebd, 29f).

87 Vgl. ebd, 30f.

88 E. Bock, "Erinnerungen", Chr Gem 1961, 84.

89 Bock 1959, 36.39.

90 Vgl. ebd, 41.

91 Deißmann 1925, 246.248.

92 Bock 1959, 44.

93 Vgl. ebd.

94 Ebd, 42.

95 Darauf weist z.B. Peter Stuhlmacher (1986, 163) unter Bezugnahme auf Deißmanns Werk "Licht vom Osten" (^{4}1923) hin. – Man muß allerdings unterscheiden zwischen dem früheren, streng philologisch-wissenschaftlich arbeitenden Deißmann (vor dem Ersten Weltkrieg) und dem späteren, der das Urchristentum von seiner "Christusmystik" her deutete. Wie z.B. der Vergleich zwischen der ersten (1911) und der zweiten Auflage (1925) seines "Paulus"-Buches zeigt, wurde die Betonung der Mystik für ihn immer wichtiger.

96 Diese und die folgenden Seitenangaben im Text beziehen sich auf die "Erinnerungen" Emil Bocks in: Chr Gem 1961.

97 E. Bock, "Erinnerungen", Chr Gem 1960, 336. Hier nennt Bock die angegebenen Daten. Seine Tochter G. Kačer-Bock zweifelt diese jedoch an: "Die Daten im Zusammenhang mit dem Studium des Hebräischen bedürfen einer Korrektur. Dazu muß man sagen, daß Emil Bock seine Erinnerungen nicht niedergeschrieben hat auf Grund eines sorgfältigen Studiums aller schriftlichen Unterlagen und Dokumente, sondern unbefangen aus der lebendigen Erinnerung. Da konnte nach fast 30 Jahren nicht alles exakt datenmäßig

sein. Die Prüfung fand im Juni 1918 statt, und vermutlich muß die Angabe 1916/17 korrigiert werden in 1917/18. Das aber kann ich nicht mit Sicherheit sagen, zumal ich erst jetzt systematisch an eine datenmäßige Bearbeitung der Biographie herangehe" (Brief an den Verfasser vom 21.1.1989).

98 E. Bock, ebd.

99 Holl 1917, 24f.

100 E. Kurras, "Vom Werden und Wesen Emil Bocks", Chr Gem 1960, 139f.

101 Bock veranstaltete z.B. Studentenabende und referierte im "Wuppertaler Kränzchen" vor Pfarrern über "Anthroposophie", doch stieß er vor allem bei den Pfarrern auf Ablehnung. Nur einzelne Studenten schlossen sich später der Christengemeinschaft an (147f). Auch als Vorsitzender der nach dem Ersten Weltkrieg von ihm gegründeten "Arbeitsgemeinschaft der Theologie-Studierenden" in Berlin drang er mit seinen Gedanken nicht durch, so daß er den Vorsitz bald wieder niederlegte (149f).

102 Im Jahresverzeichnis der an den Deutschen Universitäten und Technischen Hochschulen erschienenen Schriften, Bd. XXXVIII, Jhg. 1921, Heft 1/2, Berlin 1922, S. 22, findet sich folgender Eintrag: "Bock, Emil: Theologische Thesen ... zur Erwerbung des Grades eines Lizentiaten der Theologie ... Berlin (1921): Ebering. 2 Bl. 4^0 Berlin, Theol. Thesen v. 2. Aug. 1921, Ref. Kaftan".

103 Bock [u.a.] 1983, 185f; H.-W. Schroeder, "Die Christengemeinschaft ...", Chr Gem 1986, 380.461.501f.

104 Zu nennen sind vor allem die Nachrufe, Ansprachen und Aufsätze anläßlich Frielings Tod in: Chr Gem 1986, 41.87–91.136–155. Die nachfolgenden Seitenzahlen im Text beziehen sich auf diesen Jahrgang, insbesondere auf folgende Beiträge: J. Lenz, "Zum Tod von Rudolf Frieling" (87–89); T. Bay, "'Wär nicht das Auge sonnenhaft ...'. Ansprache" (136–139); Chr. Rau, "Rudolf Frielings theologisches Schaffen" (142–144); A. Büttner, "'Das Zukünftige suchen wir'. Zur Methode im theologischen Werk Rudolf Frielings" (145–148). Vgl. auch: Bock [u.a.] 1983, 186–188.

105 Auf diese Tatsache weist Andreas Büttner hin, der im Blick auf eine Buchbesprechung Frielings aus dem Jahre 1930 schreibt: "Diese Buchbesprechung ist eine der wenigen schriftlichen Äußerungen Rudolf Frielings, in denen er ganz persönlich über seinen Werdegang spricht" (146).

106 Die Namen der Eltern hat uns auf Anfrage der Bruder Rudolf Frielings, Heinrich Frieling, mitgeteilt (Brief vom 11.1.1989). Er merkt dazu folgendes an: "In den Biographien, die ich kenne, wird kaum erwähnt, daß Rudolf damit auch das hohe geistig-dichterische Erbe der Dichterfamilie Seidel ... wie auch das des Vaters [Vaters der Mutter; d. Verf.] ... Rudolph Sohm in sich trägt ..."

107 Frieling 1983, 7.

108 Ebd (HddV).

109 Bock [u.a.] 1983, 187. – Heinrich Frieling teilt mit, daß Rudolf Frieling seine Doktorarbeit in Geschichte "sozusagen mit der linken Hand über ein archivarisches Aktenthema machte, machen *mußte*", weil ihn die Theologische Fakultät in Leipzig "*wegen* seiner anthroposophischen Tendenzen (die 'ruchbar' geworden waren)" nicht zum theologischen Examen zuließ: "Man verweigerte dem Hochbegabten das Examen!" (Brief an den Verfasser vom 11.1.1989; HiO). Im Jahresverzeichnis der an den Deutschen Universitäten und Hochschulen erschienenen Schriften, Bd. 41, Jhg. 1925, Berlin 1927, S. 587, findet sich folgender Eintrag über Frielings Dissertation: "Frieling, Rudolf: Die kirchlichen Zustände der Ephorie Chemnitz von 1540 bis 1671 nach den Visitationsakten [Maschinenschrift] 101 S. m. Kt. 4^0 ... Leipzig, Phil. Diss. v. 28. Juli 1924 [1925]".

[110] Frieling 1983, 7.
[111] Ebd, 7f.
[112] Ebd, 8.

4. Weitere Autoren

[113] Vgl. Hemleben 1982, 158.
[114] Im Jahresverzeichnis der deutschen Hochschulschriften 1943, bearbeitet von der Deutschen Bücherei, 59. Jhg., Leipzig 1954, findet sich folgende Eintragung: "Lauenstein, Diether: Das Erwachen der Gottesmystik in Indien. Die Entwicklung des bhakti-Begriffes [d. gläubigen Hingabe] innerhalb d. älteren relig. Vorstellgn. d. Inder. – München: Reinhardt 1943. 155 S. gr. 8[0] = Christentum und Fremdreligionen. H. 8 Marburg, Phil. F. Diss. v. 21. Juli 1943".
[115] Vgl. Lauenstein 1984, 2.
[116] Vgl. Meyer 1983, 2; H.-W. Schroeder, "Die Christengemeinschaft. Entstehung – Entwicklung – Zielsetzung", Chr Gem 1986, 108.
[117] Vgl. Wehr 1985, Klappentext; ders. 1987, Klappentext.
[118] Wehr 1974, 5.
[119] v. Wistinghausen 1983; vgl. ders., "Stationen eines Lebensweges", Chr Gem 1986, 202–206; G. Blattmann, "Ein guter Kamerad", ebd, 207–209.

II. Zweiter Hauptteil:

Grundanliegen und Grundlagen des anthroposophischen Bibelverständnisses

A. Der beklagte "Verlust der spirituellen Dimension" in den klassischen Systemen der Bibelauslegung

1 Vgl. zusammenfassend: Rittelmeyer 1930, 7ff; Bock 1953, 47ff; Wehr 1968, 12ff; R. Frieling, "Neues Bibelverständnis. Zur Würdigung des Beitrages von Emil Bock", Chr Gem 1960, 132–135. In diesen Veröffentlichungen wird mit den genannten Etikettierungen argumentiert.
2 H.-J. Birkner, "Liberale Theologie", in: Schmidt/Schweiger 1976, 34f.39. – Vgl. zu dieser Definition auch: Rupp 1977, 15ff; Schwöbel 1980, 9f; Timm 1967, 13.
3 Vgl. Birkner (ebd), 35; Rudnick 1966, 4ff.
4 Bock 1953, 50f (HiO).
5 Steiner behauptet (in Anlehnung an Blavatskys Geheimlehre), daß "das Matthäus-Evangelium ursprünglich hebräisch geschrieben" gewesen sei und daß der Kirchenvater Hieronymus eine griechische Übersetzung angefertigt habe, bei der esoterische Inhalte bewußt weggelassen und durch andere Inhalte "ersetzt" worden seien. Hieronymus "meinte ..., es wäre gefährlich, dieses Matthäus-Evangelium so zu übersetzen, wie es war; denn es stünden Dinge darin, welche diejenigen, die es bisher als ihre heilige Schrift besessen hatten, vor der profanen Welt verbergen wollten ... Er ließ die Dinge, die nach seiner und nach der Kirchenanschauung der damaligen Welt zerstörend wirken konnten, fort und ersetzte sie durch andere." Anthroposophie hingegen habe "die Evangelien wieder zurückzuführen auf die aus der Akasha-Chronik nachweisbare ursprüngliche Gestalt" (131,110f). – Beurteilung: Bei dem von Blavatsky und Steiner genannten und bei Hieronymus (z.B. in vir. inl. 2 und 3; vgl. Hennecke/Schneemelcher 1987, 121) erwähnten Evangelium handelt es sich mit großer Wahrscheinlichkeit um das apokryphe Nazaräer-Evangelium (NE). Der Vergleich seiner bei den Kirchenvätern verstreut auffindbaren Fragmente mit dem kanonischen Mt ergibt: Das aramäisch verfaßte Nazaräer-Evangelium "erweist sich durch seinen literarischen Charakter dem kanonischen

Mt gegenüber als sekundär; es stellt auch unter form- und traditionsgeschichtlichem wie unter sprachlichem Gesichtspunkt keinen Urmatthäus, sondern eine Weiterbildung des griechischen Matthäus-Evangeliums dar ... Terminus a quo ist danach die Abfassung des Mt, terminus ad quem Hegesippus (180), der als erster die Existenz des NE bezeugt. Es wird in der ersten Hälfte des zweiten Jahrhunderts entstanden sein" (Hennecke/ Schneemelcher I/1987, 133). W.G. Kümmel weist darauf hin, daß aramäische Vorstufen unserer Evangelien "nur für die *mündliche* Tradition mit Sicherheit anzunehmen" sind (Kümmel 1983, 29f; HddV).

6 Vgl. Fausel 1977, 12.

7 Bock 1982, 684.

8 Ebd, 677.

9 Ebd, 225.

10 Bock 1953, 51.

11 Rittelmeyer 1930, 7 (HiO).

12 Vgl. zusammenfassend die Darstellungen bei: Barr 1981, 87ff; Stuhlmacher 1986, 32ff. Aus der Sicht der genannten Richtungen formulieren diese Kritik z.B.: G. Maier 1975, 43ff; Packer 1983, 84f.110ff; Rudnick 1966, 6ff; Stadelmann 1985, 14ff.

13 Vgl. z.B. Karl Barths Vorwort zur zweiten Auflage seines Römerbriefkommentars (1922), in dem er fordert: "*Kritischer* müßten mir die Historisch-Kritischen sein!". Gemeint ist, daß sie nicht bei einer äußerlichen, philologischen Texterklärung stehenbleiben, sondern zur "Sache", zum "Wort in den Wörtern", vordringen sollen (Barth 1984, X.XII; HiO). – Rittelmeyer fühlt sich Barth verbunden, insofern dieser um ein "'kongeniales' Verstehen der Bibel ... aus dem neuen Lebensstand heraus, um den es der Bibel zu tun war", ringt, doch kann er Barths "Autoritätshaltung gegenüber der Bibel" und die Ablehnung des "Schauens" nicht teilen (Rittelmeyer 1930, 9).

14 So schreibt Karl Girgensohn: "Weithin hat man den Eindruck, daß die historische Auffassung sowohl die frühere literarkritische als auch die neuere religionsgeschichtliche sich sozusagen totgelaufen hat und in eine Sackgasse führt, aus der es keinen ersprießlichen Ausweg gibt." Und er vertritt die Ansicht: "... letztlich muß uns der heilige Geist selber führen und erleuchten, wenn wir zu einem wirklichen pneumatischen Schriftverständnis kommen sollen" (Girgensohn 1926, 6.22). – Der pneumatische Ansatz Girgensohns wurde in neuerer Zeit von Hellmuth Frey (1972) und Armin Sierszyn (1978) aufgegriffen und vertieft.

15 Vgl. Schweitzer 1984, 48.130; Hirsch 1968, 500.

16 Die zitierten Stellen lauten: "Wenn Johannes die echte Überlieferung über das Leben Jesu hat, dann ist die der drei ersten Evangelien (der Synoptiker) unhaltbar; haben die Synoptiker recht, dann ist der vierte Evangelist als Quelle abzulehnen" (Schmiedel 1902, 15). – "Allerdings, gemessen mit dem Maßstabe der 'Übereinstimmung, Inspiration und Vollständigkeit', lassen diese Schriften sehr viel zu wünschen übrig, und auch nach einem menschlicheren Maßstab beurteilt, leiden sie an nicht wenigen Unvollkommenheiten" (Harnack 1901, 15; HiO; bei Steiner falsch zitiert).

17 Schweitzer 1984, 621.

18 Smith (1911) formte das "Ecce homo" von Joh 19,5 zum "Ecce Deus" um. – Drews vereinigte die Feuerbachsche Projektionshypothese mit Ansichten der Religionsgeschichtlichen Schule und führte diese zu ihrer letzten "Konsequenz" (Drews 1909, 1f.148). Sein Ergebnis lautete: *"Das Leben Jesu, wie die Synoptiker es schildern, bringt nur in historischem Gewand die metaphysischen Vorstellungen, religiösen Hoffnungen und äußeren wie inneren Erlebnisse der auf Jesus als Kultgott gegründeten Gemeinde zum Ausdruck"* (ebd, 152; HiO). – Die Ansichten von Smith und Drews, die seinerzeit eini-

gen Wirbel verursachten, gelten infolge der gewagten Spekulation und unwissenschaftlichen Argumentation, auf der sie beruhen, inzwischen als überholt. So urteilt schon mit Recht A. Schweitzer 1984 (=^{2}1913), 492ff. Die Thesen von Smith und Drews sind heute in der Forschung fast vergessen. U.a. verkannten sie völlig den palästinisch-jüdischen Charakter der synoptischen Tradition.

[19] R. Bultmann, "Neues Testament und Mythologie ...", KuM I, 25 (HiO).

[20] R. Bultmann, "Zum Problem der Entmythologisierung", KuM II, 184ff.

[21] Den Begriff "Mythos" gebraucht Bultmann im Sinn der "Geschichts- und Religionswissenschaft", nämlich als "Bericht von einem Geschehen oder Ereignis, in dem übernatürliche, übermenschliche Kräfte oder Personen wirksam sind". Mythisches Denken ist für ihn "der Gegenbegriff zum wissenschaftlichen Denken" (ebd, 180). Bultmann bemerkt, daß durch die Anlehnung an Heidegger *"die exegetische Arbeit in Abhängigkeit von der philosophischen"* gerät; er bezeichnet es aber als eine "Illusion, zu meinen, daß je eine Exegese unabhängig von einer profanen Begrifflichkeit getrieben werden könnte". Es komme letztlich auf die "'richtige' Philosophie" an. Diese ist für ihn diejenige, die sich bemüht, *"das mit der menschlichen Existenz gegebene Existenzverständnis in angemessener Begrifflichkeit zu entwickeln"* (ebd, 192; HiO).

[22] Schmithals 1967, 269.

[23] Bultmann 1958, 16.

[24] Wehr 1968, 27.

[25] Ebd, 30 (ohne Hervorhebung). – Das Originalzitat (mit Hervorhebung) findet sich in: Knevels 1964, 88.

[26] "Man kann nicht elektrisches Licht und Radioapparat benutzen, in Krankheitsfällen moderne medizinische und klinische Mittel in Anspruch nehmen und gleichzeitig an die Geister- und Wunderwelt des Neuen Testaments glauben" (KuM I, 18).

[27] R. Frieling, "Neues Bibelverständnis ...", Chr Gem 1960, 133.

[28] Frieling 1974, 18.

[29] Hier ist z.B. an die – im Blick auf die Auferstehungsfrage getroffene – Aussage Walter Künneths zu erinnern, daß biblische Offenbarung "nicht bloß 'Anrede' in actu, nicht bloß das Verkündigungswort von dem verheißenen Auferstehungsleben, sondern auch, und zwar grundlegend Mitteilung von einem Faktum, Botschaft von einem vollzogenen Heilsereignis, einem Perfektum der Auferstehung Jesu" ist (Künneth 1982, 45). – Ähnlich fragt Otto Rodenberg, "ob die hermeneutische Methode der existentialen Interpretation nicht in der Relativierung des Ereignischarakters der großen Taten Gottes auf eine Umdeutung hinausläuft, die einem schwerwiegenden Substanzverlust gleichkommt" (Rodenberg 1963, 36). – Die Voten der konservativen Kritiker bis 1955 hat Hans-Werner Bartsch in seinem Bericht über die Entmythologisierungsdebatte zusammengefaßt (Bartsch 1955 [= KuM VII], 11ff.26ff.62ff).

[30] Künneth bejaht zwar die Notwendigkeit einer Interpretation der Bibel, einer "Übersetzungsarbeit" oder "Verdolmetschung" der Christusbotschaft in die heutige Denkweise. Er verneint aber die Ineinssetzung der in der Bibel gebrauchten "Bilder" mit den aus der religionsgeschichtlichen Forschung bekannten "Mythen" und lehnt deshalb das Bultmannsche Entmythologisierungsprogramm ab: "Diese Übersetzungsarbeit ... hat mit einer Entmythologisierung im Sinne Bultmanns nichts zu tun, da die christliche Offenbarung ja alles andere als ein Mythus ist" (Künneth 1982, 55).

[31] So möchte z.B. Heide Göttner-Abendroth die "matriarchalen Religionen in Mythos, Märchen und Dichtung" wiederbeleben (Göttner-Abendroth 1984, Untertitel). Rosemary Radford Ruether bemüht sich um einen neuen "Erlösungsmythos" und eine "messi-

anische Epiphanie", die "die Werte des die Welt transzendierenden Jahwe mit denen des welterneuernden Baal in einer nach-technologischen Religion der Wiederversöhnung mit der Erde vereinigt" (R. R. Ruether, "Frauenbefreiung und Wiederversöhnung mit der Erde", in: Moltmann-Wendel 1982, 201f). – Aus theologisch konservativer Sicht werden solche Äußerungen als "Rückfall in heidnischen Naturkult" kritisiert (so bei: Beyerhaus 1983, 41; vgl. v. Padberg 1985, 108ff).

32 Der bedeutendste Vertreter dieser Hermeneutik, Eugen Drewermann, schreibt: "Während in der historisch-kritischen Methode einzig das Wort, dann die Sprache der historischen Fakten, dann aber, nach dem Leitmaßstab der historischen Kritik, nur noch die wachsende Abweichung von der Historie in den Sagen und Legenden bis hin zum Mythos zum Gegenstand der Untersuchung gemacht wird, kommt es unter Anleitung psychoanalytischer Einsichten gerade umgekehrt darauf an, den Traum zur Grundlage aller weiteren Betrachtungen zu erheben: aus ihm erst entwickelt und versteht sich der Mythos, aus ihm das Märchen und, an der Grenze zum Historischen, die Sage und Legende" (Drewermann I/1984, 17). – Vertreter der historisch-kritischen Exegese ihrerseits werfen Drewermann v.a. allegoristische und symbolistische Willkür im Umgang mit den biblischen Texten vor (vgl. Lohfink/Pesch 1987).

33 Vgl. z.B. die heftige Kritik Drewermanns am "religiösen Irrweg der historisch-kritischen Methode", die "die Worte für wichtiger nimmt als die Bilder, die Handlungen für wichtiger als die Gefühle und die literarische Form der Überlieferung für wichtiger als die Erlebnisse und Erfahrungen, aus denen die einzelnen Formen erwachsen". Das "Historizitätsprinzip ihrer Auslegung" habe sie "notwendig in die Sackgasse der Historisierung und der Relativierung aller geistig verbindlichen Inhalte der Bibel" geführt (Drewermann I/1984, 16.23.35).

34 Die "fundamentals" sind die Glaubensgrundlagen, die die fundamentalistische Bewegung gegen bestimmte Lehren verteidigen wollte, welche im Bereich der liberalen Theologie im 19. Jahrhundert Fuß gefaßt hatten. In der Regel werden fünf "fundamentals" genannt: die göttliche Inspiration und Irrtumslosigkeit der Bibel sowie die Jungfrauengeburt, das stellvertretende Sühnopfer, die leibliche Auferstehung und die leibliche Wiederkunft Jesu Christi. Diese Aufzählung geht auf eine Studie von Stewart G. Cole über die Geschichte des Fundamentalismus zurück (Cole 1931,34). Sie wurde von zahlreichen Autoren übernommen und findet sich – z.T. mit geringen Variationen – etwa bei J. Packer (1983, 28), S. E. Ahlstrom (Art. "Fundamentalismus", RGG^3 II/1958, Sp. 1178) und G. Wehr (1968, 14), der seine Informationen für die Darstellung des Fundamentalismus im wesentlichen aus Ahlstroms RGG-Artikel bezieht. Neuere Forschungen (Sandeen 1970) belegen allerdings, daß es in den verschiedenen amerikanischen Denominationen unterschiedliche Kataloge von "fundamentals" gab, die inhaltlich nicht deckungsgleich sind.

35 Rittelmeyer 1930, 10.

36 Wehr 1968, 15.

37 Ebd, 30 (ohne Hervorhebung). – Das Originalzitat (mit Hervorhebung) findet sich in: Knevels 1964, 88.

38 Barr 1981, 280.

39 Ebd, 79.82. – Es wäre allerdings richtiger, von "Irrtumslosigkeit" statt von "Unfehlbarkeit" zu reden. Nach einer Unterscheidung des "Internationalen Rats für Biblische Irrtumslosigkeit", eines wichtigen fundamentalistischen Gremiums in den USA, bezieht sich nämlich der Begriff "Unfehlbarkeit (infallibility)" nur auf den soteriologisch-ethischen Bereich von "Glaube und Moral", während der Begriff "Irrtumslosigkeit (inerrancy)" auch "Fragen der Geschichte und der Naturwissenschaft" in der Bibel umfaßt

(vgl. das Zielpapier des "Internationalen Rats für Biblische Irrtumslosigkeit", in: Boice 1987, 153). Die Bezeichnung "Konservativ-Evangelikaler" wird heute der Bezeichnung "Fundamentalist" vorgezogen, da der letztgenannte Begriff historisch und emotional belastet ist. Es sei allerdings darauf hingewiesen, daß die Bezeichnungen "konservativ" und "fundamentalistisch" nicht völlig deckungsgleich sind, sondern daß – wie G. Wehr zutreffend feststellt – "beispielsweise ein Großteil der Verneiner einer existentialen Theologie – mit Recht – von sich weisen, als 'Fundamentalisten' angesprochen zu werden" (Wehr 1968, 13).

B. Der Anspruch auf "Wiedergewinnung der spirituellen Dimension" durch den anthroposophischen Zugang zur Bibel

1 Rittelmeyer 1918[a], 7; anders lautet die Wertung aus biblisch-theologischer Sicht (s. II.B.2.3.2).

2 Steiner bemerkt etwa im Blick auf seine Veröffentlichungen: "Wir verkaufen die Zyklen an alle, die sie haben wollen, erklären aber von vorneherein, *wer* uns so kompetent erscheint für die Beurteilung dieser Zyklen, daß wir auf sein Urteil etwas geben; jeder andere ist den Zyklen gegenüber Laie. Und wir erklären, daß wir uns in der Zukunft überhaupt nicht mehr einlassen auf das Urteil, das von einem Laien über die Zyklen gefällt wird. Das ist der einzige moralische Schutz, den wir finden können" (260,40; HiO). Seine Zyklen sollen deshalb den Vermerk tragen: "'Als Manuskript für die Angehörigen der Freien Hochschule für Geisteswissenschaft, Goetheanum Klasse ... gedruckt.' Es wird niemand für diese Schriften ein kompetentes Urteil zugestanden, der nicht die von dieser Schule geltend gemachte Vor-Erkenntnis durch sie oder auf eine von ihr selbst als gleichbedeutend erkannte Weise erworben hat" (260,46).

3 Sie ist bei Steiner vielfach ausführlich geschildert, z.B. in: 103,60ff; 214,59ff; 601,52.61ff.222ff.317; 615,94ff.

4 Rittelmeyer 1930, 81.

5 Ebd, 68f (HiO).

6 Ebd, 82 (HiO).

7 Vgl. Pohlenz 1984, 372f.425ff.

8 Ebd, 233.

9 Ausführlich dargestellt ist der Steinersche Weg zu den "Erkenntnissen höherer Welten" in: 600; 601,222–293; 615,134–151.

10 Die hinduistischen Upanischaden lehren einen Erkenntnisweg (Jñānamārga), an dessen Ende die Erkenntnis der Einheit von Brahman und Atman steht. In dieser Erkenntnis liegt die Befreiung (Mokṣa) (vgl. Klostermaier 1965, 159ff).

11 Vgl. z.B. Meister Eckehart 1934.

12 Rittelmeyer 1930, 156f (HddV).

13 Ebd, 154ff.

14 Die nachfolgend zitierte Stelle stammt aus Steiners Zeit als Generalsekretär der Deutschen Sektion der Theosophischen Gesellschaft. Das Gesagte gilt aber genauso für die Anthroposophie, da Steiner nach seinen eigenen Worten schon in seiner theosophischen Zeit nur die Ergebnisse seines "eigenen forschenden Schauens" vorbringen wollte (636,294).

15 Pöhlmann 1965, 12.

16 Jüngel 1982, 370.377.

17 Miers 1986, 26 (HddV).

18 Hauer 1922, 87; Gahr 1929, 231. Ähnlich: Stolzenburg 1925, 67ff; Pierott 1983, 233; Badewien 1985, 214ff u.a.

[19] "... ut sit ipsa per sese certissima, facillima, apertissima, sui ipsius interpres, omnium omnia probans, iudicans et illuminans" (WA 7,97,23f; Übersetzung nach: Hirsch 1964, 85); vgl. BSLK 1979, 767ff.

[20] Rittelmeyer 1930, 9.

[21] Ebd.

[22] Ebd, 14.16.

[23] Ebd, 16ff.

[24] Bock unterscheidet "die Gnosis des Evangeliums selbst und des Paulus" als "echte christliche Gnosis" von der "häretische[n] Gnosis" (Ev, 23). Die letztere (von anderen, etwa G. Wehr, als "Gnostizismus" bezeichnet; Wehr 1977, 9) begegne z.B. in der "Pistis Sophia" und trage folgende Kennzeichen:

- Sie sei einseitig "von einer luziferisch durchflammten Geistigkeit erfüllt".
- Dadurch bleibe ihr der "Ernst und die volle Tragweite der physisch-wirklichen Inkarnation der Christuswesenheit in der sterblich-verweslichen Erdenmaterie, die Fleischwerdung des Weltenwortes ... verschlossen". Die Anschauung des "Doketismus", der Scheinleiblichkeit Jesu, entstehe.
- Ein "restloses Ernstnehmen des Golgathatodes" fehle und mache ein wirkliches Verständnis der Auferstehung unmöglich.
- Auch der Evangelist Johannes sei "Träger der Lichtgnosis", doch er bleibe stets "in dem Gleichgewichte zwischen Himmel und Erde, das der Gnosis fehlt" (VI,416ff).

Die Anthroposophie beansprucht, die "echte christliche Gnosis" im Zeitalter der Bewußtseinsseele weiterzuführen und die Einseitigkeiten der spätantiken häretischen Gnosis zu vermeiden (vgl. Wehr 1977, 39).

[25] Nach anthroposophischer Ansicht ist "Jethro ... der Lehrer gewesen, durch den der Blick des Moses erschlossen worden ist für die im Reich der geologischen Kräfte waltende Gottesoffenbarung" (Bock II,83).

[26] Noth 1968, 27.

[27] Keil 1983, 373.

[28] Keil 1980, 252.

[29] Schlatter 1930, 50. – Vgl. auch Schnackenburg I/1972, 303f: "Um das Herabschweben des Geistes in Gestalt einer Taube ... richtig zu deuten, schenkte Gott Johannes vorher eine Offenbarung: Dieser vom Heiligen Geist Bezeichnete und Erfüllte (vgl. 3,34; 7,37–39) ist der Geisttäufer, d.h. der erwartete Messias."

[30] Schnackenburg I/1972, 319.

[31] W. Michaelis, Art. "horáō ...", ThWNT V/1954; 356.359. Michaelis weist darauf hin, daß bei der – etwa in 1. Kor 15,3ff gebrauchten – Verbform "ophte" mit Dativ "allein wichtig [ist], daß der, der das Subjekt bildet, handelt, nämlich 'erscheint', 'sich zeigt', während auf dem gleichzeitigen oder dadurch hervorgerufenen Handeln der im Dativ beigefügten Person, daß sie nämlich 'sieht', 'wahrnimmt', kein besonderer Ton liegt" (ebd, 359; vgl. Künneth 1982,83; anders Graß 1970, 188f). – Selbst R. Bultmann gesteht den neutestamentlichen Verfassern zu, daß sie Wert auf die Faktizität der Auferstehung legen, auch wenn er diese Haltung aus seiner Sicht als "fatal" bezeichnet: "Es ist nun freilich nicht zu leugnen, daß im Neuen Testament die Auferstehung Jesu vielfach als solch beglaubigendes Mirakel aufgefaßt wird" ("Neues Testament und Mythologie ...", KuM I/1948, 48; ähnlich Graß 1970,245f).

[32] Künneth 1982, 91; ähnlich Graß 1970, 240.

[33] Wir folgen hier einer Definition Karl Barths, der unter der "Offenbarung" bzw. "Selbstenthüllung" Gottes einen "Akt souveräner göttlicher Freiheit" versteht und betont: "Gott wird nur durch Gott erkannt" (KD I/1, 339; II/1, 200). Ähnlich schreibt

Hendrik Kraemer: "... wenn Worte überhaupt einen Sinn haben, so bedeutet Offenbarung *per definitionem* eine rein göttliche Initiative und Handlung" (Kraemer 1959,338; HiO).

34 Vgl. G.v. Rads Feststellung, "daß Gesichte und Auditionen wie von außen her, und zwar unversehens und durchaus unberechenbar, über die Propheten kamen" (v. Rad II/1984,68).

35 Rittelmeyer 1930 (Seitenzahlen im Text).

36 Ebd, 62.

37 Westermann 1976, 165.

38 Vgl. Westermann 1976, 218: "Alle Menschen hat Gott 'zu seinem Entsprechen', d.h. so geschaffen, daß etwas zwischen dem Schöpfer und diesem Geschöpf geschehen kann." – Ähnlich Wolff 1973, 234: "Demnach ist das Entsprechungsverhältnis, auf das die Wendung 'Bild Gottes' hinweist, zuerst darin zu sehen, daß der Mensch im Hören und dann auch im Gehorchen und im Antworten dem Worte der Anrede Gottes entspricht."

39 Schweitzer 1981, 123.

40 Goppelt 1978, 433.

41 Rittelmeyer 1930, 69 (HiO).

42 Ebd, 82.

43 Pseudo-Dionysius Areopagita hat die in der Bibel gemachten Andeutungen aufgenommen und in seinen "Himmlischen Hierarchien" systematisiert. Nach ihm gehören zur I. Hierarchie die Seraphim, Cherubim und Throne; zur II. die Herrschaften, Kräfte und Mächte; und zur III. die Fürstentümer, Erzengel und Engel. Freilich ist eine solche Einteilung reine "Spekulation" (v. Petersdorff I/1982, 23; vgl. J. Michl, Art. "Engel", RAC V/1962, Sp. 174f). Steiner hat diese Bezeichnungen übernommen (vgl. 601,120ff).

44 KD III/3, 540f (HiO). Vgl. J. Michl, Art. "Engel", RAC V/1962, Sp. 110ff.

45 KD III/3, 562.

46 Ebd, 563 (HiO).

47 Rittelmeyer 1930, 75 (HddV).

48 Steiner selber betont: "Denn alle Begriffe werden sich wandeln müssen, wenn ein wirkliches spirituelles Verständnis des Christentums heranrücken soll" (103,223). Das macht die Schwierigkeit, aber auch die Notwendigkeit der Auseinandersetzung deutlich.

49 Epiphanius, Panarion XXXI 7,1-2; zit. nach Andresen 1979, 307. –Vgl. schon Irenäus, adv. haer. I 1,1–8,6.

50 R. Bultmann, Art. "ginóskō", ThWNT I/1933, 713.

51 Die Begriffe "glauben" und "erkennen" haben – v.a. in der johanneischen Literatur – eine so starke innere Entsprechung, daß sie austauschbar verwendet werden können: "Wird Joh 17,3 das ewige Leben dem Erkennen zugesprochen, so Joh 3,36 dem Glauben" (E.D. Schmitz, Art. "Erkenntnis, Erfahrung", TBLNT I/1977, 252; Schmitz spricht von einer "Gleichsetzung von Glauben und Erkennen" im Blick auf das "Verhältnis des Menschen zu Gott"). Die innere Einheit der Begriffe und des Vorgangs, den sie bezeichnen, wird auch daran deutlich, daß ihre Reihenfolge austauschbar ist (Joh 6,69: "wir haben geglaubt und erkannt"; 1. Joh 4,14: "wir haben erkannt und geglaubt").

52 "Credimus praeterea, docemus et confitemur, fidem illam iustificantem non esse nudam notitiam historiae de Christo, sed ingens atque tale Dei donum, quo Christum redemptorem nostrum in verbo evangelii recte agnoscimus ipsique confidimus, quod

videlicet propter solam ipsius obedientiam ex gratia remissionem peccatorum habeamus, sancti et iusti coram Deo patre reputemur et aeternam salutem consequamur" (FC III/4, in: BSLK 1979, 783).

53 KD II/1, 27.

54 R. Bultmann, Art. "ginṓskō", in: ThWNT I/1933, 698 (HiO).

55 "Denn was wäre eine Erkenntnis der Priorität des Absoluten, wenn sie nicht unsere Anerkenntnis wäre, wenn sie nicht die Autorität des Absoluten und unseren Gehorsam ihm gegenüber in sich schlösse, ja wenn sie nicht in dieser offenbar gar nicht selbstverständlichen Anerkenntnis, Autorität und Gehorsamsleistung begründet wäre" (KD I/2, 552).

56 Vgl. folgende These E. Jüngels: "In ihrer *verwirkten* Gestalt ist Offenbarung die Durchschaubarkeit der Welt als Schöpfung und insofern die Durchsichtigkeit der sichtbaren Schöpfungswerke auf ihren unsichtbaren Schöpfer hin (Röm. 1,19f). Die Durchschaubarkeit der Welt als Schöpfung und die Durchsichtigkeit der sichtbaren Schöpfungswerke auf ihren unsichtbaren Schöpfer hin hat der Mensch durch seine Sünde verwirkt, indem er den ihm solchermaßen bekannten unsichtbaren Gott nicht als Gott verehrte (Röm. 1,21ff.)" (Jüngel 1980/81, These 1.3.; HiO).

57 Die Anthroposophie versteht unter Sünde nicht einen seinsmäßigen, sondern einen erkenntnismäßigen Zustand: die "kosmische Verfinsterung", die "Verletzung und Verdunkelung *des* Urgesetzes", die "Ab-sonderung vom geistigen Ursprung" (Ev,837; HiO).

58 Jüngel 1980/81, These 4.7.

59 H. Diem, "Zur Problematik theologischer Wahrheitsfindung", in: ThLZ 95 (1970), 167f.

60 Jüngel 1980/81, Thesen 5.1. und 5.3.

61 P. Stuhlmacher. "Zur hermeneutischen Bedeutung von 1 Kor 2,6–16", ThB 3 (1987), 150.

62 v. Stieglitz 1955, 202.

63 Ebd, 204f.

64 Miers 1986, 14.

65 Taittiriya Upanishad; zit. nach: Klostermaier 1965, 172.

66 Khand. Upanishad; zit. nach: Miers 1986, 14.

67 Blavatsky 1960, 178; HiO.

68 Laars o.J., 115.127; vgl. Lévi o.J.

69 Miers 1986, 254.

70 Ebd, 49.14.

71 Scholem 1986, 313.

72 Vgl. StB II/1969, 170ff.

73 Hauer 1922, 91 (HiO).

74 Rittelmeyer 1930, 115.

75 In der anthroposophischen Literatur wird immer wieder behauptet, daß Steiner zuerst geschaut und dann erst in der Bibel nachgeschlagen und seine Schauungen dort zum Teil wiedergefunden habe. So habe er z.B. "die Auferstehungserscheinungen zunächst okkult erforscht und dann erst in der Bibel nachgelesen, da ihm eine seltsame Fügung des Schicksals die Kenntnis der biblischen Auferstehungsberichte bis dahin vorenthalten hatte" (Rittelmeyer 1930, 115).

76 Miers hält es – vom hinduistischen Hintergrund des Begriffs "Akasha" her – für angemessener, vom "Hören" zu reden: "In der Hindu-Philosophie ist A[kasha] eine der vier Ätherformen: A[kasha] = Schalläther oder Lautäther ... und entspricht dem 1. Tattwa ...

Da A[kasha] ein Objekt der Akustik ist, kann man darin nicht, wie Rud. Steiner meint, 'lesen', sondern allenfalls hören." Was Steiner mit "Akasha" bezeichne, sei offensichtlich "Matarishva". Das wäre "eine Kennzeichnung des Raumes in seinem Sinne, eine Art Weltgedächtnis" (Miers 1986, 14). Wie wir freilich gesehen haben, sind Anwendung und Inhalt des Wortes "Akasha" keineswegs einheitlich.

77 Hauer 1922, 94.

78 S. 601,294ff.

79 Hemleben 1983, 80.

80 Ebd (HiO).

81 Ebd, 80ff (HddV).

82 J. W. Hauer faßt das Ergebnis seiner Untersuchungen so zusammen: "Die übersinnliche Welt des Buddhisten trägt indisches, die der mittelalterlichen Mönche und Nonnen [gemeint sind die Mystiker; d. Verf.] mittelalterliches Gepräge. Und die Steiners? – Das Gepräge der Schriften, die er gelesen, und der Gedankenwelt, in der er selbst als Hellseher groß geworden ist" (Hauer 1922, 97). – Hauer geht noch weiter: "Aber selbst innerhalb derselben Tradition treten dann sofort schwere Widersprüche auf, sobald die Hellseher versuchen, unabhängig von ihr, selbständig, übersinnliche Forschungen zu betreiben." Dann verarbeite "jeder Hellseher das ihm in der Tradition vorliegende Material nach seiner individuellen Eigenart". Dann bleibe jeder Richtung "bei widersprechenden Forschungsergebnissen nur der Weg, die Methode der andern Richtung für falsch und die eigene für die einzig verlässliche zu erklären. Dies ist der Streit, der zwischen der theosophischen und der anthroposophischen Gesellschaft ausgebrochen ist" (ebd, 97f).

83 Miers 1986, 366 (HiO).

84 Scott-Elliots Buch erschien sowohl in erster als auch in zweiter Auflage ohne Angabe des Erscheinungsjahres; jedoch läßt sich aus der Biographie des Verfassers und verschiedenen Angaben im Buch (z.B. damals aktuelle elektrische Versuche von Keely und Maxim; vgl. Scott-Elliot o.J., 66) das Erscheinen der ersten Auflage ungefähr so datieren. Wir zitieren aus der vermutlich 1912 veröffentlichten zweiten Auflage, die den Text der ersten Auflage unverändert wiedergibt.

85 Scott-Elliot o.J., 67 (HddV).

86 Hauer 1922, 92. Hauer bringt zuvor ebenfalls das oben genannte Beispiel.

87 Ebd.

88 Hinter dieser Argumentation Steiners verbirgt sich wieder der Zirkelschluß zwischen Schau und Geschautem: Die Reinkarnation soll die zukünftige Schau ermöglichen, ist aber ihrerseits ein Produkt der Schau, die sie erst ermöglichen soll. Zudem tritt Steiner die "Flucht" in die Zukunft an.

89 Rittelmeyer 1930, 115.

90 Tischner 1950, 167.

91 Rittelmeyer 1930, 115.

92 Const. App. 2.62.2 (vgl. Patristic Greek Lexicon 1961, 900: "nekromanteía").

93 Ruppert 1990, 15f (HiO).

94 Die Einbeziehung der "spirituellen Dimension" beansprucht z.B. auch die "tiefenpsychologische Hermeneutik" nach C.G. Jung von Eugen Drewermann (vgl. Drewermann I/1984–II/1985; s. II.A.2.).

95 Wehr 1968, 46.49 (HiO).

96 Ebd, 31f.

97 C.-M. Edsman, Art. "Allegorie. I. Religionsgeschichtlich", RGG[3] I/1957, Sp. 238.

98 Pietron 1979, 29 (HddV).

[99] Ricoeur 1974, 24 (HddV); vgl. ders. 1973, 22.

[100] Knevels 1964, 77 (HiO); zit. bei Wehr 1968, 30 (ohne Hervorhebung).

[101] Wehr 1968, 30 (HddV). Das Originalzitat findet sich bei Knevels 1968, 77.

[102] Ebd, 31.

[103] Deutlich spricht dies beispielsweise E. Bock aus, indem er die Prinzipien seiner Darstellung der biblischen Geschichte darlegt: "Die Götter schreiben auf die Erde; die Buchstaben und Schriftzüge, die sie so entstehen lassen, sind die Tatsachen und Ereignisse der irdischen Geschicke. Das ist das Wesen der Geschichte. Sie wird zuerst von Götterhänden geschrieben. Und wenn wir Menschen uns daran wagen, Geschichte zu schreiben, so müssen wir wissen: nur soviel Wahrheit und Realität ist in unserer Darstellung, als wir die Fähigkeit entwickelt haben, jene Tatsachen-Urschrift zu entziffern und zu lesen und in den kleinen Wortschriftzeichen unseres Denkens und Sprechens nachzuzeichnen" (II,7).

[104] Wehr möchte, daß "ein Verwechseln von Symbol und Allegorie ausgeschaltet ist" (Wehr 1968, 31).

[105] Ebd, 44.

[106] Kuhn 1967.

[107] In den Veröffentlichungen aus dem *Vortragswerk* Steiners findet sich zu Beginn der Hinweis: "Da Rudolf Steiner aus Zeitmangel nur in ganz wenigen Fällen die Nachschriften selbst korrigieren konnte, muß gegenüber allen Vortragsveröffentlichungen sein Vorbehalt berücksichtigt werden: 'Es wird eben nur hingenommen werden müssen, daß in den von mir nicht nachgesehenen Vorlagen sich Fehlerhaftes findet'" (z.B. 112,5). Zur Umarbeitung seiner *Schriften* s. 636,323ff.

[108] Bereits Thomas von Aquin forderte die Bindung des geistigen Sinns an den buchstäblichen Sinn: "... sensus spiritualis semper fundatur super litteralem, et procedit ex eo" (Quodl. VII, q. 6, a. 14). Doch erst Luthers Konzeption einer "litera spiritualis" (eines geisthaltigen "Wortes" und eines wortgebundenen "Geistes") überwand den Dualismus von buchstäblicher und geistiger Auslegung bei Origenes und in der spätmittelalterlichen Scholastik. Der exegetischen Willkür und Spekulation wurde damit eine deutliche Grenze gesetzt (s. WA 2,550f; vgl. Holl I/1923, 546f; Ebeling 1942, 288; Gloege 1963, 74.135ff).

[109] Bereits Augustin hat die Regel aufgestellt, daß jede Auslegung Irrtum ist, die der Intention der Verfasser widerspricht (Doctr. Chr. I, 41). Um den von den Verfassern beabsichtigten (und damit wahren) Sinn herauszufinden, gilt es, jede einzelne Stelle der Bibel vom biblischen Gesamtzusammenhang her auszulegen, wobei sich vom Wortlaut her zunächst der Sinn der klaren Stellen erschließt. Die klaren Stellen verdichten sich zur "Glaubensregel" der Kirche, die nun ihrerseits die Norm zum Verständnis auch der unklaren Stellen – und somit zur geistigen Auslegung – wird (Doctr. Chr. II, 9; III, 27; vgl. Pietron 1979, 134f).

[110] Vgl. Thomas von Aquin: Der buchstäbliche Sinn liegt "nicht in dem Bild selbst, sondern in dem, was sinnbildlich dargestellt wird. Wenn nämlich die Schrift den Arm Gottes erwähnt, ist nicht der buchstäbliche Sinn, daß es bei Gott ein körperliches Glied dieser Art gibt, sondern das, was durch dies Glied bezeichnet wird, die tätige Kraft also" (S. Th. I, q. 1, a. 10; zit. nach: Pietron 1979, 148).

[111] Vgl. hierzu Thomas von Aquins Feststellung, "quod ex sensu spirituali non potest trahi efficax argumentum" (Quodl. VII, q. 6, a. 14).

[112] So ist z.B. in einem in Platons "Timaios" und "Kritias" geschilderten Mythos von einer Jahrtausende zuvor untergegangenen Insel Atlantis und in verschiedenen indischen Flutsagen von einem "Manu" die Rede (vgl. Miers 1986, 53f; Keil 1983, 121). Bereits

Aristoteles betrachtete die Atlantis-Erzählung als Erdichtung Platons, Poseidonios als Verwertung wahrer Tatsachen der Geschichte und Geophysik, und der Neuplatonismus faßte sie allegorisch auf (vgl. PRE IV/1986, Sp. 2117). Diese unterschiedlichen Deutungen werden bis heute vertreten. Den breitesten Konsens besitzt die Annahme, "dass Platon nach dem Vorbilde der Volksmythen seinen Mythus entworfen habe im Gedanken an die Unterstützung und Belebung des Vorstellungsvermögens ... und als Ergebnis und Schlußstein des Gedankeninhaltes der sich aus einer Reihe der wahrscheinlichsten historischen und naturwissenschaftlichen Erkenntnisse, wie aus ägyptischen Berichten ... aus der Lehre vom Wechsel der Erdoberfläche und dem Versinken und Aufkommen alter und neuer Kultur ... angesammelt hatte" (ebd, Sp. 2118; vgl. Pischel 1982).

[113] C. Westermann 1974, 632f, weist auf die viermalige Wiederholung der Bundesschlußformel in Gen 9,12–17 hin, die damit den theologischen Skopus dieses Abschnittes deutlich zum Ausdruck bringt.

[114] Kraus I/1966, 314 (HiO).

[115] Bultmann 1985, 365; vgl. Schnackenburg III/1976, 30f.

[116] Die grundsätzliche Erkenntnis, daß es sich bei Steiners Exegese um Allegorese handelt, findet sich – mehr andeutungsweise – auch in früheren Arbeiten, so bei: Gahr 1929, 234; Foerster, in: Stählin 1953, 71ff; Siedenschnur o.J., 88; v. Stieglitz 1955, 206f.

[117] "Nach Karlstadt gingen die Worte 'Dies ist mein Leib' [in Mt 26,26; d. Verf.] nicht auf das Brot, sondern auf Jesu wirklichen Leib, weil sie durch einen Punkt und großen Buchstaben vom Vorhergehenden getrennt seien ... Ferner ginge das toûto wegen seines neutrischen Geschlechts nicht auf das Brot (ho ártos), sondern auf den Leib (to sōma)" (Ebeling 1942, 323).

[118] Ebd, 323f (HddV).

[119] Luther, WA 18, 69, 9–11.

[120] Goppelt 1973, 19 (HddV); Zitat im Zitat aus: Torm 1930, 213.

[121] Frieling 1948, 205 (HddV).

[122] Ebd.

[123] Ebd, 154 (HddV).

[124] Ebd, 206 (HddV).

[125] Foerster, in: Stählin 1953, 71ff; Siedenschnur o.J., 83ff. Auch der evangelische Theologe, der unter dem Pseudonym Andreas Binder in seiner im Verlag Urachhaus erschienenen "Standortbestimmung" für die Anthroposophie plädiert, kommt nicht umhin festzustellen: "Daß er [Steiner] ... dem philologischen Wortsinn des öfteren Gewalt antut, läßt sich nicht leugnen ... Seine Evangelienauslegung ... entspringt oftmals willkürlicher Kombination, durch die er in den Texten findet, was er aus seiner von den Texten unabhängigen Geistesforschung schon weiß" (Binder 1989, 217).

[126] Foerster, ebd, 74 (HddV).

[127] Ebd.

[128] Ebd.

[129] Rittelmeyer 1938, 120f (HddV).

[130] Vgl. Gesenius 1962, 432.748f; R. Albertz/C. Westermann, Art. "rūaḥ", THAT II/1984,726ff.

[131] Vgl. Gesenius 1962, 741; G. Liedke, Art. "špṭ", THAT II/1984, 1.005.

[132] Frieling 1983, 46.

[133] Vgl. Bauer 1971, Sp. 447; Schlatter 1929, 134; Grundmann 1986, 122f.

[134] Vgl. Bauer 1971, Sp. 550; Grundmann 1986, 245; Luz 1985, 415f.

[135] Die anthroposophischen Ausleger sprechen freilich meist nicht von allegorischer, sondern (fälschlich) von "symbolischer" oder (richtig) von "okkulter" Auslegung (die allegorisch *ist*) (s.o.).
[136] "Die Frage kann nur sein, ob das Hinzugefügte wirklich in der Linie des Textes liegt" (Frieling 1948, 206).

III. Dritter Hauptteil:

Entfaltung und Anwendung des anthroposophischen Bibelverständnisses

A. Systematische Entfaltung des anthroposophischen Bibelverständnisses

1 Wehr 1968, 59f.
2 Ebd, 60 (HddV).
3 Der Sprachgebrauch ist bei den anthroposophischen Autoren nicht immer exakt, so daß dort die Bezeichnung "Evangelien" nicht nur Mt, Mk, Lk und Joh, sondern auch sämtliche anderen biblischen Bücher (bis hin zu den Apokryphen) umfassen kann. Sie gelten ja allesamt als aus dem "ewigen Evangelium" (= Akasha-Chronik) inspirierte Schriften. Wohl deshalb hat auch Bock sein Werk nicht "Die Evangelien", sondern "Das Evangelium" genannt und "Evangelium" allgemein als "Kunde aus den Engelreichen" definiert (Ev, 47). Wenn Mt, Mk, Lk und Joh gemeint sind, werden diese im folgenden zur Verdeutlichung meistens näher als "die vier Evangelien", "die einzelnen Evangelien", "die Synoptiker" usw. gekennzeichnet.
4 Vgl. Scholem 1989, 113.
5 S. zum folgenden: J. v. Fiore 1519 (1964); zitiert und zusammengefaßt nach: KThQ II, 113ff, und Maier 1981, 174ff.
6 Maier 1981, 174.
7 V.a. bei den Spiritualisten, Mystikern und Täufern der Reformationszeit (vgl. ebd, 202ff), aber – in einer säkularisierten Form – z.B. auch in der Philosophie Lessings, dessen "'dritte[s] ewige[s] Evangelium'... das Neue Testament überbieten und Ausdruck der vollkommenen Vernunftreligion" sein soll (ebd, 446f).
8 Die Unterschiede zwischen J. v. Fiore und den anthroposophischen Exegeten (z.B. die andere Datierung des Zeitalters des Geistes; nach anthroposophischer Auffassung beginnt es zu Lebzeiten Steiners im Jahre 1899) können hier außer Betracht bleiben.
9 In deutlicher Anlehnung an J. v. Fiore schreibt E. Bock von einer Ablösung des "petrinischen" (römischen) durch das "johanneische" Christentum: "Das petrinische Zeitalter ist mit dem tausendjährigen Reich identisch ... Heute wird das tausendjährige Reich durch ein johanneisches Zeitalter abgelöst ... Das petrinische Christentum ist seelischer Art; das johanneische muß geistiger Art sein" (Ev, 250).
10 Vgl. Maier 1981, 175.
11 Bock 1953, 53f (HddV).
12 Vgl. ebd.
13 Ebd, 55 (HddV).
14 Ebd; vgl. Ev, 73.
15 Weber I/1972, 259 (HiO).
16 Stuhlmacher 1986, 57 (HddV).
17 Vgl. Weber I/1972, 259.
18 Kümmel 1983, 87.
19 Ebd, 118.
20 Goppelt 1978, 67.
21 Bock 1953, 54.

[22] Ebd.

[23] Freilich geht es hier in Wirklichkeit nicht um "Intuition", sondern um die Betonung der personalen Identität des Auferstandenen mit dem Gekreuzigten und die Abwehr doketischer Vorstellungen (vgl. Grundmann 1971, 451; Zahn 1920, 727).

[24] Zahn 1926, 520. – Vgl. auch Lohse 1971, 85: "Ehe das Ende eintritt, muß das Evangelium – das heißt nun: Kreuz und Auferstehung Jesu Christi – in aller Welt gepredigt werden ... der Inhalt der guten Botschaft ist ein Ruf zur Buße, angesichts der bevorstehenden Stunde des Gerichtes Gott als dem Schöpfer die Ehre zu geben." – Ähnlich: Lohmeyer 1970, 124; Kraft 1974, 193; Mounce 1977, 273; Stuhlmacher 1968, 210ff.

[25] G. Friedrich, Art. "euangelízomai ...", ThWNT II/1935, 733. Vgl. Lohse 1971, 85; Kraft 1974, 193; Stuhlmacher 1968, 211f.

[26] Westermann 1976, 157.

[27] Diese Ansicht, die sich (neben der in I.A.2.2. skizzierten, hauptsächlich vertretenen Zeitalterlehre) gelegentlich in der anthroposophischen Literatur findet, hat auch in anderen esoterischen Systemen Fuß gefaßt, so etwa bei den Theosophen und namentlich in der "New Age-Bewegung" (vgl. Miers 1986, 322; Holthaus 1989, 156ff; Ruppert 1985, 12f).

[28] In 600 verwendet Steiner z.T. eine andere, einfachere Terminologie als in 601.

[29] Vgl. 600, 31ff, wo Steiner zuerst von den Stufen der "Einweihung" redet (worin er den gesamten Erkenntnisweg einschließt) und dann innerhalb dieses Erkenntnisweges eine gesonderte Stufe der "Einweihung" – wie oben geschildert – postuliert.

[30] v. Stieglitz 1955, 51.

[31] R. Meyer im Vorwort zu: Frieling/Schühle 1962, 5f (HiO).

[32] Wehr 1968, 63f (HiO); Zitat im Zitat aus: 615,137 (HiO).

[33] Wehr 1968, ebd.

[34] Wehr 1968, 67.

[35] Die Rosenkreuzer sind ein im 15. Jahrhundert entstandener esoterischer "Orden". Ihren Namen haben sie entweder von dem (fiktiven?) Gründer Christian Rosenkreutz (er lebte angeblich von 1378-1484) oder von dem Rosenkreuz-Symbol, das vielfache Deutungen erfährt (vgl. Miers 1986, 347f). Für Steiner ist das Rosenkreuz ein Meditationssymbol (Kreuz = Symbol für das "vernichtete Niedere der Triebe und Leidenschaften"; Rose = Symbol für "Blut" als Ausdruck für "geläuterte, gereinigte Leidenschaften und Triebe"; 601, 231). Die Rosenkreuzer lehren einen Einweihungsweg ähnlich dem Steinerschen Erkenntnisweg. Seine sieben Stufen sind laut Steiner (94,282ff): 1. Studium; 2. Imagination; 3. Erlernen der okkulten Schrift; 4. Lebensrhythmus; 5. Entsprechen von Mikrokosmos und Makrokosmos; 6. Kontemplation, innere religiöse Beschauung in dem Makrokosmos; 7. Gottseligkeit. Nach Darstellung des "indisch-orientalischen Yoga-Weges" und des "christlich-gnostischen Weges" (beide ebenfalls siebenstufig; vgl. 94,276ff) empfiehlt Steiner die "christlich-rosenkreuzerische Schulung" als diejenige, "die für den modernen Menschen die günstigste ist. Dann erst, wenn wir auch diese Art erfaßt haben, können wir begreifen, was bei der Einweihung im Menschen vorgeht, und was Johannes, besser gesagt der Schreiber des Johannes-Evangeliums, beschreibt" (94,282).

[36] Bock 1953, 56 (HddV).

[37] Ebd, 56ff.

[38] Ebd, 59 (HiO).

[39] Rittelmeyer 1930, 69.

[40] Ebd, 62.

[41] Ebd, 68. – Da die Anthroposophie an einer "Geist-Welt" festhält, die "darüber" (über

der Materie) steht, ist der Vorwurf, sie lehre einen verfeinerten Materialismus (vgl. Stolzenburg 1925, 84ff), nur zum Teil richtig, und Rittelmeyer nimmt sie zu Recht dagegen in Schutz (Rittelmeyer 1930, 68ff). Da sie diese "Geist-Welt" ("Gott") jedoch nicht im absoluten Gegenüber zum Geschaffenen sieht, sondern sie in das Geschaffene "hineinragen" läßt (ebd, 62), setzt sie sich letztlich doch diesem Vorwurf aus. Man kann nicht von Pantheismus, sondern muß von Pan-en-theismus sprechen, der zum Polytheismus führt (vgl. III.B.1.). "Gott" ist für die Anthroposophie zwar mehr als die Welt, aber die Welt ist in "Gott"; sie ist nicht wesenhaft von ihm geschieden. "Der idealistische Pantheismus ist bei St[einer] durch die Krausesche Philosophie geworden zum *naturalistischen Panentheismus,* den er selber als *geistgemäßen* Monismus bezeichnet" (Gahr 1929, 176; HiO).

42 Schomerus III/1933, 21f. – Klostermaier schreibt ähnlich über den vedischen Puruṣa: "Puruṣa ist all das, was war und was sein wird. Er ist der Herr der Unsterblichkeit ... Ein Viertel von ihm bildet die Geschöpfe, drei Viertel – unsterblich – im Himmel. Mit drei Vierteln stieg er hinauf, ein Viertel kam hier zum Sein" (Klostermaier 1965, 78).

43 Schomerus III/1933, 22.

44 Die innere geistige Verwandtschaft mit diesen Wegen wird z.B. auch durch die Aufnahme von Begriffen, die im Hinduismus (z.T. auch im Buddhismus) gebräuchlich sind, und ihre Anpassung an das Steinersche System bestätigt. Einige Beispiele:

- *"Chakrams"* (z.B. 600,83; dort auch "Räder" oder "Lotusblumen" genannt) heißen (wie im hinduistischen Yoga-Weg) die "Hellseherorgane" zur Erkenntnis höherer Welten.
- *"Manas", "Buddhi" und "Atma"* (z.B. 601,55ff; 94,246ff; Steiner übersetzt "Geistselbst", "Lebensgeist" und "Geistesmensch") heißen in der Anthroposophie die "höheren Wesensglieder", die im Verlauf des Erkenntnisweges hervortreten. Im Hinduismus besitzen sie noch nicht diese streng festgelegte Bedeutung (dort heißen Manas und Buddhi "Verstand"; Atma[n] heißt "Selbst"; vgl. Klostermaier 1965, 453f. 459).
- *"Devas"* (z.B. 94,153) sind die "Geister" oder höheren Wesenheiten – als Entfaltung des göttlichen "Ich-Zentrums" verstanden –, mit denen der Mensch während des Erkenntnisweges in Kontakt tritt (von Steiner auch als "Engel" bezeichnet; vgl. 601,120ff). Sie vermitteln ihm die übersinnliche Erkenntnis und geleiten ihn zur Reinkarnation. In ähnlicher Weise sind im Hinduismus Devas die vielen Götter, durch die sich das Brahman in den Kosmos verteilt (Emanation und Polytheismus; vgl. Klostermaier 1965,86ff).

45 Vgl. Joest 1981, 93f.

46 Joest 1981, 93.

47 v. Rad I/1982, 216.220f.

48 Vgl. Zimmerli 1978, 100ff; Hacker 1980, 11ff.

49 Zum neutestamentlichen Gesamtbefund vgl. P. Beyerhaus, "Synkretistische Tendenzen zeitgenössischer Theologie", in: Beyerhaus/v. Padberg 1988, 98ff, und Hacker 1980, 24ff. – Zu den johanneischen "Ich-bin"-Worten vgl. Schnackenburg II/1971, 59ff.

50 Kraemer 1940, 113f; ähnlich Rosenkranz 1951, 9ff; Melzer 1983, 52ff.

51 Heim 1986, 15ff.117f; vgl. Hille 1990, 153ff.

52 Vgl. hierzu K. Heim, "Die Struktur des Heidentums", in: ders. 1986, 111–132.

53 Vgl. W. Freytag, "Das Dämonische in den Religionen. Ein vergessener Faktor in der Diskussion über die Religionen", in: ders. 1961, 13–21.

54 Die folgenden Zitate sind eine Zusammenfassung aus drei Aufsätzen, in denen sich

Beyerhaus zum "tripolaren Religionsverständnis" äußert: P. Beyerhaus, "Zur Theologie der Religionen im Protestantismus", KuD 1969, 102f; ders., "Der Dialog als Ausdruck eines neuen Missionsverständnisses", in: ders. 1987, 101–106; ders., "Theologisches Verstehen nichtchristlicher Religionen. Gerhard Rosenkranz (1896–1963) zum Gedenken", KuD 1989, 116–122.

55 Vgl. hierzu Hendrik Kraemers Beschreibung der "unausweichlich dialektischen Situation" des Menschen: Der Mensch *"gehört zu Gott – und ist doch von Ihm getrennt; er wird gesucht von Gott ... und heimgesucht von Ihm; er rebelliert gegen Ihn und ist doch auf der tastenden Suche nach Ihm"* (Kraemer 1959, 248; HiO).

56 Beyerhaus, in: KuD 1969, 103 (HddV). – Vgl. auch Kraemer, der in seinem 1959 erschienenen Werk "Religion und christlicher Glaube" die Aussagen Heims aufgreift und vom "doppelwertigen Charakter – göttlich oder dämonisch – aller Religionen" spricht (Kraemer 1959, 345).

57 Beyerhaus in: KuD 1989, 122; ähnlich Kraemer 1940, 104; Heim 1986, 117ff.

58 Im Unterschied zur *absoluten* Konfrontation zwischen göttlicher Offenbarung und menschlicher Religion im Sinne Karl Barths (vgl. KD I/2, 305ff) postulieren Paul Althaus und Emil Brunner "Anknüpfungspunkte" und ein – allerdings verfinstertes – "Vorwissen" um Gott, worauf sich die christliche Botschaft erhellend, antwortend und heilbringend beziehen kann (vgl. Althaus 1949 [a], 45ff; Brunner 1934, 18ff; zusammenfassend: Joest 1981, 83ff).

59 Beyerhaus ebd, 126; vgl. Kraemer 1940, 253ff; Althaus 1949 (a), 155ff; Melzer 1983, 19f; Heim 1986, 93ff.

60 Hengel 1975, 66f; vgl. auch Heim 1986, 104: "Entweder die mystische Erlösungsreligion hat recht. Das Innerste jedes Menschen ist eins mit der Gottheit. Dann ist die Botschaft von dem stellvertretenden Opfer, das ein anderer für uns gebracht hat, ein lächerlicher Betrug. Der Mensch wird dadurch um sein Heil betrogen ... Oder die Botschaft von dem gekreuzigten Versöhner ist wahr. Dann ist die mystische Selbsterlösung, so tief und wahr das Sehnen ist, das sich darin ausdrückt, die letzte und gefährlichste Selbsttäuschung des Menschen."

61 Vgl. Hengel 1975, 41ff.

62 Ebd, 41.43.

63 Ebd, 45f; vgl. Vidman, "Isis und Sarapis bei den Griechen und Römern", RVV 29/1970, 138; vgl. auch die Untersuchungen von Burkert, 1977, und Wedderburn, 1987.

64 Hengel 1975, 67; vgl. ders. 1973.

65 Miers 1986, 269.

66 Ebd.

67 Klostermaier 1965, 69.

68 Ebd, 62; vgl. Melzer 1983, 96ff.

69 Gnilka I/1986, 210.

70 Klostermaier 1965, 73.

71 Vgl. Melzer 1983, 106: "... jedes christliche Wort und Gebet kann auch wie ein Mantra gebraucht werden. Aber solcher Gebrauch ist ein Mißbrauch. Was sich dabei abspielt, vollzieht sich im Innenraum der menschlichen Seele. Was sich an Wirkungen einstellen mag, ist Ergebnis einer Autosuggestion."

72 Das Wort "Offenbarung" setzen wir hier zumeist in Anführungsstriche, weil der anthroposophische Gebrauch dieses Wortes nicht dem biblisch-theologischen Gebrauch entspricht (s.u. und II.B.1.).

73 Vgl. 114,118; 148,56, sowie Steiners Kleinschrift "Erbsünde und Gnade" (Dornach 1952, 23f).

[74] Vgl. Euseb, Kirchengeschichte V, 14–19.

[75] "Die Hauptmasse der gnostischen Schriftstellerei aber sind Offenbarungen, die von einer der gnostischen Heilsgestalten, einer Person meist aus der biblischen Geschichte, übergeben worden sein sollen. In dieser Einkleidung zeigt sich, daß das 'System' den 'Ruf von oben' bringen will. Da sind Evangelien, nicht im Sinne der neutestamentlichen Evangelien, sondern geheime Offenbarungen Jesu meist nach seiner Auferstehung, auch Evangelien ohne diesen Anspruch" (Andresen 1979, 31).

[76] Meister Eckhardt bedarf – wie andere Mystiker – "für ein rechtes göttliches Leben keines äußeren Gesetzes, keiner menschlichen Weisung, keiner Belehrung aus Büchern, welche sagen, was einstens war: Gott selber ist in ihm gegenwärtig und gibt ihm Lehre und Weisung. Er ist selber ein Offenbarungsquell für andere, die noch nicht den Gott in sich gefunden" (H. Büttner, in: Meister Eckehart 1934, 2).

[77] Vgl. z.B. Thomas Müntzers visionären "Offenbarungsempfang" und seine "Polemik gegen den 'heyligen Buchstaben'", die deutlich von der mittelalterlichen Mystik und J. v. Fiores Lehre vom "ewigen Evangelium" beeinflußt ist (vgl. Elliger 1975, 153ff; Maier 1981, 208; Haack 1985, 76ff).

[78] Etwa bei verschiedenen Strömungen innerhalb der Pfingst- und charismatischen Bewegung, bei den Mormonen, bei "Sehern" wie Swedenborg und Lorber, beim Heimholungswerk ("Innere-Geist-Christus-Kirche") der "Prophetin" Gabriele Witteck u.v.a. (vgl. Hutten 1968, 339ff.502ff.586ff; Haack 1985, 51ff).

[79] Hutten 1968, 359.

[80] Althaus 1980, 43; unter Bezugnahme auf: WA 18,695,28ff.

[81] Schlaudraff 1988, 242 (HiO); vgl. Hengel 1973, 330ff. 379f.396ff.

[82] Cullmann 1967, 269f; vgl. Schlaudraff 1988, 196. Die Berechtigung und Notwendigkeit des Redens von "Heilsgeschichte" wird in den letzten Jahren wieder stärker ins Gespräch gebracht, v.a. von Oscar Cullmann (1962, 1967, 1979), Karl-Heinz Schlaudraff (1988), Erich Lubahn (1988) und Vertretern einer "evangelikalen Theologie" (vgl. Stadelmann 1984 und 1986).

[83] Vgl. zu dieser Problematik z.B.: v. Campenhausen 1968; Ohlig 1972; Joest 1981, 148ff.

[84] Vgl. Ohlig 1972, 55f.153ff.

[85] "So ist die Glaubensregel nicht ein selbständiges Prinzip und norma normans neben der Schrift und das Kriterium der Orthodoxie nicht ein von außen kommender Maßstab, sondern nichts anderes als die Anwendung dessen, *was* man an den schon rezipierten Schriften an Inhalten *erkannte,* auf die noch umstrittenen" (Ohlig 1972, 174; HiO).

[86] Joest 1981, 166.

[87] v. Stieglitz 1955, 183.

[88] Vgl. H. Sasse, Art. "aión ...", ThWNT I/1933, 202ff.

[89] Grundmann 1986, 579.

[90] Bultmann 1985, 441ff; ähnlich Schnackenburg III/1976, 151ff; Barrett 1978, 488.

[91] Schnackenburg III/1976, 405.

[92] Ebd, 386. – Zum heilsgeschichtlichen Aspekt vgl. Schneider 1980, 259f.

[93] Die Worte "Offenbarung" und "Anschauung" verwendet Rittelmeyer synonym (vgl. Rittelmeyer 1930, 86).

[94] Frieling 1974, 53 (HddV).

[95] Zum folgenden s. Rittelmeyer 1930, 87f (HddV).

1 Vgl. Rittelmeyer 1951, 15.

2 S. 601,120f; 613,37f.88. – Die Bezeichnungen in Klammern entsprechen den Namen, die in der "christlichen esoterischen Wissenschaft" (601,121), also in der gnostischen und rosenkreuzerischen Tradition, für übersinnliche Mächte gebraucht werden.

3 Der Sohar 1991, 68.

4 Steiner schreibt: "Die entwickelte Menschheit aber schreitet in einem völlig vergeistigten Dasein zur Vulkanentwickelung weiter, deren Schilderung außerhalb des Rahmens dieses Buches liegt" (601,305). – Eine schematische Übersicht über die Geisterhierarchien bei Steiner und ihre verschiedenen Entwicklungsstufen findet sich bei: Badewien 1985, 49 (im Anschluß an Willy Conrad, Dornach); vgl. auch Gahr 1929, 299ff.

5 Saturnin bei: Irenäus haer. I, 24,2 und Hippolyt ref. 7,28,5; Apelles bei: Tertullian praescr. 34 und Hippolyt ref. 7,38,1 (zit. nach J. Michl, Art. "Engel", RAC V/1962, Sp. 100).

6 Frieling I/1983, 37f.

7 Ebd, 14 (HiO).

8 Ebd, 38.

9 Ebd.

10 Ebd, 17.

11 Ebd, 21.

12 Ebd, 29f (HiO).

13 Scholem 1989, 100.

14 Vgl. zusammenfassend die Diskussion bei: Westermann 1976, 130ff. Westermann entscheidet sich für die zweite Deutung und zitiert zustimmend Franz Delitzsch: "Das, worauf es ihm [sc. dem Autor von Gen 1] ankommt, ist nicht dies, daß Himmel und Erde einen Anfang gehabt haben, sondern dies, daß die Schöpfung des Himmels und der Erde der Anfang aller Geschichte gewesen ist" (ebd, 136).

15 Jüngel 1988, These 20 (HiO).

16 W. Foerster, Art. "éxestin, exousía ...", ThWNT II/1935, 570.

17 Gnilka 1980, 65.

18 Gnilka merkt an, daß die "hierarchische Ordnung der Geistwesen" für den Kolosserhymnus "völlig belanglos" ist. "Es kommt für den Christen darauf an zu begreifen, daß Christus ihr Herr ist und sie ihm nichts anhaben können. Über das Problem von Schöpfung und Fall, sowohl der Mächte als auch des Menschen, wird im Hymnus nicht reflektiert" (ebd). Ähnlich J. Michl, Art. "Engel", RAC V/1962, Sp. 113.

19 Gnilka 1980, 61; ähnlich: Schweizer 1976, 58ff; J. Michl, Art. "Engel", RAC V/1962, Sp. 111f. – Helga Rusche weist darauf hin, daß die Botschaft von den Weltelementen oder Engelmächten, die angeblich die Fülle oder den Leib der Gottheit bilden, nicht von Paulus, sondern von den kolossischen Irrlehrern vertreten wird, *gegen* die sich Paulus gerade wendet: "Paulus wendet sich nun in großer Schärfe gegen diese Sekte, die sich in der Gemeinde breit gemacht hat. *Christus und die Elemente? Das ist zweierlei! Man kann nicht beides miteinander verehren,* wenn man Christ ist (Kol 2,8f)" (H. Rusche, "Die Anthroposophie. Darstellung und Kritik", in: Kirche und Anthroposophie 1950, 64; HiO).

20 Vgl. hierzu: Stauffer/Kuhn, Art. "theós. C. Die urchristliche Gottestatsache und ihre Auseinandersetzung mit dem Gottesbegriff des Judentums", ThWNT III/1938, 91ff. Zum Traditionszusammenhang zwischen Altem und Neuem Testament vgl. u.a. die Arbeiten von Gese und Stuhlmacher (grundlegend: H. Gese, "Tradition und biblische Theolo-

gie", in: Steck 1978, 87ff; P. Stuhlmacher, "Das Evangelium von der Versöhnung in Christus", in: Stuhlmacher/Claß 1979, 13ff).

21 Vgl. Gesenius 1962, 39f; W. H. Schmidt, Art. "elohim", THAT I/1971, Sp. 153ff.

22 W. H. Schmidt, ebd, Sp. 155f (HiO).

23 Gesenius 1962, 40.

24 "*Alle* anderen Elohim" und "seit *Anbeginn* der Welt" betonen wir deshalb, weil E. Bock behauptet, daß nicht alle anderen Götter neben Jahwe seit jeher Nichtse *seien*, sondern daß im Laufe eines evolutionären Prozesses ein Teil von ihnen zu Nichtsen *werde*. Da sich Jahwe in Ex 3 als "Mittelpunktswesen des Weltalls" offenbare, würden einige der hierarchischen Geister aufhören, "Gefäß und Offenbarer der höheren Führermächte zu sein", und zu "Trugwesen und Nichtsheiten" werden. Die "Elilim", die "Nichtse" seien lediglich die "unzeitgemäß gewordenen Geister" innerhalb des anthroposophischen Weltenplans (II,95). – Nach biblisch-theologischem Verständnis ist die Trennungslinie zwischen dem Gott Israels und den Göttern der Heiden jedoch eine *überzeitliche* und *absolute* (s. III.A.2.).

25 W. H. Schmidt, ebd, Sp. 153.

26 So die klassische Deutung von der Zeit der Alten Kirche bis zu Karl Barth, etwa in bezug auf Gen 1,26 (vgl. zusammenfassend: Westermann 1976, 200).

27 Dieser Plural mit Kohortativ als "Stilform der Selbstberatung" legt sich nach Westermann 1976, 200f, an den Stellen nahe, wo Gottes Sprechen im Plural, sein vorhergehendes und nachfolgendes Handeln jedoch im Singular ausgedrückt wird (z.B. Gen. 1,26; 11,7f; Jes 6,8f).

28 Der "pluralis amplitudinis" bringt zum Ausdruck, daß der Elohim Israels "wirklich und im Vollsinn des Wortes Gott ist", daß es also außer und neben ihm überhaupt keines weiteren Gottes bedarf (J. Schneider, Art. "Gott", TBLNT I/1977, 598).

29 J. Bright weist darauf hin, daß der "Glaube des frühen Israel" zwar "noch kein Monotheismus im philosophischen Sinne" war, daß es aber doch "den Begriff in der einzigen der Alten Welt möglichen Weise" verstand. "Israel stritt nicht das Vorhandensein anderer Götter, deren Bilder man ja überall sehen konnte, ab. Aber es leugnete, daß diesen Göttern die Kraft innewohne, die ihnen ihre Anbeter zuschrieben, kurz gesagt, es leugnete die Existenz einer göttlichen Macht hinter dem Bild" (Bright 1966, 142). – Zur Frage fremdreligiöser Einflüsse auf die alttestamentliche Religion vgl. III.A.2. sowie die ausführliche Erörterung bei: Harrison 1979, 349ff.

30 Rittelmeyer 1930, 130.

31 Frieling 1974, 67ff.76.86; HiO.

32 v. Glasenapp 1985, 77.

33 Vgl. Klostermaier 1965, 159ff.

34 Scholem 1986, 193.222. – Zu den Vorstellungen von einer Seelenwanderung im Bereich der griechischen Philosophie (Pindar, Pythagoras, Empedokles, Plato) vgl. Nilsson 1941, 654ff.662ff.702ff.772ff.

35 Frieling 1974, 86. – E. Bock unterscheidet daher zwischen der (indisch-orientalischen) "Seelenwanderung" und der (neuzeitlich-abendländischen) "Reinkarnation": "Die orientalische Vorstellung von der 'Seelenwanderung' hat einmal ihre Berechtigung gehabt. Das war in den Zeiten, als das Ich, der Geistteil des Menschenwesens noch lockerer mit dem Leiblich-Seelischen verbunden war und sich noch nicht voll in demselben inkarnierte." Während es damals "nur eine in Seelenbildern sich darstellende Ahnung von dem Schicksalszusammenhang der aufeinanderfolgenden Erdenleben" gegeben habe, sei heute "eine ichhafte Vorstellung und ein vollmenschlich-individuelles Erleben der wiederholten Erdenleben" möglich. "Erkannt muß werden, daß nicht die *Seele,* sondern

der *Geist* des Menschen von Leben zu Leben schreitet." Die Lehre von der *Seelenwanderung* werde so durch die Erkenntnis von der "*'Wiederverkörperung des Menschengeistes'*" abgelöst (Bock 1975, 175f; HddV).

[36] Hier findet sich eine auffallende Variation der katholischen Vorstellung vom "Fegfeuer", dessen Durchschreiten von Steiner aber nicht als einmaliger, sondern als wiederholter Vorgang zwischen den verschiedenen Reinkarnationen betrachtet wird.

[37] Frieling 1974, 11 (HiO).

[38] "Der joh. Christus ist kein Bild und Prototyp der Seele; nirgends wird etwas über eine Präexistenz der zu erlösenden Menschen gesagt. Der Weg des Logos-Christus aus der Präexistenz in die Inkarnation ist ihm eigen und vorbehalten; damit wird nur die Einzigartigkeit des Offenbarers und Lebensbringers herausgestellt" (Schnackenburg I/ 1972, 300).

[39] Frieling 1974, 10f.

[40] Ebd, 49ff. – Wichtige Stellen sind Mt 10,28; Lk 16,19–31; 1. Petr 3,19 sowie alttestamentliche Aussagen über den Scheol u.a. Die Frage "Ganztod oder nachtodliche Existenz?" hat in der theologischen Wissenschaft zu einer breiten Diskussion geführt. Wir können hier nicht darauf eingehen und verweisen deshalb auf F. Heidlers zusammenfassenden Artikel (F. Heidler, "Ganztod oder nachtodliche Existenz?", ThB 4 [1985], 169–195). Mit Heidler (der sich auf Luther beruft) sind wir der Ansicht, daß die Bibel "von der seelischen Weiterexistenz der verstorbenen Personen im Zwischenzustand" redet und daß Gott "die Seele unsterblich und ewig schafft", um "die Ich-Kontinuität zu bewahren und so die Auferstehung der Toten in personaler *Identität* zu ermöglichen" (ebd, 175; HiO; ähnlich Y.B. Trémel, "Der Mensch zwischen Tod und Auferstehung nach dem Neuen Testament", in: Schamoni 1981, 52; gegen Barth, KD III/2, 754ff; Jüngel 1971, 145; und unsere eigene frühere Auffassung [Gassmann 1985, 38f]). So weit stimmen wir auch mit Frieling überein, nicht jedoch in der Frage der spezifisch anthroposophischen Leiberlehre und der Reinkarnation.

[41] Frieling 1974, 62f.66 (HiO).

[42] Ebd, 89f. – Wie H.-J. Kraus zum Ausdruck bringt, kann auch beides zugleich gemeint sein, nämlich die "Geschlechterfolge", die vom "Sterben und Vergehen gezeichnet" ist (Kraus II/1966, 630).

[43] Frieling 1974, 90f. (HiO). – Vgl. hiermit die Vorstellung von "Inkarnationsketten" in nachsoharischen kabbalistischen Schriften (Scholem 1986, 209ff).

[44] Vgl. Albrecht 1988, 44f.

[45] StB IV/1/1956, 764.

[46] Ebd, 779; vgl. J. Jeremias, Art. "El(e)ías", ThWNT II/1950, 930ff.

[47] Nach Lk 1,17 wird Johannes der Täufer "in Geist und Kraft des Elias" vor dem Herrn hergehen, was auf die Ausrüstung mit einer besonderen *prophetischen Vollmacht*, nicht jedoch auf eine *Wesenidentität* hinweist (vgl. Köberle 1978, 89). Nach Joh 1,21 lehnt es Johannes der Täufer selber sogar ausdrücklich ab, Elias zu sein. "Der T[äufer] verneint die Frage überhaupt nur in dem Sinn, in welchem sie gestellt war, im Sinn einer *persönlichen Wiederkehr;* denn nach V. 31 hat er sich die *Aufgabe* zugeschrieben, welche nach jüdischer Schulmeinung dem Elia obliegt" (Zahn 1908, 111; HddV). Albrecht 1988, 44, spricht von einem "klassischen Beispiel biblischer Typologie". Jeremias (Art. "El[e]ías", ThWNT II/1950, 939f) meint: "Das Ausstehen der Wiederkunft des Propheten Elias scheint von den Schriftgelehrten gegen die Möglichkeit, daß Jesus der Messias sei, und von den Jüngern gegen die Notwendigkeit des Leidens Jesu geltend gemacht worden zu sein (Mk 9,11 par). Diesem Einwand ist Jesus dadurch begegnet, daß er ... Mt 11,14 in unverhüllter Form das Urteil aussprach, daß sich in Joh dem Täufer die

Maleachi-Weissagung vom wiederkehrenden Elias erfüllt habe. Das ei thélete déxasthai Mt 11,14 scheint dabei andeuten zu sollen, daß diese Deutung der Täufergestalt neu ist, und daß die Erfüllung der Elias-Weissagung nicht in Form einer Reinkarnation des Elias erfolgte."

48 Köberle 1978, 89.

49 "Möglich ist, daß es sich in V. 4 um einen typischen Einwand gegen die in (gnostischen) Mysterienreligionen erhobene Forderung der Wiedergeburt ... handelt" (Bultmann 1985, 97).

50 So Schnackenburg I/1972, 383, gegen Bultmann 1985, 98, der in den Worten "hydatos kai" eine "Einfügung der kirchlichen Redaktion" vermutet. Barrett 1978, 209, nennt als weitere Deutungsmöglichkeit, daß "hýdor" tatsächlich die – einmalige! – physische, "pneúma" aber die geistliche Geburt bezeichnet, doch mißt er dieser Deutung keine große Wahrscheinlichkeit bei.

51 So Schnackenburg I/1972, 381f; Barrett 1978, 205f; gegen Bultmann 1985, 98.

52 Frieling 1974, 93.

53 StB II/1956, 528. – Schnackenburg weist darauf hin, daß "psyché" bei Joh "nie die 'Seele' im griechischen Verständnis" ist. "Deshalb ist auch der hermetische oder gnostische Gedanke einer Befleckung der Seele in einem vorirdischen Zustand oder einer früheren Existenz ... für Joh ausgeschlossen. Eine Seelenwanderungslehre ... hat in Joh 9,2 keine Stütze" (Schnackenburg II/1971, 305).

54 StB II/1956, 528f.

55 Albrecht 1988, 167f, nennt folgende Bibelstellen, die "eindeutig gegen die Reinkarnation" sprechen: 2. Sam 12,23; 14,14; Ps 78,39; Lk 23,39–43; Act 17,31; 2. Kor 5,1.4.8; 6,2; Gal 2,16; 3,10–13; Eph 2,8f; Phil 1,23; Hebr 9,27; 10,12–14; Apk 20,11–15.

56 Vgl. Michel 1966, 322ff. – Auch A. Köberle weist auf diese Tatsache hin, verwechselt jedoch die sachliche Reihenfolge in dem Vergleichspaar, wenn er schreibt, daß "dieses Einmalige der Todeshingabe Jesu als Vergleich herangezogen wird für die Einmaligkeit der Lebensexistenz, die dem Menschen auf Erden gewährt ist" (Köberle 1978, 90).

57 Frieling 1974, 25 (HiO). – Eine Wiederverkörperung des Christus *nach* "Auferstehung" und "Himmelfahrt" (vorher nicht!) wird von der Anthroposophie deshalb abgelehnt, weil er "das Menschen-Fernziel des Jüngsten Tages durch Ostern und Himmelfahrt bereits mit mächtigen Gottesschritten für sich selbst verwirklicht" habe (ebd, 38). Christus gilt somit als höchstentwickelter Mensch, der sich nicht mehr zu verkörpern brauche. – Aus biblisch-theologischer Sicht ergibt sich hingegen die prinzipielle Unterschiedenheit zwischen dem Schöpfer und seinem gezeugten Sohn auf der einen Seite und den Geschöpfen auf der anderen Seite (s. II.B.1. und III.B.1.).

58 Ebd, 94f. – P. Althaus bemerkt zu Frielings Deutung: "Die Einmaligkeit soll also relativ und nicht absolut gemeint sein. Als ob nicht der Ton der Stelle, der Vergleichspunkt mit Christus gerade in der *schlechthinnigen* Endgültigkeit [sic] des Sterbens liege, dem dann das eine, einzige Gericht folgt!" (Althaus 1949 [b], 20; HiO).

59 Frieling 1974, 93.

60 Mußner 1977, 405, spricht im Blick auf Gal 6,7 von der "kommenden 'Ernte' des Gerichts".

61 "Sarx" bezeichnet bei Paulus "nicht nur den konkreten fleischlichen Körper ... sondern auch die *'Fleischlichkeit'* als das irdisch–menschliche Wesen in seiner spezifischen Menschlichkeit, d.h. in seiner Schwäche und Vergänglichkeit, und das heißt zugleich im Gegensatz zu Gott und seinem pneūma" (Bultmann 1980, 234; HiO).

[62] Auf weitere kritische Einwände gegen die Reinkarnations- und Karmavorstellung (Problemverschiebung auf früheres oder späteres Dasein, Depression wegen Bestrafung für unbekannte Schuld, Umkippen der optimistischen in die pessimistische Deutung usw.) können wir hier nicht eingehen. Wir verweisen auf die guten Darstellungen bei: Bichlmair 1950, 67ff; Schomerus III/1933, 32ff.118ff; Albrecht 1988, 101ff.

[63] v. Stieglitz 1955, 79.

[64] Ebd, 77f.

[65] Wachsmuth 1951, 143.

[66] "Ohne in älteren Traditionen irgendwelchen Halt zu haben, taucht um 150 n.Chr. in der rabbin. Literatur plötzlich die Gestalt eines Messias b. Joseph oder b. Ephraim auf." Während der Messias ben David "für die Königsherrschaft gesalbt ist, ist der Messias b. Joseph für die Kriegführung gesalbt, d.h. er hat die Aufgabe, in den großen Kämpfen, die dem Auftreten des Messias b. David vorangehen werden, als Heerführer im Dienste Gottes Israels Sache zum Siege hinauszuführen" (StB II/1969, 292).

[67] Die verschiedenen Aussagen über die zwei Jesusknaben finden sich bei Steiner selber über mehrere Schriften verstreut, besonders in: 15; 114; 117; 123; 131.

[68] Lauenstein 1984, 154 (HddV).

[69] Scholem 1986, 219.

[70] "Jesus" und "Christus" sind nicht verschiedene Wesensteile einer Person, sondern "Christus" (= "Messias", "Gesalbter") ist eine *Amtsbezeichnung*, die ausdrücken will: Jesus von Nazareth ist in seiner Person der im AT (Jes 11,2; 42,1; 61,1f u.ö.) verheißene Christus. Diese Amtsbezeichnung trägt Jesus nicht erst seit seiner Taufe, sondern seit seiner Empfängnis durch den Heiligen Geist im Leibe der Maria (Mt 1,1.16.18; Lk 1,35; 2,11.26.29f) (vgl. Goppelt 1978, 216ff). Die Behauptung, "der Christus" sei bei der Taufe in die "Hülle" des Jesus gekommen, entspricht hingegen gnostisch-doketischem Denken (vgl. I.A.2.2) und geht völlig am Text vorbei. Bei der Jordantaufe kommt nicht "der Christus", sondern der "Geist Gottes" auf Jesus herab, der Jesus als "Gottes Sohn" und "Christus" bestätigt und zu seinem Auftrag bevollmächtigt (Mt 3,16f parr; Lk 4,18f; vgl. Schürmann 1969, 191ff).

[71] "Daß es einen 'unschuldigen Teil Adams' nach dem Sündenfall gab, trifft ins Herz der biblischen Sündenlehre. Denn durch die Sünde wurde nicht eine Substanz am Menschen angekratzt oder verändert, sondern eine *Beziehung abgebrochen*, und zwar zwischen Gott und dem *ganzen* Menschen. Deshalb gibt es auch keine Selbsterlösung wie bei Steiner, sondern Rettung 'aus lauter Gnade um Christi willen'" (Baral 1987, 57; HiO). Vgl. z.B. Jes 59,2; Röm 3,9ff; 5,12ff; 6,23; 7,17f; 1. Joh 1,10 u.ö.

[72] Bock V, 40; Lauenstein 1984, 32ff.

[73] So zuletzt von J. Masson (1982) und R. Laurentin (1982).

[74] Freilich – so die harmonisierende Vorstellung – wäre auch die umgekehrte Situation möglich, daß Jakob (Mt) der juristische und Eli (Lk) der leibliche Vater war. Diese "Lösung", die z.B. R. Laurentin – im Anschluß an J. Masson – vertritt, würde nach deren Ansicht zum unterschiedlichen geistesgeschichtlichen Hintergrund der Evangelisten passen, der sich dann auch auf die Gestaltung der Stammbäume auswirken würde: "Leurs divergences ... s'expliquent notamment du fait que Mt, en *juif*, choisit la paternité légale, lá où Luc, en *grec*, préfère la paternité naturelle que nous appellerions aujourd'hui réelle ou biologique" (Laurentin 1982, 416; HddV). – Gelegentlich wird auch vermutet, daß beide Stammbäume insofern einander ergänzen, als Mt die königliche und Lk die priesterliche Linie Jesu zum Ausdruck bringen will. Zwar erwarteten einzelne Kreise in Israel (z.B. die Qumran-Essener) *zwei* Messiasse (einen königlichen und eine priesterlichen); eine allgemeine Erwartung des Judentums zur Zeit Jesu war dies jedoch

nicht. Jesus selber hat die Ämter des Königs und des Priesters als der *eine* Messias in sich vereinigt (s. Joh 18,37; Hebr 4,14 u.ö.; vgl. Bruce 1986, 130; Lohse 1983, 140f; Pierott 1983, 170).

75 Lauenstein 1984, 36.

76 Merkel 1971, 129.

77 Origène, Phil. 1-20, SC 302, 1983.

78 Tatian 1926, 66ff. – Auf Tatian stützt sich Laurentin 1982, 383f, von dessen Darstellung wir nachfolgend ausgehen.

79 Nach dieser Deutung ergibt sich also die umgekehrte Reihenfolge wie bei Steiner und Bock, die annehmen, daß zur Zeit der Beschneidung und Tempeldarstellung Jesu die herodianische Verfolgung bereits *vorbei* war (s.o.).

80 Vgl. Hennecke/Schneemelcher I/1987, 330ff.

81 Das Hauptproblem liegt in Lk 2,39, wo offensichtlich festgestellt wird, daß die heilige Familie nach Beendigung der Tempeldarstellung nach Nazareth (nicht nach Bethlehem) zurückgekehrt ist. Ist diese Rückkehr *unmittelbar* nach der Tempeldarstellung erfolgt oder liegen die in Mt geschilderten Ereignisse *dazwischen* (Nestle-Aland nennt Mt 2,23 und Lk 2,39 als Parallelstellen)? Freilich ist auch bei einer unmittelbaren Rückkehr nach Nazareth eine daran anschließende Reise nach Bethlehem nicht ausgeschlossen. Auf diese Fragen geben uns die vorliegenden Texte keine Antwort.

82 Vom *"Christus-Ereignis als Mysterium des Ich"* spricht auch K. v. Stieglitz (v. Stieglitz 1955, 101, HiO), der zudem einen Überblick über die *gesamte* Christosophie Rudolf Steiners vermittelt. Wir beschränken uns hingegen auf die wichtige Detailfrage der Ich-Entwicklung und die Darstellung einiger wesentlicher anthroposophischer Aussagen hierzu.

83 Ebd, 239 (HddV).

84 Ebd, 190 (HddV).

85 Eine Beurteilung der Steinerschen Ich-Philosophie hat Wilhelm Bruhn vorgenommen (Bruhn 1921, 53ff). Bruhns Kritik richtet sich insbesondere gegen die anthroposophische Behauptung der "Wesensidentität von Ich und alleinem Weltgeist". Aus dieser These, die nichts als "eine unbewiesene Voraussetzung und ein bloßes Wunschgebilde" sei, werde "alles weitere abgeleitet und somit das ganze Weltengebäude auf schwankendem Boden aufgebaut". Somit sei "die eigentliche Grundlage der Spekulation ... selber schon eine Spekulation" (ebd, 78).

86 Rittelmeyer 1938, 7 (HddV).

87 Ebd, 21ff (HiO).

88 Bereits die Valentinianer sprachen vom "bythos", dem Urgrund als Ausdruck der göttlichen Transzendenz am Anfang der Emanationsreihen im Pleroma der Achtheit (vgl. Andresen 1979, 305).

89 Ebd, 22.

90 Ebd, 30 (HiO).

91 Ebd, 25. – Der joh Jesus ruft allerdings nicht direkt dazu auf: "Glaubet an mich!", sondern er umschreibt diesen Aufruf ("Glaubet an das Licht!"; Joh 12,36) oder formuliert einen Relativsatz ("wer an mich glaubt ..."; Joh 12,44.46 u.ö.).

92 Ebd, 29 (HiO).

93 Schnackenburg II/1971, 274 (HddV).

94 Den Absolutheitscharakter und die Transzendenzbezogenheit von Joh 14,6 betonen Barrett 1978, 458, und Schnackenburg III/1976, 72ff.

95 So übersetzt R. Schnackenburg und kommentiert: Jesus spricht "im *Präsens,* das ihn in die Zeitüberlegenheit und ewige Gegenwart Gottes stellt. Das ist für die joh. Logos- und

Sohn-Christologie nichts Unerhörtes. Diesem Ewig-Seienden gegenüber ist Abraham ein Mensch, der einmal ins Dasein trat ('wurde' = geboren wurde)" (Schnackenburg II/1971, 300; HiO).

[96] Ebd.

[97] Rittelmeyer 1938, 22. – In Rittelmeyers abwertender Äußerung gegen das Judentum schwingt offensichtlich der nationalsozialistische Geist jener Zeit mit, der auch an anderen Stellen von Rittelmeyers Gesamtwerk zum Ausdruck kommt. So beschwört er am Ende seines 1936 veröffentlichten "Christus"-Buches den "germanisch-nordische[n] Geist" gegen die zerstörenden Einflüsse des "Bolschewismus" (Rittelmeyer 1936, 170f). Im gleichen Buch verkündet er das anthroposophisch verstandene Christentum als "Naturreligion", die auf die Anfrage des nationalsozialistischen "Herold[es] nordisch-germanischer Religiosität, Hermann Wirth.: Ihr Christen, laßt uns unser Sonnen-Erleben!" die "wahre Antwort" geben könne (ebd, 85f). Solche Konzessionen an die damaligen Machthaber konnten allerdings das Verbot der Christengemeinschaft im Jahre 1941 nicht verhindern (vgl. Hutten 1968, 396).

[98] In Wirklichkeit ist an dieser Stelle vom Angstschweiß Jesu die Rede, der "*wie* Blutstropfen" war. Es handelt sich also um einen Vergleich, der die Todesangst Jesu ausdrückt. Steiners Ansicht hingegen ("der Christus ... bebt nicht vor dem Kreuz"; 139,171) ist doketisch (s.u.).

[99] K. v. Stieglitz bemerkt hierzu: "Steiner zitiert die Texte nur in dem Maße, als sie seiner Interpretation dienlich sind. Die Wiedergabe von Mark. 16,6 bricht Steiner mitten im Vers ab und läßt 'er ist nicht hier' weg, da dieses Wort des Jünglings seine Identifikation mit dem Auferstandenen ausschlösse" (v. Stieglitz 1955, 207).

[100] Pesch II/1977, 494.

[101] Eine andere "Übersetzung" von Mk 15,34, die Bock erwähnt, lautet: "Wie hast du mich verherrlicht" (Ev, 401). – Diese "Übersetzung" geht jedoch völlig am Text vorbei, da sie übersieht, daß das "sabach" in Mk 15,34 die aramäische Wiedergabe des hebräischen "asab" aus Ps 22,2 ist (vgl. v. Stieglitz 1955, 285).

[102] "Wenn er (ein Israelit) schlafen will, befiehlt er seinen Geist in Gottes Hand" (StB II/1969, 269). Vgl. Schweizer 1982, 240f; Schürmann I/1969, 572f.

[103] Es kann sich in diesem Rahmen nur um eine Darstellung handeln, die sich auf das Wesentliche konzentriert und die auf die Erörterung von Detailfragen verzichtet. Wir weisen auf die ausführliche Beurteilung bei v. Stieglitz hin (v. Stieglitz 1955, 183ff), an dessen Gedanken wir dankbar anknüpfen und die wir im Blick auf unsere spezielle Fragestellung weiterführen.

[104] Auf die enge Verbindung zwischen Polytheismus, Pantheismus und Atheismus im indischen wie im Steinerschen Gottesbegriff hat H. W. Schomerus hingewiesen (Schomerus III/1933, 21ff; vgl. III.A.2.).

[105] Janowski 1982, 359 (HiO).

[106] Stuhlmacher 1981, 134.

[107] Wir verweisen hier auf die Position Luthers, der – an diesem Punkt Philo und Augustin folgend – den Unglauben und die Eigenliebe, welche zu solchen Entwicklungen führen, als Wurzel, Hauptquelle und Anfang aller Sünde bezeichnet (vgl. Althaus 1980, 131).

[108] Rittelmeyer 1959, 13.

[109] Ebd, 15 (HiO).

[110] Vgl. Goppelt 1978, 433.

[111] Vgl. Holtz 1986, 204: "Das Heilsziel, auf dem allein für Paulus Gewicht liegt, ist das Sein 'mit dem Herrn'."

[112] O. Zimmermann, "Anthroposophische Irrlehren", StZ 95 (1918), 341f (HddV).

[113] Im Detail gibt es freilich Unterschiede. Die Anthroposophie legt z.B. im Gegensatz zu den meisten gnostischen Systemen Wert auf die Fleischwerdung des Logos (vgl. II.B.1.; siehe aber unten). Ferner hat Steiner seine Lehre von den zwei Jesusknaben eigenständig entwickelt.

[114] Schnackenburg I/1972, 441.

[115] Ebd, 438f.

[116] Die Leugnung der Gottheit Christi erfolgt nicht verbal, aber faktisch, da der anthroposophische "Gott" nicht Gott im biblisch-theologischen Sinne ist (s.o.).

[117] Vgl. Wolff 1973, 21ff; Boman 1983, 75ff.

[118] Hemleben 1982, 31.

[119] v. Wistinghausen 1983, 86.

[120] v. Stieglitz 1955, 275f.

[121] Kreyenbühl I/1900, 158f.368.

[122] v. Wistinghausen 1983, 99 (HiO).

[123] Vgl. hierzu die Übersicht bei: Schnackenburg III/1976, 449ff.

[124] Cullmann 1975, 80f. Wir beziehen uns nachfolgend auf die von ihm zusammengetragenen Argumente und gehen kritisch auf sie ein. Weitere Autoren, die eine Verfasserschaft des Lazarus für möglich halten, sind z.B. Robert Eisler (1938), F. V. Filson (1949), J. N. Sanders (1954/55) und K. A. Eckhardt (1961).

[125] v. Wistinghausen 1983, 9.87ff.

[126] Vgl. Cullmann 1975, 80; v. Wistinghausen 1983, 32. – K. v. Wistinghausen nimmt die Agape-Formel und den Lazarus-Namen zum Anlaß, um – in Fortführung der Thesen von H. Beckh (1930), E. Bock (IV, 302ff), R. Eisler (1938, 373ff) und J. Hemleben (1982, 19ff) – sogar eine ganze Reihe von Identifikationen vorzunehmen, nämlich zwischen "Namenlos, reicher Jüngling, armer Lazarus, geliebter Jünger, schließlich Johannes" (v. Wistinghausen 1983, 57).

[127] Darauf weist Otto Betz hin und betont, daß "mathetés für den Lieblingsjünger eine feste Bezeichnung ist" (O. Betz, "Das Gnadenamt des Jüngers und Apostels", in: Kniffka 1989, 72).

[128] Vgl. Schnackenburg II/1971, 403f: "Die Verbundenheit Jesu mit Lazarus wird durch das Verbum philein ausgedrückt; der Hebräer hat kein adäquates Substantiv für 'Freund', wie der Evangelist dann Jesus von Lazarus sprechen läßt (V. 11)." Hingegen wird der "Jünger, den Jesus liebte" – außer in Joh 20,2 – immer mit "agapān" gekennzeichnet. Nach Bultmanns Ansicht allerdings wechseln diese Verben in Joh 11 "ohne Bedeutungsunterschied" (Bultmann 1985, 302).

[129] Vgl. Cullmann 1975, 80; v. Wistinghausen 1983, 32.

[130] Schnackenburg III/1976, 34, weist auf die Signifikanz der Abendmahlsszene hin und meint, daß sich "mit der Einführung und Vorstellung des Jüngers an dieser Stelle besondere Absichten verbinden müssen".

[131] Vgl. Barrett 1978, 446: "John nowhere says that none but the Twelve were present at the supper, but this is explicitly stated by Mark (14,17), whose account John probably knew and does not contradict. The disciple was therefore probably one of the Twelve."

[132] Vgl. hierzu Schnackenburg III/1976, 462.

[133] Vgl. Cullmann 1975, 80f; v. Wistinghausen 1983, 105.

[134] Vgl. Schnackenburg III/1976, 441ff; Barrett 1978, 586f.

[135] Cullmann 1975, 80f. – Es ist somit eine Verzeichnung der Position Cullmanns, wenn v. Wistinghausen behauptet: Cullmann "findet diese Gestalt [den Schöpfer des Joh; d. Verf.] nur in dem neu zum Leben erweckten Lazarus" (v. Wistinghausen 1983, 91). In

Wirklichkeit betont Cullmann nach seiner Darstellung sämtlicher Verfasserhypothesen: "Wir müssen uns also damit abfinden, daß wir *den Namen dieses Lieblingsjüngers Jesu nicht kennen*" (Cullmann 1975, 81f; HiO).

[136] v. Wistinghausen 1983, 99.

[137] Hemleben 1982, 30; vgl. 619,122f.

[138] Theodor Zahn übersetzt verdeutlichend so: "'Diese Krankheit hat nicht Tod zum Ziel, sondern gereicht zur Ehre oder Verherrlichung Gottes, (und zwar so), daß der Sohn Gottes durch sie verherrlicht werde'" (Zahn 1908, 469).

[139] Bauer 1971, Sp. 405; vgl. auch Barrett 1978, 390; Bultmann 1985, 303; Schnackenburg II/1971, 404.

[140] In diesem Fall müßte in Joh 11,4 "apokálypsis", "epipháneia" o.ä. stehen, was nicht der Fall ist. "Doxa" ist hingegen Äquavalent zum hebr. "kabōd", das den "Lichtglanz", die "Pracht", die "Ehre" und die "Herrlichkeit" Gottes bezeichnet, welche sich "in der Schöpfung oder in seinen Taten offenbart" (Gesenius 1962, 333; vgl. v. Rad/Kittel, Art. "dokéō ...", ThWNT II/1935, 235ff).

[141] Schnackenburg II/1971, 503. – Wenn Hemleben meint, der Gedanke an eine "Verherrlichung" Gottes durch die Krankheit des Lazarus widerspreche "dem Geiste des Johannes" (Hemleben 1982, 30), so zeigt dies nur, daß er den Skopus von Joh 11 aufgrund seiner anthroposophischen Vorurteile nicht erkennt.

[142] Vgl. die Bemerkung Schnackenburgs über das Weinen *Jesu:* "Auf dem traurigen Gang zum Grab des Freundes wird auch Jesus von der Dunkelheit des Todesgeschicks berührt" (Schnackenburg II/1971, 423). – Nach Bocks Ansicht haben die *Schwestern* des Lazarus nicht verstanden, was vor sich geht (daß also Lazarus nur eine "Einweihung" durchlebt) (VI, 250).

[143] Viele Juden trieb "der Gedanke an den Scheintod ... zum Besuch der in Felsengräbern Bestatteten während der ersten *drei* Tage". Wohl im Zusammenhang damit oder auch beeinflußt von Vorstellungen der heidnischen Umwelt, hatte der Rabbiner Bar Qappara (um 220 v.Chr.) gelehrt: "Die ganze Stärke der Trauer ist erst am dritten Tage. *Drei* Tage lang kehrt die Seele an das Grab zurück, sie meint, daß sie (in den Leib) zurückkehren werde. Wenn sie aber sieht, daß die Farbe (der Glanz) seines Angesichts sich verändert hat ... dann geht sie davon u[nd] verläßt ihn" (StB II/1969, 544f; HddV). Der vierte Tag galt somit auch in der jüdischen Umwelt Jesu als Zeitpunkt, an dem der Tod sicher eingetreten war.

[144] Zum Unterschied zwischen agápe, philía und éros siehe: Quell/Staufer, Art. "agapáō", ThWNT I/1933, 20ff.

[145] Übrigens wird hier deutlich, wie oberflächlich Steiner arbeitet. Er berücksichtigt in seiner Deutung des "Liebens" als Mysterienausdruck (s.o.) offensichtlich nur den deutschen Text und bemerkt gar nicht, daß im Griechischen zwei verschiedene Worte ("agapān" und "philein") stehen. Soll nun "philein" oder "agapān" der Mysterienausdruck sein? Und falls"agapān" der Mysterienausdruck ist – was sich durch die Identifizierung des Lazarus mit dem "Jünger, den Jesus liebte" (agapān!) nahelegen würde (vgl. 619,126) –, waren dann auch Martha und ihre Schwester Einzuweihende (auf sie bezieht sich das "agapān" in V. 5 ja ebenfalls)? Über solche grundsätzlichen philologischen Fragen setzt sich Steiner großzügig hinweg.

[146] Vgl. Schnackenburg II/1971, 414ff. – Wenn Steiner schreibt, es sei eine "Trivialität, zu meinen, Jesus habe behaupten wollen, der Glaube an ihn [sc. Jesus] mache einen Toten im gewöhnlichen Wortsinne wieder lebendig" (619,123), so zeigt dies nur, daß er die eigentliche Intention des Textes und seiner Christologie nicht verstanden hat.

[147] Schnackenburg II/1971, 427.

[148] "Zeichenhaft" nennen wir die Auferweckung des Lazarus allein deshalb, weil sie – im Gegensatz zu Jesu Auferweckung und zur Auferweckung am Jüngsten Tag – in erneuten leiblichen Tod und noch nicht ins ewige Leben mündet (vgl. Schnackenburg II/1971, 396).

[149] Vgl. Bultmann 1985, 313ff; Schnackenburg II/1971, 447.

[150] Schnackenburg III/1976, 321f. – Auch Th. Zahn meint: "Nichts dagegen ist natürlicher, als daß eine Reihe von Personen paarweise aufgezählt und die Paare unverbunden nebeneinander gestellt werden." Dafür, daß die Schwester der Mutter Jesu nicht mit Maria, der Frau des Kleophas, identisch ist, nennt er eine Reihe bedenkenswerter Argumente. Erstens sei es "stilistisch sehr unwahrscheinlich", daß der Verwandtschaftsgrad bei Maria, der Frau des Kleophas, *vor* dem Namen stünde. Zweitens sei es nur schwer verständlich, "daß diese sonst im 4. Ev[angelium] nicht genannte und, nach allen ev[angelischen] Urkunden zu urteilen, durch nichts hervorragenden [sic] Frau so umständlich nach ihren verschiedenen verwandtschaftlichen Verhältnissen charakterisirt [sic] wird". Drittens müßte man, "wenn die Schwester der Mutter Jesu das Weib des Klopas wäre, was nicht einmal deutlich ausgedrückt wäre, annehmen, daß die zwei Brüder, Joseph und Klopas zwei Schwestern des gleichen Namens Maria geheiratet haben, ein seltsamer Fall, welcher die weitere Annahme nötig machen würde, daß die Eltern der beiden Marien als Witwer und Witwe sich geheiratet und aus ihren früheren Ehen je eine Tochter dieses Namens in ihre gemeinsame Ehe mitgebracht hätten" (Zahn 1908, 645f). Mit seinem dritten Argument dreht Zahn die Steinersche Argumentation gewissermaßen um.

[151] Zahn nennt – unter der Voraussetzung, daß Johannes, der Sohn des Zebedäus, der Verfasser des Joh ist – folgende Erklärungsmöglichkeit: "Jo[hannes] nennt Salome ebensowenig wie seinen Vater Zebedäus und seinen Bruder J[a]k[obus] mit Namen, weil er ihr Sohn ist; und er nennt die Mutter Jesu weder hier noch sonst mit ihrem Namen, weil sie nicht nur seine Tante, sondern sozusagen seine Adoptivmutter ist" (ebd, 647). Zahn vermutet also den Stil der Bescheidenheit hinter der Zurückhaltung bei der Nennung von Namen im Joh.

[152] Vgl. Bruce I/1968, 73ff; Lohse 1983, 53ff; Hengel 1991, 51f.

[153] Philipp Bachmann 1922, 401, bemerkt zu 2. Kor 12: "Die Lage enthielt also für ihn [sc. Paulus] eine beständige Demütigung, eine Bewahrung vor jeder hoffärtigen Ausdeutung seiner Berufung in den Dienst Christi und seiner Ausrüstung dazu, ja eine beständige Überführung davon, daß das, was seinem Wirken seine Größe verleiht, nicht seine eigene und natürliche Kraft sei."

[154] Vgl. Dietzfelbinger 1985,48; zu "ektrōma" s. Bauer 1971, Sp. 489f; Strack/Billerbeck III/1969, 471.

[155] Vgl. Kim 1981.

[156] Dietzfelbinger 1985, 50.

[157] Vgl. Betz 1988, 143f.

[158] Vgl. Bornkamm 1983, 151ff; Goppelt 1978, 454ff.

[159] Vgl. Lohse 1983, 57.

[160] Hengel 1991, 86.

[161] Vgl. Cullmann 1967, 269f.

[162] Vgl. Joest 1981, 166.

[163] Ein unter dem Pseudonym Andreas Binder für die Anthroposophie plädierender evangelischer Theologe bestätigt in seinem beim anthroposophischen Verlag Urachhaus erschienenen Buch "Wie christlich ist die Anthroposophie?" im Grunde dieses Ergebnis, indem er schreibt: "Wenn man Schrift und Offenbarung gleichsetzt, kann als christliche Wahrheit nur anerkannt werden, was in der Heiligen Schrift ausdrücklich als solche bezeugt wird. Gemessen an diesem Maßstab erweist sich die Lehre der

Anthroposophie eindeutig als 'nicht schriftgemäß'. Rudolf Steiner hat zwar eine esoterische Auslegung der Bibel, insbesondere der Evangelien praktiziert und zahlreiche anthroposophische Aussagen als hintergründigen Sinn in den biblischen Texten gefunden; aber er war sich sehr wohl bewußt, daß die weitgespannten Inhalte seiner Geisteswissenschaft auch durch den esoterischen Sinn der Schrift nicht abgedeckt werden" (Binder 1989, 174f; vgl. kritisch zu Binder: Bannach 1990).

LITERATURVERZEICHNIS

A. Aufschlüsselung der Abkürzungen

1. Neben den geläufigen *sprachlichen und theologischen Abkürzungen* (ebd = ebenda; s. = siehe; vgl. = vergleiche; u.ö. = und öfter; AT = Altes Testament; NT = Neues Testament usw.) finden sich als weniger gebräuchliche Kurzformen:
- HiO = Hervorhebung im Original
- HddV = Hervorhebung durch den Verfasser
- ChrGem = "Die Christengemeinschaft" (Zeitschrift)

2. Die Werke der *Rudolf Steiner Gesamt- und Taschenbuchausgabe* sowie ein Teil der Werke *Emil Bocks* werden im *fortlaufenden Text* zitiert. In Klammern wird zuerst die Bandnummer oder -kennzeichnung, dann die Seitenzahl genannt. Zu Steiner: s. Teil D; zu Bock: s. Teil E. Beispiele:
- 636,272 = Steiner R., Mein Lebensgang (1923–25), Dornach 1983, Rudolf Steiner Taschenbücher aus dem Gesamtwerk (Taschenbuchausgabe), Band Nr. *636,* Seite *272*
- 148,18 = Steiner R., Aus der Akasha-Forschung. Das Fünfte Evangelium (18 Vorträge, versch. Städte 1913/14), Dornach [4]1985, Rudolf Steiner Gesamtausgabe, Band Nr. *148,* Seite *18*
- II,27 = Bock E., Beiträge zur Geistesgeschichte der Menschheit, Band *II:* Moses und sein Zeitalter, Stuttgart [7]1983, Seite *27*
- Ev,680 = Bock E., Das Evangelium *(Ev).* Betrachtungen zum Neuen Testament, Stuttgart 1984, Seite *680*

3. Die Abkürzungen der *theologischen Fachliteratur* ergeben sich gemäß:
- Theologische Realenzyklopädie. Abkürzungsverzeichnis, zusammengestellt v. S. Schwertner, Berlin/New York 1976

B. Quellen, Hilfsmittel und Nachschlagewerke

Andresen C. (Hg.), Die Gnosis. Erster Band: Zeugnisse der Kirchenväter. Unter Mitwirkung v. E. Haenchen u. M. Krause eingeführt, übersetzt u. erläutert v. W.Foerster, Zürich/München [2]1979

Augustinus, Vier Bücher über die christliche Lehre (De doctrina christiana). Eingeleitet u. übersetzt v. S.Mitterer, in: Des Heiligen Kirchenvaters Augustinus ausgewählte praktische Schriften homiletischen und katechetischen Inhalts, BKV 49, München 1925 (De doctr. chr.)

– Geist und Buchstabe (De spiritu et littera liber unus). Übertragen v. A. Forster, in: Aurelius Augustinus' Werke in deutscher Sprache, hg. v. C.J. Perl, Paderborn 1968 (De spir. et lit.)

Bauer W., Griechisch-deutsches Wörterbuch zu den Schriften des Neuen Testaments und der übrigen urchristlichen Literatur, Berlin/New York [5]1971
Baumgartner W., Hebräisches und aramäisches Lexikon zum Alten Testament, Leiden 1967ff
Die Bekenntnisschriften der evangelisch-lutherischen Kirche. Herausgegeben im Gedenkjahr der Augsburgischen Konfession 1930, Nachdruck Göttingen [8]1979 (BSLK)
Biblia Hebraica Stuttgartensia: Editio funditus renovata, hg. v. K. Elliger u. W. Rudolph, Stuttgart 1967/77
Blass F./Debrunner A. (Bearb. F. Rehkopf), Grammatik des neutestamentlichen Griechisch, Göttingen [16]1984
Clemens Alexandrinus. Zweiter Band: Stromata Buch I–VI, hg. v. O. Stählin, GCS 52, Berlin [4]1985 (Strom.)
– Dritter Band: Stromata VII–VIII, hg. v. O. Stählin, GCS 17, Leipzig 1909
Des heiligen Dionysius Areopagita angebliche Schriften, übersetzt v. J.G. v. Engelhardt, Sulzbach 1823
Eusebius von Caesarea, Kirchengeschichte, hg. u. eingeleitet v. H. Kraft, München [2]1981
Fiore J. v., Concordia Novi ac Veteris Testamenti, Venedig 1519, unveränderter Nachdruck Frankfurt/M. 1964
Gemoll W., Griechisch-deutsches Schul- und Handwörterbuch. Durchgesehen u. erweitert v. K. Vretska. Mit einer Einführung in die Sprachgeschichte v. H. Kronasser, München/Wien [9]1965
Gesenius W., Hebräisches und aramäisches Handwörterbuch über das Alte Testament. In Verbindung mit H. Zimmern ... bearbeitet v. F. Buhl, Neudruck Berlin 1962 (= [17]1915)
Die Gnosis: s. Andresen
Handbuch Religiöse Gemeinschaften. Freikirchen. Sondergemeinschaften. Sekten. Weltanschauungen. Missionierende Religionen des Ostens. Neureligionen. Für den VELKD-Arbeitskreis Religiöse Gemeinschaften im Auftrage des Lutherischen Kirchenamtes hg. v. H. Reller u. M. Kießig, Gütersloh [3]1985
Hennecke E./Schneemelcher W., Neutestamentliche Apokryphen in deutscher Übersetzung, I. Band: Evangelien, Tübingen [5]1987
– II: Apostolisches, Apokalypsen und Verwandtes, Tübingen [4]1971
Hirsch E., Hilfsbuch zum Studium der Dogmatik. Die Dogmatik der Reformatoren und der altevangelischen Lehrer quellenmäßig belegt und verdeutscht, Berlin [4]1964
Irenaeus, Adversus haereses, hg. v. W.W. Harvey, 2 Bde., Cambridge 1857 (adv. haer.)
Kautzsch E., Die Apokryphen und Pseudepigraphen des Alten Testaments, 2 Bde., Darmstadt 1962
Kirchen- und Theologiegeschichte in Quellen. Ein Arbeitsbuch, hg. v. H.A. Oberman, A.M. Ritter und H.W. Krumwiede (KThQ), I: Alte Kirche. Ausgewählt, übersetzt u. kommentiert v. A.M. Ritter, Neukirchen-Vluyn 1977
– II: Mittelalter. Ausgewählt u. kommentiert v. R. Mokrosch u. H. Walz, Neukirchen-Vluyn 1980
– III: Die Kirche im Zeitalter der Reformation. Ausgewählt u. kommentiert v. H.A. Oberman, Neukirchen-Vluyn 1981
Konkordanz zum hebräischen Alten Testament. Ausgearbeitet u. geschrieben v. G. Lisowsky, Stuttgart [2]1966
D. Martin Luthers Werke. Kritische Gesamtausgabe, Weimar 1883ff (WA)
Lutherbibel erklärt. Die Heilige Schrift in der Übersetzung Martin Luthers mit Erläuterungen für die bibellesende Gemeinde, Stuttgart 1974
Meister Eckehart, Schriften, hg. v. H. Büttner, Jena 1934
Miers H.E., Lexikon des Geheimwissens, o.O. [6]1986

Nestle-Aland: s.Novum Testamentum Graece

Neuner J./Roos H., Der Glaube der Kirche in den Urkunden der Lehrverkündigung, neubearbeitet v. K. Rahner u. K.-H. Weger, Regensburg [10]1979

Novum Testamentum Graece, post Eberh. Nestle et Erw. Nestle communiter ediderunt K. Aland et al., Stuttgart [26]1979 (Nestle-Aland)

Origenes, Vier Bücher von den Prinzipien (De principiis libri IV), hg., übersetzt u. mit erläuternden Anmerkungen versehen v. H. Görgemanns u. H. Karpp, Texte zur Forschung 24, Darmstadt 1976 (De princ.)

Origène, Philocalie 1-20. Sur les Ecritures et La lettre à Africanus sur l'histoire de Suzanne. Introduction, texte, traduction et notes par Nicholas de Lange, SC 302, Paris 1983

Paulys Real-Encyclopädie der classischen Altertumswissenschaft. Neue Bearbeitung. Unter Mitwirkung zahlreicher Fachgenossen hg. v. G. Wissowa. Vierter Halbband, Stuttgart 1896 (PRE)

A Patristic Greek Lexicon, ed. by G.W.H. Lampe, Oxford 1961

Platon, Phaidon oder von der Unsterblichkeit der Seele, Stuttgart 1984

– Politikos, Philebos, Timaios, Kritias. Nach der Übersetzung von F. Schleiermacher u. H. Müller mit der Stephanus-Numerierung hg. v. W.F. Otto, E. Grassi u. G. Plamböck, RK Griechische Philosophie 6, Hamburg 1989

Quenstedt J., Theologia didactico-polemica, sive systema theologicum I–IV, Wittebergae 1696

Reallexikon für Antike und Christentum. Sachwörterbuch zur Auseinandersetzung des Christentums mit der antiken Welt, begr. v. F.J. Dölger u.a., hg. v. Th. Klausner, Bd. V, Stuttgart 1962 (RAC)

Die Religion in Geschichte und Gegenwart. Handwörterbuch für Theologie und Religionswissenschaft. In Gemeinschaft mit H. Frhr. v. Campenhausen ... hg. v. K. Galling, 6 Bde. u. 1 Reg.–Bd., Tübingen [3]1957ff (RGG)

Schmoller A., Handkonkordanz zum griechischen Neuen Testament, Stuttgart 1982 (= [7]1938)

Schumacher H., Die Namen der Bibel und ihre Bedeutung im Deutschen, Heilbronn [7]1981

Septuaginta. Id est Vetus Testamentum graeca iuxta LXX interpretes, ed. A. Rahlfs, Stuttgart 1935

Liber Sohar. Sive Collectanea De dictis et gestis R.Schimeon Filii Jochai ... aliorumque, Secundum ordinem Sectionum Pentateuchi in Commentarii mystici et Cabbalistici formam digesta. [Hebraice. Curavit K. v. Rosenroth], Sultzbaci 1684

Der Sohar. Das heilige Buch der Kabbala. Nach dem Urtext ausgewählt, übertragen u. hg. v. E. Müller, München [5]1991

Sprachlicher Schlüssel zum Griechischen Neuen Testament. Nach der Ausgabe v. E. Nestle, bearbeitet v. F. Rienecker, Gießen/Basel [15]1977

Synopsis Quattuor Evangeliorum. Locis parallelis evangeliorum apocryphorum et patris adhibitis ed. K. Aland, Stuttgart [10]1978

Tatians Diatessaron aus dem Arabischen übersetzt v. E. Preuschen. Mit einer einleitenden Abhandlung u. textkritischen Anmerkungen, hg. v. A. Pott unter Beihilfe der Heidelberger Akademie der Wissenschaften, Heidelberg 1926

Theologische Realenzyklopädie, hg. v. G. Krause u. G. Müller, Berlin/New York 1977ff(TRE)

Theologisches Begriffslexikon zum Neuen Testament, hg. v. L. Coenen, E. Beyreuther u. H. Bietenhardt, 2 Bde., Wuppertal [4]1977 (TBLNT)

Theologisches Handwörterbuch zum Alten Testament, hg. v. E. Jenni u. C. Westermann, 2 Bde., Zürich/München 1976 (THAT)

Theologisches Wörterbuch zum Alten Testament, hg. v. G.J. Botterweck u. H. Ringgren, Stuttgart 1973ff (ThWAT)

Theologisches Wörterbuch zum Neuen Testament, begründet v. G. Kittel, hg. v. G. Friedrich, 9 Bde., Registerband u. 1 Bd. Literaturnachträge, Stuttgart 1933–79 (ThWNT)

S. Thomae Aquinatis quaestiones quodlibetales. Cum introductione Mandonnet[i], Paris 1926 (Quodl.)

Thomas von Aquin, Summa theologiae, hg. v. d. Albertus-Magnus-Akademie, Heidelberg / Graz 1933ff (STh)

Thompson-Studienbibel, Neuhausen-Stuttgart 1986

Zürcher Evangelien-Synopse, hg. v. C.-H. Peisker, Wuppertal [15]1976

C. Kommentare

Bachmann Ph., Der zweite Brief des Paulus an die Korinther, KNT VIII, Leipzig/Erlangen [4]1922

Barrett C.K., The Gospel According to St. John. An Introduction with Commentary and Notes on the Greek Text, London [2]1978

Betz H.D., Der Galaterbrief. Ein Kommentar zum Brief des Apostels Paulus an die Gemeinden in Galatien, München 1988

Bultmann R., Das Evangelium des Johannes, Göttingen [20]1985

Delitzsch F. Psalms, in: Keil C.F./Delitzsch F., Commentary on the Old Testament in Ten Volumes, Vol. V, Grand Rapids/Mich. 1980

Gnilka J., Der Kolosserbrief, HThK X/1, Freiburg/Basel/Wien 1980

– Das Matthäusevangelium. I. Teil (Komm. zu Kap. 1,1–13,58), HThK I/1, Freiburg/Basel/Wien 1986

Grundmann W., Das Evangelium nach Lukas, ThHK III, Berlin [6]1971

– Das Evangelium nach Markus, ThHK II, Berlin [7]1977

– Das Evangelium nach Matthäus, ThHK I, Berlin [6]1986

Hendriksen W., Exposition of the Gospel According to Matthew, NTC IX, Grand Rapids [6]1982

Hertzberg H.W., Die Samuelbücher, ATD X, Göttingen [3]1965

Holtz T., Der erste Brief an die Thessalonicher, EKK XIII, Zürich/Einsiedeln/Köln/Neukirchen-Vluyn 1986

Keil C.F., Genesis und Exodus, BC I, Gießen/Basel 1983 (= [3]1878)

– I & II Kings. I & II Chronicles. Ezra. Nehemiah. Esther, in: Keil C. F./Delitzsch F., Commentary on the Old Testament in Ten Volumes, Vol. III, Grand Rapids 1980

Keil C.F./Delitzsch F., Biblical Commentary on the Books of Samuel, in: Keil C.F./Delitzsch F., Commentary on the Old Testament in Ten Volumes, Vol. II, Grand Rapids 1980

Kraft H., Die Offenbarung des Johannes, HNT XVIa, Tübingen 1974

Kraus H.-J., Psalmen, 2 Bde., BK XV/1.2, Neukirchen-Vluyn [3]1966

Lane W. L, The Gospel According to Mark, NIC II, Grand Rapids/Mich. [2]1982

Lohmeyer E., Das Evangelium des Matthäus, KEK I, Göttingen [2]1958

– Die Offenbarung des Johannes, HNT XVI, Tübingen [3]1970

Lohse E., Die Offenbarung des Johannes, NTD XI, Göttingen [10]1971

Luz U., Das Evangelium nach Matthäus. 1. Teilband (Mt 1–7), EKK I/1, Zürich/Einsiedeln/Köln/Neukirchen-Vluyn 1985

Michel O., Der Brief an die Hebräer, KEK XIII, Göttingen [12]1966

Mounce R.H., The Book of Revelation, NIC XVII, Grand Rapids 1977

Mußner F., Der Galaterbrief, HThK IX, Freiburg/Basel/Wien [3]1977

Noth M., Das zweite Buch Mose. Exodus, ATD V, Göttingen 1968

Pesch R., Das Markusevangelium. I. Teil. Einleitung u. Komm. zu Kap. 1,1–8,26, HThK II/1, Freiburg/Basel/Wien 1976

– Das Markusevangelium. II. Teil. Komm. zu Kap. 8,27–16,20, HThK II/2, Freiburg/Basel/Wien 1977
– Die Apostelgeschichte. 1.Teilband (Apg 1–12), EKK V/1, Zürich/Einsiedeln/Köln/Neukirchen-Vluyn 1986
Schlatter A., Der Evangelist Matthäus. Seine Sprache, sein Stil, seine Selbständigkeit. Ein Kommentar zum ersten Evangelium, Stuttgart 1929
– Der Evangelist Johannes. Was er spricht, denkt und glaubt, Stuttgart 1930
– Das Evangelium des Lukas. Aus seinen Quellen erklärt, Stuttgart ²1960
Schnackenburg R., Das Johannesevangelium, I: Einleitung und Kommentar zu Kap. 1-4, HThK IV/1, Freiburg/Basel/Wien ³1972
– II: Kommentar zu Kap. 5–12, HThK IV/2, Freiburg/Basel/Wien 1971
– III: Kommentar zu Kap. 13–21, HThK IV/3, Freiburg/Basel/Wien ²1976
– IV: Ergänzende Auslegungen und Exkurse, HThK IV/4, Freiburg/Basel/Wien 1984
Schneider G.,Die Apostelgeschichte. I. Teil. Einleitung. Komm. zu Kap. 1,1–8,40, HThK V/1, Freiburg/Basel/Wien 1980
Schürmann H., Das Lukasevangelium. Erster Teil. Komm. zu Kap. 1,1–9,50, HThK III/1, Freiburg/Basel/Wien 1969
Schweizer E., Das Evangelium nach Lukas, NTD III, Göttingen ¹⁸1982
– Der Brief an die Kolosser, EKK XII, Zürich/Einsiedeln/Köln/Neukirchen-Vluyn 1976
Strack H.L./Billerbeck P., Kommentar zum Neuen Testament aus Talmud und Midrasch (StB), - I: Das Evangelium nach Matthäus, München ²1956
– II: Das Evangelium nach Markus, Lukas und Johannes und die Apostelgeschichte, München ²1956
– III: Die Briefe des Neuen Testaments und die Offenbarung Johannis, München ²1954
– IV/1.2.: Exkurse zu einzelnen Stellen des Neuen Testaments. Abhandlungen zur neutestamentlichen Theologie und Archäologie, München ²1956
Westermann C., Genesis. 1. Teilband: Genesis 1–11, BK I/1, Neukirchen-Vluyn ²1976
Zahn Th., Das Evangelium des Johannes, KNT IV, Leipzig ¹⁺²1908
– Das Evangelium des Lucas, KNT III, Leipzig/Erlangen ³⁺⁴1920
– Das Evangelium des Matthäus, KNT I, Leipzig ³1910
– Die Offenbarung des Johannes. Zweite Hälfte Kap. 6–22, Leipzig/Erlangen ¹⁻³1926

D. Veröffentlichungen Rudolf Steiners

Genannt ist hier nur die für unser Thema unmittelbar relevante und benutzte Literatur. Einen Gesamtüberblick über alle Werke Steiners vermitteln die unter 1. aufgeführten Übersichtsbände. Erscheinungsort ist stets Dornach.

1. Übersichtsbände zur Rudolf Steiner Gesamtausgabe

Band I: Bibliographische Übersicht. Das literarische und künstlerische Werk von Rudolf Steiner 1984
Band II: Sachwort- und Namensregister der Inhaltsangaben ... Erstellt v. E. Mötteli 1980
Band III: Inhaltsangaben. Zusammenstellung aller Inhaltsangaben aus 291 Bänden der Rudolf Steiner Gesamtausgabe, 1982
Schmidt Hans, Das Vortragswerk Rudolf Steiners. Verzeichnis der von Rudolf Steiner gehaltenen Vorträge, Ansprachen, Kurse und Zyklen, hg. v. der Freien Hochschule für Geisteswissenschaften am Goetheanum, ²1978

2. Rudolf Steiner Gesamtausgabe

15 Die geistige Führung des Menschen und der Menschheit (1911) ²1925
26 Anthroposophische Leitsätze. Der Erkenntnisweg der Anthroposophie. Das Michael-Mysterium (1924/25) ⁷1976
38 Briefe I (1881–1891), hg. v. E. Froböse u. W. Teichert, 1948
94 Kosmogonie. Populärer Okkultismus. Das Johannes-Evangelium. Die Theosophie an Hand des Johannes-Evangeliums (Zusammenfassungen u. Notizen v. Vorträgen u. Vortragsreihen, versch. Städte 1906) 1979
100 Menschheitsentwicklung und Christus-Erkenntnis. Theosophie und Rosenkreuzertum. Das Johannes-Evangelium (22 Vorträge, Kassel u. Basel 1907) 1967
103 Das Johannes-Evangelium (12 Vorträge, Hamburg 1908) ⁷1955
104 Die Apokalypse des Johannes (13 Vorträge, darunter 1 einleitender öffentlicher Vortrag, Nürnberg 1908) ⁴1954
112 Das Johannes-Evangelium im Verhältnis zu den drei anderen Evangelien, besonders zu dem Lukas-Evangelium (14 Vorträge, Kassel 1909) ⁶1984
114 Das Lukas-Evangelium (10 Vorträge, Basel 1909) 1931
117 Die tieferen Geheimnisse des Menschheitswerdens im Lichte der Evangelien (12 Vorträge, versch. Städte 1909) 1966
118 Das Ereignis der Christus-Erscheinung in der ätherischen Welt (16 Vorträge, versch. Städte 1910) 1965
122 Die Geheimnisse der biblischen Schöpfungsgeschichte. Das Sechstagewerk im I. Buch Mose (10 Vorträge, München 1910) 1932
123 Das Matthäus-Evangelium (12 Vorträge, Bern 1910) 1930
124 Exkurse in das Gebiet des Markus–Evangeliums (13 Vorträge und 1 Fragenbeantwortung, Berlin, München, Hannover, Koblenz 1910/11) ³1963
131 Von Jesus zu Christus (11 Vorträge, darunter 1 einleitender öffentlicher Vortrag, Karlsruhe 1911)³1958
139 Das Markus-Evangelium (10 Vorträge, Basel 1912) ⁴1960
148 Aus der Akasha-Forschung. Das Fünfte Evangelium (18 Vorträge, versch. Städte 1913/14) ⁴1985
152 Vorstufen zum Mysterium von Golgatha (10 Vorträge, versch. Städte 1913/14) 1964
214 Das Geheimnis der Trinität. Der Mensch und sein Verhältnis zur Geistwelt im Wandel der Zeiten (11 Vorträge, Dornach, Oxford u. London 1922) 1970
260 Die Weihnachtstagung zur Begründung der Allgemeinen Anthroposophischen Gesellschaft 1923/24 (Grundsteinlegung, Vorträge u. Ansprachen, Statutenberatung, Dornach 1923/24) ³1963
349 Vier Vorträge über das Wesen des Christentums, gehalten vor den Arbeitern am Bau des Goetheanum (1923) 1945

3. Rudolf Steiner Taschenbuchausgabe

Gezählt werden nur die Auflagen der Taschenbuchausgabe (ohne Gesamtausgabe).

600 Wie erlangt man Erkenntnisse der höheren Welten? (1904/05) ⁷1984
601 Die Geheimwissenschaft im Umriß (1910) ⁴1981
605 Die Philosophie des Thomas von Aquino (Drei Vorträge, Dornach 1920) 1972
613 Die Mission einzelner Volksseelen im Zusammenhang mit der germanisch-nordischen Mythologie (Elf Vorträge, Kristiania [Oslo] 1910) 1974
615 Theosophie. Einführung in übersinnliche Welterkenntnis und Menschenbestimmung (1904) ⁶1983

616 Aus der Akasha-Chronik (1904–08) ³1982
619 Das Christentum als mystische Tatsache und die Mysterien des Altertums (1902) ³1982
621 Friedrich Nietzsche, ein Kämpfer gegen seine Zeit (1895) ²1983
625 Goethes Weltanschauung (1897) ²1985
626 Die Bhagavad Gita und die Paulusbriefe (Fünf Vorträge, Köln 1912/13) 1979
627 Die Philosophie der Freiheit. Grundzüge einer modernen Weltanschauung. Seelische Beobachtungsresultate nach naturwissenschaftlicher Methode (1894) ³1981
636 Mein Lebensgang (1923–25) 1983

4. Einzelschrift

Erbsünde und Gnade (1 Vortrag, München 1911) 1952 (= GA 127,153–169)

E. Weitere anthroposophische und esoterische Literatur

Hier wird nicht nur Literatur von Anthroposophen, sondern auch von Sympathisanten der Anthroposophie (z.B. G. Wehr) sowie von Vertretern anderer esoterischer Richtungen (z.B. Theosophie) genannt.

Arenson A., Ergebnisse aus dem Studium der Geisteswissenschaft Rudolf Steiners, Heft I–IV, Freiburg/Br. 1980
Bauer M. Mystik und Okkultismus, Berlin 1913
Baumann A., ABC der Anthroposophie. Ein Wörterbuch für jedermann, Bern 1986
Bay T., "Wär nicht das Auge sonnenhaft ...' Ansprache", ChrGem 5 (1986), 136–139
Beckh H., Der kosmische Christus im Johannes-Evangelium, Basel 1930
Binder A., Wie christlich ist die Anthroposophie? Standortbestimmung aus der Sicht eines evangelischen Theologen, Stuttgart 1989
Blattmann G., "Ein guter Kamerad", ChrGem 6 (1986), 207–209
Blavatsky H.P., Isis Unveiled. A Master-Key to the Mysteries of Ancient and Modern Science and Theology, Vol. I: Science, Pasadena 1960
– Die Geheimlehre. Die Vereinigung von Wissenschaft, Religion und Philosophie. Aus dem Englischen der 3. Aufl. übersetzt v. R. Froebe, 4 Bde., Ulm 1958
Bock E., Beiträge zur Geistesgeschichte der Menschheit, I: Urgeschichte, Stuttgart ⁷1978
– II: Moses und sein Zeitalter, Stuttgart ⁷1983
– III: Könige und Propheten, Stuttgart ⁵1977
– IV: Cäsaren und Apostel, Stuttgart ⁶1983
– V: Kindheit und Jugend Jesu, Stuttgart ⁵1982
– VI: Die drei Jahre, Stuttgart ⁶1981
– VII: Paulus, Stuttgart ⁴1981
Bock E., Das Evangelium. Betrachtungen zum Neuen Testament, Stuttgart 1984 (Ev)
– "Jahre der Entscheidung", in: Friedrich Rittelmeyer zum Gedächtnis (1938), 19–21
– Die neue Reformation. Vier Vorträge, Stuttgart 1953
– Zeitgenossen – Weggenossen – Wegbereiter, Stuttgart 1959
– "Erinnerungen", ChrGem 12(1959) – 8 (1961)
– Was will die Christengemeinschaft? Zwei öffentliche Vorträge, Stuttgart 1960
– Rudolf Steiner. Studien zu seinem Lebensgang und Lebenswerk, Stuttgart 1967
– Wiederholte Erdenleben. Die Wiederverkörperungsidee in der deutschen Geistesgeschichte, Stuttgart ⁶1975
– Das Neue Testament in der Übersetzung von Emil Bock, Stuttgart ²1982
Bock E. [u.a.], Martin Luther. Hinweise auf die unvollendete Reformation, Stuttgart 1983
Büttner A., "'Das Zukünftige suchen wir'. Zur Methode im theologischen Werk Rudolf Frielings", ChrGem 5 (1986), 145–148

Edwards O., Chronologie des Lebens Jesu und das Zeitgeheimnis der drei Jahre. Neue Gesichtspunkte zur Datierung seiner Geburt, Stuttgart 1979
Frieling H., Brief an den Verfasser v. 11.1.1989
Frieling R., Aus der Welt der Psalmen, Stuttgart 1948
– "Neues Bibelverständnis. Zur Würdigung des Beitrages von Emil Bock", ChrGem 5 (1960), 132–135
– Christentum und Wiederverkörperung, Stuttgart 1974
– Christentum und Islam. Der Geisteskampf um das Menschenbild, Stuttgart 1977
– Vom Wesen des Christentums, Stuttgart ³1979
Frieling R., Gesammelte Schriften zum Alten und Neuen Testament, I: Studien zum Alten Testament, Stuttgart 1983
– II: Psalmen, Stuttgart 1982
– III: Christologische Aufsätze, Stuttgart 1982
– IV: Die Verklärung auf dem Berge. Die Heilige Zahl im Johannesevangelium. Bibliographie, Stuttgart 1984
Frieling R./Schühle E., Christentum und Gnosis. Zwei Vorträge, Stuttgart 1962
Geyer Chr., Heiteres und Ernstes aus meinem Leben, München 1929
Geyer Chr./Rittelmeyer F., Gott und die Seele. Ein Jahrgang Predigten, Ulm 1906
– Leben aus Gott. Ein Jahrgang Predigten, Ulm 1910
Hartmann O.J., Anthroposophie. Einführung in das Verständnis des Menschen-Wesens als Grundlage für die Erweiterung und Vertiefung unseres sozialen, pädagogischen und medizinischen Handelns, Freiburg/Br. 1950
Hemleben J., Johannes der Evangelist in Selbstzeugnissen und Bilddokumenten, Reinbek b. Hamburg 1982
– Rudolf Steiner in Selbstzeugnissen und Bilddokumenten, Reinbek b. Hamburg 1983
Kačer-Bock G., Brief an den Verfasser v. 21.1.1989
Kelber W., "Konturen eines Wesensbildes", ChrGem 2 (1960), 49–51
Kurras E., "Vom Werden und Wesen Emil Bocks", ChrGem 5 (1960), 138–141
Laars R.H., Eliphas Lévi – der große Kabbalist und seine magischen Werke, Wiesbaden o.J.
Lauenstein D., Der Messias. Eine biblische Untersuchung, Frankfurt/M. 1984
Lenz J., "Zum Tod von Rudolf Frieling" ChrGem 3 (1986), 87–89
Lévi Eliphas, Le livre des splendeurs. Etudes sur les origines de la Kabbale, o.O., o.J.
Meyer R., Die Wiedergewinnung des Johannesevangeliums, Stuttgart 1962
– Die Überwinder. Apokalyptische Motive, Stuttgart 1969
– Zum Raum wird hier die Zeit. Die Gralsgeschichte, Frankfurt/M. 1983
Müller Ernst, "Mein Weg durch Judentum und Christentum", Judaica 1952, 223–243
– Histoire de la Mystique Juive, Paris 1950
Müller Johannes, Jesus, wie ich ihn sehe, Elmau ²o.J. [um 1925]
– Ja zur Wirklichkeit. Zusammengestellt u. hg. v. Bernhard Müller, Weilheim/Obb. 1963
Palmer O., Rudolf Steiner und das Evangelium, Stuttgart 1977
Rau Chr., Struktur und Rhythmus im Johannes-Evangelium. Eine Untersuchung über die Komposition des vierten Evangeliums, Stuttgart 1972
– Das Matthäus-Evangelium. Entstehung. Gestalt. Essenischer Einfluß, Stuttgart 1976
– "Rudolf Frielings theologisches Schaffen", ChrGem 5 (1986), 142–144
Rittelmeyer F., Friedrich Nietzsche und das Erkenntnisproblem. Ein monographischer Versuch, Leipzig 1903
– Friedrich Nietzsche und die Religion. Vier Vorträge, Ulm 1904
– Tolstojs religiöse Botschaft. Dargestellt und beurteilt in vier Vorträgen, Ulm 1905

– Buddha oder Christus? (Sammlung gemeinverständlicher Vorträge und Schriften aus dem Gebiete der Theologie und Religionsgeschichte 57), Tübingen 1909
– Art. "Christologie III. Dogmatisch", RGG[1] I/1909, Sp.1772–1781
– Was will Johannes Müller? Ein Wort zu seiner Würdigung, München 1910
– Jesus. Ein Bild in vier Vorträgen, Ulm 1912
- Johannes Müller und Rudolf Steiner, Nürnberg 1918 [a]
– Das Vaterunser. Zehn Kanzelreden, München 1918 [b]
– Die Menschenweihehandlung, Stuttgart 1926
– Der Ruf der Gegenwart nach Christus, Stuttgart 1928
– Sünde und Gnade, Stuttgart 1929
– Theologie und Anthroposophie. Eine Einführung, Stuttgart 1930
– Rudolf Steiner als Führer zu neuem Christentum, Stuttgart 1933
– Das Vaterunser als Menschwerdung, Stuttgart 1935
– Christus, Stuttgart 1936
– Aus meinem Leben, Stuttgart 1937
– Briefe über das Johannesevangelium. Mit einer Übersetzung des Johannesevangeliums, Stuttgart 1938
– Ich bin. Reden und Aufsätze über die sieben "Ich-bin"-Worte des Johannesevangeliums, Stuttgart 1951
– Meine Lebensbegegnung mit Rudolf Steiner, Stuttgart [10]1983
Friedrich Rittelmeyer zum Gedächtnis. Erweiterter Sonderdruck aus: ChrGem 5 (1938)
Schroeder H.-W., "Die Christengemeinschaft. Entstehung – Entwicklung – Zielsetzung". ChrGem 1–12 (1986)
Schühle E., Entscheidung für das Christentum der Zukunft. Friedrich Rittelmeyer – Leben und Werk, Stuttgart 1969
Schuré E., Le Mystère chrétien et les mystères antiques (Übersetzung von: R. Steiner, Das Christentum als mystische Tatsache...), Introduction d'Edouard Schuré, Paris [13]1947
Scott-Elliot W., Atlantis nach okkulten Quellen, Leipzig [2]o. J. [1912?]
Sinnett A.P., Die esoterische Lehre oder Geheimbuddhismus, Leipzig [2]1899
Unger C., Versuch einer positiv-apologetischen Erarbeitung anthroposophischer Geisteswissenschaft. Aus der anthroposophischen Bewegung und Gesellschaft. Esoterisches, Stuttgart 1966
– Die Grundlehren der Anthroposophie. Was ist Anthroposophie, Stuttgart 1968
Wachsmuth G., Rudolf Steiners Erdenleben und Wirken. Von der Jahrhundertwende bis zum Tode. Die Geburt der Geisteswissenschaft. Eine Biographie, Dornach [2]1951
Wehr G., Spirituelle Interpretation der Bibel als Aufgabe. Ein Beitrag zum Gespräch zwischen Theologie und Anthroposophie, Basel 1968
– Christusimpuls und Menschenbild. Rudolf Steiners Beitrag zur Erweiterung des religiösen Bewußtseins, Freiburg/Basel/Wien 1974
– Gnosis und Gnostizismus. Wege geistig-religiöser Erkenntnis einst und heute, Freiburg/Br. 1977
– Rudolf Steiner. Wirklichkeit, Erkenntnis und Kulturimpuls, Freiburg/Br. 1982
– Carl Gustav Jung. Leben, Werk, Wirkung, München 1985
Wistinghausen K. v., "Die Begegnungen mit Rudolf Steiner", ChrGem 5 (1960), 141–144
– Der verborgene Evangelist. Studien zur Johannes-Frage, Stuttgart 1983
– "Stationen eines Lebensweges" ChrGem 6 (1986), 202–206

F. Kritische und sonstige Literatur

Ahlstrom S. E., Art. "Fundamentalismus", RGG³ II/1958, Sp. 1178–1180
Albertz R./Westermann C., Art. "ruāḥ", THAT II/1984, Sp. 726–753
Albrecht M.C., Reinkarnation – die tödliche Lehre, Asslar 1988
Althaus P., Die christliche Wahrheit. Lehrbuch der Dogmatik, Erster Band, Gütersloh 1949 (a)
– Evangelischer Glaube und Anthroposophie, Fragen der Gegenwart 1, München 1949 (b)
– Die Theologie Martin Luthers, Gütersloh ⁵1980
Badewien J., Anthroposophie. Eine kritische Darstellung. Mit einem Vorwort v. Kirchenrat K.-M. Bender, Konstanz 1985
– Waldorfpädagogik – eine christliche Erziehung? Zur Rolle der Anthroposophie in den Waldorfschulen, Konstanzer Theologische Reden 4, Konstanz 1987
Bannach K., Was ist christlich an der Anthroposophie? Zur Auseinandersetzung mit A. Binder, Materialdienst der EZW 2 (1990), 25–36
Baral K., Anthroposophie. Eine Orientierungshilfe. Rudolf Steiner. Biologisch-dynamische Landwirtschaft. Waldorfschulen. Anthroposophische Medizin. Anthroposophie und biblische Lehre, Tagesfragen 36, Neuhausen-Stuttgart 1987
Barr J., Fundamentalismus. Mit einer Einführung in die dt. Ausgabe v. G.Sauter, München 1981
Barth K., Die Kirchliche Dogmatik, Bd. I/1–IV/4, Zürich 1932–67 (KD)
– Der Römerbrief (1922), Zürich ¹³1984
Bartsch H.-W., Der gegenwärtige Stand der Entmythologisierungsdebatte. Ein kritischer Bericht, KuM VII, Hamburg-Volksdorf ²1955
Beck H. W., Genesis. Aktuelles Dokument vom Beginn der Menschheit, Wort und Wissen 15, Neuhausen-Stuttgart 1983
Beckmannshagen G., Rudolf Steiner und die Waldorfschulen. Eine psychologisch-kritische Studie, Wuppertal 1984
Betz O., "Das Gnadenamt des Jüngers und Apostels", in: Kniffka 1989, 72–82
Beyerhaus P., "Zur Theologie der Religionen im Protestantismus", KuD 2 (1969), 87–104
– Die okkulte Welle, Bielefeld 1979
– Krise und Neuaufbruch der Weltmission. Vorträge, Aufsätze und Dokumente, Bad Liebenzell 1987
– "Der Dialog als Ausdruck eines neuen Religionsverständnisses", in: ders. 1987, 83–110
– "Synkretistische Tendenzen zeitgenössischer Theologie", in: Beyerhaus/v. Padberg 1988, 76–100
– "Theologisches Verstehen nichtchristlicher Religionen. Gerhard Rosenkranz (1896–1983) zum Gedenken", KuD 2 (1989), 106–127
– Martyria. Festschrift: s. Kniffka
Beyerhaus P. (Hg.), Frauen im theologischen Aufstand. Eine Orientierungshilfe zur "Feministischen Theologie", Wort und Wissen 14, Neuhausen-Stuttgart 1983
Beyerhaus P./Padberg L.E. v. (Hg.), Eine Welt – eine Religion? Die synkretistische Bedrohung unseres Glaubens im Zeichen von New Age, Asslar 1988
Beyschlag K., Die verborgene Überlieferung von Christus, München/Hamburg 1969
Bichlmair G., Christentum, Theosophie und Anthroposophie. Eine geistige Begegnung, Wien 1950
Bietenhard H., Die himmlische Welt im Urchristentum und Spätjudentum, WUNT 2, Tübingen 1951

Birkner H.-J., "Liberale Theologie", in: Schmidt M./ Schwaiger G. (Hg.), Kirchen und Liberalismus im 19. Jahrhundert, Göttingen 1976
Boice J.M. (Hg.), Die Unfehlbarkeit der Bibel, S+G Fundamentum 4, Asslar/Riehen 1987
Boman Th., Das hebräische Denken im Vergleich mit dem griechischen, Göttingen 71983
Bornkamm G., Paulus, Stuttgart/Berlin/Köln/Mainz 51983
Bright J., Geschichte Israels – von den Anfängen bis zur Schwelle des Neuen Bundes, Düsseldorf 1966
Bruce F.F., Zeitgeschichte des Neuen Testaments, I: Von Babylon bis Golgatha, II: Von Jerusalem bis Rom, Wuppertal 1986
Bruhn W., Theosophie und Anthroposophie,Leipzig/Berlin 1921
Brunner E., Natur und Gnade. Zum Gespräch mit Karl Barth, Tübingen 1934
Bultmann R., "Neues Testament und Mythologie. Das Problem der Entmythologisierung der neutestamentlichen Verkündigung", KuM I, Hamburg 1948, 15–53
– Art. "ginóskō ...", ThWNT I/1933, 688–719
– "Zum Problem der Entmythologisierung", KuM II, Hamburg 1952, 179–211
– Jesus Christus und die Mythologie, Hamburg 1958
– "Das Problem der Hermeneutik", in: ders., Glauben und Verstehen. Gesammelte Aufsätze. Zweiter Band, Tübingen 51968, 211–235
– Theologie des Neuen Testaments, Tübingen 81980
Burkert W., Griechische Religion der archaischen und klassischen Epoche, RM 15, Stuttgart/Berlin/Köln/Mainz 1977
Campenhausen H. Frhr. v., Die Entstehung der christlichen Bibel, Beiträge zur historischen Theologie 39, Tübingen 1968
Claeys K., Die Bibel bestätigt das Weltbild der Naturwissenschaft. Neues Beweisverfahren aus Etymologie, Kontext, Konkordanz und Naturwissenschaft, Stein a. Rh. 1979
Class G., Untersuchungen zur Phänomenologie und Ontologie des menschlichen Geistes, Leipzig 1896
– Die Realität der Gottesidee, München 1904
Cole S.G., The History of Fundamentalism, New York 1931
Crehan J., Art. "Africanus, Julius", TRE I/1977, 635–640
Cullmann O., Christus und die Zeit. Die urchristliche Zeit- und Geschichtsauffassung, Zürich 31962
– Heil als Geschichte. Heilsgeschichtliche Existenz im Neuen Testament, Tübingen 21967
– Der johanneische Kreis. Sein Platz im Spätjudentum, in der Jüngerschaft Jesu und im Urchristentum. Zum Ursprung des Johannesevangeliums, Tübingen 1975
– Theologie der Heilsgeschichte, Paderborn 1979
Deißmann A., Paulus. Eine kultur- und religionsgeschichtliche Skizze, Tübingen 11911; 21925
– Licht vom Osten. Das Neue Testament und die neuentdeckten Texte der hellenistisch-römischen Welt, Tübingen 41923
Diem H.,"Zur Problematik theologischer Wahrheitsfindung", ThLZ 95 (1970), 162–171
Dietzfelbinger Chr., Die Berufung des Paulus als Ursprung seiner Theologie, WMANT 58, Neukirchen-Vluyn 1985
Drewermann E., Tiefenpsychologie und Exegese, I: Die Wahrheit der Formen. Traum, Mythos, Märchen, Sage und Legende, Olten u. Freiburg/Br. 1984
– II: Die Wahrheit der Werke und der Worte. Wunder, Vision, Weissagung, Apokalypse, Geschichte, Gleichnis, Olten u. Freiburg/Br. 1985
Drews A., Die Christusmythe, Jena 1909

– Die Christusmythe. Zweiter Teil: Die Zeugnisse für die Geschichtlichkeit Jesu. Eine Antwort an die Schriftgelehrten mit besonderer Berücksichtigung der theologischen Methode, Jena 1911
Ebeling G., Evangelische Evangelienauslegung. Eine Untersuchung zu Luthers Hermeneutik, FGLP 10,1, München 1942
Eckhardt K.A., Der Tod des Johannes als Schlüssel zum Verständnis der Johanneischen Schriften, SRRG 3, Berlin 1961
Eichholz G., Die Theologie des Paulus im Umriß, Neukirchen-Vluyn 1972
Eisler R., The Enigma of the Fourth Gospel, London 1938
Elliger W., Thomas Müntzer. Leben und Werk, Göttingen 1975
Evangelium und Christengemeinschaft: s. Stählin
Fausel H., D. Martin Luther. Leben und Werk 1522 bis 1546, Calwer Luther-Ausgabe 11, Calw [3]1977
Fichte J.G., Über den Begriff der Wissenschaftslehre (1794), Stuttgart 1972
Filson F. V., "Who was the Beloved Disciple?", JBL 1949, 83ff
Fleig P., Die hermeneutischen Grundsätze des Thomas von Aquin, Freiburg/Br. 1927
Foerster W., Art. "éxestin, exousía ...", ThWNT II/1935, 557–572
– "Das Verständnis der Evangelien bei der Christengemeinschaft", in: Stählin 1953, 59–84
– "Das Wesen der Gnosis" (1955), in: Rudolph 1975, 438–462
Frank Fr.H.R., System der christlichen Wahrheit, Erste Hälfte, Erlangen 1878
Frey H., Die Krise der Theologie. Historische Kritik und pneumatische Auslegung im Lichte der Krise, Wuppertal [2]1972
Freytag W., "Das Dämonische in den Religionen. Ein vergessener Faktor in der Diskussion über die Religionen", in: ders., Reden und Aufsätze. Zweiter Teil, hg v. J.Hermelink u. J.Margull, München 1961, 13–21
Frick H., Anthroposophische Schau und religiöser Glaube. Eine vergleichende Erörterung, Stuttgart 1923
Friedrich G., Art. "euangelízomai ...", ThWNT II/1935, 705–735
Gahr Chr., Die Anthroposophie Steiners. Eine Fundamentaluntersuchung, Erlangen (Selbstverlag) 1929
Gassmann L., Anthroposophie und christlicher Glaube. Ein Literaturbericht, ThB 4 (1985), 176–181
– Ist Jesus auferstanden?, Neukirchen-Vluyn 1985
Gese H., Vom Sinai zum Zion. Alttestamentliche Beiträge zur biblischen Theologie, BEvTh 64, München 1974
– "Tradition und biblische Theologie", in: Steck 1978, 87–111
– "Zum biblischen Schriftverständnis", in: ders., Zur biblischen Theologie. Alttestamentliche Vorträge, Tübingen [2]1983, 9–30
Girgensohn K., Die Inspiration der Heiligen Schrift, Dresden [2]1926
Glasenapp H. v., Die fünf Weltreligionen: Brahmanismus, Buddhismus, Chinesischer Universismus, Christentum, Islam, Köln, erweiterte Neuaufl. 1985
Gloege G., Mythologie und Luthertum. Recht und Grenze der Entmythologisierung, Göttingen [3]1963
Goethe J.W. v., Schriften zur Naturwissenschaft. Auswahl, Stuttgart 1982
Göttner-Abendroth H., Die Göttin und ihr Heros. Die matriarchalen Religionen in Mythos, Märchen und Dichtung, München [4]1984
Goppelt L., Typos. Die typologische Deutung des Alten Testamentes im Neuen, Darmstadt 1973

– Theologie des Neuen Testaments, Göttingen ³1978
Graß H., Ostergeschehen und Osterberichte, Göttingen ⁴1970
Gratenau Chr., Von Rudolf Steiner zu Jesus Christus. Meine Auseinandersetzung mit der Anthroposophie, Giessen/Basel 1985
Gruenwald I., From Apocalypticism to Gnosticism. Studies in Apocalypticism, Merkavah Mysticism and Gnosticism, Beiträge zur Erforschung des Alten Testaments und des antiken Judentums 14, Frankfurt/Bern/New York/Paris 1988
Haack F.-W., Das Heimholungswerk der Gabriele Witteck und die Neuoffenbarungsbewegungen, München 1985
Hacker P., Theological Foundation of Evangelization, VIMW, St. Augustin 1980
Haeckel E., Die Welträtsel. Gemeinverständliche Studien über monistische Philosophie (1899), Stuttgart ¹¹1984
Hagemann W., Wort als Begegnung mit Christus. Die christozentrische Schriftauslegung des Kirchenvaters Hieronymus, TThSt 23, Trier 1970
Halperin D.J., The Faces of the Chariot. Early Jewish Responses to Ezekiel's Vision, Texte und Studien zum antiken Judentum 16, Tübingen 1988
Hansmann O. (Hg.), Pro und Contra Waldorfpädagogik. Akademische Pädagogik in der Auseinandersetzung mit der Rudolf-Steiner–Pädagogik, Würzburg 1987
Harbsmeier G., Anthroposophie – eine moderne Gnosis, TEH NS 60, München 1957
Harnack A., Das Wesen des Christentums. 16 Vorlesungen, Leipzig ⁵1901
Harrison R. K., Introduction to the Old Testament with a comprehensive review of Old Testament studies and a special supplement on the Apocrypha, Grand Rapids ²1979
Hauer J.W., Werden und Wesen der Anthroposophie. Eine Wertung und eine Kritik. Vier Vorträge, Stuttgart 1922
Heidler F., "Ganztod oder nachtodliche Existenz?", ThB 4 (1985), 169–175
Heim K., Das Heil der Welt. Die Botschaft der christlichen Mission und die nichtchristlichen Religionen. Hg. u. erläutert v. F. Melzer, Moers 1986
– "Die Absolutheit des Christentums und die Religionsgeschichte" (1923), in: ders. 1986, 11–29
– "Das Verhältnis des Christentums zu den außerchristlichen Religionen" (1923), in: ders. 1986, 179–185
– "Unsere Verpflichtung zur Weltmission" (1929), in: ders. 1986, 93–109
– "Die Struktur des Heidentums" (1939), in: ders. 1986, 111–132
Hengel M., Judentum und Hellenismus. Studien zu ihrer Begegnung unter besonderer Berücksichtigung Palästinas bis zur Mitte des 2. Jh.s v. Chr., WUNT 10, Tübingen ²1973
– Der Sohn Gottes. Die Entstehung der Christologie und die jüdisch-hellenistische Religionsgeschichte, Tübingen 1975
– The Johannine Question, London/Philadelphia 1989
– The Pre-Christian Paul. In Collaboration with Roland Deines, London/Philadelphia 1991
Hirsch E., Geschichte der neuern evangelischen Theologie im Zusammenhang mit den allgemeinen Bewegungen des europäischen Denkens. Fünfter Band, Gütersloh ⁴1968
Heyer F., Konfessionskunde, Berlin/New York 1977
Hille R., Das Ringen um den säkularen Menschen. Karl Heims Auseinandersetzung mit der idealistischen Philosophie und den pantheistischen Religionen, Gießen/Basel 1990
Holl K., Was verstand Luther unter Religion?, Tübingen 1917
– Gesammelte Aufsätze zur Kirchengeschichte, I: Luther, Tübingen ²/³1923
Holthaus S., Theosophie – Speerspitze des Okkultismus, Asslar 1989
Hutten K., Seher – Grübler – Enthusiasten. Sekten und religiöse Sondergemeinschaften der Gegenwart, Stuttgart ¹¹1968

Janowski B., Sühne als Heilsgeschehen. Studien zur Sühnetheologie der Priesterschrift und zur Wurzel KPR im Alten Orient und im Alten Testament, WMANT 55, Neukirchen-Vluyn 1982
Jeremias J., Art. "El(e)ías", ThWNT II/1950, 930-943
Joest W., Fundamentaltheologie. Theologische Grundlagen- und Methodenprobleme, ThW 11, Stuttgart/Berlin/Köln/Mainz [2]1981
– Art. "Fundamentalismus", TRE XI/1983, 732–738
Jüngel E., Tod, Stuttgart/Berlin 1971
– "Zur Offenbarung der Verborgenheit Gottes", Thesen zur Vorlesung "Grundkurs der Dogmatik: Gotteslehre", Tübingen WS 1980/81
– Gott als Geheimnis der Welt. Zur Begründung der Theologie des Gekreuzigten im Streit zwischen Theismus und Atheismus, Tübingen [4]1982
– "Schöpfungslehre". Thesen zur Vorlesung, Tübingen SS 1988
Kant I., Kritik der reinen Vernunft (1781), Stuttgart 1985
Kerygma und Mythos (KuM), I: Ein theologisches Gespräch. Mit Beiträgen v. R. Bultmann ... hg. v. H.W. Bartsch, Hamburg 1948
– II: Diskussionen und Stimmen zum Problem der Entmythologisierung. Mit Beiträgen v. K. Barth ... hg. v. H.W. Bartsch, Hamburg-Volksdorf 1952
– VII: s. Bartsch
Kim S., The Origin of Pauls Gospel, WUNT 2. Reihe 4, Tübingen 1981
Kirche und Anthroposophie, HKU 2, mit Beiträgen v. H.Rusche, E.Emmert u. K.Frör, München 1950
Klostermaier K., Hinduismus, Köln 1965
Knevels W., Die Wirklichkeit Gottes. Ein Weg zur Überwindung der Orthodoxie und des Existentialismus, Stuttgart 1964
Kniffka J. (Hg.), Martyria. Festschrift zum 60. Geburtstag von Peter Beyerhaus am 1.2.1989, Wuppertal/Zürich 1989
Köberle A., Evangelium und Anthroposophie, Bern 1939
– Universalismus der christlichen Botschaft. Gesammelte Aufsätze und Vorträge, Darmstadt 1978
Koch K., Seelsorge und Okkultismus. Die seelsorgerliche Behandlung der Menschen, die durch die Beschäftigung mit okkulten Dingen seelisch angefochten oder erkrankt sind ..., Berghausen [16]o.J.
Kögler T., Anthroposophie und Waldorfpädagogik. Ansätze einer kritischen Analyse, Tagesfragen 2, Neuhausen-Stuttgart [2]1984
Koller H., "Zur geschichtlichen Entwicklung der Christengemeinschaft", in: Stählin 1953, 9–58
Kraemer H., Die christliche Botschaft in einer nichtchristlichen Welt, Zollikon-Zürich 1940
– Religion und christlicher Glaube, ThÖ 8, Göttingen 1959
Kreyenbühl J., Das Evangelium der Wahrheit. Neue Lösung der Johanneischen Frage. Erster Band, Berlin 1900
Kümmel W.G., Einleitung in das Neue Testament, Heidelberg [21]1983
Künneth W., Fundamente des Glaubens. Biblische Lehre im Horizont des Zeitgeistes, Wuppertal 1975
– Theologie der Auferstehung, Gießen/Basel [6]1982
– Art. "Kanon", TRE XVII/1988, 562–570
Kürzinger J., Papias von Hierapolis und die Evangelien des Neuen Testaments. Gesammelte Aufsätze. Neuausgabe u. Übersetzung der Fragmente. Kommentierte Bibliographie, Eichstätter Materialien 4, Regensburg 1983

Kuhn Th. S., Die Struktur wissenschaftlicher Revolutionen, Frankfurt/M. 1967
Laurentin R., Les Evangiles de l'Enfance du Christ. Vérité de Noël au-delà des mythes. Exégèse et sémiotique, historicité et théologie, Paris 1982
Leisegang H., Die Grundlagen der Anthroposophie. Eine Kritik der Schriften Rudolf Steiners, Hamburg 1922
– Die Gnosis, Leipzig 1924
Lessing G. E., Die Erziehung des Menschengeschlechts und andere Schriften, Stuttgart 1985
Liedke G., Art. "špṭ.", THAT II/1984, Sp. 999–1009
Lohfink G./Pesch R., Tiefenpsychologie und keine Exegese. Eine Auseinandersetzung mit Eugen Drewermann, SBS 129, Stuttgart 1987
Lohse E., Umwelt des Neuen Testaments, GNT. NTD Erg.-Reihe 1, Göttingen [6]1983
Lubahn E., Heilsgeschichtliche Theologie und Verkündigung. Mit Beiträgen v. O. Michel, Stuttgart 1988
Mager A., Theosophie und Christentum, Berlin 1922
Maier G., Das Ende der historisch-kritischen Methode, Wuppertal [3]1975
– Die Johannesoffenbarung und die Kirche, WUNT 25, Tübingen 1981
Marsden G.M., Fundamentalism and American Culture: The Shaping of Twentieth Century Evangelicalism, 1870–1925, New York/Oxford 1980
Masson J., Jesus, fils de David, dans les généalogies de Saint Mathieu et de Saint Luc, Paris 1982
Matzka A. L., Theosophie und Anthroposophie. Ihre Darlegung und Kritik vom Gesichtspunkte des Christentums, Graz/Salzburg 1950
Melzer F., Gott oder Götze? Grundfragen evangelischer Religionswissenschaft, Neuhausen-Stuttgart 1983
Merkel H., Die Widersprüche zwischen den Evangelien. Ihre polemische und apologetische Behandlung in der Alten Kirche bis zu Augustin, WUNT 13, Tübingen 1971
Michaelis W., Art. "horáō...", ThWNT V/1954, 315–381
Michl J., Art. "Engel", RAC V/1962, Sp. 53ff
Moltmann-Wendel E. (Hg.), Frauenbefreiung. Biblische und theologische Argumente, GT. S 12, München [3]1982
Nilsson M.P., Geschichte der griechischen Religion, Erster Band: Bis zur griechischen Weltherrschaft, HdA V/2/1, München 1941
Ohlig K.-H., Die theologische Begründung des neutestamentlichen Kanons in der Alten Kirche, KBANT, Düsseldorf 1972
Packer J. I., 'Fundamentalism' and the Word of God. Some Evangelical Principles. Grand Rapids/Michigan [2]1983
Padberg L. v., Feminismus – eine ideologische und theologische Herausforderung, Evangelium und Gesellschaft 5, Wuppertal 1985
Petersdorff E. v., Daemonologie, I: Daemonen im Weltenplan, II: Daemonen am Werk, Stein a.Rh. [2]1982
Pierott V., Anthroposophie – eine Alternative?, Neuhausen-Stuttgart [2]1983
Pietron J., Geistige Schriftauslegung und biblische Predigt. Überlegungen zu einer Neubestimmung geistiger Exegese im Blick auf heutige Verkündigung, Themen und Thesen der Theologie, Düsseldorf 1979
Pischel B., Die Atlantische Lehre. Übersetzung und Interpretation der Platon-Texte aus Timaios und Kritias, Frankfurt/M. 1982
Pöhlmann H.G., Analogia entis oder analogia fidei? Die Frage der Analogie bei Karl Barth, FSÖTh 16, Göttingen 1965
– Abriß der Dogmatik, Gütersloh [3]1980

Pohlenz M., Die Stoa. Geschichte einer geistigen Bewegung, Bd. I, Göttingen [6]1984
Prange K., Erziehung zur Anthroposophie.Darstellung und Kritik der Waldorfpädagogik, Bad Heilbrunn 1985
Quell G./Staufer E., Art. "agapáō", ThWNT I/1933, 20–55
Rad G. v., Theologie des Alten Testaments, I: Die Theologie der geschichtlichen Überlieferungen Israels, München [8]1982
– II: Die Theologie der prophetischen Überlieferungen Israels, München [8]1984
Rad G. v./Kittel G., Art. "dokéō ...", ThWNT II/1935, 235–258
Rest F., Waldorfpädagogik und christliches Menschenbild, EZW–Texte, Informationen 104, Stuttgart 1987
Ricoeur P., Hermeneutik und Strukturalismus. Der Konflikt der Interpretationen I, München 1973
– Die Interpretation. Ein Versuch über Freud, Frankfurt/M. [2]1974
Ringgren H., Art. "Anthroposophie", TRE III/1978, 8–20
Rodenberg O., Um die Wahrheit der Heiligen Schrift. Aufsätze und Briefwechsel zur existentialen Interpretation, Wuppertal [2]1963
Rosenkranz G., Evangelische Religionskunde. Einführung in eine theologische Schau der Religionen, Tübingen 1951
Rudolph K. (Hg.), Gnosis und Gnostizismus, WdF CCLXII, Darmstadt 1975
Rudnick M.-L., Fundamentalism and the Missouri Synod. A Historical Study of their Interaction and Mutual Influence, St. Louis/Missouri 1966
Ruether R.R., "Frauenbefreiung und Wiederversöhnung mit der Erde", in: Moltmann-Wendel 1982, 192–202
Rupp G., Culture-Protestantism. German Liberal Theology at the Turn of the Twentieth Century, AAR Studies in Religion 15, Missoula/Montana 1977
Ruppert H.-J., New Age – Endzeit oder Wendezeit?, Wiesbaden 1985
– Okkultismus – Geisterwelt oder neuer Weltgeist?, hg. v. Th. Lardon, Wiesbaden/Wuppertal 1990
Rusche H., "Die Anthroposophie. Darstellung und Kritik", in: Kirche und Anthroposophie 1950, 9–75.79–98
Sandeen E.R., The Roots of Fundamentalism. British and American Millenarianism, 1800–1930, Chicago/London 1970
Sanders J.N., "Those whom Jesus loved (John XI.5)", NTSt 1 (1954/55), 29–41
Sasse H., Art. "aiṓn, aiṓnios", ThWNT I/1933, 197–209
Schamoni W. (Hg.), Die Seele und ihr Weiterleben nach dem Tode. Abdruck von 63 Texten aus 11 Jahrgängen der Beilage "Theologisches" [...], Abensberg 1981
Schlaudraff K.-H., "Heil als Geschichte"? Die Frage nach dem heilsgeschichtlichen Denken, dargestellt anhand der Konzeption Oscar Cullmanns. Mit einem Vorwort v. O. Cullmann, BGBE 29, Tübingen 1988
Schlunk M., Die Weltanschauung im Wandel der Zeit. Eine Einführung für Suchende, Hamburg [2]1922
Schmidt W. H., Art. "elohim" THAT I/1984, Sp. 153–167
Schmiedel O., Die Hauptprobleme der Leben-Jesu-Forschung, SGV 27, Tübingen/Leipzig 1902
Schmithals W., Die Theologie Rudolf Bultmanns. Eine Einführung, Tübingen [2]1967
Schmitz E.D., Art. "Erkenntnis, Erfahrung", TBLNT I/1977, 243–253
Schneider J., Art. "Gott", TBLNT I/1977, 598–608
Scholem G., Von der mystischen Gestalt der Gottheit. Studien zu Grundbegriffen der Kabbala, Frankfurt/M. [7]1986

– Zur Kabbala und ihrer Symbolik, Frankfurt/M. [6]1989
Schomerus H.W., Die Anthroposophie Steiners und Indien, Leipzig 1922
– Ist die Bibel von Indien abhängig?, München 1932
Schomerus H.W., Indien und das Christentum, I: Indische Frömmigkeit, Halle/Saale 1931
– II: Das Ringen des Christentums um das indische Volk, Halle/Saale 1932
– III: Das Eindringen Indiens in das Herrschaftsgebiet des Christentums, Halle/Saale 1933
Schweitzer A., Die Mystik des Apostels Paulus. Mit einer Einführung v. W.G.Kümmel, Tübingen 1981 (= [1]1930)
– Geschichte der Leben-Jesu-Forschung, Tübingen [9]1984 (= [2]1913)
Schwöbel Chr., Martin Rade. Das Verhältnis von Geschichte, Religion und Moral als Grundproblem seiner Theologie, Gütersloh 1980
Siedenschnur G., Geheimwissenschaft oder evangelische Wahrheit? Eine Auseinandersetzung mit der Anthroposophie Rudolf Steiners, Stuttgart-Sillenbuch o.J.
Sierszyn A., Die Bibel im Griff? Historisch-kritische Denkweise und biblische Theologie, Wuppertal 1978
Smith W.B., "Ecce Deus". Die urchristliche Lehre des reingöttlichen Jesu, Jena 1911
Stadelmann H., Das Okkulte. Sein Wesen und seine Erscheinungsformen nach der Heiligen Schrift, Theologie und Dienst 25, Gießen/Basel 1981
– Grundlinien eines bibeltreuen Schriftverständnisses, Wuppertal 1985
Stadelmann H. (Hg.), Epochen der Heilsgeschichte. Beiträge zur Förderung heilsgeschichtlicher Theologie, Wuppertal 1984
– Glaube und Geschichte, Gießen/Wuppertal 1986
Stählin W. (Hg.), Evangelium und Christengemeinschaft. Aus der Arbeit einer von der Studiengemeinschaft Evangelischer Akademien einberufenen Kommission für Evangelische Kirche und Anthroposophie, Kassel 1953
Stauffer E./Kuhn K.G., Art. "theós. C. Die urchristliche Gottestatsache und ihre Auseinandersetzung mit dem Gottesbegriff des Judentums", ThWNT III/1938, 91–122
Steck O.H. (Hg.), Zur Tradition und Theologie im Alten Testament, Biblisch-Theologische Studien 2, Neukirchen-Vluyn 1978
Stieglitz K. v., Die Christosophie Rudolf Steiners. Voraussetzungen, Inhalt und Grenzen, GlF 11, Witten/Ruhr 1955
– Rettung des Christentums?, Stuttgart 1965
Stolzenburg A.F., Anthroposophie und Christentum, Berlin 1925
Stuhlmacher P., Das paulinische Evangelium. I. Vorgeschichte, Göttingen 1968
– Schriftauslegung auf dem Wege zur biblischen Theologie, Göttingen 1975
– "Das Evangelium von der Versöhnung in Christus. Grundlinien und Grundprobleme einer biblischen Theologie des Neuen Testaments", in: Stuhlmacher/Claß 1979, 13–54
– Versöhnung, Gesetz und Gerechtigkeit. Aufsätze zur biblischen Theologie, Göttingen 1981
– "Jesus als Versöhner. Überlegungen zum Problem der Darstellung Jesu im Rahmen einer Biblischen Theologie des Neuen Testaments", in: ders. 1981, 9–26
– "Zur neueren Exegese von Röm 3,24–26", in: ders. 1981, 117–135
– Vom Verstehen des Neuen Testaments. Eine Hermeneutik, GNT. NTD Erg.-Reihe 6, Göttingen [2]1986
– "Zur hermeneutischen Bedeutung von 1 Kor 2,6–16", ThB 3 (1987), 133–158
Stuhlmacher P./Claß H., Das Evangelium von der Versöhnung in Christus, Stuttgart 1979

Timm H.,Theorie und Praxis in der Theologie Albrecht Ritschls und Wilhelm Herrmanns. Ein Beitrag zur Entwicklungsgeschichte des Kulturprotestantismus, SEE 1, Gütersloh 1967

Tischner R., Ergebnisse okkulter Forschung. Eine Einführung in die Parapsychologie, Stuttgart 1950

Torm F., Hermeneutik des Neuen Testaments, Göttingen 1930

Trémel Y.B., "Der Mensch zwischen Tod und Auferstehung nach dem Neuen Testament", in: Schamoni 1981, 33–52

Troeltsch E., Die Soziallehren der christlichen Kirchen und Gruppen, Gesammelte Schriften Bd. 1, Aalen 1965 (= 1922)

Ullrich H., Waldorfpädagogik und okkulte Weltanschauung. Eine bildungsphilosophische und geistesgeschichtliche Auseinandersetzung mit der Anthropologie Rudolf Steiners, Weinheim/München 1986

Vidman L., "Isis und Sarapis bei den Griechen und Römern", RVV 29/1970

Weber O., Grundlagen der Dogmatik. Erster Band, Neukirchen-Vluyn [4]1972

Wedderburn A.J.M., Baptism and Resurrection. Studies in Pauline Theology against Its Graeco-Roman Background, WUNT 44, Tübingen 1987

Wolff H.-W., Anthropologie des Alten Testaments, München 1973

Wulff-Woesten H., Der theologische Werdegang Friedrich Rittelmeyers. Eine Untersuchung der theologischen"Metamorphose" F. Rittelmeyers unter besonderer Berücksichtigung des Einflusses der Anthroposophie Steiners auf sein homiletisches Werk, Dissertation, Jena 1968

Zimmerli W., Grundriß der alttestamentlichen Theologie, ThW 3, Stuttgart/Berlin/Köln/Mainz [3]1978

Zimmermann O., "Anthroposophische Irrlehren", StZ 95 (1918), 328–342

BIBELSTELLENREGISTER

NAMENSREGISTER

Hinweis: Da der Name "Steiner R." fast durchgehend vorkommt, wurde er nicht in das Register aufgenommen.

NACHWORT

Die vorliegende Untersuchung wurde im Jahre 1992 von der Evangelisch-Theologischen Fakultät der Universität Tübingen als Dissertation angenommen und erstmals im R. Brockhaus-Verlag, Wuppertal, unter dem Titel *"Das anthroposophische Bibelverständnis"* veröffentlicht (1. Aufl. 1993, 2. Aufl. 1994; russisch 1997). 1994 brachte ich als Ergänzung hierzu im Schwengeler-Verlag, Berneck, eine ausführliche Steiner-Biographie unter Bezugnahme auf die anthroposophische Pädagogik, Medizin, Landwirtschaft und Kunst heraus – Themen, die ich in der Dissertation leider übergehen mußte.

Beide Arbeiten waren seit einiger Zeit vergriffen. Ich bin dem Hänssler Verlag dankbar, daß er nun eine neue Ausgabe ermöglicht hat. Im Jahr 2002 soll erscheinen: "Rudolf Steiner und die Anthroposophie". Beide Bücher ergänzen einander und ermöglichen zusammen ein umfassendes Begreifen und Beurteilen der Anthroposophie.